الأساليب العصرية
في تدريس اللغة العربية

تأليف
د. فهد خليل زايد

١٤٣٢ هـ / ٢٠١١ م

دار يافا العلمية للنشر والتوزيع

٣٧١,٣

زايد ، فهد خليل

الأساليب العصرية في تدريس اللغة العربية/ فهد خليل زايد .ـ

عمان: دار يافا العلمية للنشر والتوزيع، ٢٠١٠.

( ) ص.

ر.إ: ٢٠١٠/٧/٢٤١٧

الواصفات: طرق التعلم //أساليب التدريس // اللغة العربية /

● تم إعداد بيانات الفهرسة الأولية من قبل دائرة المكتبة الوطنية

الطبعة الأولى ، ٢٠١١

دار يـــافـــا العلمية للنشر والتوزيع

الأردن – عمان – تلفاكس ٤٧٧٨٧٧٠ ٦ ٠٠٩٦٢

ص.ب ٥٢٠٦٥١ عمان ١١١٥٢ الأردن

E-mail: dar_yafa @yahoo.com

الإهداء

إلى والديّ.............
أقطف ثمار تربيتكم لأقدم شرياناً من التقدير والطاعةِ لكما لأصطحب رضاكم في ترحالي.

إلى محبي اللغة العربيّة .....
هذا جهدي و الـلـه الموفق لي ولكم.

د. فهد زايد

الـمقدمة

ما تناولته في هذا الكتاب لا يتناول العربيّة كلها إنمـا جـزءُ يسـير جـداً يخـص المرحلـة الأساسيّة.

ولا ا دعي أنني أحطت بجميع جوانب الموضوع الذي عالجته،فما زالت هنـاك جوانـب لم أقف عندها، وما زالت هناك جوانب أخرى مما وقفت عندها في حاجة إلى مزيد من البحث والمناقشة، وهناك عديد من المسائل التي تطرح نفسها عامـاً بعـد عـام تـدعونا إلى مواجهتهـا بالتفكير والتجربة, وحسبي أني اجتهد لأقدم لطلابي، نصاً مكتوباً في عـرض مبسـط ومختصـرـ يرجعون إليه مع بقية المراجع الأخرى.

فبعد سنوات من تدريس العربيّة، وجدت الحاجة ماسة إلى وضع هذا الكتاب بسبب ما يوفره للتلاميذ والقرّاء عامّة من معلومات وافية في مادة اللغة العربية وهو على إيجازه جاء كافياً شافياً.

ولم أنسَ.قبل ذلك أن أكثر من الشواهد اللازمة، وأن أضبط بالشكل الآيات القرآنية وآبيات الشعر، وجميع لكلمات التي تحتاج إلى الضبط.

يجدربي أن أشير في هذا المقام. إلى أن مضامين هذا الكتاب هي معلومات وخبرات اكتسبها في أثناء ممارستي لعملي التربوي لسنوات طويلة، كما أن من بينها ما وعته الذاكرة، أو ما وقعت عليه من كتاب من هنا ومن هناك.

أرجو أن يجد المعلمون والتلاميذ، في هذا الكتاب وسيلة سهلة لتسهيل تعلّم اللغة العربية ؛ وذلك في نطاق وحدةً اللغة وتكامل فروعها.

اللهم أني حرصت أن أقدم عملاً نافعاً فجعله ربي في ميزات أعمالي.

ولله الحمد

د. فهد زايد

الوحدة الأولى

اللغة

أنماط الاضطرابات اللغوّية النطقّية

الــلـغـة

اللغة ضرورية لجميع أنواع التعلّم، وهي الناحية الأولى التي تجب أن تقيّم عندما نقيّم الطفل الذي يعاني من صعوبات في المدرسة, يتطلب إتقان التعبير الشفوي والاستيعاب القرائي والسمعي والحساب والتفكير الرياضي والتهجئة اتقاناً مسبقاً للغة في مرحلة ما قبل المدرسة.

تتكون اللغة من عدة عوامل متداخلة. ومن أهم الجوانب اللغويّة التي يدرسها اللغوي في دراسته للغة النظام الصوتي والصرف والنحو واستخدام اللغة.

١)النظام الصوتي (الفونولوجيا) : يبحث هذا الجانب في الأصوات اللغوية الأساسية التي يجب أن يتعلمها أولاً كل من يريد تعلم أي لغة. وتسمى هذه الأصوات بالفونيمات وهي في حد ذاتها لا معنى لها.

٢)الصرف: دراسة أصغر الأجزاء اللغوية ذات المعنى (المورفيم) وقد يكون المورفيم كلمة كاملة مثل " دار" وقد يكون جزءاً من كلمة يؤدي وظيفة لغوية معينة كعلامات التثنية والجمع والتأنيث في اللغة العربيّة على سبيل المثال. وبهذا فإن "بابان" تتكون من جزئيين هما "باب" وعلامة التثنية.

٣)النحو: يبحث هذا الجانب في كيفية ترتيب المفردات اللغويّة لتشكيل جمل ذات معنى.

٤)الدلالة (المعنى) : يبحث هذا الجانب في كيفية استخراج معاني المفردات والجمل (العلاقة بين المفردات ومدلولاتها).

٥)الاستخدام اللغوي: يبحث هذا الجانب في كيفية تأثير استخدام اللغة على النجاح داخل الصف وخارجه, آخذاً بعين الاعتبار العلاقة بين المتكلم والسامع ومدى معرفة السامع بموضوع الحديث وأنواع السلوك المختلفة المتعلقة بعملية التخاطب.

أنماط الاضطرابات اللغويّة النطقّية

ومن الممكن تصنيف اضطرابات النطق اللغوية إلى الأقسام التالية : اضطرابات النطق في أثناء التحدث مع الذات (الاضطرابات الداخلية) والاضطرابات الاستقبالية، والاضطرابات التعبيرية.

الاضطرابات اللغوية الداخلية

تعتبر هذه الاضطرابات من أسوأ أنواع الاضطرابات اللغويّة. وتتعلق هـذه الاضـطرابات بالنظام اللغوي المذوّت (**Internalized**) الذي يستعمله الفرد عند التحدث مع نفسه وتدعي هذه الظاهرة " الكلام الداخلي" ويسميها (بياجيه) مرحلـة مـا قبـل التفكـير, وبـالرغم مـن أن الباحثين لم يستطيعوا حتى الآن تحديد أنـواع هـذه الاضـطرابات إلا أن عمليـة اكتسـاب هـذه القدرة اللغوية قد تشتمل على تكوين الصور اللفظية للكلمات والمفـاهيم. ويعتقـد أيضـاً بـأن القدرة على تمثل الخبرات واستيعابها تشكل جزءاً من تطور هذه الظاهرة اللغوية.

الاضطرابات اللغوية الاستقبالية.

تتمثل هذه الاضطرابات في عدم القدرة على فهم الرموز اللفظية، والمصابون بمثل هذه الاضطرابات يسمعون ما يقال لهم لكنهم لا يفهمونه. وقد أطلق على هذه الاضطرابات تسميات مختلفة مثل الصمم الكلامي (**Word deafness**), والحبسة الاستقبالية **Receptive aphasia**))، والحبسة الحسية (**Sensory aphasia**) وعدم القدرة على فهم المسموع (**Auditory verbal agnosia**)، وتختلف شدة الاضطراب بين الأفراد باختلاف العوامل المؤثرة، ويعاني الطلبة المصابون بهذا الاضطراب من صعوبة في ربط الأسماء بمدلولاتها، ومن صعوبة في تسمية الأشياء وتذكر أسمائها، وتفسير اللغة المستخدمة في البيئة المحيطة بهم. كما يعاني بعض الأطفال المصابين بهذا النوع من الاضطرابات من مشكلة تكرير المفردات والجمل دون فهم لمعناها.

إدراك الأصوات اللغوية :

تعني هذه المشكلة عدم القدرة على فهم الأصوات اللغوية وتمييزهـا والاسـتجابة إليهـا، وتعتبر هذه المهارة أساسية لفهم اللغة المحكية, فالطفل الذي لا يدرك الأصوات اللغوية (م, ن, ز, س,..) ولا يستطيع التمييز بينها, قد لا يستطيع أيضاً تمييز الكلمات والجمل.

تعتمد القدرة على إدراك الأصوات اللغوّية على مدى الوعي على الأصوات بشكل عام.

وعندما يظهر أن الطفل لا يبدي إشارات ملحوظة تدل على وعيه على الأصوات فـلا بـد له في هذه الحالة من تدريب خاص لزيادة وعيه على الأصوات. وبعد أن يصار إلى تمكينـه مـن ذلك, لا بد من تدريب الطفل على تحديد مواقع الأصوات في الكلمة، وتعتمد هذه المهارة على الانتباه للصوت وعلى موقعه في الكلمة. ومن المعـروف أن الأطفـال الـذين يعـانون مـن سرعـة تشتت الانتباه أو النشاط المفرط أو قصر- سعة الـذاكرة يواجهـون صـعوبة في تحديـد مواقـع الأصوات بسبب عدم قدرتهم على التركيز لمدة طويلة.

إن التمييز بين الأصوات اللغوية المختلفة مهارة من مستوى عال تعتمد على الوعي الكافي على الأصوات, وعلى القدرة على تحديد مواقعها, وعلى مدى الانتباه إليها. ويعاني الأطفال الذين يواجهون صعوبات في التمييز بين الأصوات اللغوية من عدم القدرة على التمييز بين صوتين معينين وعدم القدرة على تمييز الكلمات التي تبدأ بصوت معين عندما يقرأ على الطفل عدد من الكلمات المختلفة تشتمل على الكلمات التي تبدأ بالصوت المطلوب.

إتباع التعليمات:

تعتبر مهارة إتباع التعليمات وثيقة الارتباط بالقدرة على فهم الكلمات والجمل.

فالأطفال الذين يعانون من صعوبة في هذه المهارة لا يفهمون عدداً كبيراً من الكلمات وبخاصة إذا كانت الجمل طويلة، وبذلك فإنهم لا يستطيعون فهم التعليمات التي تصدر إليهم من الآخرين

وتعتبر هذه المهارة مهمة في عملية التعلم، فالطفل الذي لا يفهم كلمة من تعليمات السؤال قد لا يستطيع الإجابة عن هذا السؤال، فالطفل الذي لا يستطيع التوجه إلى الممر الأيسر عندما يصدر له أمر بذلك لا يميز بين اليسار واليمين. تتأثر مهارة إتباع التعليمات بعوامل مختلفة، ولذلك يجب تحديد طبيعة كل مشكلة بعناية وحذر.

اضطرابات اللغة التعبيرّية.

يصنف عدم القدرة على استخدام اللغة التعبيرية كوسيلة للتواصل بأنه اضطراب في التعبير اللغوي. فالذين يعانون من هذه الاضطرابات يسمعون ما يقال لهم ويفهمونه. ولكن من غير المألوف أن نجد طالباً يعاني من اضطراب في التعبير فقط أو في جانب الاستقبال المحضر لأن الاضطراب في أحد من هذين الجانبين يؤثر في الغالب على الأداء في الجانب الأخر.

ويعاني بعض المصابين الآخرين من صعوبة في تنظيم الكلمات والعبارات لاستخدامها في التعبير عن الأفكار. كما أن المصاب لا يستطيع في الحالات الشديدة تقليد الأصوات ولا يستطيع أيضاً نطق الأصوات اللغوية.

نطق الأصوات اللغوية:

يسمى عدم القدرة على نطق الأصوات اللغوية بالرغم من توافر القدرة العامة على تحريك أعضاء الجسم بفقدان على النّطق" **Apraxia**" إذ لا يستطيع بعض المصابين باضطرابات لغوية أداء الحركات المطلوبة لإنتاج بعض الأصوات اللغوية. يقول(مانديل وجو لد)بأن اضطرابات النظام الصوتي في اللغة تظهر على شكل اضطرابات في النّطق تؤثر غالباً على نطق الأصوات الساكنة أكثر من تأثيرها على نطق الكلمات بشكل كامل.

إن الصعوبة التي يواجهها في التعبير عن الأصوات اللغوية هي صعوبة في النّطق وليست في الإدراك, ولذلك فإن مهمة التدريب العلاجي لهذه الاضطرابات تقع على عاتق معالج النّطق وليس على عاتق معلم صعوبات التعلم. ويذكر بعض الباحثين أن معظم الحالات التي يتعامل معها معالج النّطق واللغة في المدارس الحكوميّة هي اضطرابات في النطق.

تكوين الكلمات والجمل :

يستطيع عدد كبير من المصابين باضطرابات في التعبير اللغوي نطق بعض الكلمات أو التعابير منفردة ولكنهم لا يستطيعون تنظيم أفكارهم بالشكل الصحيح من أجل التخاطب مع الآخرين، إذ يميل هؤلاء المصابين إلى حذف الكلمات وإضافة كلمات أخرى غير مناسبة واستعمال تراكيب لغوية غير سليمة وتغيير ترتيب الكلمات والعبارات في الجمل.

يستخدم الطلبة جملاً بسيطة جداً، فقد يميلون إلى ربط كلمات مختلفة مع بعضها بعضاً لتكوين جملة وقد تتكون الجملة أحياناً من كلمة واحدة أو اثنتين.

استرجاع المفردات :

لا يستطيع عدد كبير من الطلبة الذين يعانون من اضطرابات لغوية تعبيرية استرجاع بعض المفردات استرجاعاً تلقائياًَ لاستخدامها حين الحاجة إليها. وتتعلق هذه المشكلة بالقدرة على استرجاع الكلمات, ويبدو أنها تؤثر على جميع أنواع المفردات. وكثيراً ما يواجه هؤلاء الطلبة صعوبة في استرجاع الكلمات المهمة لإكمال جملة. وتسمى هذه الظاهرة" عدم القدرة على استرجاع الكلمات.

المهارات اللغوية.

تعرف المهارة بأنها نشاط عضوي إرادي مرتبط باليد أو اللسان أو العين أو الأذن.

ويتفق علماء النفس وعلماء اللغة على أن اللغة مجموعة من المهارات، وأن هذه المهارات تنقسم باعتبار وظائفها إلى قسمين :

أ-المهارات العادية :

التي من صورها قراءة كتاب أو رسالة أو جريدة أو تقرير، وكتابة رسالة أو تلخيص كتاب أو تقرير، والحديث إلى الناس في شؤونهم الحياتية، والاستماع إليهم، بمعنى أن المهارات العادية هي تلك الأنشطة التي لا غنى عنها للأفراد في حياتهم اليومية، وهي على هذا مهارات عامة لا تخصّ فئة دون أخرى.

ب-المهارات التخصصية:

التي من صورها ما يكتبه أصحاب مهنة معينة كالباحثين والمهندسين والأطباء والمحامين والقضاة وما أشبه، وهي بهذا مهارات أشخاص معينين.

كما تقسم المهارات باعتبار أشكالها إلى أربعة أقسام :

أ- المهارات القرائيّة :

ليست القراءة مهارة واحدة، وإنما هي مجموعة من المهارات، منها :

١-قراءة الكلمات قراءة صحيحة من الناحية الصرفية (بنية الكلمة)، ومن الناحية النحوية (حركة الإعراب آخر الكلمة)، وذلك بحسب موقعها من الجملة.

٢-تغيير نبرة الصوت بحسب المعنى كالاستفهام والتعجب، والإخبار والطلب.

٣-سرعة القرائية، وهي من أهم المهارات التي لا بد للمعلمين والمنهاج أن يعملوا على تحقيقها، وذلك بتقنين السرعة بحيث تكون وسطاً بين البطء المعيب والإسراع المخل، ولا يأتي هذا الا بكثرة تدريب الأطفال على مشاهدة الكلمات وتقليبها في جمل وتراكيب، فقد كشفت الأبحاث أنه بعد التدريب المستمر وبعد أن تألف عين القارئ الكلمات يستطيع أن يقرأ ما يزيد عن مِئَة كلمة في الدقيقة.

ومما هو جدير بالذكر أن السرعة تكون مقننة إذا كانت السرعة على حساب الفهم، أو النطق الصحيح للأصوات والكلمات، أو إعراب أواخر الكلمات، وعلى هذا يمكن تلخيص مفهوم السرعة القرائيّة على أنه الوقت الذي يستغرقه الطفل الطبيعي النمو المدرب في إعادة بناء الكلمات في ذهنه ثم الانتقال إلى الكلمة التي تليها دون أن يترك فترة زمنية ملموسة بينهما، على أن يأخذ بعين الاعتبار المهارات القرائية والاستيعابيّة الأخرى.

ب- مهارات الكتابيّة :

ما من شك في أن الأطفال يجدون صعوبة في إتقان المهارات الكتابيّة، ولهذه الصعوبات أسباب كثيرة منها :

١- طبيعة الجانب الكتابي من اللغة، إذ إن الكتابة في اللغات بعامّه لا تمثل الجانب المنطوق تمثيلاً تاماً.

٢- أن الأطفال لا يشعرون بأن الكتابة تلبي حاجاتهم الخاصة. ولا تتفاعل معها، وتزداد هذه المشكلة صعوبة إذ كان الطفل يعيش في بيئة لا تشجع على القراءة والكتابة.

٣- ومن هذه الصعوبات أن اللغة المكتوبة تحتاج إلى أدوات يستعان بها كالقلم والكتاب والدفتر, وتفتقر إلى الإنارة، إذ لا يستطيع أحد أن يقرأ في العتمة، لأن اللغة المكتوبة تحتاج إلى الضوء، أما اللغة المنطوقة فلا تحتاج إلى شيء من ذلك. ولعل أنجح الحلول لتخفيف صعوبات الكتابة أن تكون وظيفية بمعنى أن تكون كتابة الطفل لها علاقة بحياته اليومية وأن تكون من بيئته.

وللكتابة أيضاً عادات ومهارات مرافقة لها، وأخرى رئيسية تُعد من عناصر الكتابة نفسها، أما المهارات المرافقة التي لا بد للمعلم أن يدرّب طلابه عليها وأن يعودهم عليها وعلى ممارستها بشكل سليم فمنها :

- جلوس الطالب عند الكتابة جلسة صحيحة بحيث يكون ما بين عينيه والدفتر الذي يكتب فيه ما لا يقل عن ثلاثين سنتمترا.

- إمساك القلم مسكة صحيحة سليمة، وذلك بأن يجعله بين أصابع يده اليمنى, :وعلى المعلم أن يحاول منع الطلاب من الكتابة باليد اليسرى

- أن يتعود الطالب الكتابة على خط أفقي مستقيم.

- أن يكتب الطالب بسرعة مقبولة على ألاّ يكون ذلك على حساب صحة الكتابة وهذه السرعة تتحصل عن طريق تعويد الطلاب وتدريبهم على التركيز والمتابعة، والإكثار من ذلك.

وأمّا المهارات التي تعد جزءاً رئيساً من الكتابة فأهمها :

أ-الكتابة الجميلة، وأقل مستوى للكتابة الجميلة أن يكون الخط واضحاً مقروءاً، وإذا زاد عن هذا الحد فهو الإبداع الذي يعرف بالكتابة الجميلة, وهو ما يتميز به عدد قليل، والمعلم الناجح هو الذي يتعهد الطلاب الموهوبين وينمي مواهبهم، ولا يغفل عن المحافظة على مستوى الطلاب الآخرين.

ب- القدرة على نقل الكلمات بصورتها الصحيحة دون تحريف مع ربطها بالنّطق السليم وهو ما يطلق عليه " الإملاء المنقول" ويميّز على النسخ في أن الثاني لا يقرن بالنّطق, ولا يكون تحت إرشاد المعلم وتوجيهه المباشرين، ومنه الإملاء المنظور، وهو إملاء وسطي حيث يتم بطريقة إظهار الجملة أو الكلمة وإخفائها، وهو خطوة أكثر نمواً من سابقتها، ومنه الإملاء الاختباري الذي يعد محصلة للتدريب المستمر على الكتابة، وهي مرحلة تكتمل مع نهاية المرحلة الأساسية الأولى.

ج- كتابة الحروف المتشابهة نطقاً المختلفة كتابة نحو : الذال والظاء، والسين والصاد، التاء والطاء, الدال والضاد، حيث يتم تعليم كتابة هذه الحروف بالتركيز على الجانب الكتابي مقروناً بالنطق دون التعليل أو تفسير.

ومن هذا القبيل كتابة الحروف المختلفة نطقاً المتشابهة كتابة نحو : الراء والزاي الباء والتاء والثاء، السين والشين، الصاد والضاد، الظاء والطاء، العين والغين...

د- كتابة التاء المربوطة والتاء المبسوطة وكتابة الهاء المتطرفة والتاء المربوطة، والألف اللينة والملساء, ومنها التفريق بين كتابة واو الجماعة والواو التي هي عين الفعل مثل : يدعو، يرجو، يدنو.....

هـ - كتابة كل حرف من الحروف العربيّة مبتدئاً من نقطة البداية في كتابة الحروف, ولا يكتفى بكتابة الحرف بشكل سليم, بل عليه أن يتعود كتابة الحرف من بدايته إلى نهايته, ولا يصح أن يكتبه من النهاية أو الوسط إلى البداية.

و- كتابة همزة القطع في مواطنها الصحيحة مع مراعاة عدم ربطها بهمزة الوصل.

ز- تعويد الطلاب على كتابة علامات الترقيم ووضعها في موضعها السليم.

مهارات الحديث (المحادثة) :

لا شك في أن المحادثة من أهم المهارات اللغوّية، إن لم تكن أهمها، فقد ذهب المربون والمتخصصون إلى أن اللغة في طبيعة أصلها - كما مر سابقاً - عملية إرسال منطوق واستقبال مسموع، كما يذهب بعضهم إلى أن اللغة مضمون، وإفصاح عن هذا المضمون، ومن ثمّ فإن هذه المهارة يجب أن تسبق مهارة القراءة لأسباب أهمها، أن النشاطات التي يمارسها الأطفال في المحادثة ستعمل على تصحيح عيوب نطقية يستلزم تصحيحها قبل القراءة من أجل صحتها.

ولا بد للمعلم أن يحرص على تدريب طلابه على مهارات وعادات مصاحبة للمحادثة، يمكن إجمال أهمها فيما يلي :

١- الجرأة في مخاطبة الناس, ومواجهتهم، والحديث إليهم دون تردد أو وجل.

٢- نطق الأصوات واضحة جلية عن طريق التركيز عليها. وهذه المهارة عادة، تبدأ في بداية المرحلة الأولى عن طريق اعتماد صورة كلية تمثل قصة درس, أو فكرته, حيث تكون هذه الصورة أو اللوحة مثيراً تعليميا يجلب انتباه الطلاب، ويقوم المعلم بسرد حكاية الدرس الذي تمثله الصورة، ثم يطرح عليهم جملة من الأسئلة، ويتوخى في هذه الأسئلة أن تكون إجاباتها مؤدية إلى ما سيقرأه في حصة القراءة اللاحقة. وهكذا تتطور هذه المهارة حتى يصبح

الأطفال في نهاية المرحلة قادرين على التعبير عـن بعـض المواقف الصـفية أو الاجتماعيّـة بلغة سليمة مستخدمين مـا تعرفـوا إليـه مـن أنمـاط لغويـة وجمـل تدربوا عليها.

ولهذه المهارة إذا درّب عليها الطلاب تدريباً إيجابياً فوائـد ونتـائج فعاله، كتعويـدهم المشاركة، وتنمية الجانـب الاجتماعـي لـديهم، واحـترام الأخـرين، وانتـزاع عنصـرا الخجـل مـن نفوسهم، وإزالة الانطواء منهم واكتسابهم اللغة اكتساباً سليماً.

٣- استخدام الحركات المصاحبة للإلقاء، بحيث تكون هذه الحركات والإرشادات ملائمة لمعـاني الكلمات والجمل.

٤- تجنب العيوب النطقيّة من تأتأة وتأتأة وفأفأة وغيرها.

وهناك مهارات جزئيّة لا بد من مراعاتها منها : استعمال اللغة الفصيحة. وتغيير نغمـة الصوت ونبرته على وفق المعاني, ولعل في المواقف التمثيلية أثراً كبيراً في تـدريب الطلاب عـلى إتقان هذه النغمات

الإصغاء- الاستماع :

الإصغاء هو السماع باهتمام وانتباه، ويهدف تدريب الأطفال على الإصغاء إلى تحقيـق مجموعة من العادات والاتجاهات نحو :

١- تعويد الطفل الاستماع إلى الناس والإصغاء إليهم ليفهم ما يُقال.

٢- تعويد الأطفال احترام أراء الآخرين.

٣- شعور الطفل القارئ باحترام الآخرين المسـتمعين وتقـديرهم لـه وذلـك بإصغائهم لمـا يقول.

٤- تكوين البدايات الأولى لعملية النقد في المستقبل (الحكم الموازنة والتفصيل).

تطبيقات مهارات الاصغاء كثيرة منها :

أ- تدريب الأطفال على الاستماع إلى أشرطـة مسجلة لا تزيـد عـن ثـلاث دقـائق, ويفضل أن يكون المسموع نصاً قرآنياً أو نشيداً فصيحاً مـما يدرسـون، أو قصة بطوليـة مـن التراث الإسلامي أو قصة خيالية.

ب- ومن هذه التطبيقات وأفضلها ما يلقيه الطالب بنفسه, كأن يروي قصة أمام زملائه تحت إشراف المعلم وتقويمه وحثه على اللغة السليمة.

ويقسم بعض المربين الإصغاء بحسب الوظيفة إلى الأقسام التالية :

١- الإصغاء الاجتماعي : وهو ما يمارسه الفرد في مواقف اجتماعيّة،وسمي اجتماعياً لأن الموقف الاجتماعي فيه هو المحور، وقد يتمثل هذا اللون في الصف، وذلك بأن يلتزم الطالب مرسِلاً أو مستقبِلاً بأخذ دوره في الكلام والاستماع إذا بدأ دور الأخرين.

٢- الإصغاء الثانوي: ويقصد به ممارسة الإصغاء في أثناء القيام بعمل آخر وذلك مثل الاستماع إلى الموسيقا والمستمع يرسم أو يكتب.

٣- الإصغاء الإيقاعي : ويعني به الاستماع المباشر إلى النشيد أو الموسيقا أو الغناء والقصص والتمثيليات والحوار. والفرق بين هذا النوع وسابقه أن هذا يمارس هدفاً مستقلاً بذاته، والسابق يمارس بصورة ثانوية.

٤- الإصغاء الناقد : وهو الإصغاء الذي يهتم باستخدام الكلمات في مواطنها الصحيحة، والانتباه إلى العادات النّطقية عند النّطق أو القراءة، ومن هذا النوع الحكم على الأشياء والتعود على استنباط الأفكار، والإصغاء إلى أسئلة معينة للإجابة عنها، وتعود الموازنة بين الأفكار والمصطلحات والترجيح بينها واختيار ما هو مناسب.

الوحدة الثانية
القراءة

القراءة

مَفهومَها:

" إنها نشاط فكري يقوم على انتقال الذهن من الحروف والأشكال التي تقع تحت الأنظار إلى الأصوات والألفاظ التي تدل عليها وترمز إليها، وعندما يتقدم التلميذ في القراءة يمكنه أن يدرك مدلولات الألفاظ ومعانيها في ذهنه : دون صوت أو تحريك شفة.

وقال آخر : " القراءة عملية عقلية معقدة تشمل تفسير الرموز التي يتلقاها القارئ عن طريق عينيه، وتتطلب هذه الرموز فهم المعاني، والربط بين الخبرة الشخصية وهذه المعاني".

ويرى عبد العليم إبراهيم أن القراءة : " عملية يراد بها إيجاد الصلة بين لغة الكلام والرموز الكتابيّة، وتتألف لغة الكلام من المعاني والألفاظ التي تؤدي هذه المعاني "

ويمكن من خلال هذه المفاهيم السابقة، استشراف ما يلي :

-إن عناصر القراءة ثلاثة :

١- المعنى الذهني ٢- اللفظ الذي يؤديه ٣- الرمز المكتوب

-إن للقراءة عمليتين متصلتين :

الأولى : الاستجابات الفسيولوجية لما هو مكتوب.

الثانية : عملية عقلية يتم خلالها تفسير المعنى، وتشمل هذه العملية التفكير والاستنتاج.

تطور مفهومها :

لا شك في أن القراءة من أكبر النعم التي أنعمها الله على خلقه، وحسبها شرفاً أنها كانت أول لفظ نزل من عند الله سبحانه وتعالى على نبيه الكريم وذلك بقوله، عزّ وجّل، : " **اقرأ باسم ربك الذي خلق** ".

ولعلها أهم المواد الدراسية بصلتها الوثقى بالمواد الأخرى، إذا إن الملاحظ بشكل عام أن الطالب الذي يتفوق فيها يتفوق في المواد الأخرى، فلا يستطيع أي طالب أن يظهر تميزه في أية مادة إلاّ إذا كان مسيطراً على مهاراتها، ولعلها أيضاً أعظم وسيلة موصلة إلى الغاية المطلوبة من تعلّم اللغة.

وتعد القراءة إضافة إلى ما تم ذكر من أهم وسائل الاتصال البشري، فيها تنمو معلوماته ويتعرف إلى الحقائق المجهولة وهي مصدر من مصادر سعادته وسروره، وعنصر من عناصر شخصيته في تكوينه النفسي، وهي خير ما يساعد الإنسان على التميز بالسلوك البشري.

ولعل ما يثبت ما ذكر أن كثيراً من العلماء والمفكرين نبغوا في مجالات العلوم دون أن يدخلوا المدارس، وينالوا الشهادات العلمية، وكان طريقهم إلى هذا القراءة.

وهذه الحقيقة تبدو واضحة إذا ما استذكرنا تأكيد التربويين المحدثين على مهارات التعلّم الذاتي والذي تعد القراءة الفاعلة الوسيلة الفاعلة له.

وعلى الرغم من تعدد الوسائل الحديثة للاتصال وانتشارها كالإذاعة المسموعة, والإذاعة المرئيّة والخيالة والمسجلات, إلاّ أنها ما تزال الطريقة الأولى في نقل المعارف.

كانت القراءة في مطلع القرن العشرين لا تتعدى كونها عنصراً واحداً وهو تعرّف الحروف والكلمات والنّطق بها, إذ إن الدرس آنذاك كان جلّ همه ينصب على تعليم التلاميذ هاتين الناحتتين (التعرف والنطق)، وكذلك كانت الأبحاث في تلك الحقبة متجهة إلى النواحي الجسمية المتعلقة بالقراءة كحركات العين, وأعضاء النّطق.

وفي العقد الثاني من القرن المشار إليه أخذت الأبحاث تتناول القراءة حيث أجرى (نورنديك) سلسلة من البحوث تتعلق بأخطاء التلاميذ الكبار في قراءة الفقرات، وخرج من ذلك بنتيجة أثرت تأثيراً كبيراً في مفهوم القراءة, فقد استنتج أن القراءة ليست عملية آلية بحتة تقتصر على مجرد التعرف والنّطق, كما كان مفهومها السابق, بل إنها عملية معقدة تشبه العمليات الرياضية، فهي تستلزم الفهم, والربط, والاستنتاج ونحوها, وبالتالي أضيف إلى مفهوم القراءة عنصر ثان وهو (الفهم)، وكان من نتيجة هذا التطور ظهور أهمية القراءة الصامتة والعناية الفائقة بها.

ونتيجة لهذين العنصرين (التعرف والنطق, والفهم)، برز عنصر ثالث للقراءة وهو (النقد) إذا ظهر من الأبحاث الكثيرة أن القراءة تختلف باختلاف القارئ, وباختلاف مواد القراءة, وهذا يعني أن عمليات القراءة التي يقوم بها القارئ ليست متشابهة في جميع الحالات. ومن ثم أخذت الأنظار تتجه إلى السرعة في القراءة للإحاطة بالكم الهائل الذي تنتجه المطابع، كما اتجهت إلى العناية بالنقد ليحكموا على ما يقرؤون.

ولقد كانت بداية العقد الثالث نقله جديدة في مفهوم القراءة، فبعد أن كانت عملية نطق وتعرف, وفهم, ونقد، أضيفت إلى هذا المفهوم عنصر رابع وهو أنها أسلوب من أساليب النشاط الفكري في حل المشكلات، وهذا يعني أنها نشاط فكري متكامل.

ومن هذه العناصر ظهر مفهوم تعليم القراءة الآن على أنه يقوم على هذه الأبعاد الأربعة: التعرف والنطق, والفهم، والنقد والموازنة، وحل المشكلات.

مرحلة التهيئة والاستعداد للقراءة:

يقصد بالاستعداد للقراءة امتلاك الأطفال القادمين إلى المدرسة من بيوتهم قدرات محدودة (عقلية وبصرية وسمعية ونطقّية)، وخبرات معرفية مختلفة, إضافة إلى قدرة الطفل على الانسجام داخل الصف مع أقرانه.

ولعل الناظر لتلاميذ الصف الأول يجد فيهم مستويات لا حصر لها, فهناك فروق في السن وفروق في الذكاء, وبالتالي في العمر العقلي, كما أن هناك فروقاً في الخبرات السابقة, والمحصول اللغوي السابق, والبيئة والثقافة، والنضج الجسمي والاجتماعي,وهناك من قد أمضى مدة في مدارس الحضانة، حيث أتيحت لهم في تلك المدارس خبرات تعليمية معينة في حين إن الأغلبية قد أتت من المنازل دون أن تتاح لهم هذه الخبرات.

عوامل الاستعداد للقراءة:

من المعلوم أن كل عملية تعليمية لا بد من وجود عاملين لنجاحها :

الأول: النضج.

الثاني: التعلم أو المران.

والقراءة عملية معقدة كما أشرنا وهي كغيرها من المهارات اللغوية تحتاج إلى وصول الطفل إلى مستوى معين من الاستعداد قبل تعلّمها.

وعوامل الاستعداد هذه يمكن تقسيمها إلى :

الاستعداد العقلي:

من المعروف أن الطفل الذكي يبلغ استعداده قبل غيره من أقرانه العاديين, وبالتالي فإن تعلمه القراءة أيسر من غيره أيضاً، وهنا يبرز مصطلح العمر العقلي الذي يشير إلى مستوى الصعوبة الذي يمكن أن يبلغه الطفل في القيام بعملية ما, وهذا العلم يتناسب طردياً مع العمر الزمني.

وكما مر سابقاً فإن القراءة عملية معقدة، والنجاح فيها يتطلب قدراً معيناً من النضج العقلي ولقد اختلف في تحديد العمر العقلي للطفل من حيث الزمن، فيرى بعضهم أنه ست سنوات بينما يرى الآخرون أنه ست سنوات ونصف أو سبع.

ومما تجدر ملاحظته, في هذا المجال أن العمر العقلي (الذكاء) ليس العامل الوحيد الذي يؤثر في عملية نجاح الطفل للقراءة, فهناك أمور أخرى تؤثر في هذه العملية كجو غرفة الصف, ومهارة المعلم، وعدد التلاميذ، والمنهج والمادة المستخدمة في القراءة, وطريقة تعليمها.

الاستعداد الجسمي:

مما لا شك فيه أن القراءة ليست عملية عقلية فحسب، وإنما هي عملية تستخدم حواس البصر والاستماع والنّطق, ومن ثمّ فإنها تعتمد في نجاحها على جهة هذه الحواس, فالبصر السوي له أثره الواضح في تعلم القراءة، لأنها تقتضي رؤية الكلمات بجلاء وملاحظة ما بينها من اختلاف، وكل خلل في البصر- يؤدي بالطفل إلى رؤية مهزوزة أو على غير صورتها الحقيقية، ومع هذا فقد يكون البصر سوياً، لكن إدراكه للمرئيات لم يبلغ النضج المطلوب، ومن هذا النضج على سبيل المثال: التناسق والتكامل في عملية الإبصار بين العينين مجتمعتين وكأنهما عين واحدة.

وأمّا السمع, فأهميتهُ تبرز حين تدرك العلاقة بين سماعه لحديث الكبار,وقدرته على إظهار ما وقر في سمعه من الأصوات اللغوية، ثم العلاقة بين الحديث والقراءة بعد ذلك فإذا لم يستطع الطفل أن يسمع جيداً، مما لا شك أنه سيجد صعوبة في ربط الأصوات بالمادة القرائيّة المرئية وبالتالي، سيجد صعوبة في تعلم الهجاء الصحيح، وفي سماع الدروس الشفهية وما يلقيه معلمه, وما يقوله زملاؤه, وقد يكون سماع الطفل سوياً, إلاّ أنه يفتقر إلى التمييز بين الأصوات وتعرف ما يتشابه منها وما يختلف، وكذلك فإن القدرة على التمييز بين الأصوات, يعد عاملاً من عوامل الاستعداد للقراءة.

ولا شك في أن النّطق ينطبق عليه ما ينطبق على السمع لأنه مرتبط بالسماع بدرجة كبيرة وعليه فإن الطفل الذي يصل إلى سنّ الدراسة وهو ينطق السين(شيناً) نحو (شراب،سراب) والراء ألفاً نحو (رجل, لجل) لا بد أن تختلط عليه الرموز الكتابية وأصواتها المنطوقة وقت تعلم القراءة، ويضاف إلى ذلك ما تسببه مشكلات النّطق من أثر نفسي على الطفل, إذا ينتابه الخجل حين يتحدث أمام زملائه، مما قد يسبب له قلة المشاركة، والانطواء وتجنب الحديث خشية تعرضه للنقد والسخرية.

وعلى العموم، فإن الصحة العامّة للطفل لها أهميتها في الاستعداد للقراءة, فالطفل الذي سرعان ما يتعب من أقل جهد لا يجد المقدرة الجسميّة اللازمة للاستمرار في القراءة فيشرد ذهنه ويملّ.

٣- الاستعداد الانفعالي، أو الشخصي أو العاطفي:

كما تعلمون فإن الأطفال يأتون من بيئات مختلفة إلى المدرسة، وقد أثرت هذه البيئات سلباً أو إيجابا في التكوين النفسي للأطفال, فبينما نرى بعضهم يتكيّف بسرعة مع زملائه نرى الآخرين ينقصهم مثل هذا التكيف, وبالتالي, يكون استعدادهم للبدء في التعلّم أقل من زملائهم.

وتكاد الآراء والأبحاث في هذا الميدان تتفق على أن مشكلات الطفل العاطفية والشخصية سبب رئيسي في إخفاق بعض الأطفال في تعلم القراءة, ولعل أبرز هذه المشكلات فقدان الثقة

بالنفس والشعور بالحزن والحياء المبالغ فيه, وهذه المشكلات قد يؤدي بالطفل إلى هجر الدروس، وفقدان الحافز نحو التعلم، والتردد، والشرود الذهني، وأحلام اليقظة والخجل، لذا تقع على المعلم مسؤولية كبيرة في محو ما رسب في نفوس هؤلاء الأطفال بتعويضهم عما فقدوه.

٤- الاستعداد التربوي:-

يتضمن هذا الجانب من الاستعداد عدة خبرات وقدرات اكتسبها الطفل منذ نعومة أظافره وحتى قدومه إلى المدرسة ومن أهمها :

١- **الخبرات السابقة :**

ويعني بها مجموع التفاعل بين الفرد والبيئة، وهذه الخبرة تساعد الطفل على الربط بين المعنى الذهني للكلمة، وصورتها المكتوبة، ومما لا شك فيه أن دور الأسرة في هذا المجال يظهر واضحاً في إثراء خبرات الأطفال مما يسمعه من جمل ومعان وقصص، وآداب اجتماعيّة، وعن طريق أطفال الأسر الأخرى في الرحلات والزّيارات.

وبسبب تفاوت الأسر ثقافياً واجتماعياً واقتصادياً فإن هذا التفاوت ينعكس على خبرات الأطفال ومعارفهم، وأنماط سلوكهم مما ينجم عنه تفاوت درجات الاستعداد.

٢- **الخبرات اللغوية:**

وهي مجموعة المفردات والتراكيب اللغوية التي اكتسبها الطفل من أسرته ومجتمعه قبل سنّ الدراسة, ومن البداهة أن يكون للأسرة دور بارز في زيادة مفردات الطفل اللغوية، وفي تقويم لغته، ومن ثمّ فإن معجمات الأطفال اللغوية لا بد أن تتفاوت وتختلف تبعاً لاختلاف الأسر وتباين مستوياتها.

٣- القدرة على التمييز البصري والنّطقي بين أشكال الكلمات المتشابهة والمختلفة:

تعد عملية القراءة عملية تعرُّف على صور الكلمات وتمييز بعضها من بعض، وينجم عن هذا أن قدرة الطفل على التمييز بين صور الكلمات وإدراك أوجه الشبه وأوجه الاختلاف بينها من العوامل التي تتحكم في مستوى الاستعداد للقراءة، ومن المعلوم أن الأطفال في البداية يرون الكلمات وكأنها خطوط متساوية متماثلة، ثم يأخذون بالتدرج في إدراك التفاصيل والدقائق التي تميز كل كلمة عن الأخرى، وهم في هذه العملية يختلفون في درجة النمو والمستوى الذي يصلون إليه، وبالتالي فإن القدرة على إدراك المتشابه والمختلف عامل من عوامل الاستعداد الذي يتحكم في تعلم الطفل القراءة،

٣- **الرغبة في القراءة:**

الذهاب إلى المدرسة في نظر الآباء والأمهات يعني تعلم القراءة والكتابة، ولكن هذا لا يعني بالضرورة أن الطفل راغب في تعلم القراءة، فهو لا يعرف ماذا نعني, وإن كان يعرف فإن

هذه المعرفة تعتمد على البيئة التي كان يعيش فيها, والرغبة في القراءة عند الطفل لن تكون أصلية إلاّ إذا صحبها مفهوم جلي عن معناها، وطبقاً لمفهوم الطفل عن القـراءة، ورغبتـه في تعلمها، واهتمامه بها يكون استعداده لتعّلمها والنجاح فيها ومن أجل هذا فإن من التبعات الأساسية التي تقع على عاتق المعلم أن يثرى فيهم هذا الاستعداد، وينميه قبـل البـدء بعمليـة التعلّم.

مرحلة التهيئة:

وهي المرحلة التي توفر فيهـا جميـع الظـروف الخاصـة التـي تتـيح الاسـتعداد للطفـل وتعده للقراءة إعداداً غير مباشر, وتنقسم التهيئة إلى قسمين:

أ- التهيئة العامّة:

ويمكن تحقيقها بأن يعمل المعلـم عـلى إيجـاد صـلة طيبـة وعلاقـة وثيقـة بـين المنـزل والمدرسة كي يشعر الطفل في بيئته الجديدة بالأمن والاستقرار النفسي, وفي هذا الجـو يسـتطيع المدرس أن يكشف عن المستوى العقلي لكل طفل ويقـف عـلى قدرتـه اللغويـة ويتعـرف عـلى صفاته, وطبائعه كما يتعرف على ما بين الأطفال من فروق فردية.

أما المشكلة التي تتجدد كل عام فهي نفور الطفل من المدرسة عندما يدخلها أول مرة, إذا يصطدم الطفل فيها بجو يختلف كثيراً أو قـليلاً عـن جـوّ المنـزل, ومـن ثـمّ فـإن الطفـل لا ينسجم مع المدرِسة إلاّ إذا أحبها، ويتم ذلك عن طريق:

١- تعاون المدرسة مع الآباء تعاوناً صادقاً.
٢- منح الأطفال أول الأمر قسطاً كبيراً من الحريـة لـكي يلعبـوا ويتحركـوا وينتقلـوا داخـل المدرسة, وأن يبشّ المعلمون في وجوههم ليألفوهم.
٣- تجنب المعلمين مظاهر الخشونة والعنف في معاملتهم.
٤- توحيد زيّ الأطفال ليحدث تجانساً وتحاباً.
٥- دعوة الآباء لزيارة أطفالهم في المدرسة ومشاركتهم في حفلاتهم ورحلاتهم ونشاطهم.

ب-التهيئة للقراءة والكتابة: ويمكن تحقيقها عن طريق:

- تدريب الأطفال على معرفة الأصوات ومحاكاتها وإدراك الفروق بينها.
- تزويدهم بطائفة من الألفاظ عن طريق سرد الحكايات الملائمة التي تشتمل على كثير من الكلمات التـي تصـادفهم في أثنـاء عمليـة القـراءة وتـدريبهم عـلى التمييـز بـين الأضـداد مثل(أبيض- أسود, كبير- صغير, طويل-قصير....الخ ")

- تدريب حواس الأطفال وأعضائهم التي تتصل بالقراءة والكتابة : وتشمل هذه التدريبات:
- التدريب الصّوتي الذي يمهد للنّطق السليم .

-التدريب اللغوي ومنه :

-الطواف بالأطفال في ساحة المدرسة ومطالبتهم بذكر أسماء بعض مرافقها.
- ذكر أسماء الأصدقاء, والجيران, والأقارب, أو شخصيات رياضية أو سياسية.
- ذكر بعض الأعمال التي يقوم بها الفلاحون أو الآباء، أو بعض الأشياء التي يحملها الطالب في جيبه أو حقيبته أو ذكر بعض الألوان........ الخ.
- أسئلة تتعلق بمواقع بعض الأشياء كالنجوم, والقمر, والمركب, والورد...... الخ.
-إلقاء بعض الألغاز السهلة عن الفواكه, والطعام, والأدوات........
- إلقاء بعض القصص الشائعة التي تتضمن مفردات تتصل بحياتهم اليومية.

- المشكلات الخاصة بالحروف العربيّة.

يقرر بعض الباحثين أن الخط المثالي يجب أن يتصف بجملة أمور منها :

١- أن يكون مختزلاً لا يتطلب كثيراً من الجهد والوقت والورق.
٢- أن يتخصص لكل صوت من أصوات اللغة رمز مستقل به.
٣- أن تكون هذه الرموز مختلفة الأشكال متباينة قدر المستطاع لئلا يقع القارئ في اللبس.
٤- ألا تتغير صور هذه الحروف في أي موقع وقعت من الكلمة (بداية وسط نهاية متصلة, منفصلة)
٥- أن تكون صور هذه الحروف خالية من كل إشارة ثانوية كالنقط والحركات المدود والعلاقات الأخرى.

- عيوب الخط العربي وحروفه :

ولقد أدرك الباحثون العرب أكثر المشكلات المتعلقة بالحرف العربي وصنفوها على النحو التالي:

١- خلوه من الأحرف الصائته القصيرة: في اللغة العربية ثلاثة صوائت قصيرة لكل منها رمز خاص، فالفتحة رمز (ألف صغيرة مضجعه فوق الحرف)، وللكسرة رمز (خط صغير مائل تحت الحرف)، وللضمة رمز (واو صغيرة توضع فوق الحرف)، وهذه الرموز الثلاثة غير داخلة في صلب الخط، بمعنى أن الكتابة كتابتان أو واحدة مجردة من الحركات، وأخرى مشكَّلة وينتج عن هذا الوضع مشكلات منها :

أ - أمّا الكتابة المجردة. فلا تتيسر قراءتها الصحيحة المسترسلة إلا لفئة من خيرة المتعلمين، لأن للكلمة المجردة عدة أوجه محتملة للقراء،هذا فإن القارئ يبذل المجهود الأكبر للفظ هذه الكلمات على حساب معانيها، وهذا النقص في الخط العربي دفع (قاسم أمين) للقول : إن القارئ في اللغات الأوروبية يقرأ ليفهم، أما القارئ العربي فعليه أن يفهم ليقرأ. وهذه النقيصة في رأي مدعيها- تجعل القراءة معتمدة ولا تساعد على نشر الثقافة لطالبيها من أبناء اللغات الأخرى، كما أنها تؤدي إلى إطالة أمد تعليم العربية وإلى النفور من القراء عند كثير من الناس. يضاف إلى هذا أن القراءة المجردة تثير ثلاث مشكلات أخرى هي :

١- صعوبة قراءة الأعلام الأجنبية أو المصطلحات المعّربة ونحوها قراءة صحيحة مما يجبر الباحث على أن يكتب هذه المصطلحات والأعلام بالحروف اللاتينية مباشرة بعد إثباتها بالعربية.

٢- تؤدي أحياناً إلى خداع المعلمين في تصحيح ما يكتبه الطلبة، إذ إن الطلبة، أحياناً، يتعمدون إهمال الشكل ليُحمَّل الكلمة أو جهاً مختلفة من الأداء.

٣- هذا الضرب من الكتابة يساعد على شيوع الأغلاط وانتشار اللهجات.

ب- وأما الكتابة المُشَّكلة فأهم مشكلاتها أنها :

١- تتطلب مجهوداً كبيراً ووقتاً أطول، وتكاليف باهظة في الطباعة.

٢- ينجم عن حركاتها كثير من الأضرار، لأن الحركة المنفصلة عن الحرف يكثر انحرافها عن الحروف الموضوعة إلى حرف آخر.

٣- تجبر القارئ على كثرة نقل عينيه من السطر إلى ما فوقه وتحته، وهي عملية مرهقة للنظر، مجهدة للذهن.

٢- تعدد صور الحرف الواحد :

على الرغم من أن نظام الكتابة العربية مثالي من حيث تخصيص كل وحدة صوتية برمز واحد مستقل، إلا أن الحرف الواحد يتخذ صوراً مختلفة بحسب كوّنه متصلاً أو منفصلاً، وبحسب موقفه في الكلمة، وخير مثال على ذلك حرف (الميم)، إذ إن بعض المهندسين أحصى لهذا الحرف أكثر من عشرين تمثيلاً، وهذا التعدد يترك أضراراً كثيرة منها أنه :

أ -يؤدي إلى صعوبة تعلّمه.

ب - تكليف المطابع نفقات باهظة في الحصول على نماذج عدة لكل حرف.

ج- يرهق عمال المطابع الذين يعملون على صَفّ الحروف وترتيبها.

د- يجعل عمال المطابع عرضة للزلل.

هـ- يجعل الكتابة بالحروف العربية أكثر تكلفة من غيرها.

٣- تقارب صور الحروف في الرسم وعدم تميّز بعضها من بعض إلاّ بالإعجام أو الإهمال أو عدد النقط، وينجم عن هذا إشكالات كثيرة منها:

١- أن رسم الحرف المعجم يتطلب إسرافاً في الجهد لوضع النقط في أماكنها.

٢- أن القلم كثيراً ما يزلّ في كتابة هذه النقط، فيغفل بعضها أو ينقص من عددها أو يزيد أو ينحرف بها عن موضعها, ولهذا كَثُرَ التصحيف والتحريف في الرسم العربي.

٣- أن تشابه الحروف, وكثرة النقط يؤديان إلى جهد النظر, وكدّ الذهن للتفريق بينها, وأحياناً تطغى النقط على الحرف مثل (تتثنى).

٤- عدم تناسب الحروف في أحجامها :مما لا شك فيه أن تناسب الحروف في أحجامها يزيد في جمال الخط, أما في الخط العربي فالتناسب الهندسي معدوم, فبعضها صغير, وبعضها الآخر كبير, منها ما يعلو عن السطر, ومنها ما ينحدر عنه, ثم إن العلو وهذا الانحدار لا يسيران على وفق قانون, حتى إن أحدهم وصف الحروف العربية على هذا الشكل بأنها تشبه مجموعة من البشر- فيهم الطويل الفارع, والقزم القصير والسمين الممتلئ, والنحيف الضعيف.

٥- يضيف بعضهم مشكلات الهمزة، فهي مرة فوق الألف، ومرة أخرى تحته ومرة ثالثة فوق الواو, ورابعة على السطر, وخامسة على نبرة وهكذا.

٦- مشكلة الألف المتطرّفة : إذ إن القياس يقضي أن ترسم الألف المتطرّفة ألفاً ملساء (طويلة) أينما وقعت ؛ لأن الكتابة تصوير للنطق, وقد كان بعض علماء اللغة العربيّة القدامى (أبو علي الفارسي) يفعل ذلك, ولكن ربط هذه القضية بعلمي الصرف والنحو أي إلى مثل هذا الاختلاف الذي يؤدي بدوره إلى صعوبة نطقها وكتابتها والالتباس في ذلك حتى يرجعها المتعلم إلى أصلها الثلاثي.

٧- مشكلة حذف الألف أو زيادتها:إذ من المعروف أن الألف - كما يرى العلماء - فتحة طويلة وهذه القاعدة مطردة إلا في عدد من الكلمات منها (هذا- الرحمن-) وفي عدم كتابتها مخالفة الرمز للصوت مما يحدث إرباكاً للناشئين في الكتابة والقراءة، وكذلك الحال في زيادة الألف الفارقة بعد واو الجماعة التي تلحق الأفعال نحو ضربوا.... مما يخالف منه الرمز الصوت.

٨- التقارب في لفظ المفردات الدالة على معان مختلفة نحو (صحيفة، صفيحة).

٩- عدم قدرة الطفل على التمييز بين الصوت القصير (الحركات) والصوت الطويل (حروف المد عند الرسم والقراءة).

١٠- عدم التفريق بين حرف النون وصوت التنوين بأشكاله الثلاثة نحو رجلُ، رجلاً, لرجلٍ فيرسمونها (رجلن).

- **أنواع القراءة من حيث الشكل والأداء.**

تقسم القراءة من حيث الشكل والأداء إلى ما يلي:

أولاً : القراءة الصامتة:

مفهومها:

تتمثل القراءة الصامتة في العملية التي يتم بها تفسير الرموز الكتابية، وإدراك مدلولاتها، ومعانيها في ذهن القارئ دون صمت أو تحريك شفاه, فهي إذاً تقوم على عنصرين:

١- مجرد النظر بالعين إلى رموز المقروء.

٢- النشاط الذهني الذي يستثيره المنظور إليه من تلك الرموز.

وتشكل القراءة الصامتة نحو ٩٠% من مواقف القراءة الأخرى، ولهذا النوع أثر في نمو الطفل نفسياً واجتماعياً.

أمّا من الناحية النفسية فإنها تحرره من الحرج والخجل، وبخاصة الأطفال الذين لديهم عيوب نطقية، وهي تنقذه من الشعور بالتعرض للسخرية, وتماشي نقد الآخرين.

وأمّا الجانب الاجتماعي، ففيها احترام شعور الآخرين وتقدير حرياتهم، وعدم إزعاجهم وبخاصة إذا كانت القراءة في حافلة أو مكتبة, أو مجمع عام، كما أنها تساعد الأخوة الكثيرين في البيت الواحد على أن يدرسوا معاً في غرفة واحدة دون أن يؤثر أحدهم في الآخر.

وأمّا الجانب الجسمي، فإنها تريح أعضاء النّطق، وتمنعه من البّحة في الصوت أو عجز أعضاء النطق من تأدية دورها على الوجه الصحيح.

مزاياها :

١- من الناحية الاجتماعية : تعد القراءة الصامتة أكثر القراءات الأخرى شيوعاً فهي تستخدم في قراءة الصحف أو المجلات, والكتب الخارجية, والكتب المنهجية التي تقتضي طبيعتها القراءة الصامتة.

٢- من الناحية الاقتصادية : يستطيع القارئ عن طريق هذه القراءة التقاط المعاني بسرعة أكبر من القراءة الجاهرة، إذ يمكن للقارئ أن يقرأ عدة صفحات في مدة زمنية يصعب قراءتها في تلك المدة قراءة جاهرة، وهذه القراءة مجردة من النطق ولا تحتاج إلى قراءة كل كلمة على حدة, وإنما تجعل القارئ يلتقط معنى الجملة دون أن يلفظ كل كلمة فيها لأن عملية اللفظ فيها إعاقة وبطء.

٣- من ناحية الفهم والاستيعاب: أثبتت البحوث التربوية أن القراءة الصامتة هي أعون على الفهم والاستيعاب من القراءة الجاهرة لأن فيها تركيزاً على المعنى دون اللفظ بينما الجاهرة فيها تركيز على اللفظ والمعنى معاً.

٤- من الناحية التربوية النفسية: القراءة الصامتة مجردة من النّطق فهي لا تحتاج إلى تشكيل الكلمة أو إعرابها أو إخراج الحروف إخراجاً صحيحاً، وبالتالي فيها نوع من المتعة والسرور لأن فيها انطلاقاً من قواعد اللغة، لأنها تسود في جوّ هادئ بعيد عن الفوضى، وتداخل الأصوات :

عيوبها:

بالرغم من أنها قراءة الحياة وأنها شائعة بدرجة كبيرة تفوق القراءة الجاهرة إلا أنه يؤخذ عليها.

١- أنها تساعد على شرود الذهن وقلة التركيز والانتباه من المعلم.

٢- فيها إهمال وإغفال لسلامة النّطق ومخارج الحروف.

٣- أنها قراءة فردية لا تشجع القراء على الوقوف أمام الجماعات أو مواجهة مواقف اجتماعية.

٤- لا تساعد المعلم على التعرف إلى ما عند الطفل من قوة وضعف في صحة النّطق أو العبارة.

تنمية مهارة القراءة الصامتة :

إن الطفل الذي يعتاد على القراءة الجاهرة في صغره, من الصعب عليه أن يقرأ درسه قراءة صامتة حتى لو دربته على ذلك مستقبلاً فإنه سرعان ما ينسى ذلك. لذلك على المعلم أن يعد القراءة الصامتة غاية في حد ذاتها في الصفين الأول والثاني, ويدّرب الطلاب على كيفية هذه القراءة بشكل عملي، وعليه ألا يطالب تلاميذه بشرح ما فهموه من القراءة بل عليه أن يلاحظ كيف يقرأون دون أن يحركوا شفاههم وعليه أن ينبههم أن تحريك الشفاه يفسد القراءة الصامتة.

أمّا في الصف الثالث والصفوف التي تليه، فالقراءة الصامتة وسيلة وغاية حتماً، فكوّنها وسيلة تستلزم المعلم أن يدرب طلابه على فهم ما يقرأون عن طريق أسئلة تتعلق بإعادة المقروءة قراءة صامتة، كأن يطلب منهم قراءة الدرس قراءة صامتة ثم يطرح عليهم أسئلة تتعلق بالمادة التي قرأوها، وقد يعرض عليهم بطاقات أو لافتات تحمل عبارات معينة ويضعها أمامهم ثم يخفيها عن أعينهم ويطلب منهم التعبير عن المعنى الذي التقطوه من هذه البطاقة. وقد يذهب بعضهم إلى مكتبة المدرسة ويوزع على تلاميذه قصصاً متعددة يطلب منهم قراءتها قراءة صامتة حتى إذا رجعوا إلى

غرفة الصف طلب من كل واحد إعطاء فكرة عامّة على الشيء الذي قرأه، وقد يعطى كل طالب بطاقة مكتوب عليها أمراً بالقيام بعمل, فيقوم الطالب بعد قراءة عبارته بتنفيذ ما طلب منه.

وكونها غاية : تستلزم المعلم أن يدّرب طلابه عليها وأن يلاحظ مدى إتقانهم لها.

التدريب على القراءة الصامتة :

أ-في الصف الأول :

١- عرض صورة تعبر عن جملة، ثم صورة أخرى تعبر عن كلمة، والطلب من التلاميذ تأملها،والإجابة عن محتواها.

٢- عرض عدة بطاقات (جملة). واختيار واحدة أو كلمة من عدة كلمات لتدل على صورة معينة.

٣- عرض عدة بطاقات كلمات مختلفة غير مرتبة على لوحة الجيوب أو اللوحة المغناطيسية والطلب إليهم ترتيبها وتكوين جملة مفيدة.

٤- بعد التأكد من أن تلاميذك قد اتفقوا قراءة عدد من جمل الدروس التي مرت معهم ومفرداتها قراءة جاهزة، يمكن تدريب الطلاب على القراءة الصامتة بإتباع ما يلي :

١- توزيع بطاقات جمل أو بطاقات مفردات على مجموعة من التلاميذ، ثم توزيع صور تدل على تلك البطاقات على مجموعة أخرى, ثم يطلب من المجموعتين الخروج والوقوف أمام زملائهم متواجههين، ثم الطلب إلى التلاميذ الذين يحملون بطاقات الجمل أو المفردات النظر إلى بطاقاتهم وقراءتها قراءة سريعة ثم الطلب إليهم أن يقف كل واحد إلى جانب زميله الذي يحمل الصورة الدالة على الكلمة التي يحملها، ثم يقوم الطالبان برفع بطاقة الكلمة والصورة أمام زملائهم.

٢- يمكن إجراء النشاط السابق عكسياً وذلك بالطلب إلى من يحملون بطاقات الصور الذهاب إلى زملائهم الذين يحملون بطاقات الكلمات.

٣- توزيع علب كرتونية (مثلاً) بداخلها بطاقات مفردات تكون جملاً مفيدة ثم الطلب إلى التلاميذ تكوين جملاً مفيدة, ويمكن تشجيع الطلاب على السرعة وذلك بإبلاغهم أن من ينهي عمله بسرعة تعلق جملته على اللوحة المغناطيسية أو لوحة الجيوب.

٤- كتابة نص ثم ترك فراغ أو أكثر فيه، ثم وضع صور في هذه الفراغات تدل على الكلمات المحذوفة والطلب إلى التلاميذ أن ينتزعوا الصور ويضعوا مكانها الكلمات الدالة على تلك الصور.

ب-في الصف الثاني :

يقترح في هذا الصف الأنشطة والألعاب التالية :

١- عرض بطاقات كتب عليها جمل من الدرس المقرر, والطلب من التلاميذ تأملها وتوجيه أسئلة تتعلق بالمضمون بعد إخفاء تلك البطاقات.

٢- كتابة جمل على اللوح بشكل مبعثر ثم الطلب إلى التلاميذ بعد قراءتها قراءة صامتة ترتيبها.

٣- كتابة جملة من الدرس المقرر على شكل بطاقات تحمل كل بطاقة كلمة من الجملة ثم يعطيها إلى عدد مساوٍ من الطلاب, ويطلب من هؤلاء الخروج بالبطاقات ويقفوا غير مرتبين ثم يطلب المعلم من التلاميذ الجالسين قراءة الكلمات قراءة صامتة ثم يخرج واحداً منهم ليرتب الطلاب على وفق ترتيب الجملة الصحيح.

٤- يمكن إعادة النشاط السابق, ولكن بشكل آخر حيث يخرج التلاميذ حاملين البطاقات مرتبين على وفق الجملة ما عدا طالباً ثم يطلب من الطالب الذي استثنى أن يقف في المكان الصحيح بين زملائه ليشكل الجملة مرتبة.

وبعد التقدم في تدريب التلاميذ على القراءة الصامتة، وتمهيداً لتصبح القراءة الصامتة هدفاً وخطوة رئيسية في الصف الثالث يمكن تدريب الطلاب على النحو التالي :

سرد بعض الألغاز من قبل المعلم ثم يكتب إجابات عدة على بطاقات ثم الطلب إلى التلاميذ التعرف إلى الكلمة الدالة على اللغز نحو:يظهر في النهار ويختفي في الليل، يعطينا الدفء والضوء. ما هو ؟

كتابة مجموعة من الأسئلة على بطاقات، ثم كتابة إجابتها على بطاقات أخرى ثم توزيع بطاقات الأسئلة على بعض التلاميذ وبطاقات الإجابات على آخرين، ثم الطلب إلى التلاميذ الذين يحملون بطاقات الأسئلة قراءتها قراءة صامتة ثم قراءتها جهراً والطلب من التلميذ الذي يحمل الإجابة المعينة مصافحة زميله.

ج- في الصف الثالث :

تفرد المناهج في هذا الصف للقراءة الصامتة خطوة خاصة بحجة أنهم امتلكوا مهارة القراءة الجاهرة، بمعنى أن على المعلم في هذا الصف أن يجعل للقراءة الصامتة خطوة خاصة ويقترح أن تسير على النحو التالي:

١- يهيئ المعلم تلاميذه بمقدمة شائعة تغريهم بقراءة الدرس قراءة صامتة.

٢- كتابة أسئلة عامة على اللوح ويطلب من التلاميذ البحث عن إجابتهم بالقراءة الصامتة.

٣- من الممكن الاستعاضة عما سبق بسرد جزء من قصة الدرس والطلب إلى التلاميذ تكملة ما تبقى وقراءته قراءة صامتة للتعرف إلى نهاية القصة.

٤- تحديد مدة زمنية للقراءة الصامتة والالتزام بهذه المدة.

٥- تعويد التلاميذ الالتزام بمعايير القراءة الصامتة كعدم تحريك الشفاه, وعدم وضع الأصابع في أثناء القراءة الصامتة على السطر، والسرعة في الفهم.

٦- توجيه مجموعة من الأسئلة التي تتناول الأفكار العامّة للدرس.

٧- الانتقال إلى تعليم القراءة الجاهرة وتعلّمها.

ثانياً : القراءة الجاهرة :

مفهومها :

تعني القراءة الجهرية : العملية التي يتم فيها ترجمة الرموز الكتابية إلى الألفاظ منطوقة، وأصوات مسموعة متباينة الدلالة حسب ما تحمل من معنى، وهي إذاً تعتمد على ثلاثة عناصر هي:

١- رؤية العين للرمز.

٢- نشاط الذهن في إدراك معنى الرمز.

٣- التلفظ بالصوت المعبر عما يدل عليه ذلك الرمز.

ولهذا كانت القراءة الجاهرة صعبة الأداء إذا ما قيست بالقراءة الصامتة لأن القارئ يصرف فيها جهداً مزدوجاً، حيث يراعى فوق إدراكه المعنى قواعد التلفظ من مثل إخراج الحروف من مخارجها، وسلامة بنية الكلمة، وضبط أواخرها، وتمثيل المعنى بنغمات الصوت، زيادة على احتياجها إلى وقت أطول نظراً لأن القارئ يتوقف في أثنائها للتنفس، ومن ثم احتلت المركز الثاني في ضرورتها لحياة الإنسان.

مزاياها:

لهذا النوع من القراءة مزاياه التي ارتبطت به من الناحية النفسية والتربوية والاجتماعية.

١- من الناحية النفسية : في القراءة الجاهرة تحقيق لذات الطفل وإشباع لكثير من أوجه النشاط عنده، كما أنه يستريح لسماع صوته ويطرب له حين يمدحه المعلم على قراءته ويشعر بالسعادة عندما يحس بنجاحه ويسر عندما يرى الآخرين يستمعون إليه، ولذلك فقد كان اتجاه كثيرين من المشتغلين بتعليم القراءة إلى أن تكون القراءة في المرحلة الابتدائية كلها أو معظمها جاهرة.

٢- من الناحية الاجتماعية : فيها تدريب الطفل على مواجهة الآخرين، ووضع الخجل والخوف عنه وهذا يؤدي بالتالي إلى بناء الثقة بنفسه، كما أن فيها إعداد الفرد للحياة والقدرة على الإسهام والمشاركة في مناقشة مشكلات المجتمع وأهدافه.

٣- أما من الناحية التربوية : فالقراءة الجاهرة في أساسها عملية تشخيصية علاجية إذ هي وسيلة المعلم في تشخيص جوانب الضعف في النّطق عند الأطفال، ومحاولة علاجها، وهي فوق هذا أداة التلميذ في تعلم المواد الدراسية الأخرى وفي تثقيف نفسه, وبناء شخصيته، يضاف إلى هذا فإن هناك مواقف لا تكون إلا بالقراءة الجاهرة كقراءة التعليمات والأخبار ومحاضر الجلسات والاجتماعات، ولإفادة الآخرين, وقراءة الشعر والقراءة في الإذاعة المسموعة والمرئيّة.

- تساعد في تنمية الأذن اللغوية عند الطفل وبخاصة إذا كان الصوت مؤثراً وربما تحبب القراءة الجيدة التلاميذ للقراءة في الأدب والأساليب الراقية.

- هي وسيلة استماع واستمتاع، وفيها إنماء روح الجماعة.

عيوبها :

١ - إنها لا تلائم الحياة الاجتماعية لما فيها من إزعاج للآخرين وتشويش عليهم.

٢- تأخذ وقتاً أطول لما فيها من مراعاة لمخارج الحروف والنّطق الصحيح للكلمات وسلامة النّطق لأواخر الكلمات.

٣- يبذل القارئ في هذه القراءة جهداً أكبر من مثيلتها الصامتة.

٤- الفهم عن طريق هذه القراءة أقل لأن جهد القارئ يتجه إلى إخراج الحروف من مخارجها ومراعاة الصحة في الضبط.

٥- إن فيها وقفات ورجعات في حركات العين أكثر من القراءة الصامتة.

٦- أنها قراءة تؤدى في داخل الصف ولا تستطيع أن يمارسها خارج الصف أو المدرسة

ثالثاً : قراءة الاستماع:

مفهومها :

هي العملية التي يستقبل فيها الإنسان المعاني والأفكار الكافية وراء ما يسمعه من الألفاظ والعبارات التي ينطبق بها القارئ قراءة جاهرة أو المتحدث في موضوع ما، أو ترجمة لبعض الرموز والإشارات ترجمة مسموعة، وهي في تحقيق أهدافها تحتاج إلى حسن الإنصات ومراعاة آداب السمع والاستماع كالبعد عن المقاطعة أو التشويش أو الانشغال عما يقال.

وليس لهذا النوع من القراءة كتاب معين إذ يمكن أن يكون من كتاب القراءة المقرر نفسه في موضوع لم يدرسه الطالب, كما يمكن أن تكون من موضوع إنشائي أجاد فيه الطالب أو من كتاب قرأه الطالب من مكتبة المدرسة أو من الإذاعة المدرسية.

أهمية الاستماع :

١- أنه أهم وسيلة للتعلم في حياة الإنسان إذ عن طريقه يستطيع الطفل أن يفهم مدلول الألفاظ التي تعرض له عندما يربط بين الصورة الحسية للشيء الذي يراه واللفظة الدالة عليها.

٢- عن طريقة يستطيع الطفل أن يفهم مدلول العبارات المختلفة التي يسمعها أول مرة، وعن طريقه يستطيع تكوين المفاهيم وفهم ما تشير إليه من معاني مركبة.

٣- هو الوسيلة الأولى التي يتصل بها بالبيئة البشرية والطبيعية بغية التعرف إليها.

٤- هو وسيلة مهمة للأطفال الأسوياء لتعليمهم القراءة والكتابة والحديث الصحيح في دروس اللغة العربية والمواد الأخرى.

٥- عن طريقه يتم فهم المستمع لما يدور حوله من أحاديث وأخبار ونصائح وتوجيهات وقد ثبت عن طريق الأبحاث الكثيرة أن الإنسان العادي يستغرق في الاستماع ثلاثة أضعاف ما يستغرقه في القراءة ؛ ولذا فإن الشعوب المتحضرة تعنى كثيراً بتربية أبنائها على حسن الاستماع منذ الصغر لأن حسن الاستماع أدب رفيع بالإضافة إلى كونه أسلوب فهم وتحصيل:

طريقة تدريس الاستماع :

١- يعد المعلم قطعة أو يوافق للطالب على قطعة أختارها الطالب بنفسه.

٢- يتيح المعلم للطالب الذي سيقرأ فرصة التدريب عليها خارج الصف بشرط أن تكون القطعة المختارة جديدة على الطلاب وتجلب انتباههم وأسماعهم وتغريهم بالمتابعة.

٣- على المعلم أو الطالب الذي سيقرأ أن يعطي الطلاب الآخرين فكرة موجزة عن الموضوع قبل أن يبدأ بالقراءة لهم لإعداد أذهانهم وتشويقهم.

٤- يقرأ الطالب أو المعلم قراءة تراعى فيها شروط القراءة الجهرية النموذجية.

٥- يدعو المعلم الطلاب إلى مناقشة ما قُرئ بقصد التثبت من فهمهم، ونقد المقروء أو التعليق عليه، وتشجيعهم على ذلك.

وسائل التدريب على الاستماع :

١- عن طريق التوجيهات اللفظية التي يستخدمها المعلم مع طلابه نحو : أرجو الاستماع أرجو الإصغاء، أرجو عدم التحدث مع زميلك في أثناء الاستماع..... الخ.

٢- أن يكون المعلم قدوة لتلاميذه وذلك باستماعه إليهم وإصغائه في أثناء حديثهم.

٣- التدرج في تدريبهم على مواقف الاستماع، وذلك كان يسألهم في البداية عن اسمهم وعن اليوم أو عن أشكال التحية, والمجاملات العادية, أو التهنئة في المناسبات.

٤- تهيئتهم إلى سماع قصة سهلة ومفهومة وشائعة وقياس مدى ما فهموه.

٥- تلاوة خبر على مسامعهم، وقياس مدى ما فهموه.

٦- تهيئة الأطفال تدريجياً لتمثيل دور المتحدث والمستمع.

٧- متابعة المعلم تدريب التلاميذ في مواقف الاستماع في درس اللغة العربية وذلك في دروس المطالعة والأسئلة التالية لها. وعن طريق القطع النثرية والشعرية المختارة وعن طريق الإملاء وبخاصة عندما يملي المعلم القطعة مجزأة عليهم، وفي التعبير الشفوي، ونماذج الخط والإذاعة المدرسية، وعن طريق الاستماع إلى التسجيلات المختلفة والمحاضرات واللقاءات المدرسية.

أهداف تدريس القراءة :

-الصف الأول: يتوقع من الطالب في نهاية هذا الصف أن يكون قادراً على ما يلي:

١- قراءة الجمل والكلمات المقدمة إليه قراءة جهرية صحيحة.

٢- فهم الجمل والكلمات المقدّمة إليه.

٣- تجريد الحروف الهجائية بأشكالها المختلفة.

٤- التعرف إلى الحروف الهجائية نطقاً سليماً والتعرف إلى أسمائها.

٥- نطق الحروف الهجائية نطقاً سليماً والتعرف إلى أسمائها.

٦- قراءة نحو (٣٠٠- ٣٥٠) كلمة أساسية.

٧- تركيب مقاطع وكلمات جديدة من الحروف التي تعرف إليها.

٨- التعرف إلى الحركات والسكون والشدة والتنوين ونطقها.

٩- اكتساب عادات ومهارات سليمة كالإصغاء، ونبذ الخجل، والمشاركة، والنظافة والنظام, والمحافظة على الكتب, والدفاتر, والجلوس جلسة صحيحة, والاستئذان.

- الصف الثاني والثالث :

١- القراءة بفهم قراءة جهرية سليمة مراعياً علامات الترقيم.

٢- متابعـة قـراءة درس مكـون مـن (١٥٠) كلمـة محافظـاً علـى فهـم الأفكـار الرئيسية في الدرس والأداء السليم.

٣- استماع ما يلقى إليه مدة خمس دقائق استماعاً لفظياً.

٤- قراءة الدروس قراءة صامتة بفهم واستيعاب وزمن مناسب.

٥- قراءة بعض القصص المناسبة لسنّه.

٦- قراءة الصحيفة اليومية بفهم مناسب.

٧- مناقشة ما يقرأ بطلاقه وجرأه.

٨- إدراك العلاقات بين مفردات الجمل والارتباط بين الجمل.

٩- اكتساب مفردات لغوية في مجالات عدة (البيت، والمدرسة، والحي.......الخ)

١٠- اكتساب قدر من الاتجاهات المرغوب فيها (دينية ووطنية وقومية ونفسية).

- الطرق العامّة في تدريس القراءة.

أولاً : الطريقة الجزئية والتركيبية : ويتفرغ منها :

طريقة الحروف الهجائية : وهي الطريقة التي يبدأ الطفل بها بتعلم الحروف الهجائية وأسمائها وأشكالها وبالترتيب الـذي هـي عليـه (ألـف- بـاء - تـاء..... الـخ) ؛ وبذلك سميت الطريقة الهجائية ويسير المعلم في تدريسها على النحو التالي :

- ينطق المعلـم الحـرف المكتـوب علـى اللـوح أمـام التلاميـذ، ويقـوم التلاميذ بالترديد وراءه ويكرر ذلك عدة مرات، وقد يكتب المعلم عدداً من الحروف - حسب قدرة الأطفال - ويقرأها بالتسلسل، ويقوم الأطفال بترديدها خلفه (أ-ب- ت- ث..) عدة مرات، ثم يسألهم عن أشكالها، ثم يقوم بعملية المخالفة بين مواقع الحروف، ثم يسأل عنها ليتأكد من معرفتهم بها.

- يقوم المعلم بتدريب التلاميذ على كتابتها حتى يتقنوها.

- ينتقل المعلم إلى مجموعة أخرى من الحروف وهكذا...... مـع التركيز علـى أهمية الترتيب لهذه الحروف, وهو بهذه العملية يتبع الطريقة الجمعية عند القراءة والأسلوب الفردي عند الكتابة.

- لقد شاع في الماضي تدريب التلاميذ على معرفة الحروف بطريقـة مـا يعـرف بطريقة " الكتاتيب" حيث كـان الشيخ يعلمهـم بقولـه :لألـف لا شيء عليهـا، والبـاء نقطة مـن تحتهـا، والتـاء نقطتـان مـن فوقهـا، فـإذا مـا اسـتوعب التلاميـذ الحـروف وأشكالها وأسماءَهما,

ينتقل الشيخ إلى تعليم الأطفال لبعض أصوات الحروف كالفتحة، ثم يبدأ في تكوين بعض الكلمات من الحروف التي تعلمها الطفل نحو :ميم فتحة م، دال فتحة دَ، حاء فتحة حَ ويلفظها مَدَح وهكذا حتى يتم الحروف جميعاً، وفي خلال ذلك يزيد في تكوين الكلمات، ثم ينتقل بتلاميذه إلى مرحلة تكوين الجمل وهكذا......... ولقد سادت هذه الطريقة زمناً طويلاً لما فيها من مزايا، حتى أصبحت مألوفة لدى أولياء الأمور.

مزاياها:

١- أنها سهلة على المعلم لأنها تتم بالتدرج والانتقال في خطوات منطقية.

٢- أنها الطريقة المثلى التي يألفها أولياء الأمور لأنهم تعلموا بها ولذلك فإن هؤلاء لا يتحمسون لغيرها ولا لأي تغير عليها.

٣- أنها تمكن الطالب من السيطرة على الحروف الهجائية في ترتيبها مما يجعلهم قادرين على التعامل مستقبلاً مع المعجمات اللغوية.

٤- يتمكن الطفل بهذه الطريقة من تركيب كلمات مستقلة لأنه يمتلك أسس بناء هذه الكلمات وهي الحروف.

٥- تساعد الطفل على عملية التهجي.

عيوبها :

١- أنها تخالف الطريقة الطبيعية لتعلم الطفل إذ إنها تبدأ من الجزيئات إلى الكليات ومن المجهول إلى المعلوم بينما واقع تعليم الطفل يبدأ بالكليات ثم ينتقل إلى الجزيئات ومن المعلوم إلى المجهول، فالمعلوم هي الكلمات وذات المعنى أمّا الحرف فهو المجهول.

٢- أن الطفل بها يتعلم الحروف دون أن يدرك وظيفتها ويظل في عالمها المجهول مدة طويلة لأنه يحفظها حفظاً.

٣- أن صوت الحرف أصغر من اسمه وفي هذا عنت على المتعلم.

٤- تعود هذه الطريقة الأطفال على القراءة البطيئة لأنها قائمة على التهجي حرفاً حرفاً، وعلى قراءة الجملة كلمة كلمة، ويترتب على هذا عدم إدراك الجمل والعبارات إدراكاً.

٥- يتعلم الأطفال من خلال هذه الطريقة رموزاً لا معنى لها.

٦- يستغرق الانتقال بالطفل من الحروف إلى الكلمات إلى الجمل وقتاً طويلاً.

٧- لا تتيح هذه الطريقة للطفل التصور البصري للشكل المكتوب.

٨- ليس في هذه الطريقة مراعاة لنمو الطفل أو قدراته لأنها طريقة آلية في اكتساب المهارات ذلك لأنها تنتقل بالطفل من خطوة إلى خطوة انتقالاً منطقياً, من قبل المعلم, وللطلاب جميعاً.
٩- تفرض هذه الطريقة كلمات معينة لأنها تحتوي على حروف معينة قد تعلموها، وقد تكون هذه الكلمات صعبة الفهم عليهم.
١٠- تقيد هذه الطريقة حرية الطفل وتحد من انطلاقه في التحدّث.
١١- بالرغم من أن هذه الطريقة تقوي الطفل في التهجّي إلاّ أنها لا تقدره على القراءة الصحيحة.

ب- الطريقة الصوتية :

وهي الطريقة التي تبدأ مع الطفل بأصوات الحروف مباشرة بدلاً من أسمائها، لذا فهي تختصر على الطفل مرحلة تعلم الحروف نفسها، ويتبع في تدريبها الخطوات التالية :

- يكتب المعلم الحرف الأول (أ) أمام الطفل أو يعرضه على بطاقة بخط كبير واضح مع صورة لأرنب (مثلاً) ويقول وهو يشير إلى الحرف : ألف همزة وفتحه (أ) والتلاميذ يرددون خلفه، ثم ينتقل إلى الحروف الأخرى، ويستطيع المعلم أن ينتقل إلى الحروف منفصلة ثم مجتمعه كأن يقول :

د فتحة دَ، و ر فتحة ر، و س فتحة سَ ويقول : دَرَسَ

وهذه الطريقة تتيح للمتعلم أن يتعلم ثلاثمائة وأربعة وستين صوتاً، ولا ينتقل المعلم بتلاميذه في كثير من الأحيان إلى تكوين كلمات إلاّ بعد امتلاك الطفل عدداً كثيراً من الأصوات.

مزاياها :

مزايا هذه الطريقة هي مزايا الطريقة السابقة يضاف إليها :

١- أنها تربط ربطاً مباشراً بين الصوت والرمز المكتوب.
٢- أنها تدرب التلميذ على الأصوات المختلفة.
٣- أنها ضرورية لا بد منها في تعليم القراءة.

عيوبها :

لها من العيوب ما في الطريقة الأبجدية ويمكن إضافة ما يلي :

١- يصيب التلاميذ الذين يتعلمون بهذه الطريقة الاضطراب وذلك في الكلمات المتشابهة في أشكالها مثل (باب، ناب، غاب) ذلك أنها تعتمد على اختيار كلمات من ذوات الحرفين والثلاثة.
٢- كثير من الطلاب يصعب عليه ربط الأصوات مع الكلمات ثم تعميمها على كلمات أخرى.
٣- تترك عند الطفل عادات سيئة في النّطق كمدّ الحرف زيادة عن المطلوب أو عدم التفريق بين المدّ وغيره.

وبالرغم من أن المربين بذلوا جهوداً كبيرة لتلافي بعض ما أخذ على هاتين الطريقتين فاستخدموا المكعبات التي تُعبرُ عن الحروف والصور والرسوم وطلبوا من الأطفال الكتابة على الرمل واللعب بالصلصال، إلاّ أن هذا لم يغير من حقيقة أنهما ثقيلتان على المتعلّم.

ج- الطريقة المقطعية :

تعتمد هذه الطريقة على مقاطع الكلمات وتجعل منها وحدات لتعليم القراءة للمبتدئين بدلاً من الحروف والأصوات ؛ ولذلك سميت بالطريقة المقطعية، وهي محاولة لتعليم الطفل القراءة عن طريق وحدات لغوية أكبر من الحرف والصوت ولكنها أقل من الكلمة.

ومن المعروف أن الكلمة العربية تتكون غالباً من قطعتين فأكثر، والطفل بهذه الطريقة يتعلم عدداً من المقاطع ليؤلف بها كلمات، ولهذا عدت هذه الطريقة تركيبية أو جزئية ومن المعلوم أن الكلمات ذوات المقطع الواحد في العربية قليلة مثل (من - ما - في - لم - قُلْ - خذ - يد - أب - دم) وأن كثيراً منها يصعب تقديم صور موضحة لها ؛ لذلك كانت هذه الطريقة صعبة على الأطفال.

وفي العادة فإن هذه الطريقة تبدأ بتدريب الأطفال على كتابة حروف العلّة مع نطقها وذلك عن طريق كلمات تتضمن هذه الحروف, وصور تمثل هذه الكلمات، ويتكرر نطق المعلم لهذه الكلمات ولأصوات الحروف الثلاثة، حتى يتقنها الطفل، ويهدف استخدام حروف العلّة في البداية لكي تستخدم بعد ذلك حروف مدّ لتوضيح أصوات بقية الحروف الهجائية، ومن ثم يمكن أن يتكون من الحرف الواحد بثلاثة مقاطع مثل (با- بو- بي) ونتيجة هذه المقاطع الحاصلة لكل حرف تتاح الفرصة للطفل أن ينطق هذا الحرف أكثر، وبدقة أكبر، وحتى يثبت لدى التلاميذ صوت الحرف ونطقه بطريقة أدق, يلجأ المعلم الماهر إلى تقديم مقاطع للتلاميذ ذات معنى مهم عندهم مثل (بابا- ماما-سوسو).

مزايا هذه الطريقة وعيوبها

يمكن أن يقال أن هذه الطريقة أفضل من سابقتيها، بيد أنها ما تزال بعيدة عن مفهوم القراءة المطلوبة فهي:

١- طريقة جزئية في منهجها وأسلوبها.

٢- أن المقاطع ذات المعنى في اللغة العربية قليلة، وبناء على هذا فإن المعلم مضطر لاختيار مقاطع لا تدل على معان مثل: (نا -نو- ني) وبالتالي، ربما كانت هذه الطريقة أكثر نفعاً في لغات تكثر فيها المقاطع.

٣- هذه الطريقة ثقيلة على الطفل لأنها تلقي عليه عبئاً لا يحتمله في الفترة الأولى من تعلمه القراءة لأنها تلزم الطفل أن يذكر مقاطع الكلمات, فإن لم يستطيع تذكرها لا يستطيع أن يفهم المقاطع الجديدة.

٤- تشترك هذه الطريقة سابقتيها فيما أخذ عليها من عيوب ونقد.

٥- إن همّ هذه الطريقة مركز على أجزاء من الكلمة المفردة وهي المقطع الذي في النهاية لا يؤدي معنى للطفل فلذلك تبعث السآمة والملل.

ثانياً : الطريقة الكلية أو التحليلية :

إن أية طريقة في التدريس تضمن أكبر قدر من الموضوع في المعنى بالنسبة للطفل تعدّ طريقة جيدة وناجحة، ومما لا شك فيه أن الطريقة الكلية تحقق هذه الميزة إلى حد كبير, إضافة إلى هذا فإن هذه الطريقة تتوافق مع عملية الإدراك التي يمر بها الإنسان، إذ هو في طبيعته يبدأ بإدراك الأشكال بشكل كلي ولا يدرك أجزاءهما أول مرة (بناء على النظرية الجشتالتية)، ويبررون هذه الطبيعة بأن الجزء نفسه لا قيمة له إلا من انتمائه لكلّ يرتبط به، فالحرف لا معنى له من نفسه ولا دلالة له إلا في إطار الكلمة التي ينتمي إليها, والكلمة أيضاً قد تحتمل معنى، ولكن معناها الدقيق لا يتضح إلاّ مع ما وضعت له في الجملة, ولذلك كانت هذه الطريقة في تعليم القراءة أنسب لنمو المتعلم, وأقرب إلى طبيعتة علاوة إلى شعور الطفل بأنه يقرأ شيئاً ذا دلالة، فيتولد لديه الدافع الذاتي.

ولهذه الطريقة عدّة أشكال أهمها:

أ- طريقة الكلمة :

تسمى الطريقة أيضاً طريقة " أنظر وقل" حيث يبدأ التلميذ بتعلم القراءة بالكلمة لا بالحرف ولا بالصوت ولا بالمقطع، ومع أنها تبدأ عن طريق تعلم الوحدات اللغوية كالحرف والصوت

والمقطع، إلاّ أنها أوسع منها, ولها معانٍ يفهمها الطفل، ففي هذه الطريقة يقوم كثير من المدرسين بتدريس طريقة الكلمة الكلية من خلال استعمال الصور والبطاقات، ويتبع كثير في تدريسها ما يلي:

١- ينطق المعلم الكلمة بصوت واضح مشيراً إليها, ويقوم التلاميذ بمحاكاته ناظرين إلى الكلمة بإمعان وتركيز، وفي الوقت نفسه يؤكد المعلم العلاقة بين الصورة والكلمة.

٢- يقوم المعلم بتكرار نطق الكلمة عدة مرات لتثبيت صورتها في أذهان التلاميذ.

يتدرج المعلم في الاستغناء عن الصور المرافقة لهذه الكلمات حتى يصبح الطفل قادراً على التعرف إلى الكلمة، وتميزها دون الاستعانة بالصورة.

٣- يقوم المعلم بتحليل الكلمة إلى حروفها حتى يستطيع الطفل تمييز هذه الحروف

مزاياها:

١- يبدأ الطفل فيها بما له دلالة ومعنى عنده.

٢- تتمشى مع طبيعة إدراك الطفل لأن الكلمة في ذاتها كل وليست جزءاً.

٣- تزود الطفل بثروة لغوية يمكن الإفادة منها.

٤- هي أسرع في تعلمها من الطرق السابقة لأنها تخلق عند الطفل الدافعية والرغبة

٥- تربط هذه الطريقة بين اللفظ والمعنى.

عيوبها :

١- لا تستند دائماً على أسس من الإعداد فيما قبل مرحلة القراءة.

٢- يدخل فيها عنصر التخمين بشكل أكبر.

٣- قد لا يكون الطفل دقيقاً في إدراكه كما يحب المعلم، وعلى هذا تكون الطريقة بمثابة (انظر وخمّن) بدلاً من (انظر وقل).

٤- تجعل الطفل يخلط بين أشكال الكلمات المتقاربة نحو (فال -قال- مال- نال) لأنها تعتمد على شكل الكلمة.

٥- قد يعجز الأطفال عن قراءة الكلمات الغريبة أو غير المألوفة.

٦- ينتاب هذه الطريقة العجز الواضح في القدرة على التحليل لأن التلاميذ لا يقدرون على نطق العناصر في الكلمة، بل ربما يجهلون هذه الحروف وأصواتها.

ب- طريقة الجملة :

ظهرت هذه الطريقة نتيجة المآخذ التي وجهت إلى طريقة الكلمة. وتعد الجملة في هذه الطريقة الوحدة التي يتم بها تعليم القراءة، وتقوم على الأسس التالية:

١- إعداد جمل قصيرة من قبل المعلم مما يألفه الطالب وكتابتها على اللوح أو على بطاقات, وقد تكون الجمل من أفواه التلاميذ.

٢- ينظر التلاميذ إلى الجملة بانتباه وتركيز ودقة.

٣- ينطق المعلم الجملة، ويرددها الأطفال وراءه جماعات, وفرادى مرات كافية، ثم يعرض جملة أخرى تشترك مع الأولى في بعض الكلمات من حيث المعنى والشكل ويتبع فيها ما فعله في الأولى.

٤- بعد عدة جمل يبدأ المعلم بتحليل الجمل ويختار منها الكلمات المتشابهة لتحليل الحروف، ويجدر بالمعلم هنا ألا يتعجل عملية التحليل وألاّ يبطئ فيها.

مزاياها:

١- تقدّم هذه الطريقة للتلاميذ شيئاً ذا معنى.

٢- تستند هذه الطريقة على استغلال خبرات التلاميذ, واستخدام الكلمات التي تشيع في حياتهم اليومية.

٣- تقوم هذه الطريقة على أساس نفسي, فهي تبدأ بالكليات دون التركيز أول الأمر على الجزيئات.

٤- يقل الحدس والتخمين فيها عما نلاحظه في طريقة الكلمة.

٥- يشعر التلاميذ بأنهم بدأوا يتعلمون القراءة لأنهم يقرؤون أ جملاً وعبارات وفي هذا دافع لهم.

٦- يمكن أن تُعَّلم هذه الطريقة عن طريق الكتاب أو البطاقات.

٧- لا تهمل هذه الطريقة التركيز على الكلمات ولا على إتقان الحروف والكلمات.

٨- تعمل هذه الطريقة على انطلاق الطفل في تحدثه وتعبيره في لغته الشفوية والكتابية.

عيوبها:

١- قد يهمل المعلم عملية التحليل إلى الكلمات والحروف وفي هذا لتكوين مهارة أساسية تعين الطفل على قراءة كلمات جديدة.

٢- قد تعرض الجمل وتقرأ أمام التلاميذ بطريقة آلية وبالتالي إذا انتقل الطفل إلى جمل أخرى فيها كلمات من الجمل التي قرأها من قبل، لا يحسن التعرف إليها.
٣- تحتاج هذه الطريقة إلى كثير من الوسائل المعينة.
٤- تحتاج هذه الطريقة إلى معلم صادق ماهر مدرب ولذلك فإن المعلم يجب أن يعد إعداداً صحيحاً كي يعلّم بهذه الطريقة.

ثالثاً: الطريقة التوليفية أو التوفيقية (التحليلية- التركيبية) :

من خلال استعراضها لطرق تدريس القراءة السابقة, يتبيّن أن لكل طريقة مزايا وعيوباً وأنه ليست هناك طريقة واحدة لها كل المزايا، وبالتالي فإن الاتجاه الحديث يسعى إلى الجمع بين أكثر من طريقة؛ بمعنى أنه يؤخذ من كل طريقة مزاياها وترك مساوئها قدر الإمكان ؛ لذلك ارتأى المختصون ضرورة الإفادة من كل طريقة سواء كانت كلية أم جزئية، ومن ثمّ تبلورت فكرة الطريقة المتبعة حالياً في التدريس وهي الطريقة المزدوجة أو التركيبية التحليلية التي من أهم عناصرها ما يلي :

١- أنها تقدّم للأطفال وحدات معنوية كاملة للقراءة وهي الكلمات ذات المعنى وبهذا ينتفع الأطفال بمزايا طريقة الكلمة.
٢- أنها تقدم لهم جملاً سهلة تشترك فيها بعض الكلمات، وبهذا ينتفعون بطريقة الجملة.
٣- أنها معنية بتحليل الكلمات تحليلاً صوتياً للتعرف إلى أصوات الحروف وربطها برموزها وبهذا تستفيد من الطريقة الصوتية.
٤- أنها تعنى في إحدى مراحلها بمعرفة الحروف الهجائية رسما واسماً وبهذا تنتفع بمزايا الطريقة الأبجدية.
٥- تخلصت هذه الطريقة من العيوب التي تحققت بالطرق السابقة.

ومما يزيد من صلاحية الطريقة ونجاحها أنها تبدأ بالكلمات القصيرة المستخدمة في حياة الأطفال وأنها تراعي كثيراً استخدام الصور الملونة والنماذج والحروف الخشبية من الوسائل مما يوفر لهذه الطريقة عنصر التشويق.

وتقوم هذه الطريقة على عدة أسس نفسية ولغوية أهمها :

١- إدراك الأشياء جملة أسبق من إدراكها مجزأة.
٢- الجملة هي وحدة المعنى، وأن الكلمة هي الوحدة المعنوية الصغرى.

٣- القراءة عملية التقاط بصري للرموز الكتابية وليست تخميناً أو حدساً, فمعرفة الحـروف أساس مهم في هذه العملية.

٤- تفيد التجارب أن الوقت المستغرق في الالتقاط البصري للحرف هو الوقت نفسه المستغرق في التقاط الكلمة كلها.

مراحل تدريس القراءة في الصف الأول : (الطريقة الازدواجية):

أولاً : مرحلة المحادثة والتهيئة :

وهي مرحلة تهيئة لعملية القراءة في كل درس حيث يدرب المعلـم تلاميـذه عـلى دقة الملاحظة وذلك بعرض صور ناقصة عليهم ويطلب منهم تعيين النـاقص, أو يطلـب مـنهم ذكر أشياء يشاهدونها في المدرسة أو البيت أو يطلب منهم التحدث عـما سـمعوه ذلك اليـوم مـن أخبار, ومن ذلك تدريبهم على إدراك العلاقات كأن يقول, من يذكر كلمة تفيد أن الفيل حيوان ضخم (مثلاً), وقد يعرض عليهم أشكالاً متشابهة وبينها شكل مخالف ويطلب التعـرف إليـه. وفي كل هذا يحاول المعلم أن يوجه طلابه إلى تأليف جمـل تكون في مجموعها درس القراءة التالي.

ثانياً : مرحلة عرض الكلمات أو الجمل :

ويكون هذا بعرض الجمل أو الكلمات مقرونـة بصور مرتبطـة بها وذلـك عـلى النحـو التالي :

١- عرض الصور الجزئية للدرس فرادى ويناقش محتواها عن طريق الأسئلة ويراعي أن يكون جواب كل التلاميذ بلغة سليمة.

٢- عرض الجمل والصور الجزئية المعبرة عنها على الطلبة, ثم يقرأ المعلـم أولاً, ثـم يطلـب إلى الطلبة ترديدها خلفه مع الربط بين الصورة والجملة واستخدام البطاقات الملونة في عرض الجمل.

٣- تحجب الصور الجزئية تدريجياً وتبقى الجمل أمام الطلبة ويستمرون في قراءتها.

٤- تهيئة الطلبة في هذه المرحلة لعمليات التحليل والتجريد.

ثالثاً: مرحلة التحليل والتجريد:

ويقصد بها تحليل الجمل إلى كلمات ومن ثم تحليـل الكلمات ووقوف الطفل عـلى حروفها, وإلمامه بها, ويسير التحليل على وفق التالي :

١- تحليل الجملة إلى كلمات وذلك عن طريق:

- عرض بطاقات تضم كلمات الجملة.

- عرض بطاقات كتب عليها الكلمة التي تشتمل على الحروف المراد تجريدها.
- قراءة المعلم أولاً مشيراً إلى الكلمة، ثم قراءة التلاميذ عدة مرات، ويحسن أن يقرأ التلاميذ واحداً واحداً أو في مجموعات صغيرة للتأكد من صحة النطق، مع مراعاة أن يكتب الحرف المراد تجريده بلون مميز.

٢- تجريد الحروف وذلك عن طريق:

عرض الحرف على بطاقة خاصة باللون المميز، ويقرأ المعلم أولاً، ثم يقرأ التلاميذ عدة مرات للتأكد من سلامة النّطق، مع مراعاة أن يجرد الحرف بحالاته المختلفة متصلاً ومنفرداً.

رابعاً: مرحلة التركيب:

وهي مرحلة تكوين كلمات وجمل جديدة وتتم على النحو التالي:

- الطلب إلى التلاميذ أن يعيدوا تركيب كلمات جديدة من حروف سبق لهم تجريدها, ثم تركيب هذه الكلمات في جمل سبق لهم تحليلها, ويكون التركيز على أخر حرف ثمّ تجريده.

- توفير التدريبات المرافقة، ويستعان بالمواد التعليمية المتنوعة ومنها :

بطاقات الجمل والكلمات والحروف، والصور واللوحات الوبرية، واللوحات المغناطيسية، والتمثيل والألعاب، والحاسوب، وأسئلة التسجيل المرئيّة والمسموعة. أساليب تدريس القراءة في الصف الثاني.

تتم عملية تدريس القراءة في هذه المرحلة من خلال مراحل ثلاث:

الأولى: التركيز على آلية القراءة.

تسير هذه المرحلة على وفق الخطوات التالية :

١- يفضل أن يعرض المعلم النصّ أمام التلاميذ مكتوباً بخط النسخ على لوحة من الورق المقوى بخط كبير واضح، ثم يقوم المعلم بقراءة النص قراءة أولى بتأنٍّ مستخدماً المؤشر لافتاً أنظار الطلاب إلى النص متأكداً أن كتبهم غير مفتوحة.

٢- يقرأ المعلم النص فقرة فقرة, ويطلب من عدد من التلاميذ قراءة هذه الفقرات فقرة فقرة.

٣- يحضر المعلم بطاقات تتضمن صعوبات قرائيّة, ويعرضها أمام التلاميذ، ويقوم بقراءتها ويتبع ذلك قراءة بعض التلاميذ.

٤- يطلب من التلاميذ فتح كتبهم على الدرس، ثم يقرأ الدرس قراءة نموذجية.

٥- يكلف المعلم الطلاب إعادة قراءة الدرس مبتدئاً بالأقوياء منهم، ثم التلاميذ الأقل قدرة مراعياً إشراك أكبر عدد ممكن من التلاميذ.

٦- يقوم المعلم بتوجيه أسئلة مباشرة، ويصحح الإجابات عند الضرورة طالباً منهم قراءة الجزء الذي يتضمن الإجابة، على أن تؤجل الأسئلة الاستنتاجية إلى نهاية تدريس النص.

الثانية : الفهم والتدريب على آلية القراءة.

تتم هذه المرحلة على النحو التالي :

١- توجيه مجموعة من الأسئلة في أثناء القراءة الثانية أو الثالثة، تتناول بعض الأفكار الفرعية التي لا تشملها الأسئلة المثبتة آخر النص.

٢- بعد قراءة الدرس مرة أخرى يوجه المعلم أسئلة تكوّن إجاباتها نمطاً محدوداً أو كلمة معينة بقصد التعرف على معناها، ثم يطلب المعلم من تلاميذه توظيفها.

٣- يوجه المعلم في نهاية التدريب على القراءة مجموعة من الأسئلة الاستنتاجية تتضمن إجابتها مجموعة من القيم والاتجاهات المرغوب فيها, وإصدار الحكم عليها.

٤- تمثيل الدرس قرائياً إذا كان النص قابلاً لذلك.

الثالثة : تدريب على التدريبات.

بعد أن دُرِّب التلاميذ من خلال النص على مهارة القراءة الكلية يأتي دور التدريب على التدريبات, لتعزيز هذه المهارات من خلال التكرار, وللتدريب على المهارات الجزئية، ومن أشهر هذه التدريبات:

أ- تدريب الوصل بين الجمل الناقصة وما يكملها.

ب- تدريب تحليل الكلمات.

ج- تدريب ملء الفراغ.

د- تدريب تركيب الكلمات.

هـ- تدريب الأساليب اللغوية.

و- تدريب اقرأ.

ز- تدريب الألعاب اللغوية.

طرق تدريس هذه التدريبات:

أ- طريقة الوصل بين الجمل :

يهدف هذا التدريب إلى تعرف مواطن الضعف عند الطلاب, مع التركيـز عـلى زيـادة مهارة القراءة, وعليه فإن هذا التدريب يشترط أن يكون الطالـب في وضـع يمكنـه مـن قراءة الكلام المكتوب وفهمه.

وطريقة تدريسه تسير على النحو التالي:

١- إذا كان التدريب مكوناً من جمل جديدة. يقوم المعلم بمراجعـة سريعـة لمفردات هـذه الجمل من خلال البطاقات للتأكد من قـدرة طلابـه عـلى قراءتها. أمّـا إذا كانـت الجمـل مأخوذة من الدرس فلا حاجـة للمراجعـة حيـث يطلـب مـن التلاميـذ النظـر إلى الجمـل الناقصة، ثم يوجههم إلى الجملة الأولى ويطلب من أحدهم قراءتها ويكرر ذلك مع عـدد من الطلاب.

٢- يطلب المعلم من طلابه البحث عن الجزء المكمل للجملة الناقصة ويطالبهم بقراءتـه، ثم يطالب بعضهم بقراءة الجملة كاملة، ويكرر ذلك مع عدد من الطلاب.

٣- يسبق هاتين الخطوتين إرشادات لا بد للمعلم أن يوضحها للطلاب كإفهامهم المطلوب مـن التدريب وتقديم نموذج للحل.

٤- إذا لم يسـتطع التلاميـذ تنفيـذ التـدريب يقـوم المعلم بمناقشتهم فيـه ليهتـدوا إلى الحـل السليم.

٥- يقوم التلاميذ بوصل جمل القصة بما يكملها بقلم رصاص، وهكذا مع الجمل الباقية.

ب- تدريب تحليل الكلمات:

يهدف هذا التدريب إلى زيـادة معرفـة الطـلاب بـالحروف داخـل الكلمات بأشـكالها المختلفة ويسير على النحو التالي:

١- يعرض المعلم على الطلاب كلمات كتبت على بطاقات ويطلب منهم قراءتها.

٢- يطالبهم تأمل حروف كل كلمـة والتعـرف إليها ونطقهـا ويفضـل هنـا أن يلفـظ الطالـب الكلمة بحسب مقاطعها والحروف محركة.

٣- ينقل المعلم طلابه إلى الكتاب ويطلب منهم كتابة الكلمات مجزأة وذلك بوضـع خطـوط عمودية بين الحروف.

ج- تدريب ملء الفراغ : ويسير على النحو التالي:

١- تعرض الكلمات الواردة في أعلى التدريب في بطاقات.

٢- يطلب من مجموعة من الطلاب قراءتها.

٣- يبدأ المعلم مع طلابه بمعالجة التدريب جملة جملة على النحو لتالي:

أ- قراءة الجملة الناقصة

ب- البحث عن الكلمة المتممة وقراءتها, ثم قراءة الجملة كاملة.

ج- معالجة الأخطاء.

د- وصل الكلمة المناسبة بمكانها الفارغ.

د- تدريب تركيب الكلمات:

ويسير وفق الخطوات التالية:

١- يعرض المعلم حروف الكلمة المراد تحليلها على لوحة العرض ويطلب من تلاميذه تعرفها حرفاً حرفاً ثم قراءة الكلمة دفعة واحدة.

٢- يلفظ المعلم حروف الكلمة ببطء مشيراً إليها بالمؤشر, ويجدر هنا التنبيه إلى ضرورة لفظ الأصوات كما هي في الكلمة، ثم يقرأ المعلم الكلمة، بسرعة عادية ويطلب من طلابه محاكاته.

٣- يعود المعلم بطلابه إلى الكتاب ويطلب منهم وصل الحروف بقلم الرصاص، ثم قراءة ما ركبوه.

هـ- تدريب الأساليب اللغوية:

يهدف هذا التدريب إلى تعزيز مهارة الطالب في القراءة والتعبير وزيادة طلاقته اللغوية،ويسير على النحو التالي:

١- يقرأ المعلم الأسلوب اللغوي المراد التدريب عليه قراءة معبرة مستخدماً الإشارات والحركات وتعابير الوجه.

٢- يطلب من أحد الطلاب محاكاته في نبرات صوته وإشاراته وملامح وجهه

٣- يطلب من عدد من الطلاب إعادة القراءة مقلدين أستاذهم وزميلهم.

٤- يطلب من التلاميذ إحضار أمثلة مشابهة للأسلوب.

و- تدريب اقرأ:

يهدف هذا التدريب إلى مراجعة الكلمات السابقة، وتعزيز فرص التدريب على قراءة مجموعة من الكلمات والجمل سبق تعلمها, والتعرف إلى مشكلات الطالب القرائيّة ويسير كما يلي:

١- يطلب المعلم من طلابه فتح كتبهم على التدريب في الكتاب ويلفت انتباههم إلى ضرورة متابعة قراءته بوضع أصابعهم تحت الكلمات.

٢- يقرأ الطلاب النص فقرة فقرة وقد يقرأ الفقرة الواحدة طالبان وأكثر حسب طول الفقرة

ز- تدريب الألعاب اللغوية:

يهدف هذا النوع من التدريبات إلى اشاعة المتعة والتشويق في تعليم اللغة العربيّة وجعل اللغة العربيّة أكثر التصاقاً بالتلاميذ بحبهم اللعب. ويراعى في تعليم هذا النوع ما يلي :

١- أن يشعر الطلاب بالراحة والتحلل من المواقف التعليمية، وبث روح الحماسة وذلك باستخدام عبارات تحبب الطلاب باللعب.

٢- توضيح عناصر اللعبة من قبل المعلم وطريقة أدائها.

٣- يطلب المعلم من الطلاب القيام بأداء اللعبة الموجودة في الكتاب محدداً الزمن.

٤- يتجول المعلم بين الطلاب مرشداً وموجهاً ومثنياً، ثم يوقف اللعبة فور انتهاء الزمن المحدد مادحاً الطلاب الذين أنهوا اللعبة.

٥- يمكن أن يقسم الطلاب في مجموعات متنافسة ويعلن في النهاية المجموعة الفائزة

الوحدة الثالثة
الكتابة

الكتابة

مفهوم الكتابة :

هي أسلوب للتعبير عن هذه الرموز الصوتيّة تقتضيها ظروف خاصة في حياة الإنسان كما لو حاول أن يتصل بغيره بعيد عنهُ, أو لا يريد أن يطلع عليها أو يسمعها غيره لذلك جاءت الكتابة متأخرة عن اللغة المنطوقة.

مفهوم آخر : رموز ابتكرها الإنسان ليضع فكرة وأحاسيسه وعواطفه ضمنها ليفيد الآخرين، وهي وسيلة من وسائل الاتصال لتسجيل الوقائع والأحداث.

أهميّة الكتابة:

١- تسجيل تراث الأجيال لتضعهُ أمام الأجيال القادمة.

٢- التعبير عن الأحاسيس والعواطف والمشاعر بصورة أفضل.

٣- وسيلة من وسائل الاتصال بين الناس.

٤- وسيلة توثيقية ثابتة الأصول.

٥- يربط الحضارات الغابرة بالحضارات الراهنة.

أنواع الكتابة :-

١- الإملاء الصحيح

٢- إجادة الخط

٣- التعبير عن الأفكار

٤- النقل / النسخ

٥- حل التمارين.

الإملاء

مفهوم الإملاء

لغة : أَمليتُ أو أَمللتُ وقد ورد في القرآن الكريم، قال تعالى : (وقالُوا أساطيرُ الأولينَ اكتتبها فهي تُملي عليه بكرة وأصيلا) ([1])

وقال أيضاً (ولا يأْبَ كاتبٌ أَنْ يكتب كما علّمهُ الـلـه فليكتب وليملك الّذي عليه الحقُ) ([2]) ويعني بمصدر الفعل أمليتُ، التنقيل والتلقين. ولهما مفهوم الَيوم واضح بسيط، الكتابة والبعد عن الخطأ

اصطلاحاً : فن رسم الكلمات في العربيّة عن طريق التصوير الخطي لأحداث المنطوقة برموز تتيح للقارئ أن يعيد نطقها بصورتها الأولى، وذلك وفق القواعد المرعية التي وضعها العلماء.

والإملاء: تحويل الأصوات المسموعة المفهومة إلى رموزٍ مكتوبة، على أن توضع هذه الحروف في مواضعها الصحيحة من الكلمة، وذلك لإستقامة اللفظ وظهور المعنى المراد.

أهداف تدريس الإملاء :

إن تغير صورة الكلمة، يؤدي إلى تغير في معناها. وهذا هو الخطأ الإملائي لذا فأن أهميّة الإملاء في اللغة العربيّة كبيرةً جداً، وهدف تدريس الإملاء بالغ الأهميّة ولعل من أهم أهدافه العامّة ما يلي :

- القدرة على كتابة المفردات اللغويّة التي يستدعيها التلميذ في التعبير الكتابي, ليتاح له الإتصال بالآخرين من خلال الكتابة السليمة.
- تدريب التلاميذ على رسم الحروف والكلمات رسماً صحيحاً مطابقاً للأصول الفنية التي تضبط نظم الكتابة أحرفاً وكلمات.
- تمكين التلاميذ من رسم الحروف والألفاظ بشكل واضح ومقروء، أي تنمية المهارة الكتابيّة - غير المنظورة - عندهم.
- تعويد التلاميذ النظام والنظافة والحرص على توفير مظاهر الجمال في الكتابة وبهذا ننمي فيه الذوق الفني.

---

[1] - سورة الفرقان /٥

[2] - سورة البقرة / ٢٨٢

- تذليل الصعوبات الإملائية التي تحتاج إلى مزيدٍ من العناية. كرسم الكلمات المهموزة، أو الكلمات المتقاربة في الأصوات, أو المختومة بألف لينة.
- القدرة على تمييز الحروف المتشابهة _ رسماً _ بعضها من بعض بحيث لا يقع القارئ للمادة المكتوبة في الإلتباس بسبب ذلك. فلا يهمل الكاتب سن الصاد ولا يرسم الدال راءً ولا الفاء قافاً. كما لا يريد من وضع النقاط على الحروف.
- تجويد خط التلاميذ، وإذا بكّرَ المدرسون برعاية هذا الهدف خفت مشكلات كثيرة، تنشأة عن رداءةِ خطوط الطلاب.
- تحسين الأساليب الكتابيّة وإنما الثروة التعبيرية، بما يكتسبه التلميذ من المفردات والأنماط اللغوّية من خلال نصوص الإملاء التطبيقيّة.
- تنمية دقة الملاحظة وحسن الإصغاء وجودة الإنصات.
- تحقيق التكامل في تدريس اللغة العربيّة، بحيث يخدم الإملاء فروع اللغة الأخرى.
- يتكفل درس الإملاء بـ :-
  أ- تربية العين عن طريق الملاحظة والمحاكاة.
  ب- تربية الأذن عن طريق حسن الإستماع وجودة الإنصات.
  ج- تربية اليد عن طريق إمساك القلم، وضبط الأصابع, وتنظيم الحركة
- إثراء ثروة التلاميذ المعرفيّة، بما تتضمنه القطعة الإملائيّة من ألوان الخبرة وفنون الثقافة والمعرفة، مما يزيد من معلماته.
- تعليم التلاميذ أصول الكتابة وسرعة الرسم الصحيح.
- حفظ التراث البشري وسهولة نقل المعارف الإنسانيّة من جيل إلى جيل.

أهداف خاصة للإملاء.

١- إملاء الصف الأول الأساسي :

أ- كتابة حروف اللغة العربيّة بأشكالها المختلفة, وفي مواضعها المتباينة.

ب- كتابة الكلمات، والجمل القصيرة مما قرأ بطريقة الإملاء المنظور كتابة سليمة.

٢- في الصفين الثاني والثالث.

يتوقع منهم في نهاية هذه المرحلة أن يكونوا قادرين على :

أ- كتابة إجابة قصيرة عن الأسئلة في المواد التعليمية الأخرى.

ب- كتابة فقرة تملي عليهم إملاء منقولاً.

ج- كتابة فقرة تملي عليهم إملاء منظوراً

د- كتابة فقرات من الدرس المقروء ليعتاد الكتابة الصحيحة بإشراف المعلم.
هـ- كتابة كلمات يكثر فيها الخطأ ككتابة الكلمات ذوات الحروف المتشابهة في الشكل والصوت.
و- ضرورة الجلوس الجِلسة الصحيّة عند ممارسة مهارة الإملاء.

تعليم الإملاء بين الماضي والحاضر

اعتمد تدريس الإملاء في الماضي على اختيار الكلمات الطويلة، أو الصعبة جداً واختبار التلاميذ في رسمها، دون تدريبهم على صحة كتابتها، وفي ضوء هذا الفهم للهدف كان يسير تعليم الإملاء. فكان المعلم يعد قطعة يملؤها بالغريب من الألفاظ، والنادر من الكلمات ذات الرسم الإملائيّ الصعب، بل كان بعضهم يتعمد اشتمالها على الكلمات التي توجد خلاف بين الباحثين في رسمها، ثم ما شذّ وصعب من رسم الهمزة أو الآلف اللينة، ليمتحن التلاميذ فيها، مقدراً تقويمه بالدرجات، وكأن الدرجة التي سيحصل عليها التلميذ هي الهدف من كل هذا العناء. ولم تفد هذه الطريقة في تعليم التلاميذ الرسم الصحيح للكلمات. وكثير من التلاميذ قد يتخرجون من المرحلة الثانوية ولا يزالون يخطئون في رسم بعض الكلمات وكتابتها كتابة غير صحيحة.

والطريقة الصحيحة لتعليم الإملاء تقوم على تمكين التلاميذ من كتابة الكلمات التي يستعملونها في حاضرهم ومستقبلهم كتابة صحيحة تقوم على القواعد التي وضعها علماء اللغة. وبذلك لا يهدف التدريس إلى الاختبار، وإنما يهدف إلى التعليم وكسب المهارة.

*** وسائل التدريب على الكتابة الصحيحة.**

نظراً لكون الإملاء عملية يتدرب من خلالها التلاميذ على الكتابة الصحيحة، فأن من الواجب على المعلم أن يتيح المجال واسعاً أمامهم للتدريب على المادة الإملائيّة قبل أن يطالبهم بكتابتها على شكل إملاء. وإنْ من شأن هذا التدريب أن يقود إلى تجنيب المتعلم الوقوع في الخطأ ابتداء، ووقايته من عواقبه.

ويرى المربون أنه كلما ازدادت استثارة التدريب لوسائل التذكر لدى التلاميذ فأن درجة إتقانهم الإملاء تكون أكبر. ومن وسائل التذكر التي تساهم في ترسيخ صورة المادة الإملائيّة في أذهان التلاميذ :

١- التذكر البصري: إذ عندما تتاح لهم رؤية المادة مكتوبة أمامهم فأن ذلك يساعدهم على تذكرّ صورتها عند الكتابة.

٢- التذكر السمعي: إن الإستماع إلى نطق الكلمات التي تضمنها المادة الإملائيّة نطقاً صحيحاً يقود إلى تذّكر شكلها، والإبتعاد عن الخلط بين كتابة الكلمات المتقاربة والمتشابهة في اللفظ.

٣- التذكر النطقي: عندما يتاح للتلاميذ أن يقرَأوا المادة الإملائية فأن ذلك يساعدهم على تذكر رسمها عند كتابتها.

٤- التذكر الحركي: التدريب على كتابة المادة الإملائيّة قبل أن يمليها المعلم من شأنهِ أن يقود إلى الإتقان والذي هو الهدف الرئيسي من الإملاء.

*** ما يراعى في اختيار موضوعات الإملاء (صفات المادة الإملائيّة الجيدة)**

أهم الشروط التي يجب أن تتوافر في المادة الإملائيّة.

١- إن تناسب المستوى اللغوي والعقلي للتلاميذ، بمعنى أن تتدرج موضوعاتها من حيث السهولة والصعوبة والطول والقصر وفق قدرات التلاميذ العقلية واللغويّة

٢- إن يكون موضوع القطعة متصلاً بحياة التلاميذ اليوميّة، مشتملاً على مواد طريفة ومشوقه لهم.

٣- إن تكون القطعة طبيعية في تأليفها، خالية من مظاهر التكلف التي يسببها ولع المعلم باصطياد الكلمات الغريبة والصعبة.

٤- يفضل أن يختار القطع في المرحلة الأساسيّة الدنيا من كتب اللغة العربيّة.

٥- يفضل في المرحلة الأساسيّة العليا إن تختار القطع من الموضوعات الدراسيّة الأخرى من التاريخ والتربيّة الإسلاميّة والجغرافيا.

٦- إن يختار لكل حصة إملائيّة مادة تتناسب مع وقت الحصة الزمني، من حيث التدريب، وتوزيع الدفاتر وتسطيرها، ثم كتابة قطعة الإملاء.

٧- أن يركز في كل قطعة على معالجة قضية إملائيّة معينة أو أكثر وتدريب التلاميذ عليها.

٨- أن تشتمل القطعة على ما ينمي ثقافة التلاميذ ويزيد من خبراتهم.

٩- الإبتعاد عن الكلمات التي تحتوي على وجهتين في رسمها.

١٠- إن لا تكون القطعة طويلة ومملة.

أثر الإملاء على الحواس.

أن تعلّم الإملاء يكسب التلاميذ كثيراً من المهارات والقدرات، لأنهم عند تعلم الإملاء، ومن ثم إجادته يستخدمون حواسهم ويوظفونها، ومن ثم يترتب على هذا نمواً طبيعياً لكافة مدراكهم.

١- أثره على العين : العين. ترى الكلمة، وترى رسم حروفها الصحيحة، وهي التي تميز الخطأ من الصواب، فتتخزن الذاكرة الصواب وتحاول طرد الخطأ كل ما استطاعت. ومن هنا نقول أنه يجب ربط القراءة بالإملاء عند صغار التلاميذ.

٢- أثره على الأذن : الأذن تسمع أصوات الكلمات ومقاطعها، وتعرف خصائصها، فكل حرف له صوت خاص به, ولأذن أقدر الحواس على أدراك الحروف المتقاربة المخارج والتميز بينها.

٣- أثره عل اليد : اليد عضو الكتابة, فيجب تمرين اليد وتعهدها حتى يستقيم رسم الكلمة, فالتدريب العملي على الكتابة يكسب يده حركات عضلية خاصة تساعده على السرعة والإتقان معاً.

منزلة الإملاء في اللغة العربيّة.

لا يختلف اثنان حول المنزلة الرفيعة للإملاء بين فروع اللغة، لأنه الوسيلة والغاية إلى التعبير الكتابي السليم. ومن هنا لا تستطيع أن نتصور أمة أو شعباً لا يكتب أو لا يحرص على الكتابة بشكل صحيح. ومن جانب آخر تقتضي سُنة التطور أن نزيد من مساحة الجمال ونقلل من مساحة الخطأ والقبح.. لذا فأن الكتابة السليمة تنبع عن أيمان باللغة وعظمة الأمة

لهذا فان للإملاء منزلة عالية لأنه وسيلة الوصول إلى القواعد السليمة من خلال صحة الإملاء، فالصورة الخطية بيان لصحة المعلومة المعرفية في النحو والصرف.

ونستطيع أن ندرك منزلة الإملاء بوضوح، إذا لاحظنا أن الخطأ الإملائي يشوه الكتابة وقد يعوق فهم الجملة، كما أنه يدعو إلى احتقار الكاتب وازدرائه، مع أنه قد يغفر له خطأ لغوي من لون آخر.

إما إلى التلاميذ في المراحل التعليمية الأساسيّة، فالإملاء مقياس دقيق للمستوى التعليمي الذي وصلوا إليه. ونستطيع في سهولة أن نحكم على مستوى التلاميذ، بعد النظر إلى الكراسات التي يكتبون عليها.

*** الصلة بين الإملاء وفروع اللغة العربيّة الأخرى.**

إن غاية الإملاء، لا تقف عن هذه الحدود القريبة التي يظنها بعض المدّرسين، إذ يمكن اتخاذ الإملاء وسيلة إلى ألوان متعددة من النشاط اللغوي، والى كسب التلاميذ كثيراً من المهارات والعادات الحسنة في الكتابة والتنظيم. وهذه بعض النواحي التي ينبغي ربطها بالإملاء.

١-القراءة، لعل القراءة من فروع اللغة العربيّة التي يمكن أن يكون لها دورها الكبير في تعليم الرسم الصحيح للكلمات، فطول النظر في الكلمات المرسومة رسماً صحيحاً يكسب القارئ القدرة على كتابتها كتابة صحيحة, وأثبتت البحوث العلمية التي أجريت أنّ القدرة القرائيه, مرتبطة بالقدرة الهجائيّة، فغالباً ما يكون القارئ الجيد كاتباً يلم بالكتابة. ويتعلم التلميذ تهجي كثير من الكلمات من خلال قراءته لها وطول النظر إليها.

وهناك مجالات التقاء بين القراءة والإملاء، لأن بعض أنواع الإملاء يتطلب القراءة قبل بدء الكتابة كالإملاء المنقول والإملاء المنظور.

٢-التعبير. يحتاج التلميذ في التعبير إلى معرفة أصوات الحروف والنطق بالكلمات والتحدث بها مرات ومرات. وكل ذلك يوقف التلميذ على تركيبها, ومن ثم يمكن كتابتها دون تعثر أو خطأ، وإذا أحسن المعلم انتخاب قطعة الإملاء كانت مادة صالحة لتدريب التلاميذ على التعبير بالأسئلة والمناقشة والتلخيص والنقد، واحتذاء الأساليب المختارة، والإجابة عن الأسئلة كتابةً.

٣- النصوص. وللنصوص تأثيرها في تعلم الكتابة السليمة، فالتلميذ لا يحفظ النصوص, شعرها ونثرها فقط، ولكن يحفظ أيضاً رسم الكلمات وأشكال الحروف،

٤- الخط. العلاقة بين الخط والإملاء علاقة قوية. ففي حصة الإملاء مجال واسع لتدريب التلاميذ على تحسين خطوطهم، وتجويد رسمهم، فكل قطعة إملاء مهما كان نوعها تعد تدريباً على الخط الجيد إذا سعى المعلم إلى ذلك. ومن خير الطرق التي يتبعها المعلمون لحمل التلاميذ على هذه العادة محاسبتهم على الخط ومراعاة ذلك في تقدير درجاتهم في الإملاء أن كان هذا الهدف.

٥- الثقافة العامّة. فقطعة الإملاء، الصالحة وسيلة مجدية إلى تزويد التلاميذ بألوان من المعرفة، والى تجديد معلوماتهم وزيادة صلتهم بالحياة.

٦- المهارات والعادات المحددة : في درس الإملاء مجال متسع لأخذ التلاميذ بكثير من العادات والمهارات, ففيه تعويد التلاميذ جودة الإصغاء، وحسن الانتباه, والاستماع,

والتنسيق والنظام, وتنظيم الكتابة باستخدام علامات الترقيم, وملاحظة الهوامش، وتقسيم الكلام إلى فقرات.

١- مسألة الخطأ

١- مسألة الخطأ عند القدامى

يُعدّ الخروج عن السنن المألوف في اللغة العربيّة,عند اللغويين القدامى خطأ لغوياً أطلقوا عليه اسم اللحن, إذ وصفوه بأنّه عيب وقبح ينبغي عدم الوقوع فيه, وهذا ما دعا إلى نشوء مبدأ تنقية اللغة العربيّة [1].

وعندما اقتضت الحاجة أنْ يضع علماء اللغة العربيّة القواعد النحويّة والصرفيّة واللغويّة، ويؤلفوا فيها تأليفهم,كان التطور اللغويّ مستمراً,وأصبح الخروج عن القواعد التي وضعوها أكثر اتضاحاً، وأشد بروزاً منه قبل ذلك، لذلك سار التأليف في التنبيه على الأخطاء اللغوية جنبا إلى جنب مع التأليف في العلوم اللغويّة عامة, ولقد سار التدوين في اللحن مع التدوين لقواعد العربية وقوانينه. فقد ألف فيه الكسائي (١٨٩هـ ٨٠٥ م) " ما تلحن فيه العوام " ثم توالى التأليف في الأخطاء اللغويّة عند القدامى، فهذا كتاب " ما يلحن فيه العوام " للأصمعي (٢١٦هـ / ٨٣١ م) وكتاب " إصلاح المنطق " لابن السكيت (٢٤٤هـ / ٨٥٨م).

ولقد نشطت حركة التصحيح اللغويّ عند القدماء مع دخول الأعاجم في الإسلام إذا لم يُعد الخروج عن القاعدة اللغويّة (اللّحن) ناتجاً عن التطور اللغوي الطبيعي للّغة. بل أصبح مرتبطاً بعامل أخر هو اختلاط الالسنه غير العربيّة باللسان العربيّ، ممّا يولّد أشكالاً كثيرة من اللّحن، لم تكن اللغة العربيّة تعرفها لولا دخول غير العرب تحت الحكم الإسلامي. وقد تطلب هذا الأمر من علماء اللغة العربية، وهم معلموها والمحافظون عليها. أنْ يزداد نشاطهم في التنبيه على الأخطاء اللغويّة التي بدأت بالشيوع على ألسنة الخاصّة، فضلاً عن شيوعها على ألسنة العامّة

٢- مسألة الخطأ عند المحدثين

استمر اللغويون في العصر الحديث على نهج سلفهم اللغويين القدامى, في التنبيه على الأخطاء اللغوية, وقد أجمع اللّغويّون المحدّثون على أنّ أبا الثناء الألوسي [1] (١٢٧٠هـ/

---

[1] -يوهان فك، اللغة العربيّة دراسات في اللغة واللهجات والأساليب،ص ٣٦. ١

[1] الألوسي : ابو الثناء

١٨٥٤م) أول من ألف في التصحيح اللغويّ في العصر الحديث وكتابة هو " كشف الطرة عن الغرة " [٢].

ولقد نشطت حركة التصحيح اللغوي في العصر الحديث على أيدي جماعة من علماء اللغة العربيّة كان دافعهم إلى التأليف في التصحيح اللغوي ما رأوه من أخطاء في استعمال اللغة العربيّة على المستوى المكتوب. لا على مستوى لغة العامّة. حيث لم يكن مدار بحثهم. وإنّما كان همّهم تصحيح أخطاء اللغة المكتوبة, لغة الشعراء والكتّاب والأدباء والخطباء، لغة الصحافيين والإذاعيين والمعلّمين والمتعلّمين [٣]

ومما تجدر الإشارة إليه، في هذا المقام إنّ كثيراً من اللغويين المحدثين قد اتخذوا المجلاّت والصحف وسائل لنشر مقالتهم في التصحيح اللغويّ, وهذه المقالات كثيرة, منها ما جمعه أصحابه في كتب ذاع صيتها مثل كتاب " لغة الجرائد " لإبراهيم اليازجي وكتاب " تذكرة الكاتب " لأسعد داغر, و" أغلاط اللغويين الأقدمين " لأنستاس الكرملي، أمّا جلّ هذه المقالات فلم تلق العناية التي لقيتها المتب المذكورة، فبقيت حبيسة المجلاّت والصحف التي تنشر فيها [٤] ولم يكن المؤلّفون الذين كتبوا في التصحيح اللغويّ, على درجةواحدة من الاتصال بعلوم اللغة العربيّة، فقد كان منهم علماء متضلّعون في اللغة العربيّة، أمثال الشيخ إبراهيم اليازجي الذي كان من كبار الّلغويين المحدّثين وقد توفي سنة (١٩٠٦), وكان معنياً كلّ العناية بتنقيح لغة العصر وتهذيبها والإبانة عن الزيف فيها فكان الجهد الناقد الخبير [٥] لذلك جاءت مؤلفات هذه الطبقة وافية من حيث شرح المسألة، واستقصاء شواهدها من مصادر الّلغة.

ومن المؤلفين من كان هدفه، فضلا عن تتبّع الأخطاء الّلغوية وتصويبها، التنبيه على ما قد يقع فيه الكتاب من أخطاء، والمساهمة في نقلها, مثال ذلك زهدي جار الـلـه في كتابة " الكتابة الصحيحة " الذي ينبّه إلى أخطاء لم تقع, ولكنه يحتمل وقوعها. لذلك جاءت التّصيح اللغويّ, في الأغلب, شاملة للأخطاء في مستويات الّلغة الصّوتيَة والصّرفيّة والنّحويّة التركيبيّة والدّلاليّة.

---

[٢] مصطفى جواد، مشكلة اللغة العربية، ص ٥٣.
[٣] اسعد داغر، تذكرة الكاتب، ص ٨.
[٤] مصطفى جواد، حركة التصحيح اللغويّ في العصر الحديث، ص ٢٩.
[٥] مصطفى جواد، محاضرات عن الأخطاء اللغويّة الشائعة، ص ٢٩.

٣- -مفهوم الخطأ

مفهوم الخطأ : مرادف (اللّحن) قديماً وهو موازٍ للقول فيما كانت تلحّن فيه العامّة والخاصّة.

١-الخطأ الإملائي : يعني قصور التلميذ عن المطابقة الكليّة أو الجزئية بين الصّور الصوتيّة أو الذهنيّة للحروف والكلمات, مدار الكتابة الإملائيّة مع الصّور الخطيّة لها, وفق قواعد الكتابة الإملائيّة المحدّدة أو المتعارف عليها.

١- الخطأ في القواعد اللغويّة : عدم معرفة التلميذ بالتغيرات التي قد تقع في الكلمة بناءً على موقعها من الجمل، أو التغيير في بنية الكلمة الأصليّة لعلة من العلل الصّرفيّة المعروفة.

٢- الخطأ الإملائي الشائع : هو الخطأ الّذي يقع فيه أكثر من ٢٥% من مجموع تلامذة العيّن,وحدد الخطأ بهذه النّسبة الإملائيّة لدى تلاميذ المرحلة الأساسيّة على هذه النسبة [١].

عوامل الخطأ الإملائي : مشكلات الكتابة العربيّة كثيرة ومتعدّدة أدت إلى ضعف التّلاميذ في الإملاء والنّحو والصرّف, وتدنّي تحصيلهم، ومظاهرة الضعّف تكاد أنْ تكون مشتركة بين أبناء الأمّة العربيّة, فظهرت الأخطاء الشائعة الكتابيّة عند تلامذة المراحل التعليميّة, فأصبحت ظاهرة تستحقّ التوقّف عندها والتعرّف على أبعادها لتحديد أسبابها, واقتراح أوجه العلاج المناسب لها.

أولاً _ عوامل الخطأ الإملائي

١- أسباب عضويّة: قد تبدو في ضعف قدرة التلاميذ على على الإبصار، فقد يؤدي هذا الضّعف إلى التقاط التلميذ لصورة الكلمة التقاطاً مشوّهاً كما شُوهدت بتقديم بعض الحروف أو تأخير بعضها, وأمّا ضعف السمع فقد يؤدّي إلى سماع الكلمة بصورة ناقصة أو مشوّهة أو مبدّلة، وأكثر ما يقع ذلك بين الحروف المتشابهة في أصواتها [١].

٢- أسباب تربويّة: كأنّ يكون التعلمّ سريع النطق أو خافت الصوت أو غير مهتم بمراعاة الفروق الفرديّة ومعالجة الضّعاف أو المبطئين، أو يكون في نطقه قليل الاهتمام بتوضيح الحروف توضيحاً يحتاج إليه التلميذ للتميّز بينهما، وبخاصة الحروف المتقاربة في أصواتها أو مخارجها، أو تهاونه في تنمية القدرة على الاستماع الدقيق أو التسامح في

---

[١] الروسان، أثر برنامج تعليميّ علاجيّ لتصحيح الأخطاء الإملائيّة الشائعة، ص ١١.

[١] ظافر وحمادي، التدريس في اللغة العربيّة، ص ٣٠٠

تمرين عضلات اليد عند الكتابة مع السرعة الملائمة، أضف إلى ذلك تهاون بعض المعلمين بالأخطاء الإملائيّة وعدم التشديد في المحاسبة عند وقوع الخطأ [٢].

٣- أسباب ترجع إلى الكتابة العربيّة, والّتي يمكن تلخيصها فيما يأتي:

أ- عدم المطابقة بين رسم حرف الهجاء وصوته، والّذي يتكون من صوت الرمز والحركة المرافقة، حيث يغلب في اللغة العربيّة الاتفاق بين نطق حروف الكلمة وكتابتها، أي كتابة ما ينطق والعكس، إلا أنّ هذه القواعد غير مطَّردة حيث توجد حالات خاصة زيدت في كلماتها أحرف لا تنطق أو نطقت في كلماتها أحرف غير مكتوبة، ومن الأحرف الّتي تنطق ولا تكتب أحرف لا تنطق أو نطقت في كلماتها أحرف غير مكتوبة، ومن الأحرف الّتي تنطق ولا تكتبالألف في (ذلك، لكنّ، طه، هذا) ومن أمثلة الأحرف الّتي تكتب ولا تنطق الواو في كلمة (عمرو) وألف واو الجماعة في (ذهبوا)، ومثل هذه الأمور الكتابيّة توقع التلميذ في لبس وحيرة، وربما تجعله ينفر من قواعد الكتابة ورسمها[١].

ب- شكل الكلمات هناك كلمات متشابهة في شكلها لكنّها مختلفة في معناها مثل عَلَم, عِلْم, عِلمَ, عُلِمَ، فكثير من أخطاء في ضبط هذه الكلمات لأن طريقة الضبط تحتاج إلى جهد ليتم التوصّل إليها [٢].

ج- ارتباط قواعد الإملاء بقواعد النّحو والصرّف.

أدّى ربط الإملاء بعلمي النّحو و الصرّف إلى تعقيد أمره، وإثقاله بكثير من العلل النّحويّة والصّرفيّة، مما ساعد على فتح باب فسيح للتأويل وتعارض الآراء، وتتجلّى هذه الصّعوبة في كتابة الألف الثالثة في نهاية لكلمة,فإذا كانت ثالثة وأصلها الواو رسمت ألفاً كما في(سما, دعا), وإذا كانت زائدة على ثلاثة أحرف رسمت باء كما في بُشرى، كُبرى)، فأن كانت قبل الألف ياء رسمت الألف اللّينة ألفاً مثل (ثريا، خطايا)، إلاّ إذا كانت الكلمة علماً فترسم الألف ياء مثل (يحيى) لتفرقة بينها وبين الفعل يحيا [٣].

د- تشعب قواعد الإملاء وكثرة الإختلاف والإستثناء فيها.

يعاني كثير من المتعلمين من هذه المشكلة، فقلّ أنْ تجد قاعدة إملائيّة تخلو من هذا الاختلاف، وهكذا أصبح رسم الحروف يشكل صعوبة من صعوبات تعليم الإملاء وتعلّمه. ومن

---

[٢] ابراهيم الاملاء والترقيم في الكتابة، ص ٢٣.

[١] القيسي، الأخطاء الإملائيّة الشائعة في المرحلة الإعداديّة، ص ٧.

[٢] سليم الروسان، مبادئ الثقافة العامة في اللغة العربيّة. ص ١٥٤.

[٣] إبراهيم، الإملاء والترقيم في الكتاب، ص ٧٠- ٧١.

الأمثلة على ذلك كتابة الهمزة مثلاً،حيث تكتب في وسط الكلمة في مواضع مختلفة، ويحكم ذلك قواعد تتباين وتختلف حركة الهمزة، أو حركة الحرف الّذي يسبقها مباشرة، فمثلاً ترسم الهمزة على الألف مثل (يقرأون) وقد ترسم على السطر (يقرءون) وقد ترسم تارة على الواو (يقرؤون) وجميع هذه الصور صحيح وفق قواعد الرسم الإملائي الّذي تواضع عليه علماء اللغة [٤].

هـ- تعدّد صور الحرف الواحد باختلاف موضعه.

فهناك حروف تبقى على صورة واحدة مثل (الدال) وهناك حروف هجائيّة لكل منها ثلاث صور إملائيّة مثل حروف(الكاف والميم) وهناك حروف لكل منها أربع صور(العين,والغين) وغني عن البيان أنَ تغير أشكال الحرف الهجائي الواحد بتغير موضعه في الكلمة يتطلّب إجهادُ الذّهن. ويستدعي مزيداً من التفكير والمراجعة، فعندما تتعدد الصوّر الخطيّة المحتملة يحتاج التلميذ إلى ممارسة عمليّة الاختيار في ضوء القواعد المرتبطة [١].

و- عامل وصل حروف وفصلها.

تتكون الكلمات العربيّة من حروف يجب وصل بعضها، وأخرى يجب فصلها، والقاعدة العامّة أنْ تتكوّن الكلمة في الكتابة من مجموع أحرفها المنطوقة متّصلة, فتطابق الكلمة النطق، وتتوالى الى الكلمات منفصلة بعضها عن بعض ما دام لكل منها معنى مستقل، ولكنّ رسم بعض الكلمات شذَ. ولم يخضع لهذه القواعد حيث انفصلت الحروف في كلمات، فأصبح لدينا مواضع للوصل وأخرى للفصل، ولا شكّ أنّ تعدّد أنظمة رسم الحروف والربط بينها هي صعوبة بحدّ ذاتها، والأمثلة على ذلك كثيرة فالحروف بعد الواو لا تتصل بها، وكذلك بعد الدال والراء، وهناك الوصل والفصل على مستوى الكلمات، حيث ترسم أحياناً كلمات في صورة خطيّة واحدة مثال ذلك الضّمائر المتّصلة في (ذهبت)، (قلما)، ومن مواضع فصل الكلمات عدم اتصال كلمة (ذاك) بما يسبقها من ظروف مثل (حين ذاك، يوم ذاك) والشواهد على ذلك كثيرة [٢].

ج- الاعجام

والمقصود بالاعجام هو نقط الحروف، والملاحظ أنّ نصف عدد حروف الهجاء معجم وقد يختلف عدد النقط بالاختلاف صور حروف الهجاء المنقوطة، حيث يشكل هذا التنوع صعوبة

---

[٤] حسن شحاته، تعليم الإملاء في الوطن العربي أسسه وتقويمه وتطويره، ص ١٦- ١٧.

[١] خاطر ورفاقه، تعليم اللغة العربيّة والتربية الدينيّة، ص ٢٨١.

[٢] شحاته، أساسيات في تعليم الإملاء، ص ١٠٩.

أخرى تضاف إلى الصعوبات المتمثلة في الكتابة العربيّة [٣]، وشكل بعض الحروف متشابهة ولكنّه يختلف بوضع النقاط مثل : (ب، ت، ث،)، (د، ذ)، (ج، ح، خ).

ط- استخدام الصوائب القصار.

إنّ استخدام الحروف الّتي تمثل الصّوائت القصار أوقع التلاميذ في صعوبة التميز بين قصار الحركات وطولها، وأدخلهم في باب اللبس, فرسموا الصوائت القصار حروفاً, ومن أمثلة ذلك، إشباع الفتحة في آخر الفعل مثل (انتظرَ : انتظرا)، وإشباع صوت الضمة بحيث تبدو كصوت حرف الواو مثل (منه, منهو) ويبدو ذلك جلياً في مواقف التلقي للوحدات الصوتيّة [٤]

ي- اختلاف هجاء المصحف عن الهجاء العاديّ.

من الملاحظ أنّ هجاء المصحف مختلف عن الهجاء العاديّ وذلك في عدة مواضع هي الحذف، والزيادة، ومد التاء، وقبضها، والفصل والوصل في بعض الكلمات، ويشكّل هذا الاختلاف بين نوعي الهجاء على التلميذ مواطن صعوبة, يواجهها التلميذ حين تقع عينه على بعض آيات القرآن الكريم [١].

ك- الإعراب : يختلف شكل الحرف بحسب موقعه من الإعراب, فعندما نقول, جاء زملاؤنا, فاعل مرفوع وجاءت الهمزة مضمومة وسط الكلمة، مررت بزملائنا جاءت الهمزة مكسورة فرسمت على نبرة، هنأَت زملائنا جاءت الهمزة مفتوحة وسط الكلمة واختلف لرسمها [٢].

ل- اختلاف القراءة والكتابة لإختلاف علامات الترقيم.

يؤدّي اختلاف الترقيم إلى اختلاف واضح في الفهم والإعراب, فالترقيم مرتبط بحالات الوصل والفصل, ويؤدّي إلى اختلاف الإعراب، واختلاف الإعراب يؤدي إلى اختلاف الفهم وهذه العبارة الأخيرة تصلح أنْ تكون معادلة صحيحة ذات اتجاهين مثل مرض سعيد وأخوه في سفر مرض سعيد، وأخوه في سفر [٣].

---

[٣] خاطر ورفاقه، تعليم اللغة العربيّة والتربية الدينيّة،ص ٢٨٢

[٤] الغتامي، برنامج مقترح لعلاج الأخطاء الشائعة في الإملاء، ص ٤٦.

[١] خاطر ورفاقه، تعليم اللغة العربيّة والتربية الدينيّة، ص ٢٨٣.

[٢] الروسان، مبادئ الثقافة العامة في اللغة العربيّة، ص ١٥٤.

[٣] عمر الأسعد، اللغة العربيّة بين المنهج والتطبيق، ص ٣٣٣.

م- اختلاف القراءة لاختلاف الكتابة.

من عبقرية هذه اللّغة الخالدة أنّ طريقة كتابة لفظة من ألفاظها، تؤثر تأثيراً مباشراً في قراءتها أو تحدّد تحديداً قاطعاً معناها المقصود، فوقوع الهمزة المتوسطة في (نقرؤه) (لتقرأه) (سنقرئك).

فالهمزة في (نقرؤه) كتبت على الواو، ومعناها نقرؤه نحن (فعل مضارع)وهي في لتقرأه) كتبت على الألف، ومعناها تقرؤه أنت (فعل مضارع منصوب) وهي في (سنقرئك) كتبت على الياء، ومعناها أنّ غيره سيقرئه أو يجعله يقرأ (فعل مضارع متعدّ بالهمزة) [٤].

٤- عوامل اجتماعيّة.

ومن بين الأسباب تزاحم اللهجات العاميّة مع الصّور الصوتيّة الفصيحة للكلمات، مما يؤدّي إلى الخطأ في رسم الصّورة الصّوتيّة للحروف والكلمات، إضافة إلى ضعف اكتراث أفراد المجتمع بالخطأ الكتابي, وقد يشاهد هذا التهاون واضحاً في ردود الأخطاء الإملائيّة في وسائل الإعلام, كالصحافة والتلفزه، وهي كتابة أسماء المحال التجاريّة والشوارع والإعلانات [١]

٥- عوامل ترجع إلى الإدارة المدرسيّة والنظام التعليميّ، وتتمثل هذه العوامل فيما يأتي:

١- تحميل المعلمين أعباءً متعددة.

٢- زيادة عدد الصّفوف وزيادة أعداد التلاميذ فيها.

٣-قلّة عدد المعلّمين وارتفاع نصابهم التعليميّ.

٤- عدم وجود حوافز تشجيعيّة للمعلمين المتميزين.

٥- النقل الآلي للتلاميذ [٢].

٦-عوامل تعود إلى المعلّم، وتتمثل هذه العوامل فيما يأتي :

١- إن معلّم المرحلة الأساسيّة ضعيف في إعداده اللغويّ.

٢- إن معلّمي الموادّ الدّراسيّة ضعيف في إعداده اللغويّ.

٣- البناء الهرميّ الضّعيف في تدريس التلميذ للقواعد النّحويّة والصرّفية والمهارات الإملائيّة.

٤- الكمّ الهائل من القواعد الّتي تُعطى للتلميذ من قبلَ المعلّم وهي غير وظيفيّة.

---

[٤] م.ن. ص ٣٣٤.

[١] ستيتية ورفاقه، مناهج اللغة العربيّة وطرق تدريسها، ص ٢٤١.

[٢] محمد رشدي خاطر ورفاقه، طرق تدريس اللغة العربيّة والتربية الدينيّة، ص ٢٩٤,

٥- إغفال تصحيح الكراسات، وإغفال تصحيح الأخطاء الّتي ترسخ في ذهن التلميذ وذلك لكثرة عدد التلاميذ في الصّف الواحد حيث يتجاوز (٥٠) تلميذاً.
٦- عدم اهتمام المعلّمين بالحركات في أثناء كتابة التلاميذ، وعدم محاسبتهم عليها، مما يؤدّي إلى إهمالها.
٧- عدم اهتمام المعلّمين بالإعراب وإهماله في بعض الأحيان.
٨- ضياع وقت الحصّة في أمور خارجه عن المطلوب.
٩- تجزئة المادة اللغويّة من قبل المعلم.
١٠- إتباع الطرق التقليديّة في تدريس التلاميذ.
١١- عدم استخدام الوسائل التعليميّة المساعدة، أو إثارة دافعيّة التلاميذ نحو الموضوعات المستجدة [٣]
١٢- التهاون في تقويم الأعمال الكتابيّة للتلاميذ.
١٣- القلق المتزايد من أوضاع وكالة الغوث، والتهديد بإنهاء خدمات المعلّمين في أيّة لحظة الخطأ من وجهة نظر المعلم.

١- الشكل : ويقصدون به الحركات القصار (الفتحة، الضمة، الكسرة، وتكاد هذه المشكلة أن تكون المصدر الأول من مصادر الصعوبة لديهم)
٢- الفرق بين رسم الحرف وصوته، فهناك حروفٌ تنطق ولا تكتب، وهناك حروفٌ تكتب ولا تنطق).
٣- كثرة قواعد الإملاء وكثرة الاستثناءات فيها.
٤- تشعب قواعد الإملاء.
٥- الاعجام.
٦- اختلاف صور الحرف باختلاف موضعه في الكلمة.
٧- وصل الحرف وفصلها.
٨- عدم قدرة التلاميذ على التميّز بين الحركات وما يقابلها من حروف الجر.
٩- الإعراب : تغيّر حركات الإعراب لأواخر الكلمات وفق وظيفتها في التركيب, إذ إنّ الاسم المعرب، يرفع وينصب ويجر، والفعل المعرب، يرفع وينصب ويجزم, وقد تكون علامة الإعراب الحركات، وقد تكون الحروف، وقد تكون بالإثبات، وقد

---

[٣٣] عبد الفتاح المصري، لماذا بنشأ تلاميذنا ضعاف في اللغة، ص ٤٥.

تكون بالحذف. بالإضافة إلى التغيّر الّذي يحدث وسط الكلمة نتيجة الإعراب فتحذف بعض الحروف كما هو الحال في الفعل الأجوف، وهذا كلّه يؤدّي إلى صعوبات لا يقدر عليها التلميذ لعدم درايته بها.

١٠- الحروف المتشابه والمتقاربة لفظاً.

١١- استخدام بعض المعلّمين اللّهجة العاميّة المحليّة.

٧- عوامل بناء المناهج المدرسيّة وطرق التدريس.

هذه المناهج الّتي نعلّم تلاميذنا عن طريقها لغتهم، تعاني من عدة مشكلات تحتاج إلى حلول تسهم في إنقاذ تلاميذنا من هذا الضّعف الملحوظ، فهي لا تراعي ظروف العصر الحاضر المعقّد.

ويلاحظ على هذه المناهج ازدحامها بالمباحث النّحويّة والصرّفيّة غير الوظيفيّة التي لا تفيد المتعلّم في قراءته وكتابته وتعبيره, إذ يتم اختيار هذه الموضوعات النّحوية دون دراسة مسبقة لمعرفة الأساليب الكلاميّة والكتابيّة الّتي توظّف في لغة التلاميذ, إضافة إلى عدم تحديد الصّعوبات الّتي يعاني منها التلاميذ.

١- إن نظرة فاحصة لواقع لمناهج الّتي تطبّق في مدارس وكالة الغوث الدوليّة تبين ما يلي :

١- عدم وضوح الأهداف العامّة والأهداف الخاصّة للمنهاج وضوحاً كافياً يساعد المعلّمين على تحديد أهداف دروسهم اليوميّة تحديداً يتلاءم ومستوياتهم.

٢- طول المنهاج وكثرة عدد وحداته, ما يجعل همّ المعلّم منصباً على الكمّ لا الكيف, مع ضعف التركيز على المهارات الأساسيّة في اللغة العربية ومتطلباتها.

٣- التسرع في تطبيق المناهج الجديدة من دون إخضاعها للتجريب, ومن دون الإعداد القبلي للمعلّمين إعداداً كاملاً مع تكرار تأخر وصول الأدلة في بداية العام الدراسي.

٤- صعوبة المستوى القرائيّ لبعض الكتب المدرسيّة المقرّرة وبخاصّة منهاج الصّف السّابع الأساسيّ. وعدم قيام المعلّمين بتذليل هذه الصّعوبات.

٥- عدم وجود ترتيب منطقي للموضوعات المطروحة في المنهاج وأحياناً تتداخل الموضوعات فيما بينها في مختلف الصّفوف.

٦- النقص في التدريبات والمواد اللغويّة ومختلف الوسائل التعليميّة,الّتي تتصل بأوجه النشاط غير الصّفي.

٧- عدم اهتمام بعض المعلّمين بالتخطيط للدّرس تخطيطاً يرتكز بشكل كلّي على الأهداف المحددة في المنهاج.
٨- ضعف مهارات بناء الاختبارات بمختلف أنواعها، وعدم الإفادة من الاختبارات في مجال التغذية الراجعة إلى كلّ من العمليّة التعليميّة لسد ثغرات المنهاج ومعالجة الضّعف الحاصل عند التلاميذ.
٩- تركّز المناهج بشكل عام في الدولة المضيفة (الأردن) على الجانب المعرفيّ في إطار ضيّق
١٠- تمتاز المناهج بأنها ثابتة غير قابلة للتعديل بسهولة.
١١- تهتم بالنّمو العقليّ للتلاميذ فقط.
١٢- تقوم المناهج على التعليم والتلقين المباشر ولا تهتم بالنشاطات.
١٣- تسير على نمط واحد وتغفل استخدام الوسائل التعليميّة.
١٤- علاقته تسلطيّة.
١٥- يحكم عليه بمدى نجاح المتعلّم في الإمتحانات.
١٦- لا يراعي الفروق الفردية بين التلاميذ بشكل واسع.
١٧- يشجّع التلاميذ على التنافس في حفظ المادة.
١٨- دور المعلّم ثابت في تنفيذ المنهاج.
١٩- لا ترتبط الحياة المدرسيّة بواقع حياة المجتمع.
٢٠- لا توفر المناهج جواً ديمقراطياً، وتهدد بالعقاب.
٢١- تتعامل مع التلميذ باعتباره فرداً مستقلاً لا فرداً في إطار اجتماعيّ متفاعل.
٢٢- يقيم الحواجز والأسوار بين المدرسة والبيئة المحليّة.
٢٣- قصور المناهج عن الإطلاع على مستجدات الأدب التربويّ المعنيّة بتعلّم اللّغة [1]
٢٤- حصر المنهاج في الاختبارات, مع أنّ العكس هو الصّحيح, ونتحدّث هنا عن المنهاج المقاد بالاختبار، وهي قضية خطيرة قليلاً ما تثار.

٢- ضعف طرائق التدريس ويظهر ذلك واضحاً فيما يأتي :

١- ضعف قدرات المعلّمين على استشارة الدافعيّة لدى التلاميذ.
٢- ضعف قدرات المعلّمين عل تنظيم أوجه النّشاط الصّفي تنظيماً منطقياً.
٣- الإستطراد في موضوعات لا علاقة لها بأهداف الدرس.

---

[1] توفيق احمد مرعي ورفيقه، المناهج التربويّة الحديثة، ص ,٤٢

٤- ضعف القدرات المعلّمين على تكييف طريقة التدريس بما يتلاءم والفروق الفرديّة للتلاميذ.
٥- ابتعاد المعلّمين عن الاتجاه الوظيفيّ للغة، والتركيز على القواعد المجرّدة والمعلومات الشكليّة.
٦- جمود المعلمين على أسلوب واحد عند تدريس النّحو والصّرف والإملاء.
٧- إتباع المعلّمين الأسلوب المباشر، وضعف التفاعل اللفظي في أثناء الحصّة وما ينتج عن ذلك من عدم تشجيع التعبير والنّشاط الذاتّيين.
٨- قلّة اهتمام المعلّمين بالتقويم المستمر النامي في أثناء الحصّة, وطرح الأسئلة غير المثيرة للتفكير.
٩- قلّة اهتمامهم باستخدام الوسائل التعليميّة في أثناء التّدريس.
١٠- قلّة التّركيز بشكل جديّ في تطوير الوسائل التعليميّة أو إيجاد وسائل جديدة.
١١- تهاون المعلّمين في إعطاء أهمية خاصة بلغة سليمة داخل الصّف.
١٢- قلّة تصويب الأخطاء مباشرة وعدم مشاركة التلميذ في تصويب الخطأ.
١٣- قلّة مراعاة النطق السليم في دروس الإملاء.
١٤- الاقتصار على الطريقتين : القياسيّة والاستقرائيّة في تدريس الّلغة العربيّة، رغم أنّ الأنظار تتجه الآن إلى تدريس العربيّة عبر أسلوبي الّنشاط وحل المشكلات.
١٥- النظر إلى فروع اللّغة العربيّة على إنهّا غايات, وهذا خطأ. ففروع العربيّة كلّها وسائل لتحقيق غايات أربع : الكتابة الصحيحة, القراءة الصحيحة, الفهم المسموع، الفهم المقروء [٢].

٨- عوامل تعود إلى التلميذ.

وتتمثّل هذه العوامل فيما يأتي :

١- النواحي النفسيّة (الخجل، التردد، الخوف، الانطواء)
٢- قلّة تميّز الأصوات المتقاربة في مخارجها.
٣- تدنيّ الثقة فيما يكتبه التلميذ نفسه.
٤- التعب وضعف الحواس.
٥- انخفاض مستوى الذكاء.

٢- توفيق أحمد مرعي ورفيقة، المناهج التربوية الحديثة، ص ٨٧،

٦- ضعف الملاحظة البصريّة وعدم القدرة على التذكّر.

٧- العيوب الماثلة في النطق والكلام.

٨- فقدان الإتساق الحركي.

٩- تذبذب الاستقرار الانفعاليّ [١]

١٠- الغياب المتكررّ في صفوف الحلقة الأساسيّة الثّانية عن حضور الحصص.

١١- تدنيّ الدافعيّة عند التلاميذ.

٩- ثمّة مشاكل عامّة مثل :

١- ضعف الخدمات الإشرافيّة المقدّمة إلى المعلّمين ما يؤدّي إلى عدم إحداث تغير حقيقيّ في سلوكهم التعليميّ.

٢- النقص في إعداد المشرفين في منطقة جنوب عمّان، فيشرف مشرف اللغة العربيّة على مئتين وخمسين معلماً ومعلمةً.

٣- تجزئة المادة اللغويّة، فقد جرت العادة أنْ تقسّم اللغة العربيّة إلى فروع يخصّ كلّ فرع أو أكثر حصّة في الأسبوع، فهناك درس القواعد، وآخر للنصوص وآخر للإملاء، وفي الاختبارات توزّع الدرجات على هذه الفروع، وفي هذا التوزيع تجزئة لا ترسّخ في ذهن المتعلّم صورة شاملة كليّة عن البحث اللغويّ لافتقار الروابط بين المباحث اللغويّة، ما يجعل المتعلّم يشعر بأنّ هذه المواد تُدرس لذتها,وأنّ تعلّم اللّغة على هذا النّحو لا يتجاوز الكتاب المقرّر والحصّة المقرّرة له وأنّ استعمال كلّ فرع لا يكون إلاّ في الزّمن الخاصّ فيه إذ يؤديّ إلى فشل المتعلّم في الإفادة ممّا يقدّم له، ويؤكّد ذلك ما توصّل إليه أحمد عليان في دراسته [١] حتى أنّ تدنّي مستوى التلاميذ في القواعد النحويّة يرجع إلى استخدام فهم المواد المنفصلة في تدريس اللغة العربيّة لتلاميذ المرحلة الابتدائية.

٤- الافتقار إلى أدوات القياس الموضوعيّة في يقوم التعليم اللغويّ والكتابيّ[٢]

استخدام مصادر التهجئة بسهولة، كما تنمو لديه القدرة على استخدام استراتيجيات التعامل مع الكلمات الصعبة [١].

المبادئ والمرتكزات الأساسية التي يجب مراعاتها عند تعليم الإملاء.

---

[١] Monolakes,G : The teching of spelling Apilot Study Elementary Euglish.p.p٢٤٣- ٢٤٧.

[١] أحمد فؤاد عليان، دراسة في الأخطاء الشائعة في تعليم النحّو، ص ٤٥.

[٢] معهد التربية، الاونروا، سلسلة دراسيّة في أساليب اللغة العربيّة، ص ,١١

T eaching Language Arts. p.p.٢٩٢.،٣- Boschers

١- أن تعلّم الإملاء عمليّة عضويّة تطويريه، فلن يقوى التلاميذ على تعلم الإملاء بالطريقة الصحيحة إلا بالتدريب على استخدام القواعد الصحيحة للرسم الإملائيّ وتشجيعهم على تكرار النطق السليم للكلمات موضع التدريب، وإعطائهم الحرية في التجريب والإكتشاف والمراجعة، والتدرّج معهم من رسم الكلمات السهلة إلى رسم الكلمات الصعبة,حتى ينمو لديهم الإستعداد والقدرة على الكتابة الإملائية.

٢- أن تعلم الإملاء عمليّة عقليّة تتضمن التفكير وليس الحفظ، فلكي يتمكن التلاميذ من رسم الحروف، والأصوات بصورة صحيحة ومتقنة، وبأداء مناسب، فانه لا بد من أن يتم تدريبهم على توظيف المفردات بشكل مكثّف,كما أن دافعيتهم لتعلم الإملاء قد تنمو من خلال السياقات الكتابيّة الهادفة، وليس من خلال التدريبات المجردة المعتمدة على قوائم الكلمات البعيدة عن معجمهم اللغويّ، وهناك ما يؤكد على أن التلاميذ المتميزين في اللغة يقرؤون ويتحدثون بشكل جيّد لأنهم يتخيلون صورة الكلمة ويتذكرون صوتها.

٣- يجب أن يتم تعلّم الرسم الإملائيّ، في ضوء علاقة هذه العمليّة الأدائيّة اللغويّة وتكاملها مع عمليتي القراءة والكتابة, ومع مهارات اللغة الأخرى,حيث أن تكامل مهارات اللغة في الموقف التعليميّ/التعلّميّ يؤدي إلى التفاعل الإجتماعي للمتعلمين,الذين يستخدمون معلوماتهم اللغويّة وخبراتهم في التعلّم في مواقف الكتابة. كما يفضّل اختيار موضوع الإملاء بحيث يكون من بين الموضوعات التي تثير اهتمام التلاميذ

٤ – عدم التركيز في التدريبات الإملائيّة على تمارين مملة تعجيزيّة, واختبارات صعبة تتحدى مستويات التلاميذ، بل لا بد أن يتم تعليم قواعد وآليات الإملاء من خلال محتويات تراعي مراحل النمو اللغويّ لدى التلاميذ [٢]. للوحدات الخطيّة. فقد حاول بعض المتخصصين في مناهج الكتابة, وأساليب تدريسها تجديد بعض العوامل التي تساعد على صحّة رسم الحروف وكتابة الكلمات نذكر منها :

١- المعرفة بقواعد الكتابة اليدويّة، وتطبيق هذه القواعد بصورة صحيحة, ولهذا التطبيق صورتان, الأولى من الكتابة الصحيحة دون معرفة القاعدة والثّانية معرفة القاعدة، بعد تطبيقها، وفي كلا الحالتين فان القاعدة ليست هي الهدف دائماً، وإنمّا الهدف هو نطقها الصحيح وصولاً إلى الكتابة بعيداً عن الأخطاء[١].

٢- العوامل السمعيّة البصريّة : للرسم الإملائيّ بُعدان : أحدهما بصريّ والآخر سمعيّ. أمّا البعد البصريّ فيتمثل في النظر إلى الكلمة أو مجموعة الكلمات الّتي ستمليها على التلاميذ,

---

٢-Barchers- Teaching L anguaga Arts.p.p.٢٨٨

[١] ظافر وحمادي، التدريس في اللغة العربيّة، ص ٣٠٥.

ويهدف هذا البعد إلى تثبيت صورة الكلمة في الذهن وخزنها والإحتفاظ بها واستدعائها عند الحاجة,ويتم تثبيت هذه الصّورة عن طريق تكرار النظر إليها, وربطها بعوامل أخرى كالإستماع إلى صورتها الصّوتية وعن طريق رصد الظّاهرة الواحدة في نظائر متشابهة أو متباينة ومثال النظائر المتشابهة كتابة الألف الفارقة في مجموعة من الكلمات مثل(قالوا, ناموا) وأشباهها. وأمّا النّظائر المتباينة فتكون برصد الظاهرة الإملائيّة في مجموعة من الكلمات مقابلة لمجموعة أخرى مباينه مثل:(تنمو الشجرة، الأموال الحرام لن تنموا).وقد يكون أيضاً باستخدام مراجعة الكلمات المكتوبة بصرياً,ومحاولة الفرد كتابة حين يشك في هجائها ليتبين مدى صحتها، لأنّ هذه المراجعة البصريّة تستند إلى خبرة مكثّفة بالتسلسل المحتمل للحروف من الكلمات، ويبدو أنّ التعرضّ المستمر إلى الكلمات مكتوبة والى تراكيب الحروف مع أنواع مختلفة من النطق يقدّر إلى وعي أفضل باستقرار التمثيل البصريّ لهجاء الكلمات [٢].

أمّا البعد السمعيّ للإملاء فيهدف إلى إزالة الخطأ الّذي قد يعلَقَ بنطق الكلمة أو كتابتها، وتظهر هذه المسألة جليّة في كتابة بعض الكلمات الّتي لم تقترن بنطق سليم، وهناك ما يدل على أنّ خطأ التلاميذ في نطقها قد يظلّ ملازماً لهم في مراحل متأخرة، وخير مثال على ذلك نطق حرف الضاد ظاءً.

وهناك ما يدلّ على أنّ اقتران البعدين السمعيّ والبصريّ في تعليم الإملاء, يؤدّي وظيفة أساسيّة تتمثل في تعليم التلاميذ السرعة في الكتابة ومهارات التركيز والإصغاء والمتابعة، إضافة إلى.

القدرة على التذكّر واستدعاء الصّور البصريّة والاحتفاظ بالمسموع.والتفريق بين المنطوق والمكتوب [١].

وقد يتفق هذا الوعيّ بأهميّة وجود عوامل محددة في اختيار قرار الرّسم الإملائيّ الصحيح, مع ما يراه الطالب مُعد الأطروحة من أهميّة تناول عاملي القدرة القرائيّة، والقدرة السمعيّة بالبحث والدراسة في مجال الكتابة الإملائيّة مدار البحث. بجانب أثر المعرفة بقواعد النّحو والصرّف، وكيفية توظيفها في اكتشاف أخطاء الكتابة أو اعتمادها في التثبيت من صحة الرّسم الإملائي للكلمات والشواهد المحددة.

٣- الأسلوب الاستقرائيّ: وهي الأسلوب الّذي يوصل التّلاميذ إلى تعميمات بعد ملاحظتهم للكلمات, أو لقوائم منها، والتعلّم الّذي يؤدّي إلى التعميم ينبغي أنْ يقوم به التلميذ نفسه,

---

[٢] Smith,Teaching spelling p.p ٦٨ -٩٢

[١] ستيتية ورفاقه، مناهج اللغة العربيّة وطرق تدريسها، ص ٢٣٨.

ويمكن أنْ يكون جزءاً من استراتيجيّة للتعلّم، بأن يشجع المعلّمون تلاميذهم على ملاحظة الحروف الّتي تتكرر في الكلمات المختلفة، وبنفس الترتيب لتعويدهم على ممارسة آلية الاستقصاء [٢].

٤- فهم دلالة الكلمة المراد كتابتها : يرى بعض خبراء اللغة أنّ عامل فهم الوحدات اللغويّة،واستيعابها يؤثر بشكل مباشر في تحديد الرّسم الإملائي لها. وتحديد مدى إتقان صورها الخطيّة،حيث أشارت نتائج بعض الدّراسات إلى وجود علاقة ارتباطيّه دالة بين فهم الفرد لدلالة الرموز الخطيّة وصحة كتابتها [٣].

التكامل بين عوامل اللغة

أنّ اللغة عبارة عن نسيج من المهارات والقدرات العقليّة الأدائيّة المتداخلة تشكل وحدة واحدة لا تقبل التجزئة،وهي تعلّم كوحدة متكاملة يصعب الفصل بين هذه المهارات،سواءً أكان ذلك في مواقف التعلّم أم مواقف الاستعمال الفعليّ والطبيعيّ للغة، ولعلّ هذا التكامل هو المدخل الحقيقي لمعالجة الضّعف في الكتابة اليدويّة بعامّة, وفي مهارات الرّسم الإملائي بخاصّة, وفي ضوء هذا الفهم للغة رسمياً إلى معالجة أشكال الضّعف اللغويّ بين النّاشئة من أبناء الأمة، وفي محاولة للارتقاء بمستوى أدائهم في تعليم اللّغة, وتعلّمها. بذلت محاولات جادة في دفع القائمين على عمليات التعليم اللغويّ لأخذ بالمنحنى التكامليّ في إعداد المناهج وتقديم الخبرات التعليميّة ذات الصّلة بمهارات اللغة.

فقد عقدت ندوات كثيرة. أكدت جميعها على أنّ الضّعف اللغويّ لدى التلاميذ بعامّة,والضّعف في الكتابة اليدويّة بخاصّة. يعود إلى انخفاض كفاءة المتهجية المتبعة في بناء مناهج اللغة العربيّة,وتأليف الكتب المدرسيّة,وقصور طرق التدريس المتبعة. فمناهج اللغة العربيّة اتجهت إلى تجزئة اللغة إلى فروع حيث صار كلّ فرع فيها معزولاً عن الآخر, وأصبح كلّ ُفرع غاية في حدّ ذاته فأصبحت القواعد والمصطلحات تقصد لذاتها. ولا ينظر إليها على أنها وسائل تخدم بعضها في إطار وحدة اللغة وتكاملها. مما أدى إلى إحساس التلاميذ بصعوبة تعلّم قواعد اللغة والنفور منها.

---

[٢] جابر، الإملاء تعليمه وتعلّمه، ص ٣٠،

[٣] إبراهيم أنيس، دلالة الألفاظ، ص ٣٨.

١- العلاقة بين القراءة والإملاء

بالرّغم من أنّ معظم نتائج البحوث والدراسات العربيّة والأجنبيّة الّتي أُجريت في إطار العلاقة بين القراءة والكتابة, أشارت نتائجها إلى وجود علاقة ارتباطيّه دالّة، والى أنّ تعلّم الكتابة يؤثر على تعلّم القراءة والعكس صحيح, إلاّ أنّ قلّة من القائمين على التأليف يأخذون بنتائج هذه الدراسة عند إعداد محتويات المناهج الدراسيّة الخاصّة بمبحث اللّغة العربيّة، وأن قلّة من المعلمين يتناولون هذه المحتويات بطريقة تتيح للتلاميذ فرصة ممارسة نشاطات لغويّة متكاملة تمكنهم من معايشة اللغة,واستخدام مكتسباتهم اللغويّة في تنمية جوانب الضّعف في الكتابة، على الرّغم من أنّ البحوث الّتي أجريت في هذا المجال، أشارت إلى وجود علاقة موجبة بين القدرة على القراءة والقدرة على الرسم الإملائي الصحيح [١].

وبالنظر إلى العلاقة الطبيعيّة القائمة بين مهارات اللغة, يرى بعضهم أنّ الكتابة صنو القراءة، وهي معها كوجهي العملة النقديّة لا يفترقان ولا يتحقق أحدهما دون الآخر، وهل يستطيع التلميذ أنْ ينطق أو يلفظ كلمة مكتوبة وهو لا يميّز رسمها؟ أو أنْ يخط حروفها وهو يجهل التلفّظ بأصوات هذه الحروف, وبالصّورة الكليّة لها. وعليه فان من يقرأ قراءة سليمة، قلّما يخطئ في رسم ما ينطق به [٢].

ويؤكد ذلك ما يراه (كراشن) من إن التلاميذ الّين يقرؤون كثيراً يتعرفون على كلمات أكثر، وربما يكون أداؤهم في الاختبارات الإملائيّة أفضل وان القراء الجيّدين سيتفوقون إملائياً. لأنّ الأطفال يتعلمون القراءة والهجاء بطريقة عمليّة وظيفيّة تعتمد على نظام كتابي واحد تقريباً. ويرى أيضاً أنّ السياق القرائي يزود القارئ بوعي تام بالكلمات موضع الكتابة، فقد أكدّ العديد من الدّراسات ضرورة تعلّم الإملاء من خلال تشجيع التلاميذ على القراءة, فكلّما قرأ الطفل نمت لديه القدرة على اكتشاف صور الكلمات واستيعاب الهجاء الصحيح لها ممّا يساعده على استرجاع الصّور البصريّة المخزونة في ذهنه للكلمات المقروءة, ويذكر أنّ المعلم الذي يخصص جزءاً من الحصّة لتعزيز القراءة الصّامتة، وتشجيع القراءة الفرديّة الحرّة وتزويد تلاميذه بنصوص كتابيّة فانه دون شك، يقدّم لتلاميذه أنشطة إملائيّة مبرمجة.

لعلّ التعارض أو عدم التوافق بين أصوات الحروف الهجائيّة ورموزها الخطيّة لهو ما يطلق عليه الشذوذ أو حالات الاستثناء، من بين العوامل الأهم التي تقود التلاميذ إلى خطأ الرسم الإملائي ولا سيما في الصفوف الأولى, إلا أن وعي التلميذ بطبيعة العلاقة اللاتوافقية هذه يزداد

---

[١] مجاور، تدريس اللغة العربيّة في المرحلة الابتدائية، ص ٥٨٨. لطفي فطيم، نظريّات التعليم المعاصر، ص ٤٩.

[٢] قدرة، دراسات تحليليّة ومواقف تطبيقيّة في تعليم اللغة العربيّة والدّين الإسلامي، ص ١٧٩.

كلما تقدم في السلم التعليمي, وكلما زادت قدرته بمعرفة قواعد اللغة بعامّة, وقواعد الكتابة بخاصّة واستيعابه لها, كلما تقل أخطاء الرسم الاملائي لدى التلاميذ الناتجة عن ظاهرة الاستثناء نتيجة سيطرتهم وزيادة قدرتهم على استخدام استراتيجيات التحليل الصوتي, وفهم الرموز الخطية واستدعاء الصور الخطية البصرية المخزونة [1].

وفي مجال توضيح أبعاد العلاقة القائمة بين عمليات القراءة, وعمليات الرسم الإملائيّ للصّور البصريّة المخزونة للرموز الخطيّة موضع الكتابة والإملاء، يرى الخبراء أن قدرة التلميذ على كتابة الوحدات اللغويّة المقروءة، قد يعتمد على عوامل الفهم من ناحية وعلى عامل الذاكرة البصريّة من ناحية ثانية, ويجمعون على أن الأفراد يقرؤون معظم الكلمات التي يتمكنون من تهجئتها, وقد يقرؤون كلمات دفعة واحدة دون ممارسة لعمليات التهجئة أو ما يسمى بالتحليل الصوتي. وذلك باعتمادهم على استدعاء الصور البصرية المدركة.

وتعد فيرث (**Firth**) أول من قدمت توضيحاً مقنعاً، حول استخدام الفرد للصّور البصرية في أثناء القراءة,واستخدام الصور الصوتيّة في أثناء الكتابة, حيث اشارت إلى أن عدم التطابق بينهما يؤدي إلى إرتكاب الكاتب لخطأ الرسم في الإملاء، فقد وجدت أن التلاميذ في سن الثانية

عشرة يقرؤون ولكنهم لا يقدرون على تهجئة ما يقرؤون من كلمات ومفاهيم. وربما يعود ذلك إلى أنّ الفرد يعتمد على حاسة البصر في أثناء القراءة بينما يعتمد على عمليّة النطق في أثناء الكتابة الإملائيّة وقد حاولت أيضاً تفسير كيفيّة كتابة التلاميذ كلمات تضمّ حروف تنطق ولا تكتب، وتعتقد أنّ قدرة التلميذ على التهجئة الكلّية للوحدات الخطيّة تنمو لديه بالطريقة ذاتها الّتي تنمو لديه القدرة على القراءة الكليّة والشاملة ٢.

وفي هذا الصدّد يرى آخرون أنّ تعلّم التّلاميذ مهارات الإملاء يجب أنْ يتم من خلال مواقف قرائيّة وكتابيّة معاً. إلا إنّ هذا الأسلوب يعتمد بشكل رئيسي على كفاءة المعلّم ومعرفته باستراتيجيّات وآليات تعليم الإملاء، إذ أنّ تعلّم قواعد الرّسم الإملائيّ يجب أن يتّم من خلال فرص متنوعة, ومواقف لغويّة متعددة، وعبر إطار تكاملي إلى الحدّ الذي يطلبون فيه، بأنْ لا تكون هناك حصّة مخصّصة لتدريس الإملاء بل لا بدّ أنْ يكون الإملاء نشاطاً محورياً لمواقف التعليم اللغويّة المختلفة, لا بل لمواقف التعليم بعامّة فمسؤوليّة تجديد الكتابة الإملائيّة لدى النّاشئة في جميع مراحل التعليم ليست مسؤولية معلّم اللّغة العربيّة وحده، بل هي مسؤولية جميع معلّمي المواد الدّراسيّة المختلفة ١.

[1] Bryant peter Why children sometime write wards wich they do not read.p.p.٩٠

*العلاقة بين الإملاء والنّحو والصّرف

ضمن إطار مفهوم وإبعاد التكامل بين فنون اللغة, والعلاقات الارتباطيّة الطبيعيّة القائمة بين هذه الفنون، هناك ما يشير إلى أنّ الاهتمام بتعلّم الإملاء بدأ منذ اللحظة الأولى الّتي ولد فيها علما النّحو والصّرف. حيث العلاقة قائمة بينهما وهناك ما يؤكد أنّ رسم الحروف في كثير من الأحوال يحدّده المعرفة النّحو والصرّف أو قواعد النطق (الصّوت) [٣].

فرسم الهمزة المتوسّطة قد يتحدّد بحسب موقع الكلمة من الإعراب. حيث تكتب على واو عندما تقع في موضع الرّفع نحو(سماؤكم صافية),وتكتب منفردة في حالة النّصب(إن سماءنا صافية) فبينما تكتب على ياء عندما تقع موضع الجر مثل (في سمائنا غيوم) فالّذي غيّر رسمها من صورة الى صورة هو تغيير موقعها الإعرابي من الرفع إلى النصب إلى الجر.

أمّا الرسم الألف اللّينة مثلاً فيخضع لقاعدة مفادها أنّه إذا وقعت الألف في نهاية الكلمة الثلاثيّة فأنّها تتغير رسماً بحسب أصلها، فتكتب على صورة ياء إذا كانت منقلبة عن ياء، كما في (رمى), وتكتب على صورة ألف قائمة إذ كانت منقلبة عن واو نحو (دعا) فالّذي.غيّر الصّورة الخطيّة للألف اللّينة في الكلمتين, هو الأصل الصرّفيّ لهما فالأولى جاءت منقلبة عن ياء بينما جاءت الثانية منقلبة عن واو.

ويدعم هذا التّكامل بين المعرفة بقواعد النّحو والصرّف. وما يطرأ على بنية الكلمة من تغيّرات, ما أشار إليه أبو حيّان بقوله (إن كثيراً من الكتابة مبني على أصول نحويّة) ولا شك أنّ الأصول النّحويّة عنده هي الأصول النّحوية والصّرفية جميعاً. إذ أنّ هذه العلوم كانت إلى عهد أبي حيّان التّوحيديّ تعرف بعلم النّحو [٣].

وتؤكد فكرة التكامل بين قواعد النّحو والصرف والقدرة على الرّسم الإملائي, ما كشفت عنه الدراسة الّتي أجريت في مصر حول الكفاءة اللغويّة وعلاقتها ببعض المتغيرات لدى تلاميذ التعليم الأساسيّ، من أنّ هناك علاقة ارتباطيّة موجبة بين مستوى الكفاءة اللغويّة في امتلاك القدرة النّحويّة لدى التلاميذ ومستوى الكفاءة اللغويّة في القدرة الإملائيّة لديهم [٤].

---

[٣] الحموز، الأخطاء النّاجمة عن الأبعاد النّحويّة والصرفيّة والصوتيّة، ص ٢.

[٤] والي. كتاب الإملاء، ص ٣٣.

* **تكامل القدرة السمعيّة والقدرة الإملائيّة**

الاستماع مهارة تحليل أساسيّة في تعلم اللغة وتعلّمها، ولأهميّة هذه المهارة قدّمها الـلـه سبحانه وتعالى على وسائل التعلّم الأخرى، كما ركّزت مناهج اللغة العربيّة على مهارة الاستماع في تعليم اللغة للمبتدئين، فاعتمدت الطريقة التوفيقيّة. في تعلّم اللّغة التي تقضى أن يتعرض التلميذ في الصّف الأولّ الأساسيّ للاستماع والكلام من خلال لوحة المحادثة التي تتصدّر كلّ درس من دروس القراءة. كما تؤكد الخطوط العريضة لمناهج اللغة العربيّة المعمول بها في المدارس الأردنيَّة على أن الإستماع عماد كثير من الموقف الّتي تستدعي الإصغاء والإنتباه, إذ يستقبل الفرد المعانى والأفكار الكاملة وراء ما يسمعه من ألفاظ وعبارات ينطق بها المتكلم أو القارئ في موضوع ما.

ويتم الإستماع بالإنصات والفهم وإدراك المسموع مع ملاحظة نبرات الصّوت المنبعث وطريقة الأداء اللّفطيّ, ففي الاستماع تدريب على حسن الإصغاء, وحصر الذهن ومتابعة المتكلّم وسرعة الفهم

ويقدّم الاستماع على عدة عمليات عقليّة كالاستبصار " التميّز، الرّبط, الإسترجاع، والمتابعة" ولا بدّ من تكامل وتآزر هذه العمليّات لتحقيق قدر من الإدراك والفهم والإستماع في طبيعته يتجاوز.

الكينونة الفسيولوجيّة للسمع إلى الكينونة الراغبة الّتي تختزن المسموعات بطريقة دقيقة ومنظمة, وعلى ذلك تكون الدلالة اللغويّة للفعل (استمع) ومصدره (استماع) قريبة من الدلالة الاصطلاحية الّتي عليها مدار قسط كبير من العمليّة التعليميّة التعلّميّة [1].

ويذكر(السيّد) في هذا المقام أنّ من بين العوامل المؤدية إلى الخطأ الإملائي ضعف قدرة المتلقيّ على التمييز بين الأصوات المتقاربة في المخرج، وعدم تمثيل الطول المناسب للحركات القصار, وأنّ المستمع الجيّد يحب أنْ يقوى على التميز بمبدأ أصوات الحروف فيستطيع كتابتها وكتابة كلماتها كتابة صحيحة [2].

فعندما يتعرض الفرد إلى موقف الإستماع، يستطيع أنْ يميّز مقاطع الأصوات ويتعرف على ترتيبها,وهذا يساعد على تثبيت الصّور المكتوبة, المرئيّة, والوسيلة العمليّة إلى ذلك هي الإكثار من التهجيّ الشفويّ لبعض الكلمات قبل كتابتها [3].

---

(1) الحوري ورفيقه، مهارات اللغة العربية في الصفوف الأربعة الأولى، ص ,١٠٤

٢ - شحاتة، أساسيّات في تعليم الإملاء، ص,٨

٣- إبراهيم الإملاء والترقيم في الكتابة العربية، ص ١١

ويستطيع المعلّم أنْ يدرك أثر الاستماع على صحّة الرّسم الإملائي عند تلاميذه في كثير من المواقف, فضعف تميزهم السمعيّ لأصوات الحروف المتقاربة في المخارج قد يؤدّي إلى الخلط في كتابة كلمات تحتوي على هذه الحروف, كما أنّ قدرتهم على متابعة الصّور الصّوتية المسموعة, وترددهم في الكتابة, فقد يؤدّي هذا الضّعف أيضاً إلى بطء في الكتابة, وتأخر في التآزر السمعيّ الحركيّ عند هذه الفئة من التلاميذ, وقد يظهر هذا جليا عند بعض التلاميذ حيث يبدؤون الكتابة الإملائيّة بدايةً سليمةً في بداية النص الإملائي ثم يعجزون عن مواكبة أقرانهم في استكمال كتابة المسموع لعدم قدرتهم على إدراك الوحدات الصوتيّة, ورسم الصوّر الخطيّة لها, ولعلّ البطء في الرّسم وعدم إتباع المنهجيّة الصحيحة في تنظيم الحروف والكلمات, هي أكثر العوامل الّتي تؤدّي منفردة أو مجتمعة إلى وقوع التلاميذ في أخطاء الرّسم الإملائي.

ومن أشكال الضّعف الأخرى الّتي تنتج عن البطء في الكتابة, القفز عن بعض الكلمات وقد يكون هذا عائداً إلى ضعف قدرتهم على المتابعة والإصغاء ومواكبة الوحدات اللغويّة المسموعة أيضاً كما أنّ تكرار كتابة الكلمات هو مظهر آخر من مظاهر ضعف الكتابة الإملائيّة، ويعزى إلى ضعف التلاميذ على إدراك الصّور الصّوتية المسموعة.

وهناك ما يشير إلى أن الإصغاء الواعي من طرف التلميذ في مواقف الكتابة الإملائيّة, يجعله أقدر على التفريق بين كتابة الكلمات المتشابهة في اللفظ عند سماعه لها، حيث يربط بين ما يسمعه وبين ما يتوافر لديه من خبرة لغوية مخزونة,ومثال ذلك التفريق بين كتابة(يحيا, يحيى) من خلال السياق يستطيع التلميذ أن يميّز بين الاسم الذي يكتبه بالألف المقصورة وبين الفعل الذي يكتب بالألف القائمة، ويكون اختباره هنا للصورة الخطية الصحيحة قائما على توظيف القدرة السمعية في التثبت من الصورة الخطية الصحيحة بجانب توظيف القاعدة الإملائيّة المناسبة والمرتبط بهذا الشاهد.

وعن طريق التميز واسترجاع الصّور الذهنيّة المخزونة يستطيع التلميذ أنْ يفرّق بين كتابة كلمتي(سورة,صورة) فعند سماعه لجملة، قرأ الإمام سورة الفاتحة, يتبادر إلى ذهنه الصّلاة ويسترجع صورة الإمام وهو يؤم المصلّين, ويقرأ سورة الفاتحة. ويوازن بين هذه الصّورة الذّهنية، وصورة الكلمة المتقاربة لها، ليتحقق من كتابة الكلمة بصورتها الخطيّة الصحيحة. مستبعداً الكلمة المقاربة لها في الصّورة الصّوتيّة, وهي كلمة صورة, وفي ذلك ما يدلّ على أنّ هذا التلميذ توصلّ إلى اتخاذ القرار المناسب، بعد توظيفه لعمليّات عقليّة عليا، وهي الاستماع، والتخيّل والاسترجاع, والفهم والمطابقة, والتهجّي, وما شابه ذلك, من العمليات الذّهنيّة والدائيّة، المتصل بكتابة هذا الشاهد.

كما أنّ للتلوين الصّوتيّ (التنغيم) آثره الفاعل في صحة رسم الحروف بأشكالها وفي موضعها من الكلمة حيث يؤثر ذلك على درجة الفهم, ويشد انتباه التلميذ ويعطيه مؤشراً على دلالة الألفاظ وزيادة معانيها وضوحاً, فيستطيع التلميذ أنْ يرسم علامة الترقيم المناسبة, من تعجب، واستفهام وتنصيص, ونقطة, تبعاً لذلك التلوين وممّا لا شكّ فيه أيضاً أنّ اللّفظ السّليم للكلمة يساعد على التعرّف إلى الحروف المضعّفة، فيرسم التلميذ علاقة التضعيف()على الحرف رسماً صحيحاً.

وفي هذا الاتجاه فان قدرة التلميذ على التميز السمعيّ قد تجنبه خطأ إبدال الحروف بهذه الحركات, كما أنّ التعرّف إلى مواضع الوصل في المسموع قد تفيده في كتابة اللام الشمسيّة واللاّم القمريّة كتابة إملائيّة سليمة دون الخلط بينهما.

ومما يؤكد القدرة السمعيّةعلى أداء التلاميذ في الرّسم الإملائي,الدّراسة الّتي قام بها (فولي وجزكو) (١٩٨٥) والّتي هدفت إلى دراسة العلاقة القائمة بين المعرفة بقواعد اللغة والقدرة الإملائيّة، وأثر الإستماع إلى الصّور الصّوتيّة للكلمات على تحديد صورها الخطيّة، وبيان أثر.

عامل التذكّر والاستدعاء في كتابة الكلمات والتراكيب، حيث كشفت نتائج تطبيق أدوات الدراسة عن وجود علاقة ارتباطّيه دالّة بين درجات التلاميذ على اختيار الاستماع ودرجاتهم على الاختبار الإملاء [(١)].

ويعزّز فكرة التّكامل من القدرة السّمعية والمعرفة بقواعد النّحو والصّرف وصحّة الرّسم الإملائيّ, ما يراه بعضهم من أنّ القواعد الإملائيّة وسيلة لصحة الكتابة من الخطأ والقواعد النّحويّة وسيلة لتقويم القلم واللسان من الاعوجاج والزلل, والقراءة والنصوص وسيلتان لزيادة الثروة اللغويّة,وإذا كانت عمليتا القراءة والاستماع فك الرموز, فان الكتابة والكلام هما عمليتا ترتيب الرموز الجزئيّة في مفاهيم كليّة, حيث أثبتت الدراسات الّتي قام بها الخبراء والمتخصصون في أساليب تعليم وتعلّم اللغة وجود علاقة موجبة بين الكفاية اللغويّة والكفاية الإملائيّة وبالمقابل فان أخطاء التلاميذ في الرسم الإملائي قد يعود معظمها إلى ضعفهم أو قصورهم في المهارات اللغويّة الأخرى كالقراءة والاستماع والكتابة والتعبير [(٢)].

واستناداً إلى جملة الآراء والأفكار الّتي وردت في الإطار النظريّ حول أخطاء التلاميذ في الرّسم الإملائي, وحول الأسباب والعوامل المرتبطة بطبيعة هذه الأخطاء والجهود المبذولة من طرق الباحثين وخبراء مناهج اللغة العربيّة وأساليب تدريسها, فان الحاجة تبدو ماسة إلى التّسليم ببعض الحقائق، التّي تؤكد أنّ تعليم اللّغة بعامّة وتعليم مهارات الكتابة اليدويّة بخاصّة، يجب أنْ

[(١)] Fouly and Gziko، deter mine the reliability valldity and stability at the graduated dictation test.p.p.٥٦٤.

[(٢)] السيد، في طرائق تدريس اللغة العربيّة، ص ٢٠٧.

ينطلق من الوعي العميق بطبيعة المعرفة اللغويّة وبالعوامل الداخليّة والخارجيّة للمتعلّم،التّي تحدد بشكل أو بآخر كفاءته اللغويّة، وقدرته على توظيف ما يتوفر لديه من مكتسبات معرفيّة ولغويّة في اتخاذ القرار المناسب للسلوك اللغويّ الذي يعتقد بأنه الأفضل, ولعلّ في ذلك ما يؤكّد الحاجة إلى بذل المزيد من الاهتمام, والعناية بأساليب تعليم التلاميذ كيف يتعلمون, وكيف يوظفون مهاراتهم في إنتاج اللغة واستخدامها.

وللتغلّب على الصّعوبات النّحويّة والصّرفيّة الكتابيّة اقترح الأخذ بوسائل العلاج التّالية :

١- الإكثار من التدريب على استعمال القواعد وممارسة استخدامها سواء حصّة القواعد أو في حصص فروع اللغة العربيّة الأخرى كالقراءة, والتعبير, والنّصوص، والإملاء،فهذه المواد مواد تطبيقيّة لمادة النّحو, واخذ التلاميذ بذلك وعدم التهاون فيه, فمن شأن هذا التدريب أنْ يثبت القواعد، ويمكّن التّلاميذ من استعمالها بسهوله ويسر.

كيفية التغلّب على ضعف التلاميذ في الإملاء.

هناك طرق ناجحة لتقوية التلاميذ الضعاف في الإملاء وهي طريقة الجمع, وطريقة البطاقات, وطريقة حوسبة الإملاء. وهي طرق استخدمت في كثير من مدارس أوروبا وأتت بنتائج ناجحة

١- طريقة الجمع.

وتقوم على أساس استخدام غريزة الجمع والإقتناء لدى الأطفال، بتكليفهم مجموعة من كلمات تنتهي بتاء مفتوحة أو مربوطة أو كلمات تكتب بلامين, أو ترسم فيها الهمزة على الواو أو على ياء، أو كلمات ينطبق أخرها ألفاً ولكنها تكتب ياءً.

٢- طريقة البطاقات.

تستخدم طريقة البطاقات للتدريب الفردي، فتعد لذلك بطاقات تكتب فيها طائفة كبيرة من الكلمات الهجائيّة تخضع كلها لقاعدة جزئيّة من قواعد الإملاء فبطاقات تشتمل على كلمات في وسطها همزة مكسورة، وأخرى تشتمل على كلمات أخرها همزة قبلها ساكن. وثالثة تشتمل على همزة متطرفة. وهكذا حتى تستوفي قواعد الإملاء في تلك البطاقات.

٣- طريقة حوسبة الإملاء.

يكلف التلميذ بكتابة قطعة إملائيّة من الذاكرة, حيث يقوم بكتابتها ويعرض القطعة للتدقيق الإملائي حيث يوضع خط بلون أحمر تحت الكلمة الخطأ ويقوم هو بتصويبها فيعرف الخطأ ثم الصواب.

إجراءات مقترحة للتغلب على بعض صعوبات الإملاء في المرحلة الأساسية.

١- تحقيق مهارة القراءة, هناك ارتباطا وثيق بين القراءة والإملاء كما أن هناك علاقة مباشرة بين ضعف القراءة وضعف الكتابة الإملائيّة عند التلاميذ ناتج عن عدم تمكين التلاميذ من مهارة القراءة.

٢- عدم قدرة بعض التلاميذ على تميز الحروف المتشابهة لفظا ونطقا، ويمكن معالجة ذلك بتكثيف التدريب من قبل المعلم.

٣- عادة وضع الأصابع عند بعض التلاميذ في أثناء متابعتهم المقروء, الأمر الذي ينجم عن البطء في الكتابة ومعالجة ذلك يأتي ببذل المزيد من التدريبات المرتبطة بالتذكر البصري.

٤- التركيز على فهم الجمل والكلمات وعدم الإكثار من كتابة كلمات لم يألفها التلميذ.

٥- تعب التلاميذ من الكتابة. أن التدريب والتمرين المتواصل والمخطط له كفيل بمعالجة هذه الظواهر ومن الضروري عدم إطالة المادة المكتوبة بل استخدام التدرج في مسايرة النمو العضلي عند التلاميذ.

٦- مراعاة البعد المثالي بين العين والدفتر من خلال الجلسة الصحّية للتلاميذ.

٧- الخوف من الوقوع من الخطأ ويتلافى من خلال التشجيع وعدم تأنيب من يخطئ منهم.

٨- معانات التلاميذ من مشاكل جسمية ونفسية، كضعف البصر,وقلة التذكر, وعيوب النطق، وعدم الإحساس بالأمن فمن الضروري الوقوف على هذه المشكلات ومعالجتها.

* **أنواع الإملاء**

يُقسّم التربوبون الإملاء إلى أربعة أنواع ويمكن إضافة ثلاثة أنواع أخرى, ويراعى في هذا التقسيم التدرج الطبيعي حيث الانتقال من السهل إلى الصعب، فمن السهل للتلميذ أن يبدأ بالإملاء المنقول قبل المنظور وهكذا، وفيما يلي أنواع الإملاء.

١- الإملاء المنقول : هو ضُرب من النسخ الموجه الذي يتم بإشراف المعلم وتوجيهه، ويعني به نقل التلاميذ القطعة من كتاب القراءة، أو عن اللوح، أو عن بطاقة كبيرة والأصل في هذا النوع من الإملاء،أن يكون من قطعة القراءة التي سبق للتلميذ أن تدرّب عليها قرائيا. وهذا النوع يلائم تلاميذ الصف الأول الأساسي.

ويكون بأن يملي المعلم على التلاميذ كلمات وجملاً مشكلة من كتاب أو سبورة بعد قراءتها وفهمها وتدرّب كتابي عليها, ويقوم المعلم فيه بالإملاء جملة جملة وينتظر حتى يكتب

الجميع الجملة الواحدة معاً. وهذا النوع المتقدّم من الإملاء المنقول يلائم الصف الثاني الأساسي في الفصل الدراسي الأول.

وينبغي مراعاة ملائمة القطعة لمدارك التلاميذ, ومستوى نضجهم, ومناسبتها لزمن الحصة من حيث الطول، مع الحرص على شرح مفرداتها وعباراتها بحيث يفهمها التلاميذ قبل البدء في نقلها وأنْ تكون متصلة بحياة التلاميذ وبيئتهم.

٢- الإملاء المنظور: ويتم بعرض قطعة الإملاء على التلاميذ لقراءتها, وفهم مضمونها, والتدريب على كتابة أشكال كلماتها, ومن ثم تحجب القطعة عنهم, وتملى عليهم, وهذا النوع من الإملاء يناسب تلاميذ الصف الثالث وبداية الرابع، ولكن يبدأ التدريب عليه في نهاية الصف الثاني

٣- الإملاء غير المنظور: ويكون بأن يقرأ المعلم الفقرة على التلاميذ ويناقشهم في المعاني الواردة فيها, وفي كتابة كلماتها، ويعرض عليهم كلمات مشابهة لما فيها من كلمات جديدة عليهم.

وهذا النوع يناسب طلاب الصف الخامس.

٤- الإملاء الاختباري وله مستويات: إملاء يُطلب إلى التلاميذ إعداده والتدرب عليه في البيت من الكتاب المدرسي,ومن درس سبق قرأه التلاميذ, وفهموا معناه، لكتابته دون تدريب في حصة الإملاء.

١- إملاء يقصد به اختبار قدرة التلاميذ في كتابة مفردات سبق وتدربوا عليها وتشخيص مواطن الضعف لمعالجتها.

٥- الإملاء التقويمي: ويقوم هذا النوع على اختبار التلاميذ في العديد من المهارات التي مروا بها خلال الفترة الدراسيّة,ويكون بأن على المعلم يملي التلاميذ قطعة من غير الكتاب المقرر بقصد التقويم وتشخيص الأخطاء الشائعة,لذا فان القطعة التي تملى عليهم دون مساعدة على الفهم والوقوف على القضايا الإملائيّة فيها، وهذا النوع يناسب الصفين السادس والسابع,حينما يراد قياس التحصيل.

٦- الإملاء السماعي (الإستماعي): هو ضرب من الإملاء غير المنظور,وفيه يقرأ المعلم قطعة الإملاء قراءة جهريّة على التلاميذ، تعقبها مناقشة في فهم معنى القطعة ثم التدرب على ما ورد فيها من كلمات صعبة، وبعد أن يعرف التلاميذ قاعدة هذه الكلمات تملى عليهم القطعة ويكون لحاسة السمع المحل الأول عن طريق الاستماع، وتحليل الكلمات واتخاذ موقف ذاتي منها بفهمها, ويتم إدراك الفروق بين الحروف المتقاربة المخارج

والاعتماد على التذكر السمعي النطقي للكلمات الذي يتولد من سماع صوتها دلالة ذهنية لديهم.

لذلك فمن الضروري أن تشتمل القطع على كلمات وعبارات سبق للتلاميذ دراستها أو سماعها كما أن المعلم يملي الجملة مرة واحدة وبصوت مسموع لحمل التلاميذ على حسن الإستماع وجودة الانتباه.

ويلائم هذا النوع الصفين الخامس والسادس من المرحلة الأساسيّة.

٧- الإملاء الذاتي: وهو أن يملى التلميذ النص الإملائي _غيباً - على نفسه من ذاكرته. وهذا الأمر يتطلب أن يكون قد حفظة عن ظهر قلب من قبل أي أن يطلب المدَّرس من تلاميذه أن يحفظوا " نصاً " بحيث, لا يتجاوز بضعة اسطر ليصار إلى كتابته في غرفة الصف بأشراف المعلم.

وهذا النوع من الإملاء مفيد وضروري, لأنه من الإملاء الوظيفي الذي يحتاج إليه التلميذ في حياته المدرسيّة وما بعدها.

ويلائم هذا النوع الصفين السادس والسابع من المرحلة الأساسيّة.

٨- الإملاء التعاوني : وهو الذي يركز على قدرة الأفراد على العمل بشكل تعاوني لحل المشكلات في الكلمات ذات الخطأ الشائع والمتكرر ضمن تفاعل ايجابي مع بعضهم البعض ليتمكنوا من معالجة الخطأ والتعرف على الصواب وكتابته واختزانه في الذاكرة.

ويلائم هذا النوع من الإملاء الصفوف من (الخامس إلى الثامن).

*** إرشادات في تدريس الإملاء بشكل عام.**

١- **التهيئة لحصة الإملاء** يتأكد المعلم أن التلاميذ يجلسون جلسة مريحة صحيحة, ويلاحظ إمساكهم الأقلام بشكل صحيح,وينبهم إلى ضرورة الإهتمام بعلامات الترقيم، وبالخط الجيد, وبالنظافة والترتيب، والتأكد من تسطير الدفاتر (الكراسات) وكتابة اسم اليوم وتاريخه والعنوان بشكل مرتب فضلاً عن رقم القطعة.

٢-يختار المعلم قطع الإملاء من دروس القراءة غالباً, ومن المناسب أن يثبت المعلم على السبورة مادة الحصة الإملائيّة بخط واضح، ثم يقرأ هذه المادة, ويقرأ من بعده التلاميذ ويشرح المضمون ويدرب التلاميذ عليها بشكل جيد.

٣- **يعودّ المعلم** تلاميذه على عدم تكرار الجملة التي يمليها أكثر من مرة, ويطوف بينهم كلما كتبوا جملة جديدة، لملاحظة الأخطاء الفردية والعامّة.

٤- **يقرأ المعلم** الوحدة الإملائيّة جملة للمرة الأولى, ثم يمليها مجزأة, ثم يقوم بقراءتها كاملة للمرة الثالثة.

٥- **يراعي المعلم** الفروق الفردية في درس الإملاء, فربما احتاج بعض التلاميذ عناية خاصة به, ويختار لهم الأسلوب المناسب للقيام بها.

٦- **ينبه المعلم** إلى الأخطاء الشائعة التي يكثر وقوع التلاميذ فيها, وذلك على السبورة, دون أن يثبت الخطأ عليها, أكثر مما يلزم من الوقت للتوضيح.

طرق تدريس الإملاء.

١- الإملاء المنقول.

- خطوات تدريس الإملاء المنقول بحسب الطريقة الأولى

١- تحديد القطعة أو الجملة التي يرغب المعلم في أن يكتبها التلاميذ, ويتوخى فيها القصر حتى لا يرهقهم.

٢- تهيئة التلاميذ بمقدمة مناسبة.

٣- قراء المعلم القطعة المختارة قراءة معبرة واضحة.

٤- قراءة المعلم القطعة. ومناقشتهم بسؤال أو سؤالين حول مضمونها.

٥- لفت أنظار التلاميذ إلى أشكال الكلمات الصعبة، وتدريبهم على قراءتها وهجائها.

٦- الطلب إلى التلاميذ نقل القطعة, ويقوم المعلم بالدوران بينهم مرشداً, وموجهاً, ومصححاً الأخطاء التي يقع فيها التلاميذ، ومقوماً أخطاءهم مباشرة.

- الطريقة الثانية في تدريس الإملاء المنقول.

١- التمهيد لموضوع القطعة من خلال عرض الصور أو الأسئلة الممهدة لفهم الموضوع.

٢- عرض القطعة في الكتاب أو البطاقة أو على سبورة إضافية دون أن تضبط كلماتها في البطاقة أو السبورة، حتى لا ينقل التلاميذ هذا الضبط ويتورطوا في سلسلة من الأخطاء.

٣- قراءة المعلم القطعة قراءة نموذجيّة.

٤- قراءات فرديّة من التلاميذ ويحبذ أكثر من طالبين.

٥- أسئلة في معنى القطعة، للتأكد من فهمها.

٦- تهجي الكلمات الصعبة.ويحسن تميز هذه الكلمات بوضع خطوط تحتها,ويطلب من التلاميذ قراءتها وتهجي حروفها.

٧- النقل ويراعى فيه ما يأتي.

١- تحضير الكراسات وتسطيرها,وكتابة العنوان.

٢- يملى المعلم على التلاميذ القطعة كلمة كلمة. مشيراً في وقت نفسه إلى هذه الكلمات في حال استخدام السبورة.

٣- يسير الجميع التلاميذ معاً في الكتابة.

٨- قراءة المعلم القطعة مرة أخرى. ليصحح التلاميذ ما وقعوا فيه من خطأ أو ليتداركوا ما فاتهم من نقص.

٩- جمع الكراسات بطريقة منظمة وهادئة.

١٠- تصحيح الكراسات وإعادتها للتلاميذ من أجل تصويب الأخطاء.

مزايا الإملاء المنقول

يحقق درس الإملاء المنقول كثيراً من الغايات اللغْوية والترْبوية :

١- ففيه تدريب على القراءة، وتدريب على التعبير الشفوي.

٢- فيه تدريب على التهجي,ومعرفة الصور الكتّابية للكلمات الجديدة,التي تشير إلى صعوبة إملائيّة.

٣- التلميذ يتعود في هذا الدرس قوة الملاحظة.وحسن المحاكاة, وتنمو مهارته في الكتابة ويزيد إدراكه للصلة بين أصوات الحروف وصورتها الكتّابية.

٤- يعود التلاميذ النظام والتنسيق وتجويد الخط.

وفيما يأتي نموذج لتدريس الإملاء المنقول./ التخطيط الدرسي.

الإملاء المنقول

العبارة

قالت المعلمة :-
" عَلَمُ بلادي مرفوعٌ عالياً إن شاء اللـه "

لغتنا العربية
الصف الثاني /ج١
أحبك يا وطني
ص: ٤٩

نموذج تطبيقي مقترح لدرس في الإملاء المنقول
خطة درسيّة

المبحث : اللغة العربيّة العنوان : أحبك يا وطني الحصة : الثانية

الموضوع :- الإملاء المنقول الصف : الثاني الأساسي () التاريخ : ٢٠٠٤/١٠/١٥

التمهيد : مناقشة التلاميذ عن طريق الأسئلة في درس (أحبك يا وطني)

التعلّم القبلي : معرفة التاء المبسوطة والتاء المربوطة، والهاء, معرفة تنوين الفتح

الوسائل التعليميّة :- السبورة، كراسات التلاميذ، بطاقات الكلمات.

الأهداف السلوكيّة	الأساليب والأنشطة	التقويم	الزمن	ملاحظات
	التمهيد:		٤ دقائق	
	أناقش التلاميذ في موضوع الدرس وذلك على النحو التالي.			
	١- في أي حصة تتعلمون فيها الرسم ؟			
	٢- ماذا رسمت ليلى؟ ماذا رسمت عبير؟ ماذا رسمت منى؟ ماذا رسمت عبلة ؟			
	٣- ما لون العلم الأردني؟			
	٤- بعد أن رسمت أمل العلم.ماذا قالت المعلمة؟ قالت المعلمة : مرفوع علم بلادي عالياً إنْ شاءَ اللـه			
أن يكتب التلاميذ العبارة الآتية كتابة سليمة : قالت المعلمة: مرفوع علم بلادي عالياً إنْ شاء اللـه.	العرض : أسير في معالجة العبارة السابقة على النحو الآتي :-			
	١- على الخط المسطر على السبورة اكتب عبارة " قالت المعلمة : مرفوع علم بلادي عالياً إنْ شاء اللـه			
	٢- اقرأ العبارة السابقة قراءة سليمة ومعبرة مراعياً علامة الترقيم (النقطتين)			
	٣- اطلب من عدد من التلاميذ قراءة العبارة قراءة سليمة.	ملاحظة قراءة العبارة وتصحيح ما قد يقعون فيه من أخطاء.		
أن يتعرف التلاميذ تنوين الفتح في	٤-أكتب أمامهم الكلمات الآتية (المعلمة -علم - مرفوع- عالياً) وأوضح لهم طريقة اتصال	ملاحظة كتابة التلاميذ تنوين		

حاله إستنادة الى الألف	الحروف ببعضها ببعض وبخاصة حرف (العين) ثم ألفت انتباههم إلى تنوين الفتح ـ وضرورة كتابة في مثل هذه الكلمة على ألف. ثم أطلب من بعضهم نطق كلمات فيها تنوين الفتح أو كتابتها على السبورة.	الفتح. وتصحيح الخطأ.			
	٥- أطلب من التلاميذ الآخرين كتابة هذه الكلمات متفرقة على دفاتر المسودة وعلى السبورة.				
	طلب من تلميذ آخر كتابة العبارة كاملة على السبورة.	ألاحظ كيفية كتابة التلاميذ على السبورة.			
أن يضع التلاميذ النقطتين (:) بعد قال أو ما أشبهها.	٨-ألفت انتباههم إلى ضرورة وضع النقطتين بعد كلمة (قال)، ووضع نقطة في نهاية الجملة.				
	٩- أقوم بمسح ما كتبه التلاميذ على السبورة وأبقي العبارة على السبورة وفي خلال ذلك أطلب إلى بعض التلاميذ توزيع دفاتر الإملاء على زملائهم بالطريقة التي اعتادوا عليها. وأطلب إليهم تسطيرها ووضع رقم القطعة والتاريخ.				
	١٠-أملي على الطلاب العبارة مفقره مره واحدة، بتأنٍ، وذلك على النحو الآتي: قالت المعلمة : علمُ /بلادي/ مرفوعٌ / عالياً/ إنْ/ شاء اللـه/.	ملاحظة مدى تطبيقهم للإرشادات التي تتعلق بوضع النقطتين.			
	١١- أعيد قراءة العبارة مرة أخرى بشكل أسرع من القراءة الأولى، ليتسنى لمن فاته شيء أن يكتبه.				يشير المعلم في أثناء القراءة إلى النقطتين والنقطة في نهاية العبارة
	١٢- أطلب من تلميذ أن يقرأ العبارة من دفتره				
	١٣- أقوم بالتصحيح لبعض التلاميذ، ثم اجمع الدفاتر في نهاية الحصة، وأصححها، ثم أضع الكلمة الصحيحة فوق الكلمة التي أخطأ فيها التلميذ بالقلم الأحمر	ألاحظ تصحيح التلاميذ الأخطاء			
	١٤-معالجة الكلمات الخاطئة التي شاعت في كتاباتهم	أكلف عدداً من التلاميذ كتابة الكلمات التي شاع فيها الخطأ			

٢- الإملاء المنظور

تسير خطوات تدريس الإملاء المنظور على النحو الأتي.

١- التمهيد للدرس
٢- قراءة المعلم القطعة قراءة واضحة.
٣- قراءة التلاميذ القطعة مع تفسير كلماتها الصعبة ومعانيها الكليّة والجزئيّة.
٤- التدريب العملي للتلاميذ على السبورة أو على أوراق إضافية على كتابة الكلمات الصعبة في القطعة تدريباً كافياً.
٥- التهيؤ لكتابة القطعة.
٦- حجب القطعة عن أنظار التلاميذ، أو محوها إن كانت مكتوبة على اللوح.
٧- إملاء القطعة بعد قراءتها.
٨- تصحيح الدفاتر.

وفيما يأتي نموذج تطبيقي لدرس في الإملاء المنظور.

الإملاء المنظور

القطعة

الدب والمصيدة

وقع دبٌ في مصيدة ولم يستطعْ الإفلاتَ منها، وأخذَ يصيحُ دون فائدة. مر به رجلٌ فقال الدبُ : أرجوك أن تخرجني، قال الرجلُ : أخشى إنْ أخرجتك أنْ تأكلني، فتوسل إليه الدبُ ووعدهُ خيراً.

لغتنا العربيّة

الصف الثاني / ج٢

ص ٨١

نموذج تطبيقي مقترح لدرس في الإملاء المنظور
خطة دراسيّة

المبحث : اللغة العربيّة　　العنوان : الدب والمصيدة الحصة :

الموضوع : الإملاء المنظور　　الصف: الثاني الأساسي التاريخ :

التمهيد: مناقشة التلاميذ في درس (الدب والمصيدة) عن طريق الأسئلة.

التعلم القبلي: التاء المربوطة والمبسوطة، وهمزتا الوصل والقطع.

الوسائل التعليميّة: كرتون مكتوب عليه النص، السبورة، كراسات التلاميذ، بطاقات كلمات.

الأهداف السلوكية	الأساليب والأنشطة	التقويم	الزمن	ملاحظات
	التهيئة :-			
	أ- أقوم بمناقشة التلاميذ من خلال الأسئلة:			
	١-هل الدب حيوان بري أم أليف ؟			
	٢- على ماذا يتغذى الدب ؟			
	٣- لماذا يصطاد الناس الدب ؟			
	٤- هل كان الدب وفياً ؟			
	ب- بعد هذه المناقشة، أطلب من التلاميذ تحضير دفاتر الإملاء (الكراسات) وتسطيرها ووضع رقم القطعة، والتاريخ، ثم أطلب أليهم الانتباه على السبورة.			
	العرض :			
أن يكتب التلاميذ القطعة المعطاة له من درس (الدب والمصيدة) كتابة سليمة	١-أعرض أمام التلاميذ قطعة الإملاء (الدب والمصيدة) المكتوبة على لوحة الكرتون، ثم أقوم بقراءتها قراءة متأنية واضحة.			يمكن الإستغناء عن القراءة إذا كان التلاميذ يجيدونها.
	٢- اطلب من عدد من التلاميذ قراءة القطعة قراءة صحيحة.	ملاحظة قراءات التلاميذ وتصحيحها		
	٣- أناقشهم في معاني المفردات الصعبة والأفكار الجزئية عن طريق هذه الأسئلة.			
	أ- ماذا تعني كلمة المصيدة ؟			
	ب- لماذا كان الدبُ يصرخ ؟			
	ج- مما كان الرجل يخشى ؟			
	٤- أرفع أمام التلاميذ بطاقة الكلمة(مصيدة) واطلب إليهم قراءتها، ثم اطلب إلى أحد التلاميذ كتابتها على السبورة، وألفت انتباه التلاميذ إلى الحرف الأخير من الكلمة وهي التاء المربوطة (ة) ثم أطلب من الأخير كتابتها على ورقة خارجيّة.	ملاحظة كتابة التلاميذ وتصحيح الأخطاء.		المهارة الإملائيّة المقصودة في هذا الدرس التاء المربوطة والتاء المبسوطة.
	- انتقل إلى كلمة إفلات، وأعرضها عليهم ثم			

	يقوم عدد منهم بقراءتها،ثم اطلب إلى أحدهم كتابتها على السبورة، ومن الآخرين كتابتها على أوراق خارجية.			
أن يميز التلاميذ بين التاء المبسوطة والتاء المربوطة	-بعد ذلك أضعها بجوار بطاقة (مصيدة) على لوحة الجيوب، ثم يقوم التلاميذ بإجراء موازنة بين التاء المربوطة، والتاء المبسوطة في كلمة (الإفلات).			
	-اطلب من التلاميذ استخراج كلمة أخرى من القطعة فيها تاء مربوطة ؟ ثم أكلف عدداً منهم استحضار كلمات من عندهم فيها تاء مربوطة، وأخرى تاء مبسوطة، مع الطلب من كل واحد أن يكتب الكلمة التي ذكرها على السبورة.	الأخطاء الأمثلة وتصحيح الأخطاء.		
	وأطلب إليهم البحث عن كلمة تنتهي بهاء من القطعة.			
	- أضع بطاقة كلمة (إليه) بجانب كلمة (مصيدة), ثم يقوم التلاميذ بإجراء المقارنة بين الكلمتين نطقاً وكتابة.			
	٥-أطلب إليهم. فتح كراسات الإملاء, استعداداً للكتابة, ثم أقوم بمحو ما كتب التلاميذ على السبورة, ثم أخفي لوحة قطعة الإملاء.	ملاحظة استجابات التلاميذ لما طلب منهم.		
	٦- أملي عليهم القطعة مجزأة إلى فقرات صغيرة كل فقرة مرة واحدة، لافتاً نظرهم إلى ضرورة وضع علامات الترقيم على النحو الآتي :			التذكير بعلامات الترقيم في أثناء القراءة الإملائيّة
	وقع دبٌّ/في مصيدة / ولم يستطع الإفلات/منها,/ وأخذ يصيحُ/دون فائدة./ مر به رجل/ فقال الدبُ :/أرجوك / أنْ تخرجني/,قال الرجل:/ أخشى إذا أخرجتِك/ أن تأكلني,/ توسل إليه الدب/ ووعده خيراً./			
	٧-أعيد قراءة القطعة مرة ثانية بشكل أسرع ليتسنى لمن نسي شيئاً أن يكتبه ثم اطلب من أحد التلاميذ قراءة القطعة مرة ثانية.			
	التصحيح.			
	أعرض القطعة أمام التلاميذ، ثم أقوم بقراءتها فقرة فقرة، وأكلف التلاميذ بتصحيح كتابتهم.	ملاحظة تصحيح الكراسات ومعالجة الأخطاء		

٣- الإملاء غير المنظور

يمكن تدريس الإملاء غير المنظور بحسب المستويين التاليين :

١- المستوى الأول

١- لا حاجة إلى المقدمّة، ويستعاض عنها بتهيئة التلاميذ في الإملاء كتسطير الدفاتر وكتابة التاريخ، ورقم النقطة وعنوانها.

٢- إملاء التلاميذ مُفقَّرة

٣- إعادة قراءة القطعة ليتمكن من فاته شيء أن يكتبه.

٤- جمع الدفاتر وتصحيحها.

٢-المستوى الثاني

١- تهيئة التلاميذ كتحضير أدوات الكتابة وتجهيز الكراسات.

٢- قراءة القطعة على مسمع من التلاميذ قراءة أولى دون كتابة.

٣- طرح بعض الأسئلة للوقوف على مدى فهمهم للمضمون.

٤-إملاء القطعة بصوت واضح وبتأنٍ.

٥- قراءة القطعة قراءة ثانية، ليتسنى لمن فاته شيء أنْ يستدركهُ.

٦- جمع الدفاتر وتصحيحها.

فيما يأتي نموذج تطبيق لدرس في الإملاء غير المنظور.

الإملاء غير المنظور

القطعة

التلوث

تحديد القطعة مسبقاً والإستعداد عليها في البيت. والقطعة هي :

قال بسامٌ : ما أجملَ أن يعيشَ الإنسان في الريفِ ! يستمتعُ بمناظرِ الجبالِ العاليةِ والسهولِ الخضراءِ, ويستنشقُ الهواءَ النقيَّ، ويشمُ رائحة الأزهارِ والنباتاتِ البرّيّةِ، ويبتعد عن

ضجيج المدينةِ وازدحامِ الناسِ فيها..

لغتنا العربية

الصف الثالث / ج٢

ص٩٧

نموذج تطبيقي مقترح لدرس الإملاء غير المنظور

خطة دراسية

المبحث: اللغة العربيّة العنوان : التلوث الحصة :

الموضوع : الإملاء غير المنظور الصف : الثالث الأساسي التاريخ :

التمهيد :- مناقشة الأفكار العامّة لدرس التلوث.

التعلّم القبلي :- معرفة بعض علامات الترقيم.

الوسائل : السبورة، بطاقات كلمات، كراسات الإملاء.

الأهداف السلوكيّة	الأساليب والأنشطة	التقويم	الزمن	ملاحظات
	١- التهيئة			
	٢- أسئلة مقترحة حول موضوع الدرس التلوث.			
	١- ماذا فعل العالم لمنع التلوث ؟			
	٢- لماذا يقل الضجيج في الريف ؟			
	٣- ماذا تقترح للحد من تلوث البيئة ؟			
أن يكتب التلاميذ القطعة المعطاة لهم من درس " التلوث " كتابة سليمة	ب- أطلب من التلاميذ تحضير الكراسات وتسطيرها، ووضع رقم القطعة والتاريخ ثم أقوم بتذكر التلاميذ ببعض الكلمات الصعبة عن طريق كلمات مشابهة لها وتدوينها على السبورة، وعلى أوراق خارجية.	ملاحظة أداء التلاميذ		
أن يرسم التلاميذ علامات الترقيم في أثناء الكتابة بدقة	ج-أملى على التلاميذ القطعة مجزأة إلى فقرات صغيرة كل فقرة مرة واحدة. لافتاً نظرهم إلى ضرورة كتابة علامات الترقيم وبالأخص علامة التعجب " !" وذلك على النحو الأتي :-			
	قال بسّام :/ما أجمل / أن يعيش الإنسانُ /في الريف! / يستمتعُ بمناظرِ/ الجبال العالية / والسهولِ الخضراءِ،/ ويستنشقُ الهواءَ النقَيَّ./ ويشمُ رائحة الأزهارِ/ والنباتاتِ البريةِ،/ ويبتعد عن / ضجيج المدنيةِ/ وازدحامِ الناس فيها./			
	د- أعيد قراءة القطعة مرة ثانية بشكل أسرع من المرة الأولى ليتسنى لمن نسيَ شيئاً أن يكتبهُ			
	هـ- أطلب من أحد التلاميذ القيام بالقراءة لتأكد من أن الجميع قاموا بإدراك ما فاتهم إن كان هناك شيء من هذا			

	التصحيح : الطلب من التلاميذ تبادل الكراسات وكل تلميذ يقوم بتصحيح.	تصحيح الكراسات ومعالجة الأخطاء.		

٤- الإملاء الإختباري

خطوات تدريس الإملاء الإختباري.

١- تحديد قطعة مسبقاً بحيث تحتوي على مهارات مختلفة ومتعددة.

٢- تهيئة التلاميذ بإعداد الكراسات, تسطيرها، كتابة اسم اليوم، والتاريخ، ورقم القطعة، والعنوان.

٣- إملاء التلاميذ القطعة بصوت مسموع.

٤- إعادة قراءة القطعة من المعلم.

٥- قراءة القطعة من أحد التلاميذ مرة أخرى

٦- تصحيح الكراسات بواسطة المعلم.

وفيما يأتي نموذج تطبيقي لدرس في الإملاء الاختياري.

الإملاء الاختياري

القطعة

جلسَ همام إلى أبية يوماً وقال : سمعت يا أبي أن الجامعة الأردنيّة تعقد دورات في السَّباحة،

وأنا أُحب أن أتعلّم السَّباحة, رافق همام أباه إلى كليّة التّربية الرّياضيّة، وسجَّل في دورةٍ من دورات السَّباحة.

لغتنا العربية

الصف الثالث / ج٢

صفحة : ١١٣

نموذج تطبيقي مقترح لدرس في الإملاء والاختياري

خطة درسْيه

المبحث: اللغة العربيّة العنوان : السَّياحة الحصة :

الموضوع : الإملاءالإختباري الصف الثالث الأساسي () التاريخ :

التمهيد : مناقشة التلاميذ في الأفكار العامة لدرس السَّباحة.

التعليم القبلي :- معرفة همزتي الوصل والقطع، التضعيف، التاء المبسوطة والتاء المربوطة

الوسائل التعليمية : كراسات التلاميذ.

الأهداف السلوكيّة	الأساليب والأنشطة	التقويم	الزمن	ملاحظات
أن يكتب التلاميذ القطعة المعطاة لهم في الكتاب المدرسي كتابة سليمة	**التهيئة** ١-إعداد الكراسات، وتسطيرها، وكتابة العنوان، ورقم القطعة والتاريخ	ملاحظة التلاميذ		
	٢- أملي على التلاميذ القطعة المعطاة لهم مع التركيز على مجمل المهارات المطلوبة في القطعة (همزة الوصل والقطع، التضعيف. التاء المبسوطة والتاء المربوطة	ملاحظة كتابات التلاميذ		
أن يراعي التلاميذ في أثناء الكتابة علامات الترقيم	٣- أعيد القراءة مرة أخرى ليتسنى لهم كتابة ما فاتهم.			
	٤- أطلب من أحد التلاميذ قراءة القطعة مرة أخرى.			
أن يتذكر التلاميذ المهارات الإملائيّة (همزتا الوصل والقطع، التضعيف، التاء المبسوطة والمربوطة) في أثناء الكتابة.	**التصحيح.** اجمع الكراسات بطريقة منظمة هادئة، وأشغل باقي الحصة بعمل ما، ثم أقوم بتصحيح الكراسات وكتابة الكلمة الصحيحة فوق الكلمة الخطأ. وأحصر الأخطاء المتكررة.	تصحيح الكراسات وحصر الأخطاء المتكررة ومعالجتها		

الإملاء التقويمي

ويدرّس هذا النوع بحسب الخطوات التالية.

١- اختيار قطعة من خارج منهاج اللغة العربيّة,وتشتمل على مجمل مهاراتٍ مَرَ بها التلميذ

٢- التمهيد بتذكير التلاميذ لعدد من المهارات الإملائيّة.

٣- إعداد الكراسات, وتسطيرها, وكتابة اسم اليوم, والتاريخ والعنوان.

٤- تذكير التلاميذ بضرورة مراعاة قواعد الكتابة الإملائيّة وبخاصة علامات الترقيم.

٥- إملاء القطعة على التلاميذ فقرة فقرة بحيث تكون متكاملة ولمرة واحدة.

٦- قراءة القطعة من قبل المعلم لتدارك التلاميذ ما فاتهم.

٧- جمع الكراسات والقيام بتصحيحها بالطريقة المناسبة مع وضع درجة خاصة بالتلميذ.

وفيما يأتي نموذج لتدريس الإملاء التقويمي :

أ- يحدد المعلم النموذج مسبقاً بحيث يشتمل على مجمل المهارات الإملائيّة التي مَرَّ بها التلميذ ـ لتقويم مدى فهمه لهذه المهارات.

الإملاء التقويمي

القطعة

إننا ما نزال عند التزام آبائنا وأجدادنا, وقائدنا, بحرية حقوق الإنسان واحترامه، وإننا في مسيرتنا الديمقراطيّة ملتزمون بالتعدديّة والعدالة.

وها نحن، وبعد أربعة عقود من الجهد المتواصل الدؤوب, ما زلنا نواصل مسيرتنا.

لنعمل متكاتفين متساندين مخلصين صادقين. سعياً إلى تأكيد دور الجميع وواجبهم الحضاري.

قطعة خارجيّة

تشتمل على مهارات عديدة

١- الهمزة المتوسطة، همزتا الوصل والقطع.
التضعيف، هاء والتاء المربوطة.

نموذج مقترح في الإملاء التقويمي
خطة دراسية

المبحث: اللغة العربيّة　　　　العنوان : الديمقراطيّة الحصة :

الموضوع : الإملاء التقويمي　　　　الصف : السادس الأساسي () التاريخ :

التمهيد : إعداد الكراسات، وتذكير التلاميذ ببعض المهارات.

التعليم القبلي : الهمزة المتوسطة، همزتا الوصل والقطع، الهاء، والتاء المربوطة، التضعيف

الوسائل التعليميّة : كراسات التلاميذ

الأهداف السلوكيّة	الأساليب والأنشطة	التقويم	الزمن	ملاحظات
أن يكتب التلاميذ القطعة التي تحتوي على مهارات عديدة كتابة سليمة	**التمهيد** _ ١- للتركيز على نوع الجلسة الصحيّة، وتوزيع الدفاتر وتسطيرها، ويذكرهم ببعض المهارات			
	العرض : أ- أملي على التلاميذ القطعة التي تحتوي على عدد كبير من المهارات الإملائية التي تمَّ معالجتها سابقاً، فقرة فقرة ولمرة واحدة.	ملاحظة كتابات التلاميذ		
	ب- أعيد القراءة مرة أخرى على التلاميذ.			
	ج- أطلب من أحد التلاميذ إعادة قراءة القطعة مرة أخرى			
	التصحيح : ١-اجمع الكراسات وأقوم بتصحيحها	تصحيح الدفاتر ومعالجة الأخطاء		
	٢- اكتب القطعة على السبورة وأطلب من التلاميذ كتابتها على دفاتر المسودة.			
	٣- أعيد إليهم الدفاتر للتعرف على الأخطاء وتصويبها.			
	٤- معالجة الأخطاء الشائعة.			

٦- الإملاء السماعي (الإستماعي)

نسير في تدريس الإملاء السماعي بحسب الخطوات التالية :

١- التمهيد بمناقشة لوضوح القطعة.

٢- قراءة المعلم للقطعة من الكتاب ليتعرف التلاميذ الأفكار الجزئية والعامّة.

٣- مناقشة المعنى العام بأسئلة محددة، وبيان المهارة التي سيتم معالجتها.

٤- كتابة كلمات بعد سماعها مشابهة لها مثل, كلمة صحائف تكتب كلمة مشابهة لها عجائب، ويطلب من التلاميذ تهجئة الكلمة بحروفها ثم كتابة على السبورة.

٥- التدريب المستمر من خلال الموازنة لمجمل الكلمات القطعة.

٦- يعيد المعلم قراءة القطعة الإملائيّة قبل إملائها على التلاميذ ليدركوا الكلمات المشابهة للتي تدربوا عليها.

٧- يملي المعلم القطعة على التلاميذ، ويراعي سلامة الصوت ووضوحه، وضرورة استخدام علامات الترقيم من قبل التلاميذ.

٨- يعيد المعلم قراءة القطعة مرة أخرى وبصورة أسرع حتى يستدرك التلاميذ ما فاتهم.

٩- تصحح الكراسات من قبل التلاميذ أنفسهم كلٌ يصحح لقرينه.

وفيما يأتي نموذج لتدريس الإملاء السماعي (الإستماعي)

الإملاء السماعي (الإستماعي)
القطعة

يقرأ المعلم الفقرة التالية من الكتاب المدرسي والتلاميذ يستمعون للمعلم بإصغاء

سافر ستةُ حمقى معاً، وتوقفوا أمام نهر، فشاهدوا ولداً في قارب، فطلبوا إليه أن ينقلهم إلى الشاطئ الآخر. ولكنَّ القارب غرقَ في النهر، وسبح الجميع نحو الشاطئ. وقف أحد الحمقى يَعد رفاقه فوجدهم خمسة فقط، فصاح : لقد فقدنا واحداً منّا !

اللغة العربيّة
الخامس الأساسي

نموذج تطبيقي مقترح لدرس الإملاء السماعي (الاستماعي)
خطة درسيّه

المبحث : اللغة العربيّة العنوان : الحمقى الحصة :

الموضوع : الإملاء السماعي الصف : الخامس الأساسي () التاريخ :

التعليم القبلي : الهمزة المتطرفة وألف المقصورة

الوسائل التعليميّة :- كراسات التلاميذ السبورة، كرتون أبيض، بطاقات.

الأهداف السلوكيّة	الأساليب والأنشطة	التقويم	الزمن	ملاحظات
	التمهيد: ١- إعداد الدفاتر، تسطيرها كتابة التاريخ مراعاة الجلسة الصحيّة.			
أن يصغى التلاميذ للقطعة التي يقرأها المعلم باهتمام	**العرض.** ١-الإصغاء لقراءة المعلم.	ملاحظة إصغاء التلاميذ		
	٢- تحديد المفردات التي تشتمل على مهارة ألف التفريق واستخراجها من قبل التلاميذ معتمدين على التذكر السماعي,تدريب التلاميذ على كلمات مشابهة (ترقبوا) وطرح أسئلة لماذا كتبت ألف التفريق ؟ الفرق بين واو الجماعة واو الجمع ؟			
	٣-يدرّب المعلم التلاميذ على مجمل الكلمات التي تحتوي على ألف التفريق ؟			
أن يكتب التلاميذ القطعة التي أختارها المعلم مركزين على مهارة ألف التفريق	٤- يملى المعلم القطعة فقرة فقرة وبصوت مسموع ولمرة واحدة.	ملاحظة كتابات التلاميذ		
	٥- يعيد المعلم القراءة مرة أخرى.			
	٦- يقرأ القطعة طالب آخر.			
	التصحيح. ١- يكتب المعلم القطعة على السبورة ويتبادل التلاميذ الكراسات ويصحح كل طالب لزميله.	تصحيح الكراسات ومعالجة الأخطاء		

الإملاء الذاتي

يسير تدريس الإملاء الذاتي بحسب الخطوات التالية.

المستوى الأول

١- تحديد نص من نصوص الكتاب ويطلب من التلاميذ حفظه واختزانه في ذاكرته ويشترط في النص أن يكون هادفاً وقصيراً.

٢- توزع الدفاتر (الكراسات) ويتم تسطيرها وكتابة اليوم والتاريخ والعنوان.

٣- يتم مناقشة التلاميذ في المهارة المطلوبة.

٤- يملي التلميذ على نفسه من ذاكرته النص الإملائي غيباً ويكتبه على الكراسة بشكل مرتب بإشراف المعلم.

٥- يجمع المعلم الكراسات ويقوم بتصحيحها.

المستوى الثاني.

١- تحديد النص وحفظه غيباً من قبل التلاميذ.

٢- استخدام أجهزة الحاسوب أن توفر ذلك في المدرسة أو المنزل.

٣- كتابة القطعة على جهاز الحاسوب وعند الوقوع بالخطأ يقوم الجهاز بوضع خط أحمر على الكلمة الخطأ.

٤- يقوم التلاميذ بتصحيح الأخطاء بعد التعرف على الصواب منها.

وفيما يأتي نموذج لتدريس الإملاء الذاتي.

الإملاء الذاتي

القطعة

وطني الأردن أُعمره وبعزم اللّيث أُحرِّرهُ
أفديه بروحي ودمائي ومن الأعداء أطهّرهُ
سأَضحي كي يبقى حراً والغاصب سوف أُدمَرهُ

لغتنا العربيّة
الصف الرابع

نموذج تطبيقي مقترح في درس الإملاء الذاتي
خطة دراسية

المبحث :اللغة العربيّة   العنوان : وطني الأردن الحصة :
الموضوع : الإملاء الذاتي   الصف : الرابع الأساسي () التاريخ :

التمهيد : مناقشة الابيات التي تم حفظها من قبل التلاميذ باسئلة مختلفة
التعلم القبلي :- الهمزة المتطرفة. وهمزة القطع.
الرسائل التعليمية : الكراسات بطاقات.

الأهداف السلوكيّة	الأساليب والأنشطة	التقويم	الزمن	ملاحظات
	التمهيد: أ- تجهيز الكراسات وتسطيرها ب- مناقشة مهارة الهمزة المتطرفة			
أن يكتب التلاميذ الأبيات الشعرية من قصيدة وطني الأردن كتابة ذاتية دون أخطاء	العرض: ١-يراعي المعلم الجلسة الصحيّة و الإستعداد التام	ملاحظة جلسة الطلاب		
	٢- يحدد التلاميذ وقتاً كافياً للكتابة			
	٣-يملي التلميذ على نفسه الأبيات غيباً ويدونها على دفتره بشكل مرتب.	ملاحظة التلاميذ وهم يكتبون		
أن يراعي التلاميذ في أثناء الكتابة الهمزة المتطرفة.	التصحيح ١- يدون المعلم الأبيات الشعرية على السبورة بخط واضح مركزاً على إبراز الهمزة المتطرفة.	تصحيح الكراسات ومعالجة الأخطاء.		
	٢- يقوم التلاميذ بمقارنة ما كتبوه مع الأبيات المدّونة على السبورة. ثم يقوموا بالتصحيح ومعالجة الأخطاء.			
	٣- ما تبقى من الحصة يعالج المعلم فيه الأخطاء الشائعة بشكل جماعي	معالجة الأخطاء.		

-الإملاء التعاوني

تسير خطوات تدريس الإملاء التعاوني بحسب الأتي.

١- يقسم المعلم التلاميذ إلى مجموعات متجانسة. كل منها مؤلف من خمسة أشخاص تتضمن المجموعة أربعة مستويات (المتفوق، الجيد، المتوسط، الضعيف)
٢- يطلب المعلم من التلاميذ ترتيب المقاعد بحيث يستطيع أعضاء المجموعة مواجهة بعضهم البعض.
٣- يوزع المعلم الأدوار على التلاميذ (القارئ، المشجع، الملاحظ، المسجل، قائد المجموعة)
٤- يوضح المعلم المعلومات الجديدة التي يراد تدريسها ضمن الحصة الدرسية خلال فترة محددة.
٥- يقوم المعلم بتوزيع صحائف الأعمال على التلاميذ، ويطلب حلّها تعاونياً، وبشكل جماعي خلال فترة زمنية محددة تتلاءم مع وقت الحصة.
٦- يتجول المعلم بين التلاميذ ويتفحص كتابتهم ويتدخل عند الضرورة.
٧- يقوم المعلم بتوزيع بطاقات التصحيح، التي تحمل الإجابة الصحيحة يقوم التلاميذ بتصحيح الأخطاء التي وقعوا بها بشكل تعاوني، وتدوين الإجابة الصحيحة على البطاقة
٨- يتم مناقشة صحائف الأعمال من خلال قراءة السؤال الأول الذي تقوم به المجموعة الأولى.والإجابة عليه وهكذا في باقي الأسئلة والمجموعات.
٩- يدون المعلم القاعدة التي تخص المهارة على السبورة ويطلب من التلاميذ كتابتها.
١٠- يعطى المعلم تدريبات مسانده لتثبيت المهارة كواجب بيتي.
١١- دور المعلم مشجع، ويعزز التلاميذ باستمرار.
١٢- لا يمهل الفروق الفرديّة، ويركز على الضعاف في أثناء الحل الجماعي ما أمكن ذلك

وفيما يأتي نموذج لتدريس الإملاء التعاوني من خلال الحصة الدراسيّة.

نشاط رقم () علامات الترقيم

الخلفيّة النظريّة.

هو وضع الرموز اصطلاحيّة معينّة بين الجمل أو الكلمات لتساعد القارئ على فهم يقرأ، والكتاب على إيصال ما يريد من معنى. الترقيم متصل بالإملاء اتصالاً وثيقاً ومن هنا تبرر أهميّته، وعلاماته هي : الفاصلة وتأتي بعد لفظ المنادي، وبعد أقسام الشيء، وبين الجمل القصيرة المشكلة لجملة طويلة، وبين البدل والمبدل فيه وبين الشرط وجوابه.

الفاصلة المنقوطة توضع بين الجمل الطويلة، وبين جملتين الثانية سبباً في الأولى، والنقطة في نهاية كل جملة تامة المعنى أو الفقرة أو البحث أو المقطع.

النقطتان توضعان بعد القول وعند إعراب الجمل وقبل الأمثلة، الشرطة : توضع بين العدد والمعدود وبين ركني الجملة. علامة الاستفهام :توضع في نهاية الجملة الاستفهاميّة، وعلامة التعجّب توضع في نهاية الجملة التعجبيّة، علامة التنصيص نقل الكلام بنصه. القوسان أو شرطتان عنها تكون الجملة ليست من أركان الكلام, القوسان المركنان : تبيّنان الزيادة الّتي أدخلها الكاتب على النص.

الصورة الشائعة لخطأ : عدم مقدرة غالبيّة التلاميذ على التعامل الصحيح مع علامات الترقيم.

الهدف الخاص : أنْ يضع التلاميذ علامة الترقيم المناسبة في مكانها المناسب.

*إجراءات التعليم والتعلّم.

١- يقسّم المعلّم تلاميذه إلى ست مجموعات متجانسة.

٢- يوضّح المعلّم لتلاميذه أهميّة علامات الترقيم، وضرورة وضعها في النص العربيّ الكتابيّ، ثم يقوم بشرح العلامات مع الأمثلة محددة لذلك.

٣- يورّع المعلّم صحائف الأعمال، ليقوم التلاميذ بحلّها جماعيّاً وبشكل تعاونيّ ضمن زمن محدد.

٤- يوزّع المعلّم بطاقات التصحيح على التلاميذ، ليقارنوا بين الإجابات.

٥- يناقش المعلّم أهم القضايا في الدرس

٦- يدوّن المعلّم القاعدة على السبّورة ليكتبها التلاميذ.

٧- يعطي المعلّم نشاطاً مسانداً.

صحيفة عمل رقم ()
الصّف : التّاسع الأساسيّ المبحث : اللّغة العربية
الموضوع : علامات الترقيم المادة : الإملاء
الأهداف :

أنْ يضع التلاميذ علامات الترقيم في مكانها المناسب بشكل صحيح.

نشاط رقم " ١" ضع علامات الترقيم المناسبة للنص التالي :

قال معاوية يوماً وعند الضحّاك بن قيس وعمرو بن العاص وسعيد بن العاص ما أعجب الأشياء قال الضحّاك فقر العاقل وغنى الجاهل وقال عمرو محضر قرين السوء مجلس الأصدقاء وقال سعيد أخذ المرء حق أخيه ظلماً فقال معاوية ما أعجب ما ذهبتم إليه فأنتم نعم الأهل والعشيرة يا أصحاب الرأي

نشاط رقم " ٢ " يوجد في النص خمس علامات الترقيم غير صحيحة استخراجها وقم بتصويبها.

دخلَ كُثيّر عزة على عبد الملك بن مروان، فقال الملك : أأَنت كُثيّر عزة ؟ قال, نعم قال : أنْ تسمع بالمعيدي خيرُ من أن تراه. فقال كثيرٌ : يا أمير المؤمنين ! كلُّ عند محله رحب الفناء. شامخ البناء، عالي السناء, ثم أنشد أبياتاً جميلة، فقال عبد الملك :- وقد أعجبته شاعرية كُثيّر _ لله دره, و اللـه إني لأظنة كوصفه نفسه، فأكرم به، ونعمَ الشاعر كثير،

نشاط رقم " ٣ "

١-أكتب جملة فيها تعجب
٢-أكتب جملة فيها قوسان.
٣-أكتب جملة فيها علامة التنصيص.

نشاط مساند : أكتب السيرة الذاتيّة لك وضع علامات الترقيم ضمن سبعة أسطر.

بطاقات التصحيح رقم ()
الصّف : التّاسع الأساسيّ المبحث : اللغة العربيّة
الموضوع : علامات الترقيم المادة : الإملاء
الأهداف :
أن يضع علامات الترقيم في مكانها المناسب بشكل صحيح.

نشاط رقم " ١"

قال معاوية : يوما, وعند الضحاك بن قيس، وعمرو بن العاص، وسعيد بن العاص، ما أعجب الأشياء ؟ قال الضحاك : فقر العاقل، وغنى الجاهل. وقال عمرو : محضر قرين السوء مجلس الأصدقاء، وقال سعيد : أخذ المرء حق أخيه ظلماً. فقال معاوية : ما أعجب ما ذهبتم إليه ! فأنتم نعم الأهل والعشيرة، يا أصحاب الرأي.

نشاط رقم " ٢"

دخل كثير عزة على عبد الملك بن مروان. فقال الملك : أأَنت كثير عزة ؟ قال : نعم. قال : أن تسمع بالمعيدي خير من أن تراه. فقال كثير : يا أمير المؤمنين. كلّ عند محلّه رحب الفناء، شامخ البناء، عالي السناء، ثم أنشد أبياتاً جميلة. فقال عبد الملك :- وقد أعجبته شاعرية كثير – لله رده. و اللـه إني لأظنة كوصفه نفسه، فأكرم به، ونعم الشاعر كثير !

نشاط رقم "٣"

١- ما ألطف نسيم الجبل !

٢- وعمّان (حماها اللـه عرين العروبة)

٣- قال رسول اللـه :- صلى اللـه عليه وسلم - "إن من البيان لسحرا".

طرق تصحيح الإملاء مالها وما يؤخذُ عليها.

١- أن يصحح المعلم الكراسات خارج غرفة الصف، بعيداً عن التلاميذ، ويكتب لهم الصواب، على أن يكلفهم تكرار الكلمات التي وقع فيها منهم الخطأ.

محاسن هذه الطريقة.

١- الدقة في التصحيح

٢- تتضمن تصحيح كل الأخطاء وتقدير مستوى كل تلميذ ومعرفة نواحي قصورة

ما يؤخذ عليها

١- تضاعف من أعباء المعلم.

٢- تطول الفترة فيها بين وقوع التلميذ في خطئه وتصويبه له.

٣- لا تنبه التلاميذ إلى الخطأ بشكل مباشر

٤- تعرف التلميذ أخطاءه جميعاً دفعةً واحدة.

٢-أن يصحح التلاميذ كراساتهم بأنفسهم على نموذج يُعرض أمامهم بإشراف المعلم

مزايا هذه الطريقة.

١- تعويد التلاميذ على دقة الملاحظة والاعتماد على النفس.

٢- تعويد التلاميذ على الصدق والأمانة وتحمل المسؤولية.

٣- تعويد التلاميذ على الشجاعة في الاعتراف بالخطأ.

٤- غرس ثقة التلميذ بنفسه.

٥- اكتشاف التلميذ خطأه بنفسه.

ما يؤخذ على هذه الطريقة.

١- التلميذ قد يمر بالخطأ دون أن يراهُ.

٢- التلميذ قد يخادع خوفاً من الظهور بمظهر الضعيف.

٣- إغفال بعض المهارات الأساسيّة في الإملاء عمداً.

٤- أن يصحح بعضهم لبعض بأشراف المعلم، وذلك تبادل الكراسات.

محاسن هذه الطريقة.

١- توّلد عند التلاميذ انتباهاً شديداً.

٢- تُشعرالتلاميذ بالثقة بالنفس والفخر بأنه يعاون معلمه.

٣-تحملهم على تحرّى أخطاء زملائهم التي وقعوا فيها وإصلاحها.

٤- تقدير لأمانات التلاميذ وصدقهم.

ما يؤخذ على هذه الطريقة.

١- توّلد اضطراباً في أذهان التلاميذ. مجرد رؤيتهم كتابات مختلفة قبل أن ترسخ في أذهانهم.

٢- توّلد ميلاً لإظهار نواقص زملائهم، عندما يكون هناك تنافس بينهم.

٣- التستُر على الأخطاء بدافع الصداقة.

٤- تصحيح المعلم لأخطاء التلاميذ الإملائيّة على دفاترهم وأمامهم واحداً واحداً في غرفة الصف

محاسن هذه الطريقة.

١- أن التلميذ سيقف على خطئه وقوفاً مباشراً يكون من السهل عدم العودة إليه.

٢- شعور التلاميذ بالمحبة والتعاون والإهتمام بالحرية المعقولة داخل الصف.

٣- ثقة التلميذ بالمعلم هو يصحح له أخطاءه مباشرة.

٤- شعور التلميذ بأهميته في نظر المعلم.

ما يؤخذ عل هذه الطريقة.

أ- جنوح التلاميذ إلى اللعب والانصراف عن الدراسة لأن المعلم في شغل عنهم.

ماذا بعد تصحيح الكراسات ؟

رصد الأخطاء الجماعيّة وشرحها وتوضيحها وتصويبها.

١- حصر الأخطاء المتكررة عند بعض التلاميذ وشرحها وتصويبها.
٢- الطلب إلى التلاميذ التمثيل بأمثلة كثيرة مشابهة للكلمة التي حصل فيها الخطأ.
٣- الإفادة من دروس فروع اللغة العربية في تثبيت صورة الكلمة الصحيحة في أذهان التلاميذ.
٤- توزيع الدفاتر على التلاميذ ليتبينوا أخطاءهم ثم تصويبها على الدفاتر.
٥- التأكد من أن جميع التلاميذ قاموا بتصحيح الأخطاء.
٦- تشجيع التلاميذ وتعزيز ممارستهم الصحيحة.
٧- وإضفاء جو المرح وتجنب التوبيخ.

* توصيات للمعلمين في ضوء المناهج الحالية

تضمنت الموضوعات التربوية السابقة طائفة من التوجيهات، التي يجدر بالمعلمين إتباعها. والاستعانة بها، لتحقيق الأهداف المنشودة من تدريس الإملاء. وقد تناثرت هذه التوجيهات، خلال الحديث عن أهداف الإملاء ومنزلته بين فروع اللغة العربيّة. وأنواعه، وطرق تدريسها، وبيان أسباب الأخطاء وغير ذلك ولكن نظرة متأنية إلى المناهج المطورة الحالية، توحي بالإضافة توجيهات أخرى نعرض بعضها فيما يلي :

أولاً : المرحلة الأساسيّة ٠

١- الصف الأول :

١- ينبغي أن يلاحظ المعلمون أن توزيع خطة اللغة العربية. لم يراعِ فيه تخصيص حصص محددة للكتابة في الصفين الأول والثاني، بل جعلت الكتابة مرتبطة بالقراءة وهذا أمر طبيعي، وعلى هذا لا تشغل حصة كاملة بالإملاء، بل يجب أن يكون بجانب الكتابة في الحصة, نشاط لغوي آخر كالقراءة، والتدريب على التعبير الشفوي.

٢- يجب ألا يؤخذ التلميذ بالتدريب على الكتابة في الجزء الأول من العام الدراسي. لأن الكتابة تطلب مهارات عدة، وألواناً من الاستعداد النفسي والعضلي والعقلي لا تتأتى للتلميذ إلا بعد

بضعة أسابيع، يؤخذ فيها بالتهيئة العامة للاندماج في الجو المدرسي الجديد عليه، ثم التهيئة لعملية القراءة، وكسب شيء من مهاراتها كتعرف بعض الكلمات وأشكال بعض الحروف.

وتأخير الكتابة عن القراءة لأطفال هذا الصف أمر ضروري تستوحيه دواع كثيرة بعضها يتصل بطبيعة التلميذ، وبعضها يتصل بالعلاقة بين القراءة والكتابة.

ومن الأسباب التي تدعو إلى تأخير الكتابة عن القراءة،أن تعليم القراءة يساعد على تعليم الكتابة، لما بين العمليتين من وثيق الارتباط. ومعنى هذا أن تأخير الكتابة بضع أسابيع يؤدي للتلميذ فائدة جليلة،لأنه يكتسب عن طريق القراءة بعض العادات، التي تساعد في الكتابة لهذا السبب تعمد المدارس الأساسيّة في البلاد المتقدمة، إلى تأخير الكتابة عدة أشهر، يكون الطفل فيها قد انتّهى من اكتسابه المهارات الأساسية للقراءة.

٣-يلاحظ المعلمون أن التدريبات التي أشتمل عليها الكتاب المقرر للقراءة، تدريبات جيدة تخدم أهداف الدروس، وتسير متدرّجة، وتنتهي بالتلميذ إلى معرفة الحروف كلها.

٤- إذا انتهى المعلم بتلاميذه إلى تجريد مجموعة من الأحرف، يمكن إن يتكون منها بضع كلمات، يحسن تدريب التلاميذ تدريباً تستخدم فيه السبورة ويستغنى فيه عن الكتاب وذلك بأن يكتب المعلم على السبورة _ في خط أفقي _ نحو خمس كلمات مثلاً. يختارها من الكلمات السابقة، ومن كلمات أخرى يأتي بها هو مشابهة للكلمات السابقة. على أن يفصل بين الكلمات بشرط، ويدرب التلاميذ على قراءة هذه الكلمات، ثم يستدعي تلميذاً إلى السبورة، ويطلب منه أن يكتب الكلمة من هذه الكلمات بنطقها أمامه، وليس من الضروري أن تكون الكلمة الأولى من نصيب هذا التلميذ الذي استدعي أولاً.

الصف الثاني :

١-يجب مراجعة التلاميذ في ما سبق من ما عرفوه من مهارات الصف الأول والبناء عليها.

٢- ضرورة التدريب بأمثلة مكثفة على اللامين الشمسيّة والقمرّية.

٣- ضرورة الاهتمام بالتنوين من خلال أمثلة تدريبية مكثفة.

الوحدة الرابعة
المهارات الإملائية
- المعرفية -

- اللام الشمسيّة واللام القمرية.

١- اللام الشمسيّة : هي لام (ال التعريف) ويكون بعدها شدة وهي تكتب ولا تلفظ فعند قراءة كلمة الشمس. الدار. من هنا نقول إذا دخلت إلى التعريف على اسم مبدوء بحرف شمسي لا تلفظ اللام ويستعاض عنها لفظها بتشديد الحرف الذي يليها.

وحروفها مجموعة في أوائل الكلمات التالية :-

طب ثم صل رحماً تفر، ضف ذا نعم، دع سوء ظن، زر شريفاً للكرم "

ط ث ص ر ت ض ذ ن د س ظ ذ ش ل

وتسمى هذه الحروف الحروف الشمسيّة.

٢- اللام القمرّية : هي ال التعريف التي تلفظ وتكتب ويأتي بعدها حرف متحرك وهي لام تكتب وتلفظ

وحروفها مجموعة في جملة (ابغ حجك وخف عقيمه)

(أ، ب، غ، ح، ج، ك، و، خ، ف، ع، ق، ي، م، ه)

تمارين :

١- **ميزّ آل الشمسيّة من آل القمرية فيما يأتي.**

١- أمانا أيها القمر المطل.

٢- وذو الشوق القديم وإنْ تعرّى

٣- جاءك الغيث إذا الغيث همى

٤- الحسن والنور معقود بطلعته.

٥- لا تخفي ما فعلت بك الأشواق.

٦- أنا الذي نظر الأعمى إلى أدبي.

٢- **أدخل اللام (الشمسيّة / القمريّة) على الأسماء التالية مظهراً حركة لامها وحركة الحرف الأولى.**

ساعة : عمود : كلب : صدد :

خوخ : مطر : عالم : ثوم :

٣- ضع خطأ تحت الكلمات التالية التي تبدأ بحرف شمسي وخطين تحت الكلمات التي تبدأ بحرف قمري فيما يلي :

"قالت الشجرة : كنت صغيرة، وكلما هبت الريح أرتجف ثم أصبحت أعتقد أنّ ما تصيبني به الأيام من عسرٍ سينقضي، إذ قلّما يطول عُسر أو يمتد، فان مع العُسر يسراً "

التاء المربوطة (ة) والتاء المبسوطة (ت)

التاء المربوطة :-

هي التي تلفظ عند الوقف، ونضع نقطتين فوقها.

تكتب التاء مربوطة في الحالات التالية :-

١- في آخر الاسم المفرد إذا جاءت التاء بعد حرف مفتوح وتتحول هاء عند الوقف (الفاكهة).

٢- في آخر الاسم غير الثلاثي الساكن الوسط الذي ينتهي بتاء قبلها ألف مد ساكنة مفتوح ما قبلها (حصاة).

٣- تاء المبالغة في صيغ المبالغة (علاّمة، فهَّامة، رحَّالة)

٤- في نهاية الصفة المؤنثة (فاضلة)

٥- في نهاية جمع التكسير الذي لا ينتهي مفرده بتاء مفتوحة نحو قاض _ قضاة.

٦- في آخر كلمة ثَمَّة الظرفية للتميز بينها وبين تاء ثُمتَ العاطفة.

٧- في أواخر الإعلام المفردة المؤنثة غير ثلاثية (فاطمة، سميرة، عائدة، عبلة)

٨- في أواخر بعض الإعلام المذكرة (حمزة، طلحة، ربيعة، أسامة)

٩- عند إضافة تاء تأنيث إلى الاسم المذكر (معلم _ معلمة, عظيم, عظيمة, سريع, سريعة)

١٠- أن تكون عوضاً عن حرف محذوف (ثِقة أصلها وثقَ) فحذفت الواو وعوضت بالتاء.

١١- اسم المرة (ضَربة، طَعنّة، زَورة، جَلسة)

التاء المبسوطة :-

هي التاء التي تبقى على حالها أي تلفظ تاء عند الوقف عليها بالسكون في آخر الكلمة.

تكتب التاء مبسوطة في الحالات التالية.

١- التاء الأصلية في الفعل على أنواعه :-

الماضي : سكتَ صَمَتَ باتَ

المضارع : يسكتُ يصمت يبيتُ

الأمر : أسكتْ أصَمت -

٢- تاء التاء التأنيث في آخر الفعل الماضي (شربَتْ)

٣- تاء الضمير المتصل بالفعل الماضي (شربْتُ، شرْبتَ، شربتِ)

٤- تاء الاسم الثلاثي ساكن الوسط (بيْت، موْت، أختْ، زيتْ)

٥- تاء جمع التكسير إذا كان مفرده منتهياً بتاء مفتوحة (وقت - أوقات)

٦- تاء جمع المؤنث السالم (ممرضات، معلمات، طالبات)

٧- تاء الملحق بجمع المؤنث السالم (اولات، ذوات، عرفات) نبات

٨- في آخر كل اسم مذكر غير ثلاثي (نبات)

٩- في آخر كل اسم ينتهي ب(تاء) قبلها (واو) أو ياء ساكنة (بيرْوت كبريْت).

١٠- في آخر أسماء الذكور على صيغة الإناث (صفوت، مدحت)

١١- في آخر الفعل هيهات، كلمة هاتِ.

١٢- في آخر الحرف لاتَ، ربَّتَ، ثُمْت، لعلَّت)

١٣- الأسماء المنتهية بتاء مربوطة إذا أضيفت إلى ضمير تكتب مفتوحة.

قلادة - قلادتهم.

تمارين

١- حوّل الأسماء التي تحتها خط من مذكر إلى مؤنث بزيادة التاء.

١- وحيد من الخلان في كل بلدٍ.

٢- ليس في الغابات راعٍ.

٣- يا سعد قد ألف بلبلٍ.

٤- وأنت أبو الثورات أنت وقودها.

٥- طويل النجاد رفيع العماد.

٦- يقولون جاهد يا جميل بغزوة.

٢- أتِمْ الكلمات الناقصة بتاء مفتوحة أو مربوطة.

النساء المؤمنا..... هن المربيا..... فالمرأة الفاضل..... تغرس في الجيل روح الجندي..... وتشحذ المعنويا...... وترفض العبودي...... فنعم صانعا..... الأجيال..... مفجرا..... الآمال.

٣-اجمع الأسماء التالية جمع مؤنث سالماً أو جمع تكسير.

سماء: عاصٍ : ممرضة : مجتهدة: حامِ : صحراء :

معلمة : هادٍ :

س٤ بين سبب كوّن التاء مربوطة أو مبسوطة فيما يأتي :

١-   دعاة : ٦- جوّاله :

٢-   توت : ٧-فاتنة :

٣-   هيهات : ٨- كبريت :

٤-   حمزة: ٩- حكيمات:

٥-   ثَمّة : ١٠- جلستِ :

التنوين والنون

التنوين : نون ساكنة زائدة تلحق أواخر الأسماء عند اللفظ وتفارقها عند الكتابة للتميز بين المعرفة والنكرة، وعليه فالنكرة تنَّون والمعرفة لا تنوَّن.

النون : حرف أصلي من بنية الكلمة، وعند تسكين آخر الإسم فأن بقيت التنوين فإنها أصلية.

أقسامة.

١- تنوين التمكين :- وهو ما يلحق الأسماء المعربة المتصرفة (كتابٍ، رجلٍ)

٢- تنوين التنكير:- وهو ما يلحق بعض الأسماء المبنية كأسم الفعلً والعلّم المختوم ب(ويه)

مثل (صه, مهٍ، سيبوبه)

٣- تنوين العَوض ويكون :-

أ- عوضاً عن مفرد، مثل ما يلحق (كلاً، بعضاً، أياً)

ب- عوضاً عما تضاف إليه : كلٌ يموت آي كلُ إنسانٍ يموت.

ج- عوضاً عن جملة : وهو ما يلحق إذ عوضاً عن جملة بعدها. مثل لولا إذ بلغت الحلقوم. أي حين إذ بلغت الروح الحلقوم.

التفريق بين النون والتنوين

لتميَز النون من التنوين في آخر الإسم تسكن آخر الإسم فان بقيت النون كانت حرفاً أصلياً وتكتب النون

مثل: بساتينٌ بساتيناً بساتينٍ

أما إذا حذفت النون عند التسكين فتكون حركة تنوين طارئةِ وترسم تنوياً.

طفلٌ طفلاً طفلٍ.

أنواع التنوين في الكتابة.

١- تنوين رفع وعلامته الضمتان. وقف خطيبٌ

٢- تنوين جر وعلامته كسرتان. مررتُ بخطيبٍ

٣- تنوين نصب وعلامته فتحتان توصفان فوق ألف زائدة تسمى ألف تنوين النصب. قرأت كتاباً مفيداً.

زيادة ألف التنوين النصب.

تزداد ألف تنوين النصب في الحالات التالية :

١- بعد الهمزة المتطرّفة الساكن ما قبلها مثل : جزءْاً، عبئْاً.

٢- في آخر الأسماء الواقعة همزته على ياء مثل: هنيئَاً، مريئَاً.

٣- في آخر الإسم الذي تأتي همزته على ألف مقصورة مثل: شاطئاً، مرفئَاً.

●حذف ألف تنوين النصب.

لا تكتب ألف تنوين النصب ويكتفي بالتنوين فقط في الحالات الآتية :

١- اسم منون في آخره ألف فوقها همزة مقرأً مرجأً ملجأً

٢- اسم منون في آخره همزة قبلها ألف داءً دعاءً سماءً

٣- اسم منون في آخره ألف لينة هدًى عصًا نوًى

٤- اسم منون في آخره تاء مربوطة عيادةً سهلةً إنارةً

* كتابة إذن. إذاً

تكتب (إذن) بالنون إذا كانت ناصبة للفعل المضارع نحو أدرس كثيراً، إذن تنجحَ.

وتكتب بدون نون أي ألف وعليها تنوين (إذاً) إذا لم تدخل على الفعل المضارع رسب التلميذ، إذاً هو المسؤول عن فشلة.

●متى تحذف النون الأصليّة

*- تحذف النون في المواقع التالية.

١- تحذف (نون) إنْ الشرطيّة إذا وقعت بعد (ما) الزائدة فتدغم مثل.

إنْ + ما...... إماً

٢- تحذف (نون) إنْ الشرطيّة إذا وقع بعدها (لم) النافية وتدغم بلامها. مثل : إنْ+ لم...... المّ

٣- تحذف (نون) إنْ الشرطيّة إذا وقع بعدها (لا) النافية وتدغم بلامها مثل

إنْ + لا...... إلاّ

٤-تحذف (نون) أنْ المصدريّة إذا وقع بعدها (لا) النافية وتدغم بلامها مثل

أنْ +لا...... إلاّ
٥-تحذف (نون) عن و من الجارّتين، إذا جاء بعدهما (من) الموصولة تدغم فيها.
عن + مَنْ....... عمَّن مِن+ مَنْ..... ممَّن
٦-تحذف (نون) من وعن الجارتين إذا جاء بعدهما (مَن) الإستفهاميّة وتدغم بميمها.
عن + من..... عمَّن عمّن تسأل ؟
٧- تحذف (نون) من، عن الجارتيّن إذا جاء بعدهما (ما) الموصولة، وتدغم بميمها.
عن + ما = عمّا من + ما...... ممّا
٨- تحذف (نون) الأفعال الخمسة إذا كانت منصوبة أو مجزومة
لن تنالوا لم يدرسوا
٩- تحذف (نون) كل كلمة منتهية بالنون إذا دخلت عليها (نون) الإناث
ركنَ + نَ ركنَّ تهنُ + ن = تهنّي
١٠-تحذف (نون)مضارع كان جوازاً نحو(لم آكُ بغياً)
١١- تحذف (نون) جمع المذكر السالم عند الإضافة.
مدرسو اللغة يستحقون التقدير.

تمارين
١- اقرأ النص التالي ونون الأسماء التي تقبل التنوين.
شاعر عربي مجيد، ملأ الدنيا وشغل الناس، كان شجاعا ذكيا وجريئا، رافضا للذل، معتزا بنفسه وعروبته، صارع الحياة بقوة وجبروت وما لانت قناته.
٢- استخرج الكلمات التي حذفت منها النون وعلل ذلك.
١- الم تذهب معي فسأ ذهب وحيداً.
٢- فمّن يطلبُ المساعدة أيها الرجل ؟
٣- أعني، يا رب في حمل هذه الأمانة ؟
٤- لم أكُ حاضراً عند قدومك.
٥- أتمنى عليك ألا تسلك هذا المسلك الوعِر.
٦- مهندسو المشروع بارعون.
٣- أدخل الكلمات الآتية في جملٍ تامّة المعنى، بحيث تأتي منصوبة.

باب :-

جدار :-

بطيء:-

كريمة :-

دواء :-

ندى :-

٤- علل كتابة (إذن / إذا) بالنون أو التنوين فيما يلي :-

١- أكُلُ كثيراً، إذن تصابَ بالسَّمانة.

٢- أهمل الفلاحُ حقلهُ، إذا فموسُمهُ قليل.

٣- اخلص في عملك إذن يرقى.

٤- اشتدت الريحُ إذا الزورق يغرق.

الحروف التي تحذف في الكتابة

أ- اللاّم

تحذف إحدى لامَيْ الأسماء الموصولة التالية.

الّذي، نحو أحترم الّذي يكرم أبويه.

الّتي، نحو الطالبة الّتي فازت بالجائزة رائعة.

ألّذين، نحو إنّ التلاميذ الّذين اجتهدوا قد نجحوا جميعاً.

ب- الواو.

١- يجوز حذف الواو للتخفيف في اللفظ في كلمات.

طاوس، هاون، داود

٢- تحذف من فعل الأمر المنتهي بواو, مثل :

ادعُ، أغزُ، أَنج

٣- تحذف من الفعل المضارع المجزوم والمنتهي بواو لم يدعُ لم ينجُ

ج- حذف الميم

١- تحذف الميم من الفعل نِعم المكسور العين فقط إذا اتصل بما الموصولة (فنعّما)

د- التاء

تحذف التاء في كل فعل آخره تاء اتصلت بتاء الفاعل.

بات.... بتُ وفات، فتُ

٢- تحذف التاء في الكلمات المنسوبة.

عائشة – عائشي، صحيفة _ صحفي، قبيلة - قبلي.

هـ- الياء

تحذف الياء في المواضع الآتية :

١- المثنى المنصوب أو المجرور إذا أضيف إلى ياء المتكلم

احترمت والديّ

٢- جمع المذكر السالم المنصوب أو المجرور إذا أضيف إلى ياء المتكلم.

مررت بمعلميّ.

٣- من فعل الأمر المنتهي بياء, مثل : ارمِ،صلِّ.

٤- من الفعل المضارع المجزوم الذي يوجد في أصله ياء،مثل : يرمي، لم يرمِ.

٥- من الإسم المنقوص إذا جاء مرفوعاً أو مجروراً أو مجرداً من ال. هذا محامٍ، سلمت على قاضٍ.

٦- من الإسم المنقوص المعرف بأل إذا وقف عليه بإسكان ما قبل الياء، مثل : الداعِ،التلاقِ.

٧- من العدد ثماني مثل ثمانٍ.

٨- تحذف الياء من كلمة ربي وكلمة أمي إذا سبقها حرف نداء

يارب   يا أمُ يا أمِ

٩- تحذف الياء من إشباع الحرف المكسور في الشعر

ريمٌ على القاعِ بين البانِ والعلمِ.

و- الألف

تحذف الألف اللينة إذا جاءت في أول الكلمة أو وسطها أو آخرها.

١- حذف الألف أول الكلمة :

أ- تحذف من كلمة (ابن) و(ابنة) وفق الشروط التاليّة.

١- أن تكون مفردة غير مثناه أو مجموعة (سعيد بن المسيب)

٢- أن تقع بين علمين لا يفصل بينهما شيء.
٣- أن تكون نعتاً للعلم قبلها فإذا كانت خيراً ثبتت.
٤- ألاّ تقع أول السطر.
٥- إذا جاءت بعد النداء فإنها تحذف مثل يا بن الأكارم !
٦- يلحق بالعلم الكناية فلان بن علان، والكنية أبو محمد بن أبي ماجد، واللقب المنتصر بن الهادي.
ب- تحذف الألف من كلمة (اسم) في البسملة الكاملة (بسم الـلـه الرحمن الرحيم)
ج- تحذف من ال التعريف إذا سبقها حرف جر، للعسل فوائده.
٢- حذف الألف وسط الكلمة.
١- تحذف من كلمتي الرحمن، الحارث، شريطه أن تكون علماً مقروناً بأل مثل عبد الرحمن، عبد القادر.
٢- تحذف الألف من لفظ الجلالة (الـلـه) ومن كلمة اله.
٣- تحذف من كلمة لكن.
٤- تحذف من كلمة أولاء،إذا جاءت بعدها الكاف (أولئك)
٥- من الإعلام، طه, اسحق, يس.
٦- من كلمة،سموات.
٧- من كلمة ثلاث جوازاً إذا ركبت مع المئة مثل ثلثمئة.
٨- من الفعل الماضي الأجوف (وسط ألف) إذا اتصل به ضمير رفع.
صام – صمتُ صمنا.
٣- حذف الألف آخر الكلمة.
١- مِن ذا إذا، كانت اسم إشارة مقروناً باللام المكسورة الدالة على البعد.
ذلك، ذلكما، ذلكم، ذلكن.
أمّا إذا اتصلت بلام مفتوحة فلا تحذف ذالَكَ ذالَكم
٢- تحذف الألف من،هاء التنبيه، إذا دخلت على اسم الإشارة ليس مبدوءاً بالهاء أو الياء وليس بعده كاف
هذا، هذه، هذان، هؤلاء.
أمّا إذا دخلت على اسم إشارة مبدوء بالتاء فلا تحذف. هاتي، هاتين، ها هنا، ها ذاك
٣- إذ جاء بعدها التنبيه ضمير أوله همزة.
هأنا، هأنتم.

٤- من ما الإستفهاميّة إذا سبقت بحرف جر.

لِمَ سافرت ؟ عمَّ تسأل ؟ عمَ ترسم ؟ ويشترط في هذا الحذف ألاّ تركب مع (ذا) فأن ركبت لا تحذف ألفها. مثل لماذا.

٥- من آخر الفعل المضارع المجزوم المنتهي بألف لم يسعى - لم يسعَ

تمارين

١- ضع إشارة صح أو خطأ بجانب العبارات التالية :-

١- لا تحذف همزة (ابن) إذا جاءت مثناه. ()

٢- تحذف لألف من كلمة (الرحمن) اذا كانت اسم علم ()

٣- تحذف نون المثنى إذا لم يكن مضافاً ()

٤- لم يغزُ المحذوف هو الواو ()

٥- جهينة عند نسبتها تحذف منها التاء فقط ()

٦- طه محذوف منها ألف واحدة ()

٢- ما أصل ما يلي :-

أ- عمّا :-

ب- ممّن :-

ج- علامَ :

د- نِعمّا :

هـ- لماذا :

٣- علل حذف (الواو) في الكلمات المشار إليها فيما يلي :

١- ذنب الطاوس جميلٌ جداً.

٢- لم يطفُ الحديد على وجه الماء.

٣- داود عليه السلام من الأنبياء.

٤- من يَدْنُ من البحر يصبهُ رذاذُ الماء.

٥- هزم زيدُ عمراً في مباراة الأمس.

٤- كوّن ثلاث جمل تشتمل كل واحدة منها على فعل مضارع مجزوم بواحد من أحرف الجزم على أن تكون علامة الجزم حذف بائه.

١- لا الناهية :

٢- لم النافية :

٣- لام الأمر :

الحروف الزائدة

أ- زيادة الألف

تزداد الألف وسط الكلمة أو آخرها في المواضع التالية.

١- وسط الكلمة

في كلمة مائة مفردة أو مركبة مثل خمسمائة، وكذلك إذا ثنيت، مثل : مائتان،مائتين.

٢- آخر الكلمة

١- بعد واو الجماعة عند اتصالها بالفعل الماضي (درسوا، أكلوا)

٢- بعد واو الجماعة عند اتصالها بفعل الأمر (اشربوا، ناموا)

٣- بعد واو الجماعة عند اتصالها بفعل مضارع منصوب أو مجزوم

لن يحضروا لم يتكلموا

٤-تزداد في الشعر في آخر البيت الشعري وتسمى ألف الإطلاق.

مثل : إذا كنت ذارأي فكن ذا عزيمةٍ فأن فساد ذا الرأي أن تترددا

٥- تزداد في آخر الإسم المنصوب المنون وفق الشروط التالية.

مثل : هام دهراً ونطق كفراً

أ- ألاّ يكون منتهياً بتاء تأنيث مربوطة : شممت وردةً واشتريت ثلاجة.

ب- ألاّ يكون منتهياً بهمزة فوق الألف دخلت ملجأً، أصلحت خطأً

ج- ألاّ يكون منتهياً بهمزة قبلها ألف لم أسمع نداءً.

د- ألا يكون منتهياً بألف لينة كسرت عصاً، شاهدت فتىً

ب- زيادة الواو

تزداد الواو وسط الكلمة في آخرها

١- تزداد الواو وسط الكلمات : أولى، أولاء، أولو، أولات.

مثل (وأولو الأرحام) (وأولات الأحمال)

٢- قد تزداد في ألفاظ دخيلة مثل : أوكسجين، او نسلين، هيدروجين

٢- زيادتها في آخر الكلمة

١-في كلمة عمرو للتفريق بينها وبين عمر الممنوع من الصرف وفق الشروط الآتية:

أ- ألاّ يكون منصوباً منوناً، فأن كان منصوباً غير منون، زيدت الواو ومنعاً، من التباسه, بعمر الممنوع من الصرف.

مثال : أن عمرو بن العاص هو فاتح مصر في عهد عمر بن الخطاب.

ب- ألاّ يكون معرفاً بأل فلا زيادة في العَمْر وهي اللحمة المتدليّة من الأسنان.
ج- ألاّ يكون مصغراً فلا زيادة في عُمير تصغير عمرو.
د- ألاّ يكون منسوباً مثل عَمريّ.
٢- تزداد واو في آخر الكلمة بعد ميم الجماعة لتدل على إشباع الضمة وتسمى واو الصلة. مثل قول ابن الرومي :

إذا ذكروا أوطانهم ذكرتهمو عهود الصبا فيها فحنوا لذالكا

أو قول أحمد شوقي :-

وإنما الأمم الأخلاق ما بقيت فان همو ذهبت أخلاقهم ذهبوا

ج- زيادة هاء السكت.
هي هاء ساكنة تقع بعد حرف متحرك وتزداد للوقف عليها وزيادتها إمّا واجبة أو جائزة

١- في فعل الأمر اللفيف المفروق وهو ما كانت فاؤه ولامه من حروف العلة مثل:عِه، قِه، من الفعلين وعى، وقى.
٢- إذا دخلت على ما الاستفهاميّة المجرورة بالإضافة إذا وقف عليها.
مثل : فعلت كذا بمقتضى مَهْ.
٣- تدخل هاء السكت على الأمر من الفعل رأى
مثل : ونفسِك فره.

٢- زيادتها جوازاً.
١- في الندبة والاستغاثة واقلباه، يا رباه.
٢- فيما آخرة ياء المتكلم قال تعالى (ما أغنى عني ما ليه، هلك عني سلطانيه)
٣- في الإسم المنتهي بحرف على، مثل : هو، هي، قال تعالى (وما أدراك ما هيه)
٤- مع ما الاستفهامية المجرورة بأحد حروف الجر.
مثل أضعت وقتك لمه، تسأل عمه.

د- الياء
قد تزداد (الياء) بين التاء المكسورة وبين الهاء، وذلك في الفعل الماضي، نحو كنتِ حملتيه رغبةً ووضعيته كرهاً.

هـ- تاء الافتعال
هناك (تاء) زائده في الكلمة التي تكون على وزن (افتعلَ) تسمى (تاء الافتعال).
وهذه التاء قد تتأثر بحروف الكلمة التي تُزاد فيها، فتنقلب إلى حرف آخر.
وذلك مثل

١- إن كانت فاء (افتعل) ذالاً أو زاياً قلبت التاء الزائدة (دالاً) نحو ادتعى... ادّعى ازتهى...... ازدهى

٢- إن كانت فاء (افتعل) دالاً قلبت التاء الزائدة (ذالاً)
اذتكر، اذّكر

٣-إن كانت فاء (افتعَل) صاداً أو ضاداً أو طاءً قلبت التاء الزائدة طاءً، نحو : اصتفى...... اصطفى

٤- إن كانت فاء (افتعل) واواً أو ياً قلبت الواو أو الياء (تاءً) وأدغمت في (تاء الافتعال) نحو, وصل..... أو تَصلَ..... اتّصل

تمارين

١- استخرج الكلمات التي زيدت فيها تاء الإفتعال، ثم أعد هذه التاء إلى أصلها الذي نقلت عنهُ.

١- اتقِ شرّ من أحسنتَ إليه.
٢- امَّحى الحادث في ذاكرته.
٣- اضطرب الرجل عند سماعه النبأ.
٤- ادّعى الصدق ولم يكن صادقاً.
٥- اتّكل على الـلـه في جميع أعمالك.

٢- عين الحروف الزائدة في العبارات والأبيات الآتية :

١- حضر أولو الفضل
٢- عمرو بن هشام ألد أعداء الإسلام.
٣- اعملوا خيراً
٤- لن تنالوا البر حتى تنفقوا مما تحبون.
٥- ناموا ولا تستيقظوا. ما فاز إلا النُّوم.
٦- وقد كنت أرجو منكمو خير ناصرٍ على حين خذلان اليمين شمالها.
٧- هو عبٌ على الحياة ثقيل من يظن الحياة عبئاً ثقيلا.

٣- إملاء الفراغ في العبارات الآتية.

أ- أولات فيها........ زائدة في وسطها.........

ب- طبيباً فيها........ زائدة لأنها اسم..........

ج- عمرو فيها......... زائدة لأنها..........

د- يا أبتاه فيها.......... زائدة لأنها..........

هـ- الأوكسجين فيها.......... زائدة لأنها..........

و- لم يعلموا فيها........... زائدة لأنها..........

ز- اسمعوا فيها............ زائدة لأنها..........

ح- وأعماه فيها............ زائدة لأنها..........

٤- اشرح الحوار التالي الذي دار بين عمر بن الخطاب (رضي الـلـه عنه) والأعرابي ثم أشر إلى الألفاظ التي زيد فيها (هاء) السكت.

جاء أعرابيٌ إلى أمير المؤمنين عمر بن الخطاب فقال :

يا عمر الخير جزيت الجنة أكْسُ بُنيّاتي وأمَّهنَّهْ

أقسْمت بالله لتعطنّهْ

فقال عمر : فان لم أفعل يكون ماذا ؟

قال : إذا أيا حفصٍ لأذهبنّه.

فقال عمر : فإذا ذهبت يكون ماذا ؟

قال : عن حالي لتسألنَّهْ يوم يكون الأُعطيات هُنَّه

إمّا إلى نارٍ وإمّا جنَّة

فبكى عمر (رضي الـلـه عنه) حتى اخضلّت لحيته وقال لغلامه : يا غلام.أعطيه قميصي هذا، لذلك اليوم لا يشعره، ثم قال : و الـلـه لا املك غيره.

ما يوصل من الكلمات

الكلمات – أصلاً – تكون منفصله بعضها عن بعض إلا في الحالات المحدودة التالية :

١- توصل (مائة) مع الأعداد المقررة (ثلاثة – تسعة) نحو

خمس + مائة...... خمسمائة، ست + مِئه...... ستمئةِ

٢- توصل (إذا) المنونة مع الظروف (حين، عند، ساعة، آن) نحو :

حين + إذ..... حينئذٍ ساعة + إذ...... ساعتئذٍ

٣-توصل (في) الجارة ب(من) الإستفهامية نحو

في + مَنْ...... فيمنْ

٤- توصل (إذا) الإشارية مع فعل (حَبَّ) نحو:

حَبَّ + ذا........ حبذا

٥- توصل (لا) مع هل. و كي مع لا

لا + هل....... هلاّ كي + لا...... كيلا

٦- توصل ما الموصلية بـ (في الجارة) نحو في + ما..... فيما

توصل ما الموصلية بـ سي نحو سي + ما.... سيّما

توصل ما الموصلية بـ نعمَّ نحو نِعمَّ + ما..... نعمّا

توصل ما الموصلية بـ كي نحو كي + ما..... كيما

توصل ما الموصلية بـ ريث نحو ريث + ما..... ريثما.

٧-توصل (ما) الكافة الزائدة بما يلي.

١- (أيّ) الشرطية فتكفها عن الجزم نحو أيّ + ما...... أيّما

٢- (ربَّ) الجارة فتكفها عن الجرّ نحو ربّ + ما....... ربّما

٣- (الكاف) نحو ك + ما....... كما

٤- (إنّ) وأخواتها فيبطل عملها نحو إن + ما..... أنمّا

٥- الكلمات (طال، قلّ) نحو : طال + ما...... طالما، قلَّ + ما... قلَّما

٦- الظرفان (حيث، بين) نحو : حيث + ما = حيثما، بين +ما= بينما

٧- توصل جوازاً ب(مثل) نحو مثل + ما = مثلما.

٨- كيف نحو كيف + ما = كيفما

تمارين.

١- صل (إذا) المنونة مع الظروف التي تتصل بها، ثم استخدمها في جملة مفيدة.

٢- هات خمسة أمثلة تتصل فيها ما مع كلمة أخرى، ثم استعمل كلاً منها في جملة مفيدة

المدّ وأنواعه

١- المدّة في أول الكلمة.

١- إذا وقع بعد الهمزة المفتوحة في أوّل الكلمة (أَ) همزة ساكنة (أْ) تبدل الهمزة الساكنة حرفاً من جنس حركة الهمزة الأولى.

وتجنباً لاجتماع حرفين متماثلين (أَأْ) تُدغم الواحدة في الأخرى، وترسمان ألفاً فوقها مدَّة (آ نحو أَأْ من..... آمن أَأْدم...... آدم.

٢-إذا وقع بعد الهمزة المضمومة همزة ساكنة (أُ أْ) تُبدل الهمزة الساكنة (واواً) وتشكل معها مدَّة ضمّ (أُوْ) نحو

أُأْثرُ....... أُوْثر

٣- إذا وقع بعد الهمزة المكسورة همزة ساكنة (اِ أْ) في الفعلين الماضي والأمر وزن (افتعل) تشكّل معها مدّ كسر (إيْ) نحو

إِأْ يَمَن...... إيْمَن.

٢- المدَّة في وسط الكلمة.

تقلب الهمزة (مدَّة) في وسط الكلمة في الحالات التالية :-

١-   لذا فتحت الهمزة بعد فتح، نحو : كأَبَة..... كَآبَة

إذا فتحت الهمزة بعد سكون، نحو : مِرْأة..... مِرآة.

٢-   إذ كانت الهمزة مكتوبة على ألف وتلاها (ألف المثنى) نحو ملجأْ... ملجأ ان....... ملجآن

إذا كانت (الألف) ضمير المثنى فتبقى هذه الألف ظاهرة الألف ظاهرة للدلالة على الضمير المتصل :

يملأان، وقد تدغم الهمزة والألف نحو يملأان..... يملآن

٣-   إذا جاءت بعد الهمزة (ألف) من بنية الكلمة في جمع مؤنث سالم نحو مكافأة،مكافأات مكافآت

٤-   إذا جاءت الهمزة (ألف) في جمع التكسير نحو :

مأدبة...... مأأدب...... مآدب.

تمارين.

١- هات الأفعال الماضية من الأسماء الآتية ثم أدخلها في جمل مفيدة.

الألم،الأذى،المؤازرة،الإيمان،المؤانسة

٢- اجمع الأسماء الآتية، ثم ادخلها في جمل مفيدة

أَقَل،أَجَل، أصيل، مأدبة، أب

٣- علّل كتابة المدَّة في الكلمات التي تحتها خط فيما يلي :

أ- القرآن الكريم هو المعجزة الخالدَة إلى يوم الدين.

ب- طلب العّمال مكافآت من صاحب العمل.

ج- آثرهُ بالماء على نفسهِ وهو بأمس الحاجة إليه.

هـ- آفة العقل الهوى.

و-آتِ ذا القربى حقهُ.

ز- الملجآن تيسعان للكثير.

ج- إنّ في السماء آلافاً من الكواكب.

ط- المؤمن مِرآة أخيه المؤمن.

ي- تمنَّع عن إيذاءِ جيرانك.

- ألف ابن وابنه

إثباتها

تكتب ألف ابن، ابنة في المواضع التالية.

١- إذا جاءت بين علمين أوّلها منون وهو خبر خالدٌ ابن الوليد

٢- إذا جاءت بين علمين أوّلها منعوت نحو : عليٌ الامامُ ابن عمّ الرسول (ص)

٣- إذا أضيفت إلى ضمير, نحو :عصام ابنك مجتهدٌ في دروسه.

٤- إذا أضيفت إلى لفظ أبيه نحو، كان زياد ابن أبيه من القادة المشهورين وقد استلحقهُ معاوية بنسبه، فبات يدعى زياد بن أبي سفيان.

٥- إذا أضيفت إليها (ألف) التثنية نحو الأمين والمأمون ابنا هارون الرشيد.

٦- إذا أضيفت إلى أم, نحو: عيسى ابن العذراء.

٧- إذا وقعت في أول السطر نحو _ ابن سينا من أكابر الأضياء.

٨- إذا وقعت بين اسمين غير علمين نحو التاجر ابن التاجر.

٩- إذا وقعت خبراً على ابن مَنْ ؟ علي ابن أبي طالب.

حذفها

تحذف ألف ابن وابنه في المواضع التالية.

١- إذا وقعت بين علمين مفردين أولهما مضاف للثاني زيد بن ثابت.

٢- إذا وقعت بين علمين مفردين أولهما مضاف للثاني وهو كنية عمر بن أبي ربيعة.

٣- إذا وقعت بين علمين مفردين أولهما مضاف للثاني وهو لقب عبد الله بن الفاروق.

٤- إذا وقعت بين علمين مفردين أولهما مضاف للثاني وهو كناية فلان بن علان.

٥- إذا وقعت بين علمين مفردين أولها مضاف للثاني وهو صناعه عرف بها، سعيد بن المختار.

٦- إذا جاءت بعد (يا) نحو يا بن الكرام،يا بنة الخير.

٧- إذا جاءت بعد همزة الإستفهام نحو : أإبنك هذا ؟ أبنك هذا ؟

٨- إذا جاءت بين علمين أحدهما أب للآخر : خالد بن الوليد.

تمارين

١- هاتِ خمس جمل مفيدة تشمل كل واحدة منها على كلمة (ابن) وقد أسقطت ألفها

٢- هاتِ خمس جمل مفيدة تشتمل كل واحدة منها على كلمة (ابنة) وقد أثبت ألفها.

-الألف-

هي واحدة من حروف العلّة، وهي حرف مدّ لأنها مسبوقة دائماً بفتح نحو:

عَصَا فَتَى مَال

شروط حذف (الألف) الصحيحة :

تحذف (الألف) الصحيحة في الحالات التالية.

١- تحذف من ما الإستفهامية،إذا دخل عليها حرف جر، ويعوض عنها بفتحة, نحو :

ب+ ما.......بِمَ بمَ تفكر ؟

في + ما...... فَيمَ فِيمَ انتظارك ؟

من + ما...... مِمَّ مِمَّ تشكو ؟

عن + ما...... عَمَّ عَمَّ تبحث ؟

إلى + ما...... الامُ الامَ تنظر ؟

على + ما.... علامَ علامَ العجلة ؟

حتى + ما..... حتَّامَ حتَّام أصبر؟

٢- يحذف الألف من (ياء) النداء. إذا وقع بعدها كلمة (أي) أو (أيّة) نحو يأيُّها الرجل، يأيتها

٣- تحذف الألف إذا وقع بعد كلمة أهل من النداء، يأهل الخير.

٤- تحذف الألف من (هاء) التنبيه، إذا جاء بعدها اسم إشارة لا تبدأ بالتاء نحو هذا، هذان، هؤلاء.

٥- تحذف الألف من (ذا) الإشارية،إذا وقعت بعد (لام) البعد،نحو :
ذلك، ذلكم، كذلك.

٦- تحذف الألف من الضمير (أنا) المحصور بين (ها) التنبيه واسم الإشارة (ذا)
نحو ها أنا ذا........ هأنذا

٧- تحذف الألف أيضاً من الكلمات التالية (الـلـه، الآله، الرحمن، لكن، السماوات، عبد الرحمن، طه)

٨- تحذف الألف من بعض الأسماء (اسحق، هرون، اسمعيل، يس)

ملاحظة :

١- تسمى الألف الصحيحة الطويلة، الممدودة، الواوية، القائمة.

الألف في آخر الأسماء

١- الألف الصحيحة (١) (قائمة)

تكتب الألف صحيحة (ممدودة) في آخر الأسماء في المواضع التالية.

١- في الاسم الثلاثي إذا كانت ألفه منقلبة عن (واو) ويعرب ذلك بتثنيته نحو عصا،عصوان، أو بجمعه على صيغة جمع المؤنث السالم.
نحو فلا........ فلوات

٢- في الأسماء العربيّة الزائدة على ثلاثة أحرف، إذا سبقت ألفها (ياءً) نحو : هدايا، فاديا، عليا، وقد شذّ اسما العلم (يحيى، رَيّى) وذلك لتميز الأول من الفعل المضارع (يحيا) وتميز الثاني عن الصفة المشبهّة (ريًّا)

٣- في الأسماء الأعجميّة الزائدة على ثلاثة أحرف، نحو (روسيا، أمريكا، ألاسكا)

٤- في الأسماء التي تنتهي بهمزة نحو صيدا – صيداء، هيفا _ هيفاء

٥- في الأسماء المبنيّة، مهما, هَنا، كيفما.

٦- في الكلمتين : كلا, كلتا.

٧- في حاشا،حينما تكون حرف استثناء.
٨- في الكلمة المهموزة، إذا خففت همزتها، نحو، النّبأ،النبّا.
٩- في الكلمة المنتهية ب (ياء) المتكلم التي أبدلت (ألفها) نحو يا حَسْرتي، يا حسرتَا.

٢- الألف المقصورة (ى)
تكتب الألف مقصورة (يائيّة) بلا نقطتين في آخر الأسماء بالمواضع التالية:
١- في الاسم الثلاثي. إذا كانت ألفه منقلبة عن (ياء) ويعرف بذلك بتثنيته إن كان مفرداً نحو فتى....... فتيان أو بأفراده إن كان جمعاً نحو قُرى....قريَة
أو بجمعه على صيغة جمع المؤنث السالم نحو : حصى - حصيّات

٣- في الاسم الثلاثي _ وذلك في موضوعين اثنين هما :-
أ- إذا كان أوله أو وسطه (واواً) نحو: ورى، هوى.
ب- إذا كان أوله أو وسطه همزة نحو: أذى، لأي.
٣- في الاسم غير الثلاثي نحو: مأوى، مستشفى.
٤- في اسم العلم المؤنث نحو: ندى، ليلى.
٥- في جمع التكسير نحو : دمى، جرحى.
٦- في الصفة غير المسبوق آخرها ب(ياء) نحو: كبرى، صُغرى.
٧- في اسم العلم (يحيى) لتميزه عن الفعل (يحيا)
٨- في الأسماء الأعجمية نحو: كسرى،موسى،عيسى.
٩- في الأسماء المبنيّة نحو: متى،لدى،أنى.
١٠- في آخر الحروف :إلى, بلى, حتّى، على

٣- الألف صحيحة (ا) ومقصورة (ى) في آخر الأسماء ؟
يجوز رسم (الألف) صحيحة ومقصورة في آخر الأسماء في الحالات التالية.
١- في كل اسم ثلاثي. أوله مضموم نحو ذُرى..... ذُرا
٢- في كل اسم ثلاثي. أوله مكسور نحو جِحا.... جِحى
٣- في كل اسم يصح أن تقلب ألفه عن (واو) أو (ياء) بشرط أن يلاحظ فيه الأصل والمعنى نحو : الأَسا..... الأسى المها..... المَهى

تمارين

١- علل كتابة (الألف) في الأسماء المنتهية ب(ألف) في الأسماء الواردة في الأمثلة التالية :

١- يلمع الحصى كاللؤلؤ في الماء الصافي.

٢- هدى اللـه خيرُ الهدى.

٣- اليد العليا من اليد السفلى.

٤- صيدا إحدى المدن الكبرى.

٥- العفاف زينة الفقر والشكر زينة الغنى.

٦- مكة المكرمة أمّ القرى.

٧- كِسرى لقب ملوك الفرس.

٨- ندى فتاه مهذبه، وهي صغرى أخواتها.

٩- تقع سوريا في آسيا وتقعُ ليبيا في افريقية.

الألف في آخر الأفعال

١- الألف الصحيحة (القائمة)

تكتب (الألف) صحيحة (ممدودة أو قائمة) في آخر الأفعال الأتيه

١- الفعل الماضي الثلاثي الواوي. آي إذ كانت (ألفه) منقلبة عن واو. ويعرف ذلك بوصله ب(تاء) الضمير المتحركّة نحو:

سما..... سماوات أو بالإتيان بمضارعه نحو : دعا - يدعو

أو بمصدره، نحو : زها.... زهوٌ. أو باسم المَرّه منه : هفا..... هفوة

٢- الفعل الماضي الزائد على ثلاثة أحرف إذا سبقت ألفه ب(ياء) نحو :أحيا.

٣- الفعل المضارع، إذ سبقت (ألفه) ب(ياء) نحو : يعيا

٢- الألف المقصورة (ى)

تكتب الألف مقصورة (يائيّة) في آخر الأفعال الآتية.

١- الفعل الماضي الثلاثي إذ كانت (ألفه) منقلبة عن (ياء) ويعرف ذلك بوصله ب(تاء) الضمير المتحركة نحو : سعى..... سعيتُ أو الإتيان بمضارعهِ.

نحو: حمى...... يحمي أو بمصدرة، نحو : جرى.... جريء _ أو بأسم المرّة

نحو : رَمى...... رميَةٌ

٢- الفعل الماضي الثلاثي، إذا كان مضارعة ينتهي ب(ياء) نحو : نوى - ينوي.
أو ب(ألف) مقصورة، نحو : رعى - يرعى.
٣- الفعل الماضي الزائد على ثلاثة أحرف، نحو: استدعى.
٤- الفعل المضارع، إذا لم تسبق ألفه ب(ياء) نحو : يخشى.
٥- أفعال التفصيل من الثلاثي، نحو : أقوى, أعلى، أدنى.
٦- الفعل الماضي الثلاثي - وذلك في موضعين :
أ- إذا كان أول الفعل ووسطه (واواً) نحو : وعى، طوى.
ب-إذ كان أول الفعل وسطه همزة، نحو : أتى، رأى،

٣- الألف صحيحة (ا) ومقصورة (ي)

يجوز أن ترسم (ألأف) في آخر الأفعال صحيحة ومقصورة في بعض الكلمات على أن يلاحظ فيها الأصل والمعنى، وذلك عن طريق العودة إلى المعاجم والكتب اللغويّة الأخرى، نحو:

حثا......حثى رثا......رثى طها..... طهى لحا.....لحى
نما......نمى عتا..... عتى طما.... طمى.

تمارين

١- علل كتابة (الألف) في نهاية الأفعال فيما يلي :

١- تزيّن بالجمال، وتزيّا بزيّ الكمال.
٢- انبرى الخطيب يخطب.
٣- الأشجار تعرى من أوراقها في فصل الخريف.
٤- استلقى على الأرض.
٥- رمى الصيّاد الأسد فقتله، ونجا من خطره.
٦- نما الزرع وعلا في الحقول.
٧- نجا من سعى وهلك من ونى[١].
٨- (إنما يخشى اللـه من عباده العلماء)[٢]
٩- لا يجني من الشوك العنب
١٠-يتجلى سحر الصحراء ليلة البدر.

---

[١] ونى : ضعف

[٢] سورة فاطر / ٢٨

علامات الترقيم

علامات الترقيم لغةً : الإعجام أو البيان

علامات الترقيم اصطلاحاً : رموز اصطلاحيّة معينة توضع بين الجمل أو الكلمات لتساعد القارئ على فهم ما يقرأ، والكاتب على ايصال ما يريد من معنى.

والترقيم متصل بالإملاء اتصالاً وثيقاً، ومن هنا تبرز أهميته.

علاماته :-

١-   الفاصلة (،) :

وتسمى الفصلة وتوضع حين يريد القارئ أن يسكت سكتة خفيفة وترد في المواضع التالية.

١- بين الجمل القصيرة التي تكوّن جملة طويلة مركّبة، نحو :

خالد بن الوليد قائد عسكري كبير، لم يهب المصاعب والمشقات، ولم يبالغ في أقواله.

٢- بين الجمل الرئيسة وشبه الجملة نحو.

لا يندم فاعل الخير على فعله، ولا كريم على كرمه، ولا صادق على صدقه

٣- بين البدل والمبدل منه، نحو :

أبو بكر الصديق، أول الخلفاء الراشدين، وعائشة ابنته، أمُ المؤمنين.

٤- بين المعطوف والمعطوف عليه، نحو :

فصول السنة أربعة : (الربيع، والصيف، والخريف، والشتاء)

٥- قبل الجملة الحالية.نحو:

قصدت مكة المكرمة، وأنا مسرور بهذه الزيارة

٦- بين الشرط وجوابه نحو

لولا التعب، ما كانت الراحة.

٧- بعد المنادى نحو :

أيها القادم، أسرع إلينا.

٨- بين القسم وجوابه، نحو :

و الله، لأساعدن المحتاجين والفقراء.

٩- قبل الجملة الو صفية، نحو:

شاهدت طالباً، علامات النجاح باديةٌ على محياهُ.

بعد أقسام الشيء، نحو :-

الشجرة ثلاثة أقسام : الجذر، والساق، والأوراق.

٢- الفاصلة المنقوطة (؛)

يقف القارئ عندها وقفة أطول من الفاصلة بقليل وأبرز مواضعها :

١- للفصل بين جملة كاملة المعنى في الجمل المركبة، وتكون الجملة الثانية مسببّة عن الأولى أولها علاقة بها، نحو :

١-الطالب مجتهدٌ في دروسه ؛ لذلك سينجح في الامتحان، إن شاء اللـه.

٢- ترد أيضاً للفصل بين أقسام جملة واحدة، متى تنوّعت هذه الأقسام، نحو عالم الحيوان: الجمل, والثور, والحمار، والأسد، والنمر، والذئب ؛ والحوت، والسمك، والضفدع.

٣- النقطة (.)

توضع في نهاية كل جملة تامّة المعنى، وفي نهاية الفقرة، أو المقطع، وفي نهاية البحث أو الموضوع المكتوب.

٤- النقطتان (:)

وتوضعان في الأماكن التالية.

١- بين فعل القول والكلام المقول، نحو

قال حكيم : الإتحاد قوة.

٢- للتوضيح والتفصيل، نحو :

الكلمة ثلاثة أقسام : اسم، وفعل، وحرف.

٣- عند إعراب الجمل. نحو : العمل مقدس

العملُ : مبتدأ مرفوع وعلامة رفعه الضمة.

مقدسٌ : خبر مرفوع وعلامة رفعة الضمة.

٤- قبل الأمثلة التي تساعد على توضيح قاعدة أو حكم، نحو:

ترفع الأفعال الخمسة بثبوت النون، مثل : يعملون بصمت وهذا هو الانتماء.

٥- قبل شرح المعاني والألفاظ والعبارات. نحو :

الكلأ : العشب، رطبه ويابسة.

٥- الهلالان / القوسان ()

ويستعملان في الحالات التالية :-

١- لشرح كلمة أو عبارة قصيرة وردت في دَرْج الكلام، نحو :

أين الثُريا (مجموعة كواكب في السماء) من الثرى !

٢- لفت نظر الكلمة أو عبارة ترد في عرض الكلام، نحو

أوصى الرسول (ص) المسلمين بالرباط (الحراسة)

٣- الجملة المعترضة, نحو:

مدينة عمان (حماها الله عرين العروبة)

٤- الألفاظ الإحتراس، نحو :

جاء موسم الحصاد (بفتح الحاء وكسرها).

٦- الشرطتان _ _

توضع بينهما الجملة أو الجمل التي تعترض الكلام المتصل، نحو :_

لقد أرسلت في طلبي يا أمير المؤمنين _ أطال الله عمرك _ وها أنا قد جئت إليك.

٧- علامة التنصيص(الاقتباس) " "

هما قوسان مزدوجان يوضع بينهما كل كلام ينقل بنصه وحرفه ولا يغير منه شيء.
مثل الآيات القرآنيّة، والأحاديث، وأقوال الحكماء، والأمثال، والشعر.

- قال : رسول الله صلى الله عليه وسلم _ " إن من البيان لسحراً "
- " رأس الحكمة مخافة الله "

٨- القوسان المركنان أو المعقوفان [ ]

وتستعملان لحصر كلام الكاتب الذي يريد إثباته في معرض نقل الكلام لغيره بنصهِ,
نحو : قال المحاضر :" إن العلم يأخذ بيد الإنسان في مدارج الحضارة [وقد يتحول العلم وسيلة لتدمير ما بناه الإنسان]
والرّقي والعمران والتقدم

٩- القوسان المزهرّان { } ويستعملان لحصر الآيات القرآنية.

١٠- القوسان المكسوران < > ويستعملان لحصر ما يضيفه الناشر من عنده كحرف أو لفظ يقتضيه الكتاب في تحقيق المخطوطات.

١١- علامة الاستفهام (؟)

وتوضع في نهاية الجملة الإستفهامية، سواء ذكرت أداة الاستفهام أم حذفت، نحو :
قوله (ص) عندما سأله أحد الصحابة : من أحقُ الناس بحُسن صحبتي يا رسول الله ؟ قال : " أمك " قال : ثمّ مَنْ ؟ قال :"أمك " قال : ثمّ من ؟ قال : " أمك " قال : ثُمّ من ؟ قال : " أبوك "

عند حذف الأداة،مثل : تبغون النصرَ، ولا تأخذون بأسبابه ؟

أي أتبغون.....؟

١٢-علامة التأثر (!)

توضع هذه العلامة في نهاية الجملة التي يعبّر فيها الإنسان عن تأثره لأمر ما، وذلك في المواقف الحياتية الآتية.

أ-التعجب، نحو : ما أجمل السماء في الليل !

ب- التمنّي، نحو : ليت الشباب يعود يوماً !

ج- التحذير، نحو : إياك والغيبة !

د- الإغراء، نحو : الجهاد، الجهاد !

هـ- الدعاء، نحو : وفقك الله !

و- الندبة، نحو : واأسفاه !

ز- الفرح، نحو : وافرحتاه !

ح- الإستغاثة، نحو : يا رباه ! وامعتصماه !

١٣- علامة الحذف (...)

تستخدم حينما يريد الكاتب أن يحذف شيئاً أو أن يترك مما يكتبهُ، نحو : للجاحظ مؤلفات كثيرة، منها : كتاب الحيوان، وكتاب البخلاء، وكتاب البيان والتبيين ---

١٤- الشرطة / العارضة.(_)

وتسمى الوصلة وترسم هكذا (-)

ترد في المواضع التالية :

١- الفصل الجملة الإعتراضية في سياق الكلام نحو : قال عمر بن الخطاب _ رضي الله عنه _ لعمرو بن العاص : " متى استعبدتم الناس وقد ولدتهم أمهاتهم أحراراً "

٢- ترد في آخر الجملة إذا قصد ترك شيء عمداً نحو :

في يدي خنجر قاطع، فمن يقترب مني يعرِّض نفسه _.

٣- للدلالة على تغير المتكلّم في المحادثة، إذا أريد الإستغناء عن ذكر أسماء المتحاورين، وحينذاك يبدأ بسطر جديد، نحو :

— كيف حالك، يا صديقي ؟

— بخير، والحمد لله.

٤- بين العدد والمعدود، نحو :- تأتي النون على سبعة أوجه، هي :

١- نون الفعل المضارع.

٢- نون الأفعال الخمسة.

٣- نون التوكيد.

٤- نون النسوة.

٥- نون الوقاية.

٦- نون المثنى.

٧- نون الجمع.

١٥- علامة القفل

وهو ما نختتم به المواضع، وهناك نمطان للقفل هما :

١- القفل بكلمة أو كلمات تفيد الإنتهاء الكامل مثل : تم، انتهى، تمت، ولله الحمد، النهاية.

٢- القفل بعلامات مصطلح عليها، وهي كثيرة يصعب حصرها تتغير مع الأيام، وهي ذات أشكال مختلفة.

تمارين :

ضع علامات الترقيم المناسبة للنص التالي.

دخل كثير عزّة على عبد الملك بن مروان فقال عبد الملك أأنت كثير عزة قال نعم قال أن تسمع بالمعيدي خيرٌ من إن تراه فقال كثير يا أمير المؤمنين كل عند محله رحب الفناء شامخ البناء عالي السناء ثم أنشد أبياتاً جميلة فقال عبد الملك وقد أعجبته شاعرية كثير لله دره و اللـه أني لأظنه كوصفه نفسه فأكرم به.

الهمزة

الهمزة : أول حروف الهجاء، وهي الألف التي تقبل الحركات، فان رسمت على ألف سميت الألف اليابسة, كهمزة،أعطى, وسأل, والنبأ, وتقابلها الألف اللينة وهي الألف التي لا تقبل الحركات، كألف. قال. ودعا، ورمى.

مواضيعها :

تأتي على الأحوال الآتية :

أ- في أول الكلمة مثل همزة أَعطى، أَخذ.

ب-في وسط الكلمة مثل همزة سأَل،زأر.

ج- في أخرها مثل النبأ.

أنواع الهمزة.

١- همزة الأصل : وهي تكون في بنية الكلمة : كهمزة (أب، أم، أخت، وأخذ, وإن، وإذ،وإذا)

٢- همزة النداء مثل : أعبد اللـه أقبل.

٣- همزة الإستفهام مثل : أتكون من الفائزين ؟

٤- همزة المخبر عن نفسه وتكون في أول المضارع (أكتب، أقرأ، أدرس)

٥- همزة الوصل مثل : الانفجار هز المدينة.

٦- همزة القطع مثل : أنت الملوم.

ويمكن التفريق من الهمزة حين تقع أول الكلمة أو في وسطها أو في أخرها، والهمزة حرف له صوت مميّز عن سائر الحروف، يخرج من الحلق، ويكتب على هيئة رأس حرف العين (ء)

* الهمزة في أول الكلمة.

الهمزة في أول الكلمة نوعان : همزة وصل، وهمزة قطع، وتكتب على ألفاً سواء أكانت همزة قطع (أكرم، أسامة) أم همزة وصل (العلم، اكتب) وهي تكتب فوق الألف إذا كانت مفتوحة أو مضمومة (أكرم، أسامة) وتكتب تحت الألف إذا كانت مكسورة (إياك، انتبه)

١- همزة الوصل

هي (ألف) زائدة تقع أول الكلام، يؤتى بها تخلصاً من الإبتداء بالساكن، لان العرب لا تعرف الابتداء بالساكن وهي نوعان سماعيّة، وقياسيّة.

أ- سماعية : تنحصر همزة الوصل في كلمات محددة، هي : (ابن، ابنه، امرؤ، اثنان، اثنتان ايم, امرآة، (اسم، ايمن) ال،وكذلك المنسوب اسمي.

ب- قياسية :- في الأفعال الخماسيّة والسداسيّة الماضية والمصدر وأمر الثلاثي.

مواضعها.

١- في الأسماء وتشمل :-

١- الأسماء الآتية همزتها همزة وصل وهي (ابن،ابنة، ابنم، واثنان، اثنتان، امرؤ، امرأة، اسم، است، ايم الـلـه، ايمن الـلـه)

٢- مصادر الخماسي، سواء كانت معرفة بآل أو مجردة منها :

مثل انعتا ق، الانعتاق انفجار، الانفجار،

٣-مصادر السداسي، سواء كانت معرفة بآل أو مجردة منها :

استخراج..... الاستخراج، استنباط.... الاستنباط

٣- في الأفعال وتشمل :-

١- فعل الأمر الثلاثي الأصل.

مثل : اجمعْ، اطرَحْ،ارسمْ، اكتبْ.

٢- فعل الأمر الخماسي مثل :

اقترح، انتظر، التزم، اجتمع.

٣- فعل الأمر السداسي مثل :

استرجع، استجمع، استرسل، استغفر

٤- الفعل الماضي الخماسي مثل.

اقترعَ، انتزعَ، انَطَلَقَ.

٥- الفعل الماضي السداسي مثل.

استغَفَرَ، استخرجَ، استمتَعَ

٣-في الحروف

هزة ال التعريف وهي الحرف الوحيد في اللغة تبدأ بهمزة وصل مثل : الماضي، العلم، الراعي.

* حذف همزة الوصل

حذفها كتابة ولفظاً.

١- من كلمة ابن وابنة إذا وقعتا بعد حرف نداء، مثل :

يا بن الآكارم. يا بنة الآكرمين.

٢- من كلمة ابن وابنة إذا وقعتا بين علمين.

خالد بن الوليد، ليلى بنة طريف.

٣- من (ال) إذا دخلت عليها لام الجر، مثل :
للماء فوائد لا تحصى.
٤- من (ال) إذا دخلت عليها لام الابتداء، مثل :
للعلم خيرٌ من المال.
٥- إذ جاء قبلها همزة إستفهام، مثل :
ابن الوزير هذا. وأصلها أابن الوزير هذا.
* حذفها لفظاً.
١- إذا جاءت في دَرْج الكلام، مثل :
دخلَ الرجلُ إلى البيت.
٢- إذا دخل عليها حرف جر باستثناء لام الجر، مثل : ذهبت الى السوق
* كتابتها
تكتب همزة الوصل ألفاً مجردة من الهمزة أو يكتب فوقها حرف صاد أولي صغير مثل :آ بن آبنة.
* حركتها
إن الأصل في حركتها أن تتبع حركة عين الفعل في المضارع، فتكسر في (جلسَ _ يجلسُ)وتضم في (دخل،يدخلُ، ادخل) وقيل : همزة الوصل مكسورة دائماً إلا في
١- (ال، ايمن) فإنها مفتوحة.
٢- في الأمر المضموم (كتُب, يكتبُ، أكتب).
٣- الماضي المبني للمجهول من الخماسي (أعتُرِفَ)
٤- السداسي (أُستْعمِلَ)
٣- همزة القطع
تعريفها
هي همزة تأتي في أول الكلمة وفي وسطها وفي آخرها، وهي همزة تقرأ وتكتب ولا تسقط في دَرْج الكلام، وسميت بهذا لان اللفظ بها يقطع ما قبلها عما بعدها.
مثل : أخذ _ يأخذ،قرأ - يقرأ.
* حركتها
توضع فوق الألف إذا جاءت مفتوحة أو مضمومة وتحت الألف إذا جاءت مكسورة، أي تقبل جميع الحركات. مثل :
أنا أخت إنك

مواضعها : تأتي في مواضع كثيرة أبرزها :-
١- في الأسماء وتشمل :-
أ- مصادر الثلاثي سواء عرفت بأل أم لم تعرف، مثل :
ألقَ الألقْ،أمل - الأمل, أسف -الأسف.
ب- مصادر الرباعي،مثل :
إبداع الإبداع، إحسان الإحسان، إخراج الإخراج.
ج- كل اسم يبتدئ بهمزة فهي همزة قطع ما عدا الأسماء العشرة التي ذكرت فيها همزة الوصل.
د- جميع الضمائر،مثل :
أنت، أنتما، أنتم، إياك، أنا
٢- في الأفعال
أ- كل فعل ماضي ثلاثي مهموز (أوله يبدأ بهمزة)
مثل (أكل، أمر، أرق، أتى)
ب- كل فعل ماضي رباعي وأمره، ويبدأ أولهما بهمزة، مثل :
أكرم، أنعمَ، أجلَسَ, أشفقَ، أكرِمْ، أنعِمْ
ج- كل فعل مضارع مبدوء بهمزة بغض النظر عن عدد حروفه، مثل :
أنظر، أشتري، أستوعب، أناضل، ألعب.
* في الحروف
أ- كل الحروف همزتها قطع ما عدا (ال التعريف) فهمزتها وصل.
ب- همزة الإستفهام، مثل : أإله مع الـلـه ؟
ج- همزة النداء، مثل : أزيدُ أنقذني !
د- همزة التسوية، مثل : أأنذرتهم.
هـ- إذ, إذا، أو، إنْ، أنْ، إلى. إلاّ، أمّا، أيا، إذن.
فائدة
للتفريق بين همزة الوصل وهمزة القطع يمكن إدخال الواو أو الفاء على الكلمة المبدوءة بهمزة ولفظها. فإذا ظهرت الهمزة في اللفظ فهي قطع وإذا لم تظهر فهي وصل.
مثل : أوجز وأوجز فأوجز ظهرت الهمزة في اللفظ فهي قطع.
مثل : استنتج واستنتج فاستنتج لم تظهر في اللفظ فهي وصل.
حذف همزة القطع.

تحذف همزة القطع في المواضع الآتية.

١- تحذف خطاً ولفظاً في أول بعض أفعال الأمر. مثل :أخذ خذ،أكل كل، أمر مَرْ.

٢- إذا جاءت الهمزتان مفتوحتين في أول الكلمة انقلبتا مداً. مثل :آمين، آزر، آجر.

٣- تحذف همزة القطع من الوسط إذا جاءت همزة القطع ساكنة بعد همزة أخرى مفتوحة لانقلاب الساكنة مداً بعد المفتوحة، مثل : آكل، آمر

تمارين ١

ضع إشارة صح أو خطأ بجانب العبارات التالية :

١- توضع الهمزة تحت الألف إذا كانت همزة الوصل مكسورة ()

٢- توضع الهمزة فوق الألف إذا كانت همزة الوصل مكسورة ()

٣-إذا وقعت همزة القطع في أول الكلمة تسمى همزة قطع متوسطة ()

٤- همزة الوصل لا تأتي إلا في أول الكلمة ()

٥- همزة كلمة (اسم) في البسملة هي همزة قطع ()

٦- همزة الوصل لا تكتب ()

٧- الهمزة في الحروف هي همزة القطع ()

تمرين ٢

استخرج من الجمل الآتية الكلمات التي حذفت فيها همزة الوصل، معللا سبب حذفها ١

١- اذهب إلى مدرستك باكراً.

٢- استنفر القائد عساكرهُ.

٣- انطلق الجواد كالسهم.

٤- انتصرْ على نفسك ولا تكن عبداً لها.

٥- بسم اللـه الرحمن الرحيم

٦- للماء خير و شراب للإنسان.

تمرين ٣.

ضع الكلمة المناسبة في الفراغ.

١- ابتهالات أولها همزة......... لأنها...........

٢- أأذا متنا وكنا عظاماً ؟.......... لأنها..........

٣- أنذر أولها همزة............ لأنها............

٤- امرآة أولها همزة..........لأنها...............

٥- استنجد أولها همزة........... لأنها.............
٦- الأيمان أولها همزة.......... لأنها.............
٧- اعمل أولها همزة...........لأنها.................
٨- إلى أولها همزة.............لأنها............
٩- العاقل أولها همزة..........لأنها.............
١٠-ابنان أولها همزة......... لأنها...............

*** كتابة الهمزة أول الكلمة.**

١- إذا وقعت الهمزة أول الكلمة كتبت على ألف سواء كانت مضمومة أو مفتوحة أو مكسورة.

٢- عند دخول السين، والفاء والواو واللام والباء والكاف على كلمات مبدوءة بهمزة لا تتغير كتابتها مثل : سأقوم، بالاحترام، كالأرنب.

٣- إذا جاء بعد الهمزة المفتوحة في أول الكلمة همزة ساكنة تبدل الساكنة مدة، مثل : آدم، أصلها. أأدم. آمر، أصلها، أأمر.

٤- إذا جاء بعد الهمزة المضمومة أول الكلمة همزة ساكنة تبدل الساكنة واواً، مثل : أُوتي وأصلها أأتى.

ثانيا : الهمزة وسط الكلمة.

قواعد أساسيّة

١- تكتب الهمزة وسط الكلمة إمّا على ألف على واو أو ياء أو منفردة.

٢- تكتب الهمزة وسط الكلمة على أساس مقارنة حركتها بحركة ما قبلها،ونوع الحرف الذي قبل الهمزة، والحرف الذي يليها.

٣- تعتبر الكسرة أقوى الحركات، فالضمة، فالفتحة، فالسكون.

٤- ما يناسب الكسرة هي النبرة أو الياء (الكرسي)

٥- ما يناسب الضمة هي الواو.

٦- ما يناسب الفتحة هي الألف

٧- ما يناسب السكون هي الإنفراد.

مثال : فئة فِئات حركة الهمزة الفتح وحركة الحرف قبلها الكسر, والكسر أقوى من الفتح فتكتب على نبرة لملاءمتها للكسر.

زَأَر: حركة الهمزة الفتح وما قبلها الفتح والفتح أقوى فتكتب على ألف.

مُؤْمن :حركة الهمزة السكون وما قبلها الضم والضم أقوى فتكتب على الواو.

أ- الهمزة على ألف وسط الكلمة.

تكتب الهمزة على ألف وسط الكلمة في المواضع الآتية.

١- إذا جاءت مفتوحة وقبلها حرف مفتوح، مثل : زَأَر سَأل مَتأَمل اشَمأَز أَأضعَ رَأَب تَأَجر.

٢- إذا جاءت مفتوحة وقبلها حرف صحيح ساكن.مثل :مسْأله ظمْأَن يسْأل جزْأين مْنأى.

٣- إذا جاءت مفتوحة وقبلها حرف صحيح ساكن وبعدها ألف متطرفة على صورة ياء، مثل :مَرْأَى ظمْأَى يَنْأَى مْنأَى مَلأَى.

٤- إذا جاءت مفتوحة وقبلها حرف مفتوح وبعدها ألف الاثنين، مثل :مَرَأا لجَأا نشَأا يترأان يهدأان.

٥- إذا جاءت مفتوحة وبعدها ألف مد محذوفة فيكره اجتماع ألفين في الخط، فعوض عنها بالمدة.مثل : سآمة أصلها سأامه وضآله أصلها ضأاله.

٦- إذا جاءت ساكنة وقبلها حرف مفتوح، مثل :رَأْس فَأْس كَأْس مَأْمون يَأْمر يَأْس

ب-الهمزة على الواو وسط الكلمة.

تكتب الهمزة على واو وسط الكلمة في المواضع الآتية :

١- إذا جاءت مضمومة وقبلها مضموم،مثل : رُؤُوس، فُؤُوس، كُؤُوس، شُؤُون.

٢- إذا جاءت ساكنة وقبلها مضموم،مثل :شُؤْم لُؤْم بُؤْس رُؤْية مُؤْلم.

٣- إذا جاءت مضمومة وقبلها حرف صحيح ساكن أو ألف وليس بعدها واواً.مثل : تفاؤُل تشاؤُم، غذاؤُه، دواؤُه.

٤- إذا جاءت مضمومة وقبلها حرف مفتوح، مثل :خطَؤُه يقرَؤُه رَؤُوف لَؤُم

٥- إذا جاءت مفتوحة وقبلها حرف مضموم، مثل :مُؤَذن مُؤَرخ مُؤَسسة، مُؤاخاة، رُؤَساء.

ج- كتابة الهمزة على (ياء) كرسي (نبرة) وسط الكلمة.

تكتب الهمزة على ياء (نبرة) وسط الكلمة في المواضع الآتية:

١- إذا جاءت ساكنة وقبلها حرف مكسور، مثل :بئْر، ذِئْب، فِئْران، جئْتكم، أنبِئنا.

٢- إذا جاءت مفتوحة وقبلها حرف مكسور، مثل :فِئَة مُتكِئان خاطِئَان ناشِئَة يستهزِئَان لِئَام.

٣- إذا جاءت مفتوحة وقبلها ياء ساكنة،مثل :مضيئْة، هيئْة، رذيئْة شيئْان بريئْان.

٤- إذا جاءت مكسورة وقبلها حرف صحيح ساكن، مثل :أفْئِدة أسْئلة.

٥- ذا جاءت مكسورة وقبلها ألف ساكنة. مثل :سائد، رائد، فصائل، خلائق، سائحة، نائلة.

٦- إذا جاءت مكسورة وقبلها حرف مفتوح. مثل :سَئم، اقرِئي، ضَئيل، يومَئذٍ، زَئير.

٧- إذا جاءت مكسورة وقبلها حرف مضموم. مثل : سُئل سُئلت وَئد وَئِدت

٨- إذا جاءت مكسورة وقبلها حرف مكسور. مثل قارِئين هانِئين، مستهزِئين

٩- إذا جاءت مضمومة وقبلها ياء ساكنة،مثل :فيْئُها نيْئُها.

١٠- إذا جاءت مضمومة وقبلها مكسور. مثل :قارِئُون، ناشِئُون, ينبِئُهم، مالِئُون.

د- الهمزة المنفصلة أو المنفردة وسط الكلمة :

تكتب الهمزة منفصلة وسط الكلمة في المواضع الآتية :

١- إذا جاءت مفتوحة وقبلها ألف ممدودة. مثل :مثل:عباءَة، إضاءة، هواءَها، ماءها، يتساءَلون جزاءان. مثل : مرُوْءه سموْءل تبوُءَك ضوْءان

٢- إذا جاءت الهمزة مفتوحة وقبلها حرف مفتوح وبعدها ألف مد أو ألف التثنية تدمج الهمزة مع هذه الألف : مثل : مآكل أصلها مأاكل ملجآن أصلها ملجأان.

٣- إذا جاءت الهمزة مفتوحة وقبلها حرف صحيح ساكن وبعدها ألف مد غير متطرفة تدمج الهمزة مع هذه الألف وتكتبان على شكل ألف عليها مدة. مثل : ظمآن أصلها ظمأان

٤- إذا جاءت الهمزة مفتوحة وقبلها ساكن وبعدها ألف الاثنين تكتب الهمزة منفردة إذا كان الحرف قبل الهمزة لا يوصل بما يعده أو على نبرة إذا كان الحرف قبلها يقبل الوصل بما يعده، مثل : بدءان جزءان يبطئان كفئان

٥- إذا جاءت الهمزة مفتوحة وقبلها ياء ساكنة تكتب على نبرة. مثل : هْيئَة فيئَة.

ثالثا: كتابة الهمزة المتطرفة أو الهمزة في آخر الكلمة.

قواعد أساسية

١- تكتب الهمزة في آخر الكلمة على حرف يناسب حركة الحرف الذي قبلها.

٢- أقوى الحركات الكسر وتناسبه الياء ويليه الضم ويناسبه الواو

ويليه الفتح وتناسبه الألف

ويليه السكون وتناسبه المنفردة.

٣- إذا كان ما قبلها مكسوراً كتبت على الياء. مثل :مبطِئ مرجِئ شاطِئ طوارِئ ناشئ.
٤- إذا كان ما قبلها مضموم كتبت على الواو، مثل :لُؤَلُؤْ جوجُؤْ يجرؤْ تهيُؤْ
٤- إن كان ما قبلها مفتوحاً كتبت على ألف. مثل :توضَأْ لجَأ مَلأ بكلأْ يملأْ
٥- إن كان ما قبلها ساكناً كتبت منفردة على السطر. مثل عبْء دنْء جزْء زرقاْء بطْء دفْء.
٧-إذا جاء بعدها تنوين ضم أو كسر فلا نزيد شيء سوى التنوين نفسه ويكتب التنوين فوق الهمزة. مثل :ضوءٌ، ضوءٍ، هدوءٌ، دفءٌ، دفءٍ
٨- إذا جاء بعدها تنوين نصب فإننا نزيد ألفاً بعدها ونضع تنوين النصب فوق الألف.

مثل : جزءاً سوءاً بدءاً نشوءاً

استثناء تستثنى من القاعدة الثامنة حالتان هما.

أ- عندما تكون الهمزة مسبوقة بألف لا نزيد وراءها شيئاً ونضع تنوين النصب على الهمزة مثل :سماءً مساءً ماءً شتاءً

ب- عندما تكون الهمزة مسبوقة بفتحة. مثل :خطَأً كلأً

٩- استثناء تكتب الهمزة المتطرفة على نبرة (كرسي) وبعدها ألف في آخر الاسم المنصوب المنون وإذا جاء قبلها حرف ساكن يوصل بما بعده،مثل :عبئاً، بطئاً، دفئاً، هنيئاً، مريئاً

١٠- تكتب الهمزة المتطرفة على نبرة (كرسي) إذا جاءت مفتوحة وقبلها حرف ساكن واتصلت بألف الاثنين. مثل جريئَان دنيئان شيئان عبئان.

فائدة.

١- إذا كان بعد الهمزة المتوسطة حرف واحد ثم حذف هذا الحرف بسبب نحوي أو صرفي, فان الهمزة عندئذٍ تصبح متطرفة وتنطبق عليها قاعدة الهمزة المتطرفة، مثل:ينأى لم ينء.

٢- يجوز حذف الهمزة إذا كانت على ألف مثل كأس كاس، فأس فاس.

٣- يجوز تخفيف الهمزة فتتحول إلى ياء إذا كان قبلها ألف أو ياء. مثل :خطيئَهْ _ خطيّة عجائز _ عجايز.

تمارين

١- املأ الفراغ بالكلمة المناسبة

١- إذا جاءت الهمزة مفتوحة وقبلها مفتوح تكتب على ()

٢- إذا جاءت الهمزة ساكنة وقبلها مفتوح تكتب على ()

٣- إذا جاءت الهمزة ساكنة وقبلها مضموم تكتب على ()

٤- إذا جاءت الهمزة ساكنة وقبلها مكسور تكتب على ()

٥- إذا جاءت الهمزة مفتوحة وقبلها مكسور تكتب على ()

٦- إذا جاءت الهمزة مفتوحة وقبلها مكسور تكتب على ()

٧- إذا جاءت الهمزة مفتوحة وقبلها حرف صحيح ساكن تكتب على ()

٨- إذا جاءت الهمزة مفتوحة وقبلها ياء ساكنة تكتب على ()

٢- بين حكم كتابة الهمزة المتطرفة فيما يلي.

١- يجرَؤ:

٢- ددیئاً :

٣- شيْء :

٤- شاطِئ :

٥- شيئان :

٦- دواءه :

٧- يملأ :

٣- علل كتابة الهمزة في الكلمات المهموزة في الجمل التالية.

١- الدناءَة تمزّق ثوب العفّة.

٢- حياة القاضي مملوءَة بالمواقف النبيلة العادلة.

٣- يسوءُني أن أرى الكتاب مهجوراً.

٤- تعجبني كفاءَتُه العلمية.

٥- تزعجني رداءَةُ خطه.

٦- المروءة من خصائص الرجولة.

همزة إنّ / أنّ

١- تكتب همزتها مكسورة حيث لا يصحُ أن يقوم مقامها ومقام معموليها (اسمها وخبرها) مصدرٌ، نحو إنّ الحقّ منتصرٌ، إذ لا تستطيع إحلال مصدر مكان معموليها (الحقَ منتصرٌ)

٢- تكتب همزتها مفتوحة حيث يجب أن تؤوّل هي وما بعدها بمصدر مرفوع، نحو بلغني أنك ناجحُ والتقدير : بلغني نجاحكَ

٣- فالمصدر (نجاح) فاعل مرفوع.

أو منصوب نحو : علمت أنك مسافرٌ والتقدير علمت سفَرك فالمصدر (سفرَ) مفعول به منصوب فالمصدر (سفر) مفعول به منصوب.

أو مجرور نحو : حزنتُ لأنك مريض. والتقدير حزنت لمرضِك فالمصدر (مرض) مجرور ب (اللام)

تمارين

١- حرّك همزة (إنّ)في الأمثلة التالية، ثمّ بين السبب في ذلك :-

- ألا إنّ الـلـه غفور رحيم
- استغربت من أنهُ كسول.
- رغبت في, إنّك مجتهد.
- قلت انّك هادئ الطبع
- إنّ العدل أساس الحكم.
- من أخلاقه أنّه يعطف على الفقراء.
- عندي انّك صادق.

التوسط العارض للهمزة

هناك خلاف بين التربويين حول كتابة الهمزة المتوسطة التي يكون توسطها عارضاً، أي تكون متطرفة، فيتصل بالكلمة أحد الضمائر، فتصبح متوسطة في نطاق لفظة جديدة، حيث يرى بعضهم أن تبقى على حالها كما كانت قبل الإتصال وتكتب بحرف حركة ما قبلها،. نحو:

يقرأُ...... يقرأَهُ، يقرأُونَ، تقرإِين

ملجأ...... ملجَأه. ملجَأُها، ملجَإه

مبدأ...... مبَدأه، مبدإِي، مبدأُها

بينما يرى آخرون أن تُعدَّ همزة متوسطة، لأنها لم تعد متطرفة في موقعها الجديد.

وتجنباً للإضطراب في كيفية رسمها، يستحسن أن تعامل معاملة الهمزة المتوسطة بأحكامها المشار إليها في موضعه، أي ينظر إلى حركتها الطارئة وحركة الحرف الذي سبقها، ثمّ تكتب على حرف يناسب أقوى الحركتين وذلك على الشكل التالي :

١- الهمزة المتطرّفة على ألف (يقرأ)

يقرأ : يقرَؤُن، تقرئين

لم يقرأْ..... لم يقرأه....... لم يقرؤُوه....... لم تَقرَئي

٢- الهمزة المتطرفّة على الواو (لؤلؤْ) -اشتريت لُؤْلُؤَاً - اعجبت بلَؤْلُئه

٣- الهمزة المتطرفة على ياء (قارِئُ، قارِئون)

قارِئ..... قارئان، قارِئون

يستهزِئ....... يستهزِئون

٤- الهمزة المتطرفة المنفردة :-

تطبق عليها الأحكام المتوسّطه، إذا ألحق بالكلمة ما يتصل بها رسماً، نحو : رجاء رجاؤُه، رجائِه، رجاءَها.

وتكتب على كرسي الياء (نبرة) إذا ثُني الإسم وكان قبلها حرف من حروف الاتّصال، نحو :

عبْء........ عبئَان

شيْء........ شيْئان

تمارين

١- صرّف الأفعال المهموزة التالية, مع جميع الضمائر (المتكلم، والمخاطب، والغائب) ظمِئ، يُختّبئ، يهدَأ، تبرّأ، تهيَّأ

٢- هات مثنى / جمع المذكر السالم للأسماء التالية :بريء، دفء، يدء، فيء، شيء، مخطئ، رزء.

٣- اسند الأفعال الآتية إلى (ألف) الاثنين ثم إلى (واو) الجماعة وضعها في جمل مفيدة:- ملأ، لجَأ، يتوضَأُ، يستهزِئ

٤- هات (مفرد / جمع) الكلمات التالية :فؤاد, طيور, أسئلة, آبار, مصيبة, جاهل سماوات، خزانة، مسائل، شاطئ، لؤلؤة، أبناء.

٥- أضف الجموع التالية إلى ضمير الغائب للجمع (هم) ثم استعمل كل واحد منها في ثلاث جمل، بحيث يأتي مرفوعاً في الأولى، منصوباً في الثانية، مجروراً في الثالثة: فقهاء، بخلاء، سفهاء، صُلحاء،

الوصل والفصل

الوصل : هو كتابة الكلمة متصلة مع غيرها فتصبح كأنها كلمة واحدة.

الفصل : هو كتابة الكلمة منفردة وغير متصلة مع غيرها، وعليه فلا بد من كتابة كلمة ما من ملاحظة أمور عدة أهمها.

١- مطابقة المكتوب للمنطوق به.

٢- الوقف مع الكلمة والإبتداء بها.

٣- كل حرف يثبت عند الوقف والإبتداء به تكتبه.

٤- الحرف الذي لا يثبت عند الوقف والإبتداء به لا تكتبه.

٥- الكلمة التي يبدأ بها ولا يوقف عليها يجب وصلها بغيرها.

أماكن الوصل.

- اال التعريف. مثل : الفضاء، المدينة.
- الحروف المفردة : كالسين، واللام، والكاف، والباء، مثل :
أنت كالقمر جمالاً، سأقوم بعملي على أحسن وجه.
- الضمائر المتصلة، مثل أعطيتُ أعطِينا، أعطيناك.
- الظروف المضافة إلى إذ، مثل : يومئذٍ، ساعتئِذٍ، وقتئذٍ، عندئذٍ.
- الواو والنون والياء في جمع المذكر السالم مثل إن المعلمين لمظلمون.
- تاء التأنيث عند اتصالها مع الفعل، نحو : غنتْ أسمهان.
- ما ركب مع كلمة مائة (مئة) مثل : خمسمائة، ستمئة.
- نونا التوكيد الثقيلة والخفيفة، مثل : لتجاهدُنَّ في سبيل الـلـه.
- الأسماء المركبة تركيباً مزجياً، مثل : بعلبك نيويورك، حبذا
- توصل ما مع حروف الجرّ وتحذف ألفها مثل الام، علام، حتام
- توصل ما مع حروف الجر، عن، من، في، إلى، مثل، فيما، ممّا، عمّا،
- توصل ما مع الاسم مثل : بمقتضام.
- توصل ما الكافة مع ربُّ, مثل : ربَّما
- توصل ما الكافة مع بعض الظروف، مثل : حيثما، بينما.

- توصل ما الموصوفة بنعم شريطة أن تكسر عين نعم وتدغم إحدى الميمين مع الأخرى، مثل : نِعّما، يعظكم به، وإذا لم تكسر عينها لا توصل، مثل نعم ما تتصف به الأيمان.

- توصل ما بأن وأخواتها، مثل : إنّما المؤمنون أخوة، وكأنّما، ليتما
- توصل ما بكل الظرفية، مثل : كلما نبت العشب حصدناه.
- توصل ما ببعض أسماء الشرط، مثل : حيثما، كيفما
- توصل ما بريث مثل : ريثما يصل يحصل الخير
- توصل لا النافية بأن الشرطية، مثل : ألا تنفذوا الأمر تندموا
- توصل لا النافية بأن المصدرية مثل يستحسن ألاّ تفعل ذلك.
- توصل أن المصدرية بلا النافية وتحذف نونها : مثل : ما منعك ألا تسجد
- توصل لام التعليل بلا النافية، مثل : لئلا يعلم أهل الكتاب
- توصل من الإستفهامية والموصولة والشرطية بمن، وعن، الجارتين وتحذف نونها للإدغام، مثل : ممن اقترضت المال.
- توصل الحروف المكونة من حرف واحد بالضمائر، مثل : لأنت أفضل من صديقك.
- توصل ما بمثل، مثل (إنّه لحق مثلما أنّكم تنطقون)
- توصل كي باللام، مثل : (لكيلا تحصل فتنة علمنا هذا)
- توصل كي بما الاستفهامية، وتحذف ألف ما بعوض عنها بالهاء، مثل :

كيمه فعلت هذا ؟

* أماكن الفصل

- تفصل ما التعجبية عن فعل التعجب، مثل : ما أرق النسيم !
- تفصل ما الصفة، مثل أحبب حبيبك هوناً ما.
- تفصل ما المصدرية عما قبلها إذا لم تدل على شرط أو استفهام إذا ما توعدون لآتٍ.
- تفصل ما عن نعم، مثل : نعم ما تعمل به الآدب.
- تفصل ما الإستفهاميّة عما فبلها إذا لحقتها هاء السكت، مثل : إلى ما تقصد.
- الضمائر المنفصلة، مثل : أنا، إياك، نحن
- تفصل كلمة عشر المركبة مع الآحاد، إحدى عشرة، ثلاثة عشرة، اثنا عشر، اثنتا عشرة.

- تفصل الكسور عن المئة ؛ ربع مئة، عشر مئةٍ.

- إن الشرطية إذا اتصلت بها لن أولم، مثل : إن لم تفعل إن لم تفعل.

- أن المخففة الواقعة بعد فعل اليقين أو كان بمنزلته مثل " اشهد أن لا اله إلا الله)

- إن الناصية إذا اتصلت بها لن : قال تعالى " أيحسب أن لن يقدر عليه أحد.

- إن الشرطية إذا اتصلت بها لن أو لم، مثل : إن لم وإنْ لن تفعل.

- تفصل أن الزائدة الواقعة بعد لما التوقيتية وبعدها النافية وبين فعل القسم ولو،أو الكاف ومجرورها،أو بعد إذا فتفصل عما تتصل به من هذه الأماكن.

مثل : ٠لما أن طغى الماء هربنا), أقسم أن لو التقينا.

- تفصل لن الإستفهامية عن الضمائر وأسماء الإشارة وبعض الظروف مثل من أنت ؟ من هذه ؟ مع من كتبت ؟

- تفصل ما الشرطية لأن لها حق الصدارة، مثل " ما تفعلوا من خير يعلمه الله "

- تفصل (ها) التنبيه عن أسماء الإشارة إذا قصد لفظها بالذات

مثل : هاتيك، هاتان.

تمارين :

١- عيّن الكلمات التي حصل بها وصل مع التوضيح.

١- ارسم كما أرسم

٢- قال تعالى " إلا تنصروه فقد نصره الله "

٣- قال تعالى " إن تبدوا الصدقات فنعّما هي "

٤- أحب الأصدقاء ولا سيما زيد

٥- تخرج من الكليّة سبعمائة.

٦- إلام الخلاف بينكم يا عرب.

٧- كلما انبت الأرض حان الحصاد.

٨- ربما جاء مبكراً.

٩- إنما المؤمنون أخوة.

١٠-ألا حبذا صحبة الكتاب

تمرين ٢

عين الكلمات المفصولة وبين سبب فصلها فيما يلي :

١- عليك مثل الذي علينا

٢- قال تعالى:" عزيز عليه ما عنتم "

٣- قال تعالى " إن ما توعدون لصادق "

٤- قال تعالى " مما أصبرهم على النار "

٥- كتبت خمسة عشر سطراً"

٦- تجري الرياح بما لا تشتهي السفن "

٧- ما أطيب القلب إذا أحب

٨- ومن ذا الذي ترضي سجاياه.

٩- علمي بأن لا تقدمي ضرراً.

١٠-وما هن إلا اليوم والأمس والغد.

الوقف

كيفية الوقف في القراءة

١- لا يجوز الوقف عند القراءة على حرف متحرك في النثر، فعند قراءة جملة ما نسكن الحرف الأخير من الكلمة الأخيرة.

مثال : وصلت إلى دمشقْ، عند الامتحانْ، يكرم المرء أو يهانْ،

قال تعالى " إنما يخشى اللـه من عباده العلماء "

٢- تلفظ التاء المربوطة هاء ساكنة.

مثال : سقطت العصبية، أجسد المعاني الرياضية، أحب الديمقراطية، المنية ولا النية،

٣- عند الوقف على الاسم المنون المنصوب المنتهي بألف لا يلفظ التنوين.

مثال : أحبه ملهماً، ليته سامعاً، عساهُ حاضراً.

٤- يمنع التقاء ساكنين، لذا انكسر الحرف الأول دائماً

مثال : انصرف الساعة، اضرب الكرة، اشرب القهوة

٥- إذا التقى ساكنان أولهما حرف مد (ألف، واو، ياء) يحذف حرف المد لفظاً ويثبت خطاً.

مثال : اجتمعوا اجتماعاً حاشداً، افترقوا افتراقاً لا لقاء بعده.

زال عني الهّم.

التاء المربوطة والتاء المبسوطة

النصّ:

" حينما عَلَمِتْ خولةُ بنت الأزْوَرِ أنّ أخاها ضِراراً وقَعَ في أَسْرِ الرومِ، في موقعة أجنادِين، قالت : هيهات أن يعود إلينا ضرارٌ، ولكنني سأنتقم له من الأعداء ما دُمتُ حَيّة، وسارتْ في طليعةِ الفرسانِ مع خالد بِنِ الوليدِ لكي تنفذُ أخاها, وتلفَّتُ خالدٌ مبهوتاً مَنْ هذا الفارس المقنَّع الذي فَلّ كتائب الروم بروعَة فتكِهِ فقال:وددتُ لو أعرفُ هذا الفتى الشجاع، وهالهُ قولُها : أنا خولةُ بنت الأزور أخْتُ ضِرار، فأكبر خالدُ ما صنَعتْ، وحَمَل على الرومِ حتى هزمهم، وأنقَذ أسرى العرب, وأصواتُهم تدّوي: اللـهُ أكبرُ.

الفَهْم والاستيعاب:

١- ماذا حَدَث لضرار بن الأزور؟

٢- ماذا فعلت خولة بنتُ الأزور حتى تنقَذ أخاها ؟

٣- كيف كان موقف خالد بن الوليد منها؟

٤- ماذا فعل خالدُ بن الوليدُ ؟

٥- بم تصف خوله بنت الأزور ؟
٦- ما معنى كلمة " طليعة " كما وردت في النّص السابق ؟ ضعها في جملة مفيدة من انشائك.
٧- وضّح معنى الكلمات التالية :مبَهوتاً، فتكِهِ، تدوّي

المعالجة :

- أضعُ خطاً تحت الكلمات التي وردت فيها التاء المربوطة والتاء المبسوطة.
- يلاحظ التلاميذ الكلمات التي تحتها خطّ في النصّ السابق, والتي في آخر كلّ منها " تاء" وهي تارة مفتوحة (مبسوطة) مثل : " علمت - بنتُ - هيهات- ما دمتُ -سارتْ.تلفّت - مبهوت - وددتُ - صنعتْ - أصوات "

وأخرى مربوطة مثل " خولةُ - حيَّة - طليعة - رَوعَة "

- بيان سبب كتابة التاء على هذين الشكلين.

التوصُّل إلى القاعدة بعد المناقشة.

*** القاعدة : التاء المبسوطة (الطويلة) :**

هي التاء التي تقع في آخر الكلمة، وتبقى على حالها (تاء) عند وصْل الكلام أو الوقف عليها، وتكون في الاسم، وفي الفعل، وفي الحرف. التاء المربوطة (القصيرة) :هي التاء التي تقع في آخِرِ الاسم، وتلفظُ هاءً عند الوقف عليها.

● التطبيق

١- أطلبُ من التلاميذ إعطائي أمثلة على التاء المبسوطة، والتاء المربوطة، ثم تكليف التلاميذ بكتابة عشر كلمات على كلّ واحدة منها، مع، وضْع الكلمات في جملٍ مفيدة من انشائهم.

٢- استخرج الأسماء التي كُتبتْ بالتاء المربوطة من النصّ التالي :

قال أكثمُ بن صيفيّ أحد حكماء العرب:

" والصدقُ منجاةٌ، والكذبُ مَهواةٌ، وخيرُ الأمور الصبرُ، وأفضلُ الأولادِ البَررة، وخَيرُ الأعوانِ من لم يُراءِ بالنصيحة، وأحقَّ الجنود بالنَّصْر من حسنت سريرته"

٣- قال الشاعر حافظ إبراهيم من قصيدة بعنوان : (لسان حال اللغة العربيّة) :

وسعت كتاب الـلـه لفظاً وغايةً	وما ضِقتُ عن آيٍ به وعظات
فكيف أضيقُ اليوم عن وصف آلةٍ	وتنسيق أسماءٍ لمخترعات؟
أنا البحر في أحشائه الدرّ كامنٌ	فهل سألوا الغواصَ عن صدفاتي؟
حفظت ودادي في البلى وحفظتُهُ	لهن بقلب دائم الحسرات

عيّن الكلمات التي كتبت فيها التاء المبسوطة في الأبيات السابقة.

٤- تكليف التلاميذ باستخراج الكلمات التي ورد فيها تاء مربوطة وتاء مبسوطة من سورة الغاشية.

٥- حلّ التدريبات الثالث والرابع والخامس (ص١٢٢, ص ١٢٣) من كتاب اللغة العربيّة.

* النصّ الإختباري:

اعتذارُ

كان عصامٌ يَلعبُ في الكرة مع رفاقه في حديقةٍ مجاورةٍ، فاندفعت الكرة نحو الشارع،وأصابت رجلاً من المارَّة، فاتَّسخت ثيابه وظهر عليه الغضب.

أسرع عصام إلى الرجل وقال: أنا متأسف يا عمي، كنا نلعب بالكرة فأصابتك دون قصدٍ. أرجو عفوك، وآمل أن تقبل اعتذاري، ثم اقترب منه لينفض الغبار عن ثيابه. فقال له الرجل: لا يا بنيَّ : أنت ولدٌ صادق مُؤَدب، قبلت اعتذارك, بعد ذلك حرص عصام ورفاقه على أن ينتبهوا للمارة، وهم يلعبون.

التنوين والنون الساكنة

● النصّ:

● الوِحدةَ

قرأ باسمٌ كتاباً، ألفهُ رحالةٌ عربيٌ، قطع على درّاجته النارية آلاف الأميال وزار البلدان العربيّة كلّها. كتب هذا الرحالة يقول:

تجولت من لبنان وسورية والعراق والأردن، وعاشرت سكان المدن والريف، في تونس والمغرب والجزائر، وعرفت أهل البادية في السعودية واليمن، وجلست مع الفلاحين في السودان ومصر، فما وجدت فرقاً بين عربيٍ وآخر في هذه الأقطار, كلهم متشابهون أمتهم واحدةٌ وأفراحهم وأحزانهم واحدة ؟ فهم شعبٌ عربيٌ واحدٌ، إذا زالت الحدود بين أقطاره أصبح دولةً عربيةٍ كبيرةً، لها جيشٌ قويٌ وعلمٌ واحدٌ.

* الفهم والاستيعاب:
١- ماذا قرأ باسم؟
٢- أين تجول الرحالة العربي؟
٣-من الذين عايشهم الرحالة العربي؟
٤- من عرف في السعودية واليمن ؟
٥- مع من جلس في السودان ومصر؟
٦- ما الحقيقة التي توصّل إليها؟
٧- أي من الأقطار التي زارها الرحالة العربي يقع في آسيا وأي منها يقع في أفريقيا؟

* المعالجة:-

- أضع خطاً واحداً تحت الكلمات التي تنتهي بالتنوين بأنواعه (الكلمات المنوّنة) وخطين تحت الكلمات التي تنتهي بالنون في النصّ السابق.

- تكليف التلاميذ ملاحظة ما تحته خطّ في النص السابق ملاحظة دقيقة.

- أقرأ النصّ السابق قراءة جهريه صحيحة معبّرة، ثم أكلّف أحد التلاميذ النابهات بقراءة النصّ قراءة نموذجية.

- أبيّنُ للطالبات الكلمات المنونّة التي ردت في النصّ السابق وأستعرضها أمامهم مبيناً لهم إننا عندما نقرأها نلفظ التنوين كالنون، ولكن لا يوجد في آخر الكلمة نون وإنما ضمتان أو فتحتان أو كسرتان وهذا ما نسميه بالتنوين : وهو النون الغير أصيلة ويمكن الإستغناء عنها عند الوقف عليها

-ثم أبين لهم الكلمات التي انتهيت بالنون في النص السابق، وهي نون أصلية لا يمكن الإستغناء عنها في اللفظ والكتابة حين نقف عليها.

-تكتب التنوين على ضمتين على آخر الحرف في الكلمة إذا كان الاسم مرفوعاً مثل (قرأ باسمٌ)، ألفه رحالةٌ عربيٌ، أمتهم واحدةٌ، ولغتهم واحدةٌ،

-يكتب التنوين كسرتين تحت آخر حرف في الكلمة إذا كان الاسم مجروراً مثل:

.... وبعد قتال عنيف حقق جنود الأردن النصر في معركة الكرامة.

في حالة النصب توضع الفتحتان على الحرف الأخير, ويضاف بعده ألف في حالة النصب مثل :

قرأ باسم كتاباً - فما وجدت فرقاً بين عربي وأخر

لا تضاف الألف (ألف تنوين النصب) إذا انتهت الكلمة بتاء مربوطة، وتوضع الفتحتان فوق التاء مباشرة مثل :

أصبحت مصر دولةً عربيةً كبيرةً.

وكذلك لا تضاف الألف إذ جاء الحرف الأخير همزة مسبوقة بألف مثل :

تلبس رداءً وإنما. توضع الفتحتان فوق الهمزة مباشرة.

أما إذا انتهت بألف لينة مقصورة فتوضع الفتحتان فوق الحرف الذي قبل الألف مثل :

رأيتُ فتىً شجاعاً.

* التطبيق:

اقرأ النص التالي ثم استخرج الكلمات المنونة وبيّن التنوين وسببه :

غزةُ مدينةٌ واسعةٌ، تقع في ساحل البحر الأبيض المتوسط، لذلك يقصدها الناسُ جماعاتٍ وأفراداً طيلة العام حُباً في جوها المعتدل صيفاً والدافئ شتاءً. يشربون فيها ماءً عذباً، ويتنسمون هواءً عليلاً.

فمدينتك هذه تدعوك أن تكون فتًى من فتيانها العاملين المخلصين.

●النصُّ الإختباريُّ :

انهزم قائد جيش في إحدى المعارك، فلجأ إلى كوخ وجلس فيه يطلب الراحة والسلامة، وفيما هو جالسٌ أبصر نملةً تحاول أن تجرّ حبّة قمح إلى بيتها، كانت الحبّة تسقطُ كلما حاولت النّملة حملها، لكن النملة لم تسلم حتى تمكنت في النهاية من حملها.

قال القائد : أتكون هذه النملة أقوى مني ؟! فهي لم تيأسْ وأنا يئست، ولم تستلم وأنا استسلمت لعدوي

ثم عاد إلى المعركة فجمع جيشه المتفرق وانتصر على الأعداء.

الهمزة المتوسطة

* النصّ:-

انتصر المسلمون في غزوة بدر الكبرى نصراً مؤزراً على المشركين، ومن أسباب هذا النصر أنّ الرسول عليه الصلاة والسلام _ كان قائد المعركة يوجّه جنوده توجيهاً رائعاً يحرص المسلمون على الأخذ به بأمانة نادرة وصبر وثبات، وقد كان يتساوى مع جنوده في تحملّ المسؤولية، ويأخذ برأيهم، فلا يستأْثر برأي. كما لم يُؤثر نفسه بمالٍ أو راحةٍ على أصحابه. وكان يتعاقب معهم ركوب الخيل، والمشي على الأقدام، كما أنّ المسلمين أهدافهم معينّة يؤمنون بها، وهي إعلاء كلمة اللـه، أمّا العصبيّة الجاهليّة فكانت أهم أهداف العدّو.

* الفهم والاستيعاب :

١- ما نتيجة غزوة بدر؟

٢- ما أسباب نصر المسلمين في غزوة بدر الكبرى؟

٤- ضع عنواناً مناسباً للنصّ؟

* المعالجة:-

- يلاحظ التلاميذ الكلمات التي تحتها خطّ في النصّ السابق:

برأيهم فلا يستأْثر برأيٍ / مؤزراً _ مسؤولية - يؤمنون _ لم يؤثر / قائد - رائعاً.

نتبين أن الهمزة في وسط الكلمة، كتبت مرة على ألف، ومرة ثانية على واو، ومرة ثالثة كتبت على ياء.

- كما نلاحظ لكلّ حركةٍ (الكسرة والضمة والفتحة) حرف مد،فالفتحة يناسبها الألف والضمة يناسبها الواو، والكسرة يناسبها الياء.

- كما أن الحركات ليست على درجة واحدة من القوة. فالكسرة أقواها، وتأتي بعدها الضمة تليها الفتحة. فالسكون أضعف أنواع الشكل والضبطّ.

- لمعرفة متى نكتب الهمزة على هذا الحرف أو ذاك فإننا نلاحظ حركة الهمزة. وحركة الحرف الذي قبلها، وتكتب الهمزة وعلى ما يناسب أقوى الحركتين من أحرف المد (الياء والواو والألف)

* القاعدة

- يرتبط وقوع الهمزة في وسط الكلمة بعده أمور يجب الإهتمام بها:

١- ضبط حركة الحرف الذي قبل الهمزة.

٢- ضبط حركة الحرف الذي بعد الهمزة.

٣- ضبط حركة الهمزة ذاتها.

٤ – نوع الحرف الذي قبل الهمزة والحرف الذي بعدها.

- عند البحث فيما يتعلق بالهمزة المتوسطة يجب أن نعرف ما يلي :

١- قوة الحركات وهي مرتبة على النحو التالي:

يعتبر الكسر أقوى الحركات يليه الضم فالفتح وأخيراً السكون.

٢- يجب مقارنة حركة الهمزة بحركة ما قبلها.

٣- كتابة الهمزة على حرف يناسب الحركة الأقوى.

أ- يناسب الكسرة الياء أو النبرة

ب- الضمة يناسبها الواو.

ج- الفتحة يناسبها الألف.

والهمزة في وسط الكلمة إمّا أن تكون متحركة أو ساكنة لذا يجب كتابتها على الحرف الذي يناسبها

- تكتب الهمزة المتوسطة مفردة على السطر إذا وقعت بعد ألف المدّ وكانت مفتوحة، مثل

(تساءل_ قراءة _ مملوءة – تثاءب).

* التطبيق:

١- بيّن سبب كتابة الهمزة على الألف، الواو، الياء في الجمل التالية.

- حُبُّ المدْح رَأْس الضياع.

- اليَأْس مفتاح البُؤْس.

الهمزة على ألف في وسط الكلمة

المأمون

أقام المأمون يوماً مأدبة، ودعا إليها علماء كباراً، وأدباء متأدبين، فحضروا وقد تأبط كل واحد منهم كتاباً علميّاً، وترأس هو المجلسُ، قبل الطعام طرح عليهم المأمون مسألة علمية، وخصص مكافأة لمن يحلها. دارت المناقشة حولها في جوّ اطمأن له المأمون فكان كلّ عالم يبدي رأيه بكل جرأةٍ.

الهمزة على ياء وسط الكلمة

أرض الوطنِ

إن سُئلت عن خضره أرض الوطن، فالأرض خضراء بمزارعها وحقولها وبساتينها حتى كأنك تسمع مناجاة الأشجار فتتفاخر بعطائها الكثير. ومائها الوفير. وبهوائها العليل وظلّها الظليل. حتى الصحارى تجدها مزدحمة بمئات الإبل والأغنام.

ترتع قرب بئرٍ أو غدير أو واحةٍ غناء فتحرك الرمال المتلألئة، والشمس الدافئة والريح الهادئة.

* النص الإختباري الحالات الثلاث

مدرستي

مدرستي هي بيتي الثاني، أتعلم فيها مع زملائي في أثناء الحصص. وألهو مع أصدقائي في فنائها في أوقات الفراغ.

ونحن نحافظ على سلامة أثاثها وبنائها وما فيها من حدائق جميلة، وأشجار باسقة رائعة، فيها يعمل المدرسون بصمت ويؤثرون المشقة والتعب في سبيل أن يكون أبناءهم سعداء في المستقبل.

لا تجعل التشاؤم يتسرب إلى نفسك

- كان المريض يَئن من الألم
- حلّ الطالبُ مسْألة الحساب.
- من حفر بئراً لأخيه وقع فيه.

٢-ضع الكلمات الآتية في الأماكن الخالية من النص، مبيناً سبب رسم الهمزة المتوسطة على الصورة التي جاءت بها:

(فَيأها - الدفيئة – هْيأتها – فيْؤُها – الهنْيئة- فيجيْؤها)

الشجرةُ

الشجرة جميلة. يطيب للناس......، وتعجبهم......... ويسحرهم موقعها على شاطئ نهر أووسط حقل أو سفح جبل فلا يملُّ الجالس...... ولا يستغني عن ثمارها. أهداها اللـهُ للإنسان........ليلاً ليطمئنَّ إليها ويحتمي بأغصانها. ويقصدها نهاراً، ليُمتعَ عينة بمنظرها، ويملأ يديه من خيراتها....... وينعم في أجوائها........ شتاءً ويستظل بأغصانها صيفاً

النص الإختباري:

الهمزة في وسط الكلمة على واو

الفلاحُ الصَّبورُ

صديقي عوّاد فلاَّحُ لا يؤجل عملَ اليومِ إلى الغد، يُؤدي عمله بدون تثاؤب أو تضجرٌ. رؤوف في عمله لا يعرفُ الكسل. يملكُ حقلاً. في جوار أحد الأنهار فإذا جاء الشتاء, فاض ماء النهر فهدم جدار الحقل.

رأيته ذات يومٍ يؤُّم حقله في الصباح الباكر بعد يومٍ شديد. المطر, وقدماه مغروستان في الطين,وقد أشرق وجهه بابتسامةٍ هادئة وهو يحمل المعول يسوّي به الأرض ويبني الحجارة وعندما سألته عن عدم حُزنه قال : تعلَّمْ من كلُّ شيء كيف تبدأ من جديدٍ.

الخط

لمحة تاريخية.

لا ينكر أحد أن الخط العربي فن من الفنون العربية الإسلامية التي سمت وتعاظمت على مرّ الزمن،

وذلك بفضل المجتهدين من الخطاطين الذين أفنوا أعمارهم في تطوير مواهبهم من أجل الإبداع الفني حيث تقوم على هندسة الشعور المرهف والعقول النيّرة.

فاخترعت أنواع معينة وجميلة من الخطوط مثل، الرقعة والنسّخ والديواني والفارسي والكوفي والمثلث وأنواع أخرى كثيرة.

واعتمدوا في ذلك على أساسين هما، الموهبة الطبيعية، والتعليم والتدريب.

الذي لا يستغنى أحدهما عن الآخر، فموهبة بدون تدريب لا تفيد والعكس صحيح.

كان الخط قديماً يسمى باسم البلد الذي يحل فيه, ففي الحيرة كان يسمى بالخط الحيرى ولما وصل إلى مكة سمي بالخط المكي، وفي الكوفة سمي بالخط الكوفي.

أما تاريخ خطنا المستعمل الآن، فحدث في عهد الدولة الأموية وأوائل الدولة العباسيّة حيث أقبل عليه الناس الخاصة والعامّة، يجودون به روائع حكمهم ومأثور أقوالهم، ويزينون به مساجدهم فتنوعت أنواعه وكثرت.

ولا بد من الإشارة إلى العالم الفذ

ابن مقلة

هو الوزير محمد بن علي بن مقلة، أمام الخطاطين وصاحب الخط الذي يضرب به المثل في حسنه.وهو أول من هندس الحروف وأجاد تحريرها، وأسس قواعدها, وعنه انتشر الخط في مشارق الأرض ومغاربها. ولد سنة ٢٢ هو تولى الوزارة لثلاثة من الخلفاء، هم المقتدر والقاهر والراضي ومات سنة ٣٢٨هـ وكان أخوه الحسن بن علي من كبار الخطاطين أيضاً.

ومن أعلام الخطاطين القدامى ابن البواب، ياقوت المستعصمي، الحافظ عثمان الراقم الصيرفي,

السهروردي, حمد اللـه الأساسي، عبد العزيز الرفاعي, حامد الأمدي, ومن الخطاطات الشهيرات, زينب الأبريه الملقبة بشهده، وعائشة بنت سعيد بن أبي وقاص، وشفاء العدوية القرشية، وغيرهن كثيرات.

الخط

مفهومة:

الخط: فن تحسين شكل الكتابة, وتجويدها لإضفاء الصبغة الجماليّة عليها.

الخط : كتابة الحروف العربيّة المفردة والمركبة بصورة حسنة بحسب الأصول والقواعد التي وضعها كبار من عرفوا بهذا الفن.

تاريخه وتطوره:

١- تشير القرائن إلى أن اختراع الكتابة، حدث في زمن ضارب في القدم إلا أن الغموض يكتنف نشأتها ومكتشفها.
٢- نسب بعضهم وضعها إلى آدم أو إدريس عليهما السلام.
٣- عرب الجاهليّة كانوا قادرين على الكتابة، فقد اختلفوا في وضع الكتابة في الجاهليّة.

* أصول الكتابة ومذاهبها

١-التوقيف: بمعنى أنها من عند اللـه - عزّ وجل - أنزلها مع اللغة على آدم,عليه السلام.
٢- الخط الحميري: يرى أصحاب هذا الرأي أن الخط العربي مشتق من المسند الحميري اليمني.
٣- الخط الحيري: زعم أصحاب هذا الرأي أن ثلاثة نفر من طيئ هم مرامر بن مرة, وأسلم بن سدره، وعامر بن حدره، هم وضعوا الخط العربي.
٤- الخط الهيروغليفي: ويرى أصحاب هذا الرأي إن الهيروغليفية أقدم أصل الكتابة العربيّة، ثم آخذها منهم الفنيقيون وعلموها لليونان, والآشوريون ثم الحيرين..
٥- الرأي الحديث: هو الرأي القائل أن العرب عرفوا الكتابة من خلال اتصالهم بالأمم المنحصرة في الشمال- وأنهم اشتقوا خطهم من الخط النبطي بعد أن مرت الكتابة بمراحل ثلاث:
   أ- مرحلة الحروف الآراميّة.
   ب- مرحلة الخلط بين الحروف الآراميّة والنبطية.
   ج- مرحلة الخط النبطي.

* أنواع الخطوط

١- خط الرقعة:-

أ- يرجع إلى سنة (٨٦٦) هـ وقد كتب به السلطان سليمان القانوني.

ب- وضع قواعده المستشار ممتاز بيك في عهد السلطان عبد الحميد خان,

٢- الخط الديواني

أ- خط جميل ومنسق ابتكره الخطاطون الأتراك.

ب- كان يستعمل في الكتابات الرسميّة في ديوان الخلافة العثمانيّة.

ج- يكون وضع القلم فيه مائلاً.

٣-   الخط النسخي

١-   خط عربي أصيل، وقد عرف بالخط الحجازي قبل عصر النبوة, وظل متداولاً في عصر الإسلام لتدوين دواوين الدولة والمراسلات.

٢-   كان يستعمل في نسخ القرآن والكتب المختلفة في القرن الهجري الأول.

٣-   تطور في القرنين الثالث والرابع الهجريين.

٤-   يمتاز هذا الخط بجماله وتناسق حروفه لهذا شاع استعماله.

٤-خط الثلث

١-   هو أبهى الخطوط العربيّة وأجملها، ولا يعد المرء خطاطاً ما لم يضبط هذا الخط ويتقنه.

٢-   يستعمل هذا الخط في الكتابة في المساجد، والمحاريب, والقباب, وفي المتاحف الفنية

٣-   هو خط جميل يحتمل كثيراً من التشكيلات.

٥- الخط الفارسي

أ- هو خط في غاية الحسن والجمال, وتمتاز حروفه بدقتها وامتدادها وقد انتشر في فارس وما جاورها كالأفغان والهند.

٢- ويعود تاريخه إلى أواخر القرن الثاني الهجري وأوائل القرن الثالث الهجري.

٣- زاد الإهتمام به زمن الخلافة العباسيّة.

٦- الخط الكوفي:-

١- سمي بالكوفي نسبة إلى مدينة الكوفة التي بثت زمن الخليفة عمر بن الخطاب (رضي الله عنه)

٢- وقد اشتقه أهل الحيرة و الأنبار من الخط النبطي وسمي بالحيري أو الأنبا ري ثم أطلق عليه الكوفي.

٣- كتب به كل النسخ الخطية من المصاحف السابقة للقرن الرابع الهجري.

٤- يعتبر من أهم العناصر الزخرفية في المباني العمارنية.

* أهمية الخط

١- يعتبر من لوازم الحضارة، ومظهر من مظاهر الفنون الراقية.

٢- حث الرسول (صلى الله عليه وسلم) المسلمين على تعلّمه، وجعله وسيلة الفداء لأسرى بدر.

٣- تم تدوين القرآن الكريم به.

٤- مصدراً من مصادر التكسب والرزق.

٥- يُعد وسيلة من وسائل الإيضاح المساعدة على تعلم التلاميذ في جميع المراحل التعليميّة.

٦- حفظ التراث العربي والإسلامي.

أهداف تدريس الخط في المرحلة الأساسية.

١- التجويد والتحسين، عن طريق توضيح الحروف، وتناسبها واستقامة الخطوط، والمسافات من الكلمات.

٢- إكساب التلاميذ القدرة على الكتابة السريعة.

٣- الخط متمم لعمليّة القراءة, وتعليم الخط له ميزة علميّة، لأنه من أهم الأمور التي يحتاجها الإنسان في حياته الوظيفيّة.

٤- تعلم الخط ينمي في نفوس التلاميذ قوة الملاحظة والحكم.

٥- تعويد التلاميذ عادات حسنة, كالنظافة، ومحبة الفنون الجميلة.

٦- تقوية عضلات اليد، وإكسابهم خبرة يدوية.

* ما يجب مراعاته في أثناء تدريس الخط

١- اختيار النماذج الخطيّة، بحيث تكون:

أ- عبارات سهلة وقصيرة ليفهمها التلميذ.

ب- أن تتصل بحياته ونشاطاته.

ج- تعينه على اكتساب معرفة جديدة.

د- توجه التلميذ إلى سلوك ايجابي.

هـ- تغرس فيه عادات حسنه.

و- تتصف العبارات بالإثارة والتشويق.

٢- الجلسة الصحيّة

ينبغي أن يلاحظ المعلم الجلسة الصحيّة لتلاميذه، فيطلب منهم الجلوس معتدلين رافعي الرؤوس، ووضع الدفتر بشكل شبه مستقيم بحيث يكون موازناً لحافة المقعد.

٣- طبيعة الكتابة.

ويقصد بها صعوبة الكتابة لذا فان على المعلم عدم الإكثار من العمل الكتابي وتنويع العمل في الحصة.

٤- العادات الحسنة

على المعلم أن يغرس طائفة من العادات الحسنة في نفوس التلاميذ كالنظام، والنظافة، وإمساك القلم، بالمقابل عليه حثهم على هجر العادات السيئة كوضع القلم في الفم، وتلويث الملابس والكراسات، والكتابة على المقاعد والجدران.

٥- إعداد الدرس.

١- ينبغي على المعلم أن يعد خطة الدرس محدداً فيها الغرض من الدرس. والنموذج المطلوب التدريب عليه. والحرف الجديد، ونماذج لهذا الحرف في أوضاع مختلفة.

٦- الحريّة في الكتابة.

ويعني أن يترك المعلم التلاميذ أحراراً في الكتابة. فلا يقيدهم بالابتداء والانتهاء بوقت محدد، فلكل تلميذ سرعته الخاصة.

٧- يفضل بعض المربين أن يكتب التلاميذ نموذج الخط من أسفل إلى أعلى كي يبقى النموذج هو الهادي لهم, ولا يلتفتون إلى كتابتهم.

٨- يفضل أن يبدأ التلاميذ التمرين على تحسين خطوطهم أولاً على كراسات مسطرة وبعد التدريب الكافي ينتقل المعلم بهم إلى تمرين على ورق غير مسطر، حتى يعتادوا كتابة خطوطهم مستقيمة، وجميلة.

* تعليم الخط

يتم تعليم الخط على مرحلتين:

١-   مرحلة تعليم الهجاء.

٢-   مرحلة تحسين الكتابة.

وتسير المرحلة الأولى جنباً إلى جنب مع تعليم القراءة للمبتدئين، أما الثانية فتبدأ بعد أن يصل الطفل في القراءة والكتابة إلى درجة تمكّنه من البدء في تحسين كتابته، فالصلة قوية بين تعليم الكتابة وتحسينها، ولذلك يجب أن يكون المعلم صاحب خط جميل أو على الأقل على درجة من الوضوح والجودة، وأن يكون ملماً بأساليب تدريس الخط، ومما يساعد على تدريس الخط التدرب عليه بوسائل شتى مثل الرسم على اللوح، أو استخدام الخيوط...وغيرها.

* مراحل تدريس الخط والتدريب عليه.

١-التهيئة-

أ- يتأكد المعلم من جلسة التلاميذ السليمة على المقعد المريح، حُسن إمساكه للقلم، والسيطرة عليه.

ب- التأكد من نظافة الأيدي، والدفاتر, والثياب، والأقلام، والأوراق، والمقاعد.

٢- ينبغي أن يبدأ بتدريب التلاميذ على الكتابة الصحيحة منذ بداية تعلّم القراءة.

وهذا يعني أن يبدأ أولى خطوات التدريب على الخط في الصف الأول، وينصح بإتباع الخطوات التالية في تدريب التلاميذ في الصف الأول :

١- تدريب التلاميذ على كتابة مفردة واحدة على صفحة بيضاء غير مسطرة، بحيث يكتب المعلم أمام التلاميذ، ويطلب إليه أن يكتبها في أي موقع من الصفحة دون أن يحدد له عدد المرات.

٢- تدريب التلاميذ على كتابة مفردة يكتبها أمامهم على ورقة بيضاء. وضع عليها سطر واحد.

٣- يتدرج المعلم مع تلاميذه في هذا الصف، بحيث يزيد عدد الكلمات للتلميذ, ويزيد من عدد الأسطر ليهيئ التلميذ إلى انتقاله إلى دفتر الكتابة.

٤- مراقبة أداء التلاميذ، ومساعدتهم وتشجيع المجيدين منهم.

٥- في مرحلة متقدّمة من هذا الصف يسير المعلم في الكتابة على النحو الآتي:

أ- التمهيد للكتابة بقصة أو خبر.

ب- عرض النموذج أمام التلاميذ، وقراءة المعلم، وقراءة التلاميذ، وفهم المعنى.

ج- كتابة النموذج أمام التلاميذ، وقراءة المعلم، وقراءة التلاميذ.

د- تدريب التلاميذ على كتابته في دفاترهم، مع المتابعة.
هـ- تصحيح الأخطاء في أثناء الكتابة.

الخصائص (القواعد) الفنية لكتابة خط الرقعة.

١- النقط

أ- إذا كان حرف الشين متطرفاً فانه يمكن الاستغناء عن نقاطه بثني طرفه (قرس)
ب- يمكن الإستغناء عن نقاط حرفي الشين والثاء بوضع الإشارة (^) (شكر)
ت- يمكن الإستغناء عن نقطتي كل من الباء والتاء بوضع شرطة(ي, ت)
ث- يمكن الإستغناء عن نقطتي القاف بشرطه أو بثنيها (ق.ق)
ج- يمكن رسم نقطة النون بثنيها أو إلصاقها (ن,ن)
ح- يمكن الإستغناء عن نقطة الضاد بثني طرف الحرف (ص)
خ- يمكن الإستغناء عن همزة الكاف بثني طرفها(ك)

٢- حروف الرقعة لا مد فيها حتى لا يشتبه الجزء الممدود بحرف السين.
٣- يجوز أن ترفع بعض الحروف عن مستوى الحروف الأخرى مثل ينبت فرنسا مكتبة
٤- ينزل عن السطر الحروف التالية فقط (ع، ح، م،)
٥- سائر الحروف تكتب فوق السطر وتلامسه من الأسفل.أ، ب, د، ر، س، ص، ط، ك، ق، ل، ن، هـ، ي)
٦- خط الرقعة مائل بزاوية خفيفة من أعلى إلى أسفل ويزيد ه هذا الميل رشاقة وجمالاً.
٧- تتساوى المسافات بين الحروف بعضها عن بعض، وبين الكلمة لا والأخرى.

قواعد كتابة الحروف المتشابهة في خط الرقعة.

١- تبنى الحروف التالية من امتداد أفقي مع اختلاف رأس الحرف.

ب ف ت ث

٢- تتشابه هذه الحروف في رسم رؤوسها

ف ق و م

٣- تتشابه هذه الحروف في التجويف النازل

ن س ص ض

٤- تتشابه هذه الحروف في رسم الأقواس الهابطة عن السطر.

ح ج ع غ

٥- تتجه حركة القلم من اليمين إلى اليسار مائلة إلى أسفل

علم

الخصائص (القواعد) الفنية في كتابة خط النسخ

١- النقط

١- لا يمكن الاستغناء عن نقاط الحروف التالية.

ش ث ي ت ق ن ض

٢- لا يمكن الاستغناء عن همزة الكاف ك ك

٢- حروف النسخ مجموعات متشابهة تقريباً كما يتضح مما يلي :

(ن، س، ص، ض، ق، ي، ل، ق، ش)

(ص، ض، ط، ظ، ص، ض)،(د، ذ، و)،(ر، ز، و)

(ج، ح، ع، غ، غ،)   (ذ، د، كا، هـ)

٣- نظام السطر في الخط النسخي

١- حروف ليس لها امتداد سفلي تستقر على السطر، مثل.

أ، ب، ت، ذ، ط، ك، ك, هـ

٢- حروف تبدأ فوق السطر ثم تنزل كاساتها والإمتدادات السفلية تحت السطر, مثل :

ذ، ز، ش، ص، غ، ل، م، و، ش، ز، ض

٣-خط النسخ يأخذ مساحة أكثر من خط الرقعة لأن بعض حروفه تمد.

٤- يمكن أن ينزل عن السطر كل حرف له كأس كالأقواس وكل ماله امتداد.

مثل : س, ص، ض، ق، ر، و، ح، ع، م، ش

أمورُ لا بُد مِنها

١-   المران والتدريب المستمر سمَة ضرورية للمتدرب فالخط مهارة تحتاج إلى تدريب، والتدريب يقود إلى الإتقان.

٢-   الخط صورة ذهنية ترسم باليد فهي تحتاج إلى صبر ومتابعة ومران.

٣-   تعويد العين والنفس على متابعة ومزاولة الخط والإهتمام بكل معلومة لها علاقة بالخطِ (الهواية)

٤-   حضور الندوات والمعارض ذات المساس بالموضوع وتسجيل الملاحظات.

٥- تخصيص أوقات لممارسة الهواية.

٦- تقدير أعمال الآخرين وعدم النقد، وتحمل النقد ما أمكن.

٧- تخصيص أدوات ولوازم الخط وبخاصة نوع القلم.

وقد قيل " الفن في قط القلم "

٨-تقييم النفس بين الحين والآخر من خلال عرض أعمالك على القاعدة والمقياس والمختص.

٩- الثقة بالنفس, وعدم المللَ واليأس، واعلم أن بعد كل جولة من التدريب فائدة كامنة تظهر...... ولكن متى ؟. ستظهر

توجيهات – أهداف وأنشطة

١- أقدار الطالب على الكتابة بسرعة مناسبة، خطاً واضحاً تسهل قراءته، عليه مسحة من الجمال.

٢- الكشف عن ميول الطالب الفنية وصقلها.

٣- تعويد الطالب على طائفة من العادات الحسنه, كالنظافة والنظام وحسن الترتيب والصبر والمثابرة واستخدام علامات الترقيم.

٤- الإشراف على التلاميذ وإرشادهم وإشعارهم بالرضى عن أعمالهم، وإعطاؤهم الثقة والأمان.

٥- شرح الحروف المستهدفة شرحاً فنياً، بالوصف التقريبي، وبيان أجزاء الحروف واتجاهاتها، مما يساعد على الفهم، وتلوين الحروف المستهدفة بلون مغاير.

٦- مراجعة الأهداف السابقة كلما دعت الحاجة.

٧- إعداد وسائل تعليمية مشوقة، تعرض في الوقت المناسب.

٨- مساعدة الطالب على دقة الملاحظة، وصحة الحكم، وتذوق الجمل.

٩- استغلال فروع اللغة الأخرى في تطبيق هذه الأمور.

١٠-تعزيز أعمال الطلاب, يأخذ المعلم بأيديهم ويحبب المادة لديهم.

* لا يخفى على المعلم أن هذا كله يحتاج إلى زمن وأن ثمرة التدريب لا تكون فورية.

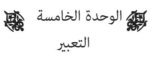 الوحدة الخامسة

التعبير

يمتاز التعبير بأنه غاية، وغيره وسائل مساعدة معينة عليه، فالقراءة تزود القارئ بالمادة اللغوية، وألوان المعرفة والثقافة، وكل هذا أداة التعبير، والنصوص منبع للثروة الأدبية تساعد على إجادة الأداء وجمال التعبير، والقواعد النحويّة والصرفية وسيلة لصون اللسان والقلم عن الخطأ في التعبير، والإملاء وسيلة لرسم الكلمات رسماً صحيحاً، فيفهم التعبير الكتابي في صورته الصحيحة.

مفهوم التعبير.

هو الطريقة التي يصوغ بها الفرد افكاره وأحاسيسه وحاجاته وما يطلب إليه بأسلوب صحيح في الشكل والمضمون.

وللتعبير مفهوم آخر وهو الإفصاح عن الأفكار والمشاعر حديثا أو كتابة بلغة عربيّة سليمة ومناسبة.

أهميّة التعبير.

يعد التعبير ثمرة الثقافة الأدبية واللغويّة التي يتعلّمها الطلاب وهو وسيلة التواصل والتفاهم وأداة لتقوية الروابط الإنسانيّة والاجتماعيّة.

وتتمثل أهمية التعبير فيما يلي :

أنه وسيلة اتصال بين الفرد والجماعة، فبواسطته يستطيع إفهامهم ما يريد, وأن يفهم في الوقت نفسه ما يراد.

- على إتقان التعبير يتوقف تقدّم الفرد في كسب المعلومات الدراسية المختلفة،لذا فالتعبير أمر ضروري في مختلف المراحل الدراسية.
- يعتبر أداة لنقل التراث الحضاري والثقافي والعلمي والأدبي إلى الأجيال القادمة.
- ميدان لتنافس رجال العلم والفن والأدب والتعرف على كفاياتهم وقدراتهم وإمكاناتهم.
- مجال ليتعرف المعلمون على عيوب طلابهم في عرض أفكارهم والأسلوب ومعالجته.
- مجال واسع لاكتشاف مواهب الطلاب الأدبية، ليتعهدهم المعلم، بالتشجيع والرعاية.
- اكتساب مهارات لغوية تمكّن الإنسان من استخدام اللغة استخداماً سليماً في مواقف الحياة.

- إن عدم الدقة في التعبير يترتب عليه فوات الفرص، وضياع الفائدة لـذا يجب أن يكون ذا فائدة من خلال جودة التعبير وصحته والبعد عن الغموض أو التشويش.

أهداف التعبير:

- تمكين الطلاب من التعبير عما في نفوسهم أو عما يشاهدونه، بعبارة سليمة صحيحة.
- توسيع دائرة أفكارهم وخبراتهم في المجالات الحيوية المختلفة.
- تزويد الطلاب بما يعوزهم من المفردات والتراكيب، على أن يكون ذلك بطريقـة طبيعية.
- تعويد الطلاب التفكير المنطقي وترتيب الأفكار، وربط بعضها ببعض.
- إعدادهم لمواقفٍ حياتية تتطلب فصاحة اللسان، والقدرة على الارتجال.
- تعويد الطلاب على الانطلاق في الحديث والكتابة عندما تدعو الحاجة إليهما.
- فتح مجالات واسعة أمامهم للإبداع والابتكار.
- القدرة على تنسيق عناصر الفكرة المعبر عنها بما يضفي عليها جمالاً وقوة تـأثير في السامع والقارئ.
- الصراحة في القول, والأمانة في النقل بحيـث لا يجبن المعبر عـن مواجهـة المواقف بإبداء الرأي، ولا يسرق من غيره وينسبه لنفسه.
- اتساع دائرة التكيف مع مواقف الحياة.

أسس التعبير:

وهي المبادئ والحقائق التي ترتبط بتعبير الطلاب وتؤثر فيهم، وتفهُّم هـذه المبـادئ والإيمان بها يساعد على نجاح المعلمين في دروس التعبير من حيث اختيار الموضوعات الملائمـة، وإتباع الطرق المثلى في التدريس وهذه الأسس هي:

أولاً – الأسس النفسية.

ثانياً – الأسس التربوية.

ثالثاً – الأسس اللغوية.

أولاً : الأسس النفسيّة.

١-   يميل الطلاب إلى التعبير عـما في نفوسهم، والتحـدث مـع والـديهم وأصدقائهم ويبدو هذا الميل في حرص الطفل عـلى أن يحـدث أباه فيما شاهده في زيـارة أو سـفر أو نحـو ذلك ويستطيع المعلـم أن يستغل هـذا الأسـاس النفسيـ في معالجتهم الذين يحجمون عن المشاركة في درس التعبير.

٢- يتميز الأطفال في المرحلة الأولى إنهم عمليون, ويميلون إلى الأمور الحسيّة. ولا يهتمون بالأمور المعنويّة، وواجب المعلم أن يفسح لهم المجال للحديث عن الأشياء المحسوسة في الصف والمدرسة، نظراً لانحصار المحسوسات في البيئة المدرسية، فعلى المعلم أن يستعين بنماذج الأشياء وصورها من أجل تشجيع التلاميذ على الحديث عنها.

٣- ينشط الطلاب إلى التعبير إذا وجد لديهم الدافع والحافز، وكانوا في موقف يتوافر فيه التأثير والانفعال، لذا يجب على المعلم أن يوفر الموضوعات التعبيرية التي تقود هم إلى التأثر والانفعال بهما ومن ثم الرغبة في الحديث عنها أو كتابتها.

٤- عملية التعبير عملية ذهنية قبل أن تكون عملية لفظ أو كتابة، فالطالب يرتب الأسباب أو السبب في ذهنه ثم يسترجع المفردات التي يؤدي بها الكلمات - ويستخدم التحليل والتركيب للمفردات والأفكار ليخرجها على شكل نتاج لفظي وهو الإجابة, وهذه العملية العقلية - التحليل والتركيب - عملية ليست سهلة، وعلى المعلم أن يصبر على طلابه في مواقف الدراسة.

٥- غَلبة الخجل والتهيب عند بعض التلاميذ، و مثل هؤلاء ينبغي تشجيعهم وأخذهم باللين والصبر. ولا ينبغي أن ييْأس المعلم من معالجة طلابه، بل يجب أن يأخذ بأيديهم، ويقضي على عوامل النقص فيهم.

٦- المحاكاة والتقليد : يعتمد في تعلّم اللغة على المحاكاة والتقليد, والطفل لا يفهم لغة والديه إلا بطريق المحاكاة والتقليد، ولهذا يجب أن يحرص المعلمون على أن تكون لغتهم في الصف لغة سليمة جديرة بأن يحاكيها الطالب.

٧- يميل الطلاب إلى سماع القصص، ويستثمر هذا الميل في إسماع الطلاب قصصاً ذات مضامين مختلفة،يساعدهم في ذلك بعض القصص المتلفزة أو المسجلة.وباستخدام أجهزة الحاسب المتوفرة في المدارس يمكن تقدّيم قصص ذات أهداف متنوعة.

٨- التدرّج في نوع الموضوعات التعبيرية وفق قدراتهم العقلية واللغوية.

ثانياً - الأسس التربويّة ومنها :-

١- إشعار الطلاب بالحرية في التعبير : فالحرية من مبادئ الأديان السماوية ومن مقومات الحياة (الديمقراطية) ما دامت لا تتعارض مع النظام المطلوب، أو مع حقوق الغير، ومن حق الطالب أن يمنح نصيبه في الحرية في درس التعبير، ومن أوجه الحرية في التعبير.

- نترك له حرية اختيار الموضوع الذي يحب أن يتحدث أو يكتب فيه.

- نترك له حرية عرض الأفكار التي يريدها أو التي نلفته إليها، فيدركها ويحسها في نفسه، دون تقييد حريته في اختيار العبارات التي يؤدي بها هذه الأفكار،فلا تفرض عليه عبارات معينة.

٢- ما دام التعبير من الأغراض المهمة التي يحققها تعلّم اللغة، وما دام كل درس من دروس اللغة فيه مجال للتدريب على التعبير، فالمعلم مطالب بأن يستثمر هذه المجالات في تدريب الطلاب على التعبير الصحيح والسليم وأن لا يقصر ذلك على حصة التعبير في برنامج الدراسة فمجال التعبير يكون :-

- في القراءة من خلال إجابة الطلاب عما يوجه إليهم من أسئلة فيما قرؤوه.
- في تلخيص فكرة مقروءة ونقدها.
- في مجال النصوص، شرح المعنى، ونقد النص وتذوقه.
- في مجال الإملاء، الإجابة عن أسئلة توجه إلى الطلاب من القطعة بعد سماعها.
- في النحو والصرف، مناقشة قطعة فيها أمثلة نحوية وصرفيّة.

٣- الطفل لا يمكنه التعبير عن شيء إلا إذا كان له علم سابق بهذا الشيء، ولهذا يضيق الطلاب ببعض الموضوعات ويصفونها بأنها مقفلة، ضيقة، لذا يجب اختيار الموضوعات المتصلة بأذهانهم.

ثالثاً : الأسس اللغوية.

١-   قلة المحصول اللغوي لـدى الطلاب, وهذا يستوجب العمل على إنماء هذا المحصول بالطريقة الطبيعية كالقراءة والاستماع.

٢-   التعبيـر الشفوي اسبق في الاستعمال عند الأطفـال، إذ إنهـم يستطيعون التعبير به عن جل حاجاتهم، ولذا يجب أن تكون فرص التدريب عليـه في المرحلة الأساسيّة أوفر من فرص التدريب على التعبير الكتابي.

٣-   مزاحمة اللغة العاميّة، فازدواجية اللغة في حياة الطالب لها أثر كبير، لذا على المعلم ألا يعدم الوسيلة التي من شأنها أن تغري الطالب على استخدام اللغة السليمة، كالأناشيد والقصص، التي تزوده باللغـة الفصيحة فضلاً عـن القراءة والاستماع

أنواع التعبير.

التعبير من حيث الأداء نوعان، تعبير شفوي، وتعبير كتابي. فالتعبير الشفوي: هـو مـا يعرف باسم المحادثـة أو الإنشاء الشفوي. والتعبير الكتابي :هـو مـا يعرف باسم الإنشاء التحريري.

التعبير الشفوي :

تبدو أهميته في أنه أداة الاتصال السريع بين الفرد وغيره، والنجاح فيه يحقق كثيراً من الأغراض الحيوية في الميادين المختلفة، ومن مشكلاته في الميدان المدرسي ازدواجية اللغة، وغلبة العامية على ألسنة الطلاب,وللتعبير الشفوي صور كثيرة نعرض بعضها فيما يلي :

- التعبير الحر : وتكون الحرية في اختيار مفرداته، وطريقة عرض الأفكار فيه وهو محدد بمحددات معينة من مثل, تقيد الطلاب بالموضوع الذي اختاروه أو اختاره لهم المعلم.

- التعبير عن الصور التي يجمعها الطلاب، أو يعرضها عليهم المعلم، أو الصور الموجودة في بداية كل درس قرائي.

- التعبير الشفوي عقب القراءة، بالمناقشة والتعليق والتلخيص والإجابة عن الأسئلة.

استخدام القصص في التعبير بالطرق الآتية :

- إتمام قصة ناقصة.
- توسيع قصة قصيرة أو تطويلها.
- سرد قصة مسموعة وتلخيصها.
- التعبير عن قصة مصورة.

- الحديث عن الحيوانات والنباتات البيتية والطيور.

- الحديث عن أعمال الناس ومهنهم في المجتمع وما يجد فيها من الأحداث (الحدائق،المزارع، البيئات، الجندي، الصحارى......الخ).

- الحديث عن الموضوعات الخلقية والاجتماعيّة والوطنية والدينية والاقتصادية وغيرها.

- المواقف الخطابية في المناسبات المختلفة، والتي ينبغي تدريب الطلاب عليها.

وتتوقف جودة التعبير الشفوي عند الطلاب على أمور منها : حضور الأفكار والمعاني التي ستكون موضوعاً للحديث، ومعرفة الكلمات التي تدلل على تلك المعاني وسهولة ورودها على الذهن ومعرفة أساليب الكلام لترتيب العبارات، وطلاقة اللسان في نطق الألفاظ وأداء تلك العبارات.

إن من واجب المدرسة أن تدرِّب الطالب على التعبير الشفوي، وأن تكسبه ما يحتاج إليه من المهارات، ليقوم بعملية التحدُّث على النحو الذي يحقق الأغراض المختلفة منها في المواقف المتعددة التي تصادفه, وترجع أهمية تدريب الطلاب على التعبير الشفوي إلى عدة أسباب من أبرزها :[1]

---

[1] محمد قدري لطفي، **أساليب تدريس اللغة العربية**، ص٣-٤.

١- إن عجزه عن التعبير الشفوي يقلل من فرص نجاحه في نقل آرائه وأفكاره وأحاسيسهِ إلى غيره، ويحول دون تمكنه من إقناع معلميه بأنه قد اكتسب المعلومات، وفهم المادة، مما يؤدي إلى إخفاقه في دراسته.

٢- إن ضعفه في التعبير الشفوي يقلل من فرص تعلّمه، نظراً لأن اللغة هي أداة أساسية من أدوات التعليم، واستعمال الطالب لها يعد أمراً جوهرياً في جميع حقول التعلّم ومجالاته. بحيث أنه إذا افتقر إلى هذه المهارة المتمثلة في التحدث الواضح والدقيق، فإن كثيراً مما ينبغي تعلّمهُ لا يصادف أذناً واعية ولا يدخل في مجال معرفته.

٣- إن إخفاقه المتكرر في مواجهة مواقف الحياة يولد لديه شعوراً بعدم الثقة ويؤخر نموه اللغوي.

التعبير الكتابي.

يعد وسيلة الاتصال بين الفرد وغيره، ممن تحول الظروف أو بعد المسافات دون مقابلته لهم والتحدث إليهم. كما أن الحاجة ماسة إليه في جميع المهن فمن واجب المؤسسات التعليمية أن تعمل على إكساب المتعلّم المعارف والمهارات التي تمكنه من كتابة ما يريد في مختلف المواقف الحياتية الحيوية والتي من أبرزها :

- كتابة الأخبار، لاختبار أحسنها وتقديمه في مجلة المدرسة.
- جمع الصور والتعبير الكتابي عنها.
- الإجابات التحريرية عن الأسئلة عقب القراءة الصامتة. والإجابة عن أسئلة الامتحانات. - إعطاء وصف كتابي لشيء شد انتباههِ أو استرعى اهتمامه.
- كتابة رسالة إلى صديق يعبر فيها عن أحاسيسه وينقل له أخباره.
- توجيه دعوة لحضور اجتماع أو حفلة.
- كتابة محضر اجتماع.
- كتابة إعلان أو برقية أو رسالة رسمية أو طلب عمل.
- كتابة ملخص لشيء قرأه أو شاهده أو سمعه.
- كتابة مذكرات في مفكرته.
- كتابة وصف لرحلة قام بها، أو بلد زاره.
- كتابة إرشادات لصنع أو استعمال شيء من الأشياء.
- كتابة خواطر أو مقالات أو قصص أو قصائد شعرية.
- تحويل حكاية تحتمل التمثيل إلى حكاية تمثيلية.

- كتابة الموضوعات الأخلاقية والاجتماعية.

أقسام التعبير من حيث الأغراض

يقسم التعبير من حيث الغرض من استعماله إلى نوعين :

١-التعبير الوظيفي :

وهو التعبير الذي يؤدي وظيفة خاصة في حياة الفرد والجماعة من مثل الفهم والإفهام، ومجالات استعماله كثيرة كالمحادثة بين الناس, والرسائل، والبرقيات والاستدعاءات، وكتابة الملاحظات والتقارير والمذكرات وغيرها من الإعلانات، والتعليمات التي توجه إلى الناس لغرض ما، ويؤدى التعبير الوظيفي بطريق المشافهة أو الكتابة.

ويعتبر التعبير الوظيفي الأكثر لزوماً للطلاب في حياتهم العملية، ويعد دعامة قوية من الدعامات التي يقوم عليها التعبير الإبداعي.

التعبير الإبداعي:

وهو الذي يكون غرضه التعبير عن الأفكار والمشاعر النفسية ونقلها إلى الآخرين بأسلوب أدبي عال، بقصد التأثير في نفوس القارئين والسامعين بحيث تصل درجة انفعالهم بها إلى مستوى يكاد يقترب من مستوى انفعال أصحاب هذه الآثار, ومن الموضوعات التي يشملها هذا النوع من التعبير : المقالات، وكتابة المذكرات الشخصية واليوميّة والتراجم والسير، ووصف المشاعر الإنسانية كالحب والحزن، ووصف الطبيعة والقصص القصيرة.

وهذان النوعان من التعبير ضروريان لكل إنسان في المجتمع الحديث، فالأول يحقق له حاجته من المطالب المادية والاجتماعية، والثاني يمكّنه من أن يؤثر في الحياة العامّة بأفكاره وشخصيته.

وعلى هذا الأساس ينبغي تدريب الطلاب على هذين النوعين من التعبير، وإعدادهم للمواقف الحياتية المختلفة، التي تتطلب كل نوع منها.

مراحل التدريب على التعبير وموضوعاته في كل مرحلة.

١- في الحلقة الأولى من التعليم الأساسي (الأول والثاني) يقتصر التدريب على التعبير الشفوي في المجالات التالية.

- التعبير عن خبرات الطفل، ألعابه، أصدقائه، مشاهداته.
- التعبير عن الصور الواضحة، المتدرجة في دلالتها.
- الاستماع إلى القصص، وإعادة سردها من التلاميذ عن طريق الصور المتتابعة لها.
- الحديث عن الأخبار البسيطة والنشاطات التي يقوم بها الأطفال.

- استثمار الصور المعدة للتدريب والتي تعتمد المحادثة والوصف في دروس مختلفة.
- تدريب الطلاب من خلال الإجابات على الأسئلة التي تلي درس القراءة.

٢- الحلقة الأولى من التعليم الأساسي (الثالث والرابع) يبدأ تدريب الطلاب على التعبير الكتابي مع استثمار مجالات التعبير الشفوي السابقة مع شيء من التوسع.

ويمكن أن يدرب المعلم طلابه في هذين الصفين على مجالات التعبير الكتابي التالية :

- تدريبهم على وضع كلمة ناقصة في جملة مفيدة.
- إعادة ترتيب جمل لتكوّن معنى مترابطاً.
- إجابة عن الأسئلة كتابةً.
- ترجمة الطالب البسيطة عن،اسمه وبلده، ما يحب من العادات.
- كتابة ما يشاهده من صور على دفتره.
- تحويل بعض الجمل من المذكر إلى المؤنث كتابة.
- استعمال كلمات مرَّت على الطلاب في جمل مفيدة.
- كتابة الأعمال والنشاطات (رحلة، زيارة) مع مراعاة التدرج في الوصف.
- الوصف المحدد بعدد من السطور أو الجمل.
- شرح المفردات بالمرادف وبالتضاد, وتركيب جمل على غرار جمل ترد في الدرس.
- تلخيص فقرة من الدرس كتابة.
- تدريب الطلاب على ألوان بسيطة من التعبير الوظيفي (الرسائل).

٣- في الحلقة الثانية من التعليم الأساسي.

تكون مجالات التعبير الكتابي كالتالي :

- إجابة الأسئلة التي ترد في كتب القراءة كتابة.
- تلخيص جزء من الدرس.
- ملء الفراغ في الجملة أو القصة بواسطة كلمات أو تراكيب.
- وصف رحلة، صورة, مشاهدات.
- كتابة رسائل وظيفية،استدعاءات.
- تحويل جمل حوارية إلى جمل لا حوار فيها.

٤- في الحلقة الثالثة من التعليم الأساسي.

يستمر تدريب الطلاب على التعبير الشفوي والكتابي بشيءٍ من التوسع والإغناء في التعبير الكتابي بتدريب الطلاب على :

- إجابة أسئلة بعد قراءة نص.
- تلخيص فقرة من درس أو تلخيصه كله.
- كتابة موضوع بعد الاستماع الجيد إليه من المعلم.
- اختيار موضوع من موضوعين أو أكثر يكتب فيه.
- كتابة موضوعات تتعلق ببعض القضايا التي يمر بها الطلاب كالمناسبات أو التوجيهات الأخلاقية.

وفي هذه المرحلة يجب أن يهتم المعلم بتدريبهم على ترتيب الأفكار في موضوعاتهم وعلى التسلسل فيها كما يهتم بصحة الأسلوب.

٥- في المرحلة الثانوية.

يركز الطلاب على التعبير الكتابي بشكل مقصود, وتتاح لهم مجالات التدريب على جميع أشكاله، وينبغي أن تستثمر فرصة في دروس اللغة العربية.

- ففي دروس المطالعة والنصوص يلخص الطلاب الأفكار العامة في النص على شكل نقاط رئيسية، ويسجلون أراءهم حول هذه النصوص.
- وفي دروس المطالعة يتدربون على الإجابة على أسئلة يطرحها عليهم المعلم مع تلخيص موضوع الدرس بشكل مترابط، ويطلب منهم المعلم البحث عن حياة كاتب معين ونقدهِ.
- في درس البلاغة يوجه الطلاب إلى محاكاة بعض النماذج البلاغية واستثمارها في كتاباتهم، دون التقليد.
- وفي النحو والصرف، يمثل التطبيق على قواعد اللغة خير وسيلة لتوظيف ما تعلمه الطلاب من قواعد في كتابته وقراءته.
- وفي الدروس الأخرى، يمكن تدريب الطلاب على كتابة موضوعات تاريخية وجغرافية وعلمية ودينية.

ولا تقتصر مجالات التدريب على فرص التعبير الكتابي على كتب وموضوعات اللغة أو الدروس المدرسيّة، ففي الحياة قضايا وظواهر اجتماعية وسياسية كثيرة تهم الطلاب وتشكل جزءاً من حياتهم. وبالتالي فان تدريبهم عليها أمر ضروري.

ومن الطبيعي أن يساير هذا الاهتمام بالتعبير الكتابي اهتمام مشابه في الاهتمام بمجالات التعبير الشفوي، ويتبدى هذا الاهتمام بتعويد الطلاب على التعبير الصحيح الخالي من الأخطاء في الأسلوب وفي استعمال قواعد اللغة، وضرورة التركيز على الوضوح والبعد عن الالتفاف حول الفكرة أو الموضوع.

مهارات كل من التعبير الشفوي والكتابي.

يشترك كل من التعبير الشفوي والكتابي فنياً في المهارات الآتية، وذلك لا يكون إلا في المراحل المتقدّمة في التعليم، على أن يتغاضى في مراحله الأولى عن كثير منها طبقاً لتقدير المعلم :

ومن أبرز هذه المهارات ما يلي :

- الوضوح والتحديد والسلاسة في الفكرة التي يريد الطالب نقلها إلى السامع.
- عدم تكرار الكلمات بصورة متقاربة.
- الصدق في تصوير المشاعر والدقة في تحديد الأفكار ووصف الأشياء.
- تماسك العبارات وعدم تفككها.
- خلو الأساليب من الأخطاء النحوية والصرفية والإملائية وبخاصة ما يتعلق بالضمائر وأسماء الإشارة، والأسماء الموصولة.
- البعد عن استعمال الكلمات العاميّة والأخطاء الشائعة.
- بروز الصبغة الفنية في العبارات والتراكيب وظهورها على لغة الحديث عند من يقوم بالتعبير.

وسائل النهوض بالتعبير.

- إيجاد الدافع إلى التعبير في نفس الطالب، فالمعروف أن الدافع إلى عمل ما يؤدي إلى النجاح فيه ويحقق أغراضه، ومن ثم ينبغي على معلم التعبير أن يلاحظ هذه الحقيقة، ومما يساعده في ذلك ملاحظة ما يأتي بحسب مقتضيات الأحوال :

- إطلاق الحرية للطلاب كي يختاروا بأنفسهم بعض الموضوعات.
- عرض المعلم لموضوعات متصلة بخبرات الطلاب وميولهم مع ذكر المراجع الممكنة.
- إيجاد مناسبات طبيعية تدفع الطلاب إلى التعبير بالكتابة (إبداء الرأي)
- قراءة ما كتبه الطلاب أمام بعضهم البعض ودفعهم إلى تجويد كتاباتهم وتشجيعهم.
- ربط درس التعبير ببقية فروع اللغة (التكامل)
- كثرة التدريب على الحديث والكتابة في الموضوعات المختلفة مع إزالة الخوف والتردد في نفوس الطلاب بشتى الطرق الممكنة. وكلما ازداد تدريبه على شيء ما مع حسن التوجيه والإرشاد زاد تجنبه كثيراً من الأخطاء التي يتعرض لها في أثناء التدريب، وننصح المعلم بتشجيعهم على اقتناء الكراسات الخاصة بالكتابة الحرة ومن الضروري الاهتمام بالشكل

في الكتابة من حيث الترتيب والنظافة، الفقرات، وعلامات الترقيم وبداية الجمل، وترابط الأفكار مع التركيز على الخاتمة الملخصة للموضوع.

أسس صياغة التعبير :

سبق أن أوضحنا أن الغرض من التعبير تمكين الطلاب من التعبير عن ذاتهم وعن واقعهم أو ما يحيط بهم في سهولة ويسر، بحيث يتمكن القارئ أو السامع من إدراك مراميه, ولن يتأتى ذلك إلا إذا عرف الطلاب الأسس اللازمة لصياغة الموضوع وإتقان بعض المهارات التي تساعدهم في الوصول إلى ما يريدون، ويمكن حصر أسس صياغة التعبير في :-

- وضع خطة الموضوع تشتمل حصر الأفكار والمعاني التي ستكون موضوعاً للحديث وترتيبها وتنسيقها في الذهن، ومعرفة الكلمات التي تدل عليها ثم معرفة الأساليب المواتية لها.
- حصر الحديث في جوانب الموضوع ذات العلاقة، والبعد عن الخروج عن الموضوع.
- عدم ترك الفكرة قبل استيفائها.
- توضيح الأفكار وترتيبها ترتيباً منطقياً بما يحقق الوحدة والانسجام فيما بينها، حتى تصل إلى الآخرين في وضوح دون أن تسبب للمستمع ارتباكاً أو تشويشاً ولوضوح الفكرة أهمية بالغة في إنجاح التعبير، ومن أهم الأسباب التي تؤدي إلى وضوح التعبير قدرة المعبر على تنظيم افكارة وشرحها وتأييدها.
- سلامة اللغة،والأسلوب، وصحة التراكيب.
- صحة الرسم الإملائي، وجودة الخط، وحسن التنظيم، وجمال العرض.
- استخدام علامات الترقيم بشكل سليم.

المحتوى (المجالات)للتعبير.

تختار موضوعات التعبير من المجالات التالية.

أ-المجال الاجتماعي ويشمل :-

- حب الأصدقاء، فضل التعاون، استقبال الأقارب, والأصدقاء ووداعهم.
- زيارة المرضى في البيوت والمستشفيات.
- بعض الآداب الاجتماعية كالاعتذار عن الخطأ, والشكر, والتهنئة, والتعزية.
- بعض الأنشطة التي يقوم بها الطلاب كالمخيمات الكشفية والمباريات, المناسبات(الأعراس)

ب- في المجال الوظيفي، ويشمل :-
- كتابة الإعلانات، واللافتات عن الأنشطة المدرسية (بطاقة الدعوات, والاحتفالات).
- تعبئة استمارات ونماذج تلزم الطالب في حياته العملية (كنموذج شهادة الميلاد، والهوية الشخصية).
ج- في المجال العلمي, ويشمل :-
- التقنيات الحديثة ودورها في الحياة (كالحاسب والإنترنت) المركبات الفضائية.
د- المجال الجغرافي, ويشمل :-
- وصف منظر من مناظر الطبيعة أو رحلة مدرسية إلى المعارض والأماكن الأثرية
ه - المجال التاريخي ويشمل :
- بعض الأحداث التاريخية المهمة لها ارتباط بتاريخ الأردن (مثل غزوة مؤتة, ومعركة اليرموك).
- بعض الشخصيات من الصحابة الذين دفنوا في الأردن مثل(معاذ بن جبل، شرحبيل بن حسنة, أبي عبيدة).
و- في المجال الوطني ؛ويشمل :
- بعض المناسبات الوطنية المهمة مثل "(يوم الكرامة، يوم الجيش).
ز- المجال الديني ويشمل :
- بعض المناسبات الدينية المهمة (شهر رمضان، الإسراء والمعراج، الهجرة).
ح- المجال الإنساني ؛ ويشمل :
- حب التعاون مع الآخرين، مساعدة الضعفاء، وتقدير العلماء، ومكارم الأخلاق
ط -: المجال المعرفي، ويشمل:-
- تلخيص القصص والموضوعات المختلفة.
- بعض السير والتراجم لشخصيات أدبية وتاريخية وعلمية بارزة.
- اختيار نصوص أدبية وشعرية ونثرية والقاؤها أمام الطلاب داخل الصف.
ي- المجال القومي، ويشمل
- اتحاد الأمة العربية، ونبذ الخلاف والفرقة، تحرير فلسطين.
- البطولة العربيّة الإسلامية (حب الجهاد، التضحية، الحكمة).
ك- المجال الجمالي ويشمل:-
- الدعوة إلى التفاؤل، وبث الأمل في النفوس.
- التحدث عن جمال الطبيعة المتحركة والساكنة.

إرشادات في تدريس التعبير.

يراعي المعلم الأمور التالية في تدريس التعبير في مرحلة التعليم الأساسي.

- الحرص على تدريب الطلاب على المهارات والعادات المصاحبة للتعبير الشفوي، كالجرأة في مخاطبة الناس، ونطق الأصوات واضحة جلية، وعدم مقاطعتهم إلا بعد إتمام المعنى, وعند وقوعهم في الأخطاء البارزة.

- الانتقال بالطلاب من الموضوعات السهلة إلى الموضوعات الصعبة من المحسوسات المشاهدة إلى المحتويات من الصور والأفكار المجردة.

- إتاحة الفرصة للطلاب ليختاروا موضوعات التعبير،لأن ذلك يشجعهم على كتابتها.

- التركيز على الأفكار التي تتصل بالموضوع.

- مراعاة عمر الطالب وصفه وجنسه في اختيار الموضوعات التي يجب أن تكون ذات صلة وثيقة ببيئة الطالب الطبيعية والاجتماعية, ومتناسبة مع قدرته اللغوية ومستوى نضجه وإدراكه.

- مراعاة التنويع في أساليب الكتابة لأن الموضوع الواحد قد يكتب بأساليب مختلفة.

- استغلال المناسبات الدينية والوطنية والاجتماعية والتعبير عنها.

- مناقشة الطلاب في الأخطاء اللغويّة العامة والتوصل معهم إلى وجه الصواب.

- مساعدتهم في التخلص من الانطواء والخجل وذلك بالتشجيع.

- تدريبهم على الاستماع إلى أشرطة مسجلة قصيرة.

- الإفادة من وسائل التقنية الحديثة (الحاسب, الإنترنت، والتلفاز بعرض أفلام مصوغة بلغة سليمة عليهم)

- كتابة الطلاب عدداً من موضوعات التعبير داخل الصف وعدداً آخر خارجه.

- المراوحة بين الأشكال المختلفة في كيفية كتابتهم لموضوع التعبير وأهمها :

أ- أن يحدد الطلاب عناصر الموضوع في أقسامه الرئيسة (البداية والعرض, والخاتمة)

ب- أن يقترح المعلم عناصر الموضوع، ليختار الطلاب ما يشاءون منها في كتابتهم له.

ج- أن يختار المعلم عنوان الموضوع فقط ليكتبوا فيه.

د- أن يكتب الطلاب الموضوع بشكل يقترحونه (خاطرة، قصة، تلخيص).

- الإشادة بآراء الطلاب الإيجابية والتعامل بأسلوب تربوي مع من يخطئون.

- تدريبهم على مراعاة الدقة في الاقتباس وتوظيفها في مواضعها الملائمة.

- تجنب الإسراف في المقدمات، والابتعاد عن الحشو والتكرار.

- حرص المعلم على الحديث والكتابة بلغة سليمة،لأنه يُعدُّ القدوة التي يحتذيها الطلاب.

- التركيز على أهمية المطالعة الحرة الهادفة، وزيارة المكتبة، وبيان كيفية البحث عن موضوع يرغب الطلاب الكتابة عنه.

- مشاركة الطلاب في إعداد موضوعات الإذاعة والصحافة المدرسية والاشتراك بالاحتفالات والقاء الكلمات والقصائد المناسبة.

- الاهتمام بتوفير المواقف التي تدعو إلى الحديث أو تهيئ له، كإقامة الندوات، المناظرات, المسابقات،الاحتفالات المدرسية.

طرق تدريس التعبير الشفوي.

أولاً : تدريس القصة،, يسير المعلم وفق الخطوات التالية.

- تهيئة الطلاب للقصة ويكون التمهيد بقَوْل المعلم، سأقص عليكم قصة فانتبهوا.
- قص القصة، ينبغي أن تقص بصوت واضح ويراعي المعلم حركات وجههِ ويديه وصوته وأن يمثل المعنى (التنغيم والتلوين).
- طلب إعادة القصة من أحد الطلاب.
- طرح أسئلة متسلسلة تمثل إجاباتها محتوى القصة.
- تلخيص القصة.
- اختيار عنوان آخر للقصة.
- رسم القصة وتمثيلها إذا كان ممكناً.

يشترط في القصة أن تلقى على الطلاب كما يلي :

-أن تتدرج في كمها (طولها وقصرها) ومعناها وتراكيبها تدرجاً يتناسب مع مستوى التلاميذ العقلي واللغوي.

-أن يتوفر فيها عنصر الإثارة والتشويق.

-أن توجههم إلى سلوكيات حميدة.

ثانياً تدريس التعبير الحر :-

- التمهيد : يربط الموضوع بخبرات الطلاب.
- استثارة المعلم للطلاب بأسئلة مختلفة حول موضوع التعبير.
- تمثيلهم دور المعلم : بطرح الأسئلة على زملائهم.
- تدريبهم على ترتيب حديثهم حول الموضوع الذي تحدثوا فيه. وذلك بإعادة بعضهم الحديث في الموضوع بالتسلسل.

ثالثاً تدريس الموضوعات المختلفة :-

-في المرحلة الأساسيّة، يكون عبارة عن أسئلة يطرحها المعلم بأشكال مختلفة حول الموضوع. ليجيب الطلاب عليها.

-قد يكون موضوع التعبير في المرحلة العليا وصفاً محدداً أو غير محدد، وقد يكون تدريبياً على كتابة قصة أو نشاط اخباري معين.

- في المرحلة الثانوية يتم التدريس كما يلي :
- التمهيد للموضوع.
- قراءة الطلاب الموضوع عن اللوح أو الكتاب.
- طرح أسئلة حول الأفكار الرئيسة.
- تناول أفكاره، فكرة فكرة.
- يطلب من كل واحد أن يتحدث عن الموضوع كله بلغته.

طرق تعليم التعبير الكتابي :

تتنوع طرق تعليم التعبير الكتابي بين عدة طرق أهمها :

- اختيار موضوع من عدة موضوعات يعرضها المعلم على طلابه, تحلل عناصرهُ,ويتحدث فيها الطلاب ثم يتناولونه بالكتابة, مثل:المناقشة في بداية الحصة ثم كتابة الموضوع في نهايتها
- تثبيت بعض الجمل على السبورة ثم محوها والطلب إلى الطلاب كتابة الموضوع من جديد في بيوتهم.
- ذكر الأفكار الرئيسة التي يتكون منها الموضوع ومناقشتهم فيها, ثم يتركهم يكتبونه مستقلين في عملهم.
- اختيار موضوع من عدة موضوعات بحيث يُترك لهم حرية الكتابة فيه دون مناقشته.
- ترك الحرية للطالب في اختيار الموضوع الذي يريد الكتابة فيه وهذا ما يسمى بالكتابة الذاتية الذي يدفع الطلاب إلى الإبداع والابتكار.
- أيجاد مواقف وظيفية يعبر بها الطلاب في كتاباتهم (المناسبات الدينية والقومية).

طرق تصحيح التعبير :

١- يصحح المعلم كراسة الطالب أمامه، بعد أن يشغل الطلاب بواجب آخر، مع أن المعلم لا يستطيع أن يصحح جميع الكراسات لكثرة عدد الطلاب, وعدد الموضوعات, وضيق الوقت، وطول المنهاج، ويمكن التغلب على الصعوبة بتصحيح فقرة من كراسة كل طالب في حصته وحصص أخرى.

- يرى البعض أن يضع خطاً تحت الكلمات التي بها الخطأ, ويشير إلى نوع الخطأ على أن يقوم التلميذ بتصحيحه.

- يحسن أن يعنى المعلم في أثناء التصحيح بتقييد ما يراه من الأخطاء الشائعة وعرضِهِ عليهم. ومناقشتهم بها.

- ينبغي أن يضيف المعلم ملاحظات كتابية تقف الطالب على عيوبهِ أو يكون لها أثر في تشجيعه.

- ينبغي على المعلم أن يتأكد أن الطلاب قد قاموا بتصويب الأخطاء التي ظهرت في التعبير السابق.

- إذا استحسن المعلم كتابة طالب طلب منه أن يقرأها على زملائه.

أنواع التصحيح :

- التصحيح المباشر داخل الصف وله معوقاته كما ذكرنا.

- التصحيح خارج الصف ويمكن أن يؤدى بأربعة أساليب :

-تصحيح الكراسات بكتابة الصواب فوق الخطأ.

- تصحيح الكراسات بطريقة الرموز بحيث يرمز للخطأ بحرف (ل).... وهكذا.

- تقسم الكراسات إلى قسمين يصحح المعلم القسم الأول في المرة الأولى ثم يصحح القسم الثاني بوضع خط أحمر تحت الأخطاء.

- تقسيم الصف إلى مجموعتين يتم تصحيح الموضوع الأول للمجموعة الأولى، وتصحيح الموضوع الثاني للمجموعة الثانية دون الأولى.

الأمور التي يركز عليها المعلم في أثناء التصحيح الكتابي:-

- الناحية الفكرية : وتشمل النظر في الأفكار التي تندرج تحت الموضوع من حيث صحتها وترتيبها والربط بينها.

- الناحية اللغوية :- وتشمل مراعاة قواعد النحو والصرف, والبلاغة, واستعمال الألفاظ, والمعاني التي وضعت لها.

- الناحية الأدبيّة :- ونعني بها أسلوب الأداء، ومراعاة الذوق الأدبي, وجمال التصوير, قوة الدلالة.

- الناحية الإملائية وجودة الخط، وحسن الترتيب والنظام.

عيوب ظاهرة في تعبير الطلاب.

- قلّة الثروة الفكرية في تعبيرهم.
- إهمال الترتيب المنطقي والربط بين الأفكار.
- عدم التحديد في موضوعات الوصف,والالتجاء إلى الوصف العام.
- عدم تقسيم الموضوعات إلى فقرات,بحيث تؤدي كل فقرة فكرة معينة.
- اضـطراب في الأسـلوب، والتـواء في العبـارات, والانتقـال الفجـائي مـن المخاطب إلى الغائب.

مشكلات التعبير وعلاجها (ضعف الطلاب في التعبير).

أسباب تعود إلى المعلم :-

- فرض موضوعات تقليدية لا تمثل اختيارهم ولا تفكيرهم, كما أن هـذه الموضـوعات ليس لدى التلاميذ بها خبرة شخصية وبعيدة عن بيئتهم.
- عدم استجابة الموضوعات المعروضة لرغباتهم وميولهم.
- عدم ترك الحرية للطالب في اختيار الموضوع الذي يريد أن يكتب فيه.
- التحدّث أمامهم باللهجة العامية رغم أنه القدوة الذي يحتذى به.
- عدم استغلال المعلم الفرص لتـدريب الطـلاب عـلى التعبـير في بقيـة فـروع اللغـة العربيّة الأخرى.
- عدم توليد الدافع عند الطلاب للكتابة.
- عدم قدرة المعلم على تصحيح جميع الكراسات في الحصة.
- جهل المعلم بالأسس النفسية والتربوية واللغوية للتعبير عندهم.

أسباب تعود إلى الطالب:

- الزهد في القراءة الحرة والالتجاء إلى الملخصات.
- انصرافهم عن الاشتراك في ميادين النشاط اللغوي الموجودة في المدارس.
- قلة كتابتهم تؤدي إلى ضعفهم في التعبير.

والمعلم ليس وحدهُ مسؤولاً عن هذا الضعف, وكذلك الطالب ولكـن هنـاك سلسـلة طويلة من المسؤولين بجانبه : مدير المدرسة، والمشرف التربوي، والمؤسسـات المسـاندة، المنـزل. فالأسرة لا تشجع أبناءها على القراءة بشراء كتب بل يهتمون بمظاهر البذخ اكثر مـن أبنائهـم العلاج بسيط وسهل وواضح وهو بمنظوري كما يلي :

- تدريب المعلم تدريباً جيداً فهو الحصن الأخير الذي يجب أن يصمد.
- التعاون بين البيت والمدرسة لتحقيق هدف الاهتمام بثروة الطالب اللغوية.
- التعاون بين كافة الأطراف لاستخدام التقنيات الحديثة في التعليم, وتوفير الوقت الكافي لمواد على حساب موادآً أخرى بدراسة معقولة.
- التشجيع المستمر للطلاب, وإثارة الدافعية, ومعرفة الأسس النفسية والتربوية واللغوية ومراعاتها بشكل جيد.

فن الاستماع.

يعدّ الاستماع نوعاً من القراءة بمفهومها الواسع،على أساس أنه وسيلة إلى الفهم،وإلى الاتصال اللغوي بين المتكلم والسامع

وقد سبقت الإشارة إلى أن القراءة الصامتة هي قراءة بالعين، وأن القراءة الجهرية هي قراءة بالعين واللسان، ونضيف هنا إن الاستماع هو قراءة الأذن تصحبها العمليات التي تتم بين النوعين السابقين من القراءة.

ويقوم الاستماع على ثلاثة عناصر هي : التنبيه, والتركيز, والمتابعة.

أهمية الاستماع.

تتجلى أهمية الاستماع كنوع من أنواع القراءة في عدد من النقاط من أبرزها :-

- يعد الطريق الطبيعي للاستقبال الخارجي, ومن المعلوم أن القراءة بالأذن اسبق من القراءة بالعين.
- يمثل عماد الكثير من المواقف التي تستدعي الإصغاء والانتباه،كالأسئلة والأجوبة، والمناقشات, والأحاديث، وسرد القصص, والخطب, والمحاضرات, والبرامج الإذاعية وما إليها [٢].
- يمثل وسيلة فعاّلة للتدريب عن حسن الإصغاء، وحصر الذهن، ومتابعة المتكلم، وسرعة الفهم، ولا يخفى بأن طلبة كليات المجتمع والجامعات، من أكثر فئات الطلبة حاجة إلى قراءة الاستماع، نظراً لأن المحاضرات والاستماع إليها وأخذ الملاحظات المتعلقة بعناصرها ومكوناتها تشكل جانباً مهماً من جوانب تعلّمهم.

ومن الملاحظ عدم قدرة البعض على الأخذ بالملاحظات الضرورية عند سماعها وذلك يعود إلى أسباب من أبرزها :-

---

[٢] جودت الركابي, **طرق تدريس اللغة العربية**,ص ٩٤.

- عدم قيام نسبة كبيرة من المعلمين بتدريب طلابهم على الاستماع وتلخيص ما يسمعونه.

- عدم تعرّض نسبة كبيرة من الطلبة للمواقف الاستماعيّة الطويلة.

- عدم قناعة الكثير لجدوى الاستماع للمحاضرات والعزوف عنها.

التدريب على الاستماع :

- ينبغي التدريب على الاستماع في كل فرصة ممكنة من حصص اللغة العربية.

- وفي درس القراءة حيث يقرأ المعلم على التلاميذ قصة أعجبته أو موضوعاً أثار اهتمامه ثم تلخيصه.

- في حصة الإملاء قراءة المعلم لموضوع والتلاميذ يستمعون إليه ثم يناقشونه في مضمونه.

- درس التعبير : حيث يمكن أن يلقى المعلم قصة على التلاميذ ثم يناقشهم فيها ويطلب منهم تلخيصها كتابة

الفرق بين السماع والاستماع:

السماع : وصول الرموز الصوتية إلى دماغ الفرد دون أن يكون معيناً لفهم أو إدراك أو تحليل أو نقد أو فك لتلك الرموز.

الاستماع : يستدعي الإصغاء والانتباه، يستقبل الفرد المعاني والأفكار الكامنة وراء ما يسمعه من الألفاظ والعبارات التي ينطق بها المتكلم : ويقوم بتحليلها وشرحها وتفسيرها وتوليد موقف ذاتي منها.

هدف الاستماع :

الهدف العريض الكامن وراء القراءة السمعية، الذي ترمي إليه هو الفهم والاستيعاب وهذا يؤدي إلى إغناء المعارف واكتساب العلوم والخبرات الجديدة، ويتضمن هذا الهدف أهدافاً جزئية تتفرع عنه ومنها :-

- الإلمام بالأفكار الأساسية والأفكار الفرعية لما يسمعهُ السامع والقدرة على تصنيف هذه الأفكار وتبويبها بصورة منطقية متدرجة.

- تلخيص المادة المسموعة تلخيصاً يعطى فكرة متكاملة عن الموضوع ويعكس عناصره الرئيسية.

- تحليل ما يسمعه السامع ونقده، وتقويم الحديث والمتحدث والموازنة بينه وبين غيره في الموضوع الواحد.

تتحقق أهداف الاستماع بالوسائل التالية :

- التدرّب على حسن الإصغاء والانتباه والتركيز على المادة المسموعة ويكون ذلك بممارسة الاستماع والتعوّد عليه ويشمل :

أ- الاستماع إلى المحاضرات والندوات.

ب- الاستماع إلى الخطباء والمتحدثين في المذياع والتلفاز.

ج- الاستماع إلى زملائهم يعرضون آراءهم.

د- الاستماع إلى أحد زملائهم يقرأ قراءة جهرية.

- التدرّب على متابعة الاستماع بصبر دون مقاطعة. مما يجعل من الإصغاء فناً لأنه يحتاج إلى المهارة والجدة في التركيز من خلاله.

الأصول العامّة في الكتابة.

الكتابة.

الكتابة لغة مصدر كتب, يقال كتب, يكتب, كتباً, وكتابة, ومكتبة, وكتبه فهو كاتب, ومعناها الجمع، يقال تَكَتَّب القوم إذا اجتمعوا. وقد تطلق الكتابة على العلم ومنه قول الله تعالى" أم عندهم الغيب فهم يكتبون " أي يعلمون, ومنه قول الرسول صلى الله عليه وسلم في أهل اليمن إذ بعث إليهم معاذاً وغيره" إنّي بعثت إليكم كتاباً" وقال ابن الأثير في غريب الحديث "أراد عالماً، سمي بذلك لأن الغالب على من كان يعلم الكتابة أن عنده علماً ومعرفة [١]

والكتابة في الاصطلاح :صناعة تتم بالألفاظ التي يتخيلها الكاتب من مخيلته, ويصور معاني قائمة في نفسه بقلم يجعل الصورة الباطنة محسوسة وظاهرة.

وعرفت الكتابة أيضاً " بأنها صناعة روحية تظهر بآلة جثمانية دالة على المراد بتوسط نظمها.

وقال البعض في الكتابة : هي كل نثر يشتمل على جمال في الأداء, والصياغة في الأسلوب والكتابة الفنية، هي كل نثر يشتمل على جمال في أداء الفكرة وحسن صياغة في الأسلوب.وذهب د. حسين نصار في تحديد مصطلح الكتابة الفنية إلى : أنها الكتابة التي تروّى صاحبها في تجويد المعنى، وتأنى في اختيار اللفظ قبل إبرازها لتخرج مجودة لأنه لا يقصد الإفهام وحده، وأنما يقصد إثارة المتعة عند القارئ والإحساس بالجمال[٢]

---

[١] القلقشندي، **صبح الأعشى** ج١,ص٥١.

[٢] حسين نصار. **نشأة الكتابة الفنية**،ص٣.

نشأة الكتابة الفنية.

ترتبط نشأة الكتابة الفنية بقضيتين رئيستين هما :

١- النثر الفني.

٢-معرفة العرب للكتابة.

وبسبب هاتين القضيتين انقسم الدارسون بين قائل بوجود الكتابة الفنية قبل الإسلام،وأكثرهم على أنها وجدت بعد الإسلام، ويجمعون أن الشعر سبق النثر الفني لأن الشعر ألصق بعواطف الناس وحاجاتهم للتعبير عن أنفسهم، في حين أن النثر يحتاج إلى تدّبر وهدوء, واستقرار، وحياة العرب في معظمها ليست كذلك.

وقد تصدى عدد من الدارسين لهذه القضية واثبتوا من خلال الاكتشافات الأثرية في جزيرة العرب وبلاد الشام أن العرب قد عرفوا الكتابة, أو كتبوا العهود.

والمواثيق قبل الإسلام وما تلاه, وقد خصص د. ناصر الدين الأسد صفحات عديدة لإثبات هذه القضية بأدلة عقلية صريحة(١) يضاف إلى ذلك أن بعض العرب سكنوا في الحواضر(المدن) واعتمدوا التجارة مما أدى إلى نوع الاستقرار, وهذا يستلزم ظهور النثر الفني بفرعيه المسموع والمكتوب.

وأكثر ما وصلنا من النثر الجاهلي كان من الأمثال والحكم والخطب واسجاع الكهان ثم أخذ النثر يقوى تدريجياً حتى وصل إلى قمته من حيث الفنية وكثرة الأنواع الأدبية في العصر العباسي.

الأصول العامّة للكتابة.

تتشكل هذه الأصول من جوانب نظرية تتمثل في ثقافة الكاتب وقدرته اللغوية والفكرية على الكتابة.

ولا بد لهذه القدرة اللغوية والثقافية العامّة والذكاء المبدع من تصور مسبق للفكرة أو الموضوع, ومعرفة علمية في تقسيمه إلى أفكار يساند بعضها البعض بحيث يصبح الموضوع وأفكاره كالبنيان المرصوص.فإذا توافرت فيه هذه الشروط بقي عليه صقل هذه المعارف والقدرات بالممارسة المستمرة والتمرين المتواصل والانفتاح على النقاد كي يهذب أداءه ويرتقي به.

وتلك الأصول نجدها وراء أي كتابة, ففي العصر العباسي، أصبحت الكتابة حرفةً اهتم الكُتاب بها وألفوا الكتب في آدابها وكيفية مزاولتها.

وقد وضع أحدهم صفات للكاتب تتمثل بأن يكون حاد الذكاء, قوي النفس, حاضر الحس، جيد الحدس، حلو اللسان، له جراءة يثبت بها الأمور على البديهة, وحتى يمتلك الكاتب المعرفة

عليه أن يتعهد نفسه بحفظ المأثورات في الأدب والإطلاع على أنواع العلوم والثقافات، والإلمام بقواعد اللغة العربيّة وخطها, ويقلد أساليب الكتاب حتى يستقيم أسلوبه.

هناك أبعاد للكتابة تساعد الكاتب على أن يختار المقال المناسب واللفظ المناسب، فعليه أن يتساءل لماذا اكتب؟ ماذا اكتب، متى اكتب, لمن اكتب؟ كيف اكتب؟

- سؤال ماذا اكتب؟ له علاقة بالمادة المكتوبة ؟
- سؤال لماذا اكتب؟ يبين الهدف من الكتابة، ويبين نوع الموضوع الذي سيكتب فيه.
- سؤال متى اكتب؟ عندما يجد موضوعاً حيوياً, وعندما تكتمل المعلومات عندها يكتب
- سؤال لمن اكتب؟ لا بد من اختيار الطبقة التي سأكتب لها ؟
- سؤال كيف اكتب؟ بعد أن تُحدد في ذهن الكاتب الموضوع الذي يريد مناقشته، والهدف الذي يرمي إليه، ومستوى المخاطبين وأداة النشر يتساءل عن الأسلوب الذي يخرج به تلك الأفكار والشكل الأدبي الذي يريده.

الفكرة العامة.

الفكرة هي الحكم على الشيء،وتحتاج إلى إحساس وعقل ومعلومات سابقة, والإحساس يتطلب حواراً عقلياً لغوياً صامتاً تنشط فيه خلايا الدماغ لتقديم ما لديها من معلومات، والإنسان حين يفكر يستخدم لغة صامتة مختصرة. وأول ما يرسم في الذهن هو الصورة العامة (الإطار الكلي) أو المعنى الكلّي ثم يأتي بالتحليل لذلك المعنى.

عندما نرى حادثاً مروعاً يرتسم في أذهاننا المنظر ونرى فيه الصادم والمصدوم وما نتج عن ذلك، ثم بالتدريج يدخل الصورة تجمهر الناس, ومحاولاتهم الإنقاذ ثم بالتدرج تأتي أسئلة بسبب التحليل لماذا؟ كيف؟ من ؟ ماذا كانت النتيجة.

إذاً صُلب الحادث هو صلب الموضوع وهو الفكرة العامة (الأساسيّة) التي انبعثت منها أفكار رئيسية وأفكار فرعيّة، وإذا أردنا كتابة الموضوع فإننا لا نكتفي بذكر ما جرى فقط وانما نضيف إليه رؤيتنا حسب ما يلزم، فنذكر مقدمة تهيئ أو تصف الموضوع قبل الحادث, ثم نذكر الأحداث ونحلل ونصف ونربط بحيث نزود القارئ بما حدث.

ويتضح مما سبق أن لكل موضوع فكرة عامة شاملة حول الإطار الكلّي للموضوع وهذه الفكرة العامة لا تظهر بوضوح إلا باكتمال الموضوع.

* الأفكار الرئيسية والفرعية للموضوع (الأفكار الجزئيّة).

لا بد لكل موضوع من أفكار رئيسية وأفكار فرعية،فالأفكار تظهر في فقرة مستقلة على الأقل أو جزء من الموضوع تحمل فكرة تستقل بمعانيها عن الفكرة التي تليها, وتنقسم الأفكار الرئيسية إلى أفكار جزئية فرعية اصغر, وتدعم الأفكار الفرعية بعضها البعض لتشكل فكرة رئيسية ثم الأفكار بمجملها تقدّم لنا فكرة عامة.

ويتساءل الكاتب عن الأسلوب الذي يخرج به تلك الأفكار والشكل الأدبي وعلى مستوى الأسلوب, يتساءل،هل يعتمد الأسلوب العلمي ؟ وحينئذٍ لا بد له من معلومات علمية ووثائق قد يستند إليها، أم هل يعتمد الأسلوب السردي المباشر؟ فيبدأ بوصف الظاهرة من المعلوم إلى المجهول بالتدرج، أم هل يعتمد الأسلوب السردي الاسترجاعي؟ فيبدأ بالنتيجة أو ما يريد أن يتحدث عنه ثم يعود إلى أسباب الظاهرة وتطورها ثم ينتهي من حيث بدأ.

ومن حيث الصوت (جرس الحروف المكتوبة) ووقع الكلمات، هل يعتمد على الصوت التقريري الحاد, أم التقريري الهادئ؟ هل يبدأ بالاستفهام الحقيقي أم الإنكاري أم التهكمي, أم يبدأ بالشرط، أم بجملة اسمية ؟ هل يستخدم اقتباساً أم يستخدم إنشاءه ؟

بعد اختيار المقدّمة المناسبة نتنقل إلى فقرة جديدة لنقوي الموضوع إذ لا يمكن بلورة فكرة ناضجة بفقرة واحدة، بل لا بد من عدد من الفقرات التي يحمل كل منها فكرة فرعية تعطى صورة جزئية, أو توضح زاوية من زوايا الموضوع, وقد تتعدد الفقرات التي تقيم في صلب الموضوع، وقد نغير من أسلوب العرض, ونتنقل من وصف إلى حوار إلى قص أو استفهام أو سرد, ولا بد لنا من سبك الموضوع بفقرة خاتمة يتوج فيها بالمغزى المقصود أو نلخص ما ذكره أو نستشرف أبعاداً لها علاقة بالموضوع بأسلوب مؤثر ومؤكد للفكرة العامّة.

الأسس المعتمدة في تحليل النصوص الأدبية.

يتم تحديد الأمور التالية :

أ- من حيث المضمون.

- الفكرة العامّة
- الأفكار الرئيسية والفرعية (الجزئية).
- الحقائق.
- الآراء
- المواقف.
- الاتجاهات.
- الشخصيات.

- المكان والزمان.

- الغرض العام.

- ربط النص بالبيئة.

- العواطف.

ب- من حيث الشكل.

- نوع النص

- الأفكار وترابطها.

- الأسلوب.

- المفردات.

- التراكيب اللغوية (مواقف نحوية, الإملاء, الخط, التعبير).

- أنماط لغوية

ج- الأهداف من النص.

*أسس تنظيم الموضوع.

أن أول عملية ذهنية تتم بعد اختيار الموضوع وتحدد إطاره العام, هي استدعاء المعرفة السابقة إمّا من الذاكرة وأمّا من الرجوع إلى المصادر لتكوين أفكار كافية, وخير وسيلة للكتابة هي رصد الأفكار الأولية على ورقة جانبية ثم طرح الموضوع للنقاش ليسمع وجهات النظر ثم يقيم هيكلاً بالأفكار العامّة والأفكار الرئيسية ثم الفرعية ليصل إلى الإخراج النهائي للموضوع.

عناصر الموضوع الجيد.

١- العنوان.

وهو مفتاح الموضوع الدال على محتوياته,فالعنوان فيه تشويق للقارئ,أثاره فضوله كي يقرأ. والكاتب الجيد هو الذي يستطيع أن يثير فضول القارئ ويجذبه نحو كتابه وعلى الكاتب أن يتأنى في اختيار العنوان ويستفيد من الميزات التالية للعنوان الجيد.

- الوضوح وعدم استخدام الرموز والمجاز البعيد.

- الاختصار فعلى الكاتب أن يختار العنوان من كلمة أو كلمتين أو جملة بسيطة.

- الصحة اللغوية : التقيد بقواعد اللغة ونحوها وصرفها.

- قوة الدلالة : بحيث يجد إيقاعا في نفس القارئ.

- صحة الدلالة :- يكون العنوان له علاقة بالموضوع بشكل مباشر ودقيق.

كيف نختار العنوان الجيد ؟

يمكن اختيار العنوان قبل الكتابة, ولكن من الأفضل أنْ نختار العنوان بعد الانتهاء من الكتابة ليضمن الكاتب أن يكون العنوان دالاً وشاملاً على المحتوى, ولهذا يجب أن يكون العنوان واضحاً مختصراً صحيحاً من حيث التراكيب والدلالة.

٢-المقدمة.

وهي المدخل إلى الموضوع والتي تؤكد الانطباع الأولي الذي تكوّن عند القارئ عند قراءتها. فهي تعرفنا بالكاتب وطريقة تفكيره وطرحه, كما إنها تؤثر على القارئ وتشوقه ليتابع القراءة.

ويمكن حصر قوة المقدمة عبر تأثيرها في المتلقين، وأسلوب الجذب والتأثير الذي تحدثه. ومدى فاعلية الأسلوب وقوة الفكرة ومدى وضوحها في أثناء طرحها. ومن شروط المقدمة ألا تكون مختصرة مبهمة ولا طويلة مملة.

ومهما اختلفت المقدَّمات فإنها غالباً ما ترتبط بالموضوع وتمهد إلى ذكره.

٣-العرض.

ويقصد به تعميق الموضوع وتعريفه ومناقشته مناقشة تستوفي أجزاءه من زوايا مختلفة، وهذا التعميق يتم على هيئة فقرات بأفكار فرعية في صُلب الموضوع وكل فقرة تتكون من جمل, وكل جملة تعتمد على سلامة اللغة, واللغة تترجم بتسلسل الأفكار وترابطها لتُقدمَ لنا موضوعاً متكاملاً.

عناصر العرض (المحتوى) وشروطه:

- الأفكار, ضرورة تسلسل الأفكار وترابطها.
- لغة الموضوع, سهلة،سلسلة مفهومة, واضحة, عذبه, سليمة.وتتكون من:

أ-الفقرة.

تحمل معنى من معاني الموضوع وتدور حوله(الفكرة الفرعية) ويجب أن تتميز بالوحدة والتجانس, وهذا يعني أنها تدور حول فكرة أساسية واحدة.

ب-الجملة.

هي الوحدة الأساسية للكلام، وهي وسيلة لنقل الأفكار والمشاعر وتقديم الصورة حية للمتلقي, فمن الضروري الاهتمام بها بحيث تحمل الدلالة في كلماتها, ويمكن تجميل الجمل بإدخال عناصر النحو والصرف فيها. واستخدام السجع وأساليب البلاغة، والتقديم والتأخير والحذف والإيجاز،كما أن فصاحة الكلمة في الجملة تحدث تصوراً في الذاكرة من الصعب أن تتلاشى.

لذا على الكاتب أن يراعي شروط القوة في الجملة. المتمثلة في الوضوح,
والتسلسل دون انقطاع المعنى، والانسجام والصلة بحيث تكون ذات علاقة
مترابطة ومنسجمة مع الموضوع العام. ويجب أن تكون الجمل عميقة وليس لها
معان سطحية, كما أن الاعتدال في كتابة الجمل أمر ضروري فلا يكثر الكاتب من
الحشو أو تطويل الجمل ولا يعالج بعض الأفكار بجمل كثيرة في حين يشير إلى
بعضها بجملة واحدة ومن الضروري استخدام علامات الترقيم التي تعطي دلالات
انطباعية عن الجمل، ناهيك عن صحة صياغتها لغويا.

ج- اللفظة (الكلمة).

ومن مكونات الجملة اللفظة،فإذا صلح اختيار الألفاظ ووضعت في مكانها
الدلالي والنحوي المناسب واستطاع الكاتب أن يحسن التصرف بها فإنه يكون قد
ملك أدوات الكتابة, لذا يشترط في اللفظة الجيدة، أن تكون صحيحة بحسب
قواعد اللغة فصيحة، ومناسبة للمعنى والمقام موحية بهما، ويكون إيقاعها مناسباً
للفكرة واختيار الكلمات يدل على تمكّن الكاتب وحسن تصرفهِ.

٤- الخاتمة.

آخر جزء من الموضوع يهدف إلى تكثيف الفكرة العامّة وترسيخها في ذهن المتلقي قبل
وداعهِ, وتعتبر الخاتمة خروجاً من الموضوع وتهدف إلى تكثيف بنود الموضوع بطريقة مؤثرة
فاعلة.

وتعتبر الخاتمة تجمع ما تشعب من الموضوع، وتقود النظر إلى مقصد الكاتب ومغزاه.
الكاتب يختار الطريقة التي يختتم بها الخاتمة باستعادة أهم الأفكار السابقة في, جمل
مفيدة أو الاقتباس والتضمين بآيات قرآنية أو حديث شريف...الخ،أو إنهاء الموضوع بجمل
استفهامية أو جمل مثبته مؤكدة مختصرة.

نص من النصوص المختارة:

فوق سطح ساخن

وأنا أعد شاي الصباح، لاحظت قطار النمل يتحرك على الجدار القريب أمامي،مددت يدي مصوباً سبّابتي إلى منتصف القطار،قاصداً مشاكسة النّمل أو ملاعبته،ولكنني وجدته في جنون الفزع -من أُصبعي- يفرّ في كلّ اتجاه، حتى إنّ بعض النّمل كان يسقط عن الحائط،ولمحت نملتين وقعتا على جسم (الغلاية) التي تسخن..ورحت أُراقب النّملتين في المحنة :الغلاية تزداد سخونة،والنملتان تحاولان الخلاص.. إن هما عمدتا إلى الهبوط وجدتا نار الموقد تفتح لهما الفم الحارق. وإن صعدتا حتى الفوّهة، يرجعهما الماء الذي بدأ يفور. والسطح الذي تفرّان عليه يسخن ...يسخن...

تتلهوج النملتان فراراً في كلّ الاتجاهات،تصعدان،تهبطان، تتصادمان،تتناءيان،تقتربان،ثم فجأة يدركهما السكون!

هل هي لحظة التسليم للموت،أم هي لحظة التفكير في المخرج؟

أنحني مدققاً النّظر،فألمح النّملتين ترتعشان على سطح الغلاية المحمّى،إنهما على وشك الاحتراق.

وبينما كانت الغلاية تئزُّ،ويلتهب سطحها، تُفاجئ عينيّ واحدة من النّملتين بحركة لا بد أنها كانت ذروة المخاطرة بالنسبة إليها، إذ تقفز في الهواء مبتعدة، بينما كانت الأخرى في حصار المحنة، تسكن مستسلمة، تتقلّص محترقةً،وتتفحّم، تصير نقطة رفيعة سوداء تتلاشى..تتلاشى.

وأبحث عن المخاطرة، التي قفزت من دائرة الموت الأكيد إلى فضاء الهواء المجهول(بالنسبة إلى حجمها)،فأجدها ...

ها هي ذي تجري- في الأمان- على رخامة المطبخ..أمدُّ لها يدي برفق، برفق، تصعد على أُصبعي،وأنقلها إلى الحائط ثمّ أُتابعها ببصري وهي تجري..تنتظم في قطار النّمل الذي عاد يتكوّن من جديد. ([1])

---

[1] محمد المخزنجي، فوق سطح ساخن،ص ٤٢.

نموذج لتحليل (نص).

تحليل محتوى النص :

أ- من حيث المضمون.

- الفكرة العامّة: وصف الكاتب كفاح النّملة اتجاه مصيرها الـذي قادهـا إلى النجاة،ومصير الأخرى الذي أودى بها إلى الهلاك.(أن المرء الـذي يتحمّـل ويثـابر ينجو ويجني نتيجة ثمره، وأن من يستكين لا بدّ أن يهلك).

-الأفكار الجزئية:
- وصف قطار النّمل.
- القصد إلى مشاكسة النّمل.
- سقوط النّملتين في الغلاية.
- وصف لحال النّملتين فوق السطح الساخن.
- البحث عن المخاطرة.
-الحقائق : الكفاح والاستسلام

-الآراء
- رأي الكاتب في قطار النمل.
- رأي الكاتب في مفهومي الكفاح والخنوع من خلال النّملتين.

-المواقف :
- موقف الكاتب من قطار النمل.
- موقف النملتين بعد السقوط.
- موقف القارئ من القصة.
- موقف اتخاذ القرار من قبل النّملتين.

-الاتجاهات والقيم :
- الكفاح وعدم الاستسلام لليأس.
- احترام العمل والمثابرة.
- الصبر والتحمُّل طريق النجاة.
- المخاطرة ورفض الخنوع.

- الشخصيات :- الكاتب، النّملتان.
- المكان والزمان : الزمان : وقت الصباح.
المكان : رخامة المطبخ.
- الغرض العام : ما دعى الكاتب كتابة هذا النص : وصف إحساسه نحو المقاومة.
- ربط النص بالواقع :
- حال الأمة فهي على سطح يحترق.
- مفهوم الصراع.
- العواطف :
- عاطفة الخوف والفزع.
- عاطفة إعجاب الكاتب بالنملة المكافحة.
- عاطفة الاعتزاز بمن يثابر ويصبر.
من حيث الشكل.
- نوع النص :قصة قصيرة.
- الأفكار فيه واضحة، متسلسلة، بسيطة.
- الأسلوب : السرد (الإخباري).
- اللغة : سهلة وبسيطة.
- المفردات الجديدة التي استخدمها الكاتب مناسبة للنص.
التراكيب اللغوية:-
أسلوب الاستفهام : الاستدراك, التوكيد.
أسلوب الأمر: الفعل المضارع، المفرد والمثنى والجمع.
أدوات النصب.

الرسائل.

الرسالة من فنون النثر الأدبي، وهي مرتبطة بتحضر المجتمع ووجود مؤسسات منظمة, لذا تجد أثرها من عهد الرسول صلى الله عليه وسلم ومثالها ما كتبه كاتب الرسول (ص) إلى المنذر بن ساوى" بسم الله الرحمن الرحيم، من محمد رسول الله إلى المنذر بن ساوى سلام عليك،فإني أحمد الله اليك الذي لا إله غيره, أمّا بعد اذكر الله عزّ وجّل.....الخ "

تعريف الرسالة :

الرسالة قطعة من النثر الفني، تطول أو تقصر لمشيئة الكاتب، وغرضه وأسلوبه وقد يتخللها الشعر إذا رأى لذلك سبباً، وتكون كتابتها بعبارة بليغة وأسلوب حسن رشيق، وألفاظ منتقاة, ومعان طريفة.

ميزات الرسالة.

- العبارة البليغة، والمتوازنة والمتقابلة.
- الأسلوب الرشيق.
- الألفاظ المنتقاة الجزلة والموجزة.
- لطف الخيال.
- المعاني الظريفة.
- المرونة والتحرر من قيود الشعر.
- الدقة بالتعبير.
- الصياغة مضبوطة ومحكمة.
- يكثر فيها التقابل والتفاصح واستخدام كلمات من القرآن.
- الإكثار من سجع الكلام.

*** الرسائل في العهود السابقة.**

أولاً : عهد الرسول صلى الله عليه وسلم والخلافة الراشدة.

تميزت الرسائل في عهد الرسول صلى الله عليه وسلم بأنها موجزة في الغالب، وتفتتح بالبسملة،ثم بعبارة " من محمد رسول الله إلى فلان" أو "هذا من محمد رسول الله إلى فلان " ثم يأتي بالسلام فيقول " سلام عليك" للمسلم، و"السلام على من اتبع الهدى لغير المسلم، ثم الموضوع، ثم يختمها بالسلام أو الدعاء.

وكتب الخلفاء من بعده رسائل على النسق السابق، وتميزت هذه الرسائل وتلك بلغة الخطاب العادية التي تعتمد على البساطة، ولكنها موشاة بشيء من الجمال الطبيعي،كما تميزت

بالإيجاز والاستغناء بالكلمة الدالة والإيماء الموجز بأقل الألفاظ، ومع ذلك نجد تكراراً لبعض الأفكار للتأكيد، وخير مثال على ذلك رسالة عمر بن الخطاب في القضاء.

ثانياً: الرسائل في عهد الدولة الأمويّة:

أخذت الرسائل تصدر في عهد الدولة الأموية عن ديوان خاص بها زمن معاوية، فقد أدخل ديوان الرسائل والخاتم الذي يختم الرسائل الصادرة عنهُ، إضافة إلى ما كان قد أدخله عمر بن الخطاب من ديوان الجند والعطاء, وهذا يدل على أهميتها ونموها، وأخذت الرسائل تنمو وتزدهر بعد تعريب الدواوين على يد عبد الملك بن مروان الذي أولى نظام البريد أهمية فائقة بسبب اتساع رقعة الدولة الإسلامية، يضاف إلى ذلك كثرة الحركات السياسية والعسكرية التي أدت إلى نشاط هذا الفن الأدبي، فاتخذ الحكام والولاة والأمراء كتاباً خاصين لهم، تتوفر فيهم القدرة اللغوية والأدبية والثقافية, وقد نتج عن هذا النشاط أنواع من الرسائل وتفرَّعت، فظهرت أربعة اتجاهات هي :

- الرسائل السياسية والحربيّة، ومن أعلامها زياد والحجاج، وقطري بن الفجاءة والمختار الثقفي وسالم مولى هشام، وعبد الحميد الكاتب، وغيرهم من أهل البلاغة والبيان.

- الرسائل الدينية والأخلاقية، ومن أعلامها الحسن البصري وغيلان الدمشقي.

- الرسائل الإخوانية والاجتماعية، وفيها تكاتب الناس بسبب اتساع رقعة الدولة في شؤونهم الشخصية في موضوعات خاصة مثل التهاني والتعازي والاعتذار.

ومن ذلك رسالة محمد بن علي بن آبي طالب (المعروف بابن الحنفية) إلى أخيه الحسين يعتذر إليه ويصالحه.

- الرسائل الإدارية،التي كان يوجهها الخلفاء إلى الأمراء والقادة لبيان بعض الأمور والتوجيهات والنصائح، مثل رسالة عمر بن الخطاب إلى أبي موسى الأشعري في القضاء.

ومن ميزات الرسائل حتى نهاية العصر الأَموي ما يلي :

- أنها أخذت تميل إلى الطول نسبياً بسبب ما كانت تحويه من جَدَل.
- بدا عليها بعض التأنق في اختيار الألفاظ والجمل.
- تدعيم الأفكار باقتباسات من القرآن والحديث.
- السجع والكناية والطباق والتوازن بين الجمل كان طبيعيا دون تصنيع.
- كثرة الاستدلالات والتحميدات الطويلة.
- جودة التقسيم والتسلسل المنطقي.

ثالثاً: الرسائل في العصر العباسي.

شهدت الرسائل رقياً عاماً في جميع مناحي الحياة, فقد احتل ديوان الرسائل مركزاً خطيراً, وأصبحت وظيفة الكاتب تتطلب ثقافة عالية في علوم العربية والشرعية والتاريخ والجغرافيا، بل فضلوا معرفة لغات أجنبية, ويعد ابن العميد أستاذ عصره من التصنع الكتابي، وصوره اللطيفة, رسالته إلى ابن بلكا عند خروجه على ركن الدولة،فبعث إليه." إليك كتابي وأنا متأرجح بين طمع فيك، ويأس منك، وإقبال عليك، وإعراض عنك " فلما قرأها ابن بلكا رجع وأناب، وقال : لقد ناب كتاب ابن العميد عن الكتائب.

لقد تميزت الرسائل في العصر العباسي بما يلي :

- حسن اختيار الألفاظ.
- براعة أداء المعاني.
- حرصهم على عمق المعاني وتعميق الصور البيانية"[1]
- التكلف والتصنع.
- كثرة السجع والمقابلة.

رابعا: الرسائل في العصر الأندلسي.

النثر الفني الأندلسي يتمثل أكثر ما يتمثل في الرسائل التي أنشأها كتّابة, وقد حظيت كتابة الرسائل الأدبية بكتّاب مُعظمهم من فرسان الشعر الأندلسي,وبدأ تأثر هؤلاء الكتَّاب في نثرهم بأساليب النثر العربي ومذاهبه المختلفة فاستطاعوا بما أوتوا من موهبة شعرية، وذوق أدبي، ولطف خيال,أن يرتقوا بأساليب تعبيرهم وأن يفتنوا فيها، حتى ليبدو بعض نثرهم وكأنه شعر منثور لا ينقصه غير الوزن والقافية.

وقد استطاعوا بما لهم من حرية الكلمة أن يجولوا برسائلهم في كل مجال، وأن يعالجوا من الموضوعات كل قريب وبعيد, وأن يطيلوا ما شاءوا, وان ينهج كل كاتب منهم في صناعته النهج الذي يرتضيه ويلبي ميوله ولم تلبث الكتابة الأدبية بالأندلس أن أصبحت على أيدي كبار كتابها أداة تعبير وعرض لشتى الموضوعات حتى فاقت الشعر بفضل ما في صناعة النثر من المرونة والتحرر من قيود الوزن والقافية.

---

[1] شوقي ضيف، **النثر الفني**، ص، ١٩٤

مميزات الرسائل في العصر الأندلسي :

- الكاتب لا يسير على ركيزة واحدة ولا يلتزم نمطا معينا.
- المرونة والتحرر من قيود الوزن والقافية.
- الاستعانة بجزالة التراكيب.
- استخدام الاستعارات والكنايات.
- التزام السجع والإكثار من الدعاء

خامسا : الرسائل في العصر العثماني.

أما في العصر العثماني فقد أُهمل الديوان وأصبحت اللغة التركية هي اللغة الرسمية, فعمَّ الضعف وكثرت الأخطاء اللغوية والنحوية، وغلب عليها اجترار الأساليب السابقة، فأصبحت المحسنات البديعية هدفا.

فاختفى مصطلح الرسائل الديوانية وحل محله الرسائل الرسمية, وهي التي تكون بين أي مسؤول وأخر بصفة رسمية، أو من شخص ما إلى مسؤول وآخر أو العكس،فالرسائل الصادرة عن الديوان الملكي أو الأميري أو ديوان الرئاسة، أو تقديم طلب وظيفة لمسؤول كل ذلك يسمى رسائل رسمية.

مميزات الرسائل (الرسميّة) في العصر العثماني.

- القصر والإيجاز.
- اتباع نسق معين أو نموذج واحد.
- خلوها من المحسنات البديعية.

أنواع الرسائل.

١- الرسائل الديوانية.

الرسائل الديوانية منسوبة إلى الديوان، ويقال لها أحياناً الرسائل السلطانية، وهي التي كانت تصدر عن ديوان الخليفة أو الملك يوجهها إلى ولاته وعُماله وقادة جيوشه, بل والى أعدائه أحياناً منذراً متوعداً. وقد كان لكل خليفة كاتبهُ الذي يتولى الكتابة عنه في كل مهام الدولة وشؤونها من رسائل ومنشورات وعهود ومبايعات وغيرها, ولم يكن يرقى إلى منصب الكتابة لدى الخلفاء والملوك إلا كبار الأدباء والشعراء في عصرهم ومع ذلك فهذا النوع من الرسائل مهما بولغ في أجادته الفنية، فأنه لا يخرج عن كونه متصلاً بحادث أو أمر عارض، وقلما تكون له صفة الدوام التي تهم الناس في كل زمان ومكان.

وتجدر الإشارة إلى أن أسلوب الرسائل الديوانية لا يسير على ركيزة واحدة ولا يلتزم نمطاً معيناً،وإنما هو يتفاوت بتفاوت الأغراض ومقتضيات الأحوال، فعندما يكون غرض الرسالة الإنذار والتهديد يستخدم الأسلوب الذي يروّع ويخيف بالكلمة المشبعة بالوعيد مع الاستعانة بجزالة التراكيب, واستخدام الكنايات التي تومئ ولا تصرح بما يبيت لهم إنْ هم غدروا، وعندما يكون الغرض من الرسالة (المبايعة) يستخدم الكاتب البلاغة التي تتطلب ألفاظا في معانيها الحقيقية لا المجازية حتى لا تحتمل التأويل والتفسير.

نموذج من الرسائل الديوانية.

كتب عمر بن الخطاب إلى أبي موسى الأشعري رسالة فيها بعد البسملة.

أمّا بعد، فإن للناس نفرة عن سلطانهم، فأعوذ بالله أن تدركني وإياك عمياء مجهولة وضغائن محموله, أقم الحدود، ولو ساعة من نهار, وإذا عرض لك أمران أحدهما لله والآخر للدنيا, فآثر نصيبك من الله، فأن الدنيا تنفذ والآخرة تبقى.

وأخيفوا الفسّاق اجعلوهم يداً يداً ورجلا رجلا, عُد مرضى المسلمين، واشهد جنائزهم، وافتح لهم بابك، وباشر أمورهم بنفسك،فإنما أنت رجل منهم، غير أن الله جعلك أثقلهم حملاً.

وقد بلغني أنه قد فشا لك ولأهل بيتك هيئة في لباسك، ومطعمك، ومركبك، ليس للمسلمين مثلها، فإياك يا عبد الله أن تكون بمنزلة البهيمة مرت بواد خصيب فلم يكن لها هم إلا السمن وإنما حتفها في السمن.

وأعلم أن العامل إذا زاغ زاغت رعيته، وأشقى الناس من شقي الناس به.

والسلام.

في هذه الرسالة الديوانية التي أرسلها عمر بن الخطاب إلى واليه أبي موسى الأشعري فكرة عامة عن حكم الرعية بالعدل. فهو يرى أن الناس ينفرون من السلطان، وعلى السلطان إلا يبادلهم الضغينة، مع أن هو المتوقع، لذا يستعيذ بالله أن تدركه عمياء الضغينة فينتقم منهم. وهو مع تصوره للعلاقة غير المتكافئة بين الراعي والرعية حرصه على اللطف بالرعية، فأنه يأمرهُ بإقامة الحدود لأنها تروع من تسول له نفسه فعل المنكرات، وبذلك يقيه منها ويحافظ على ولايته دون مشكلات وفي خِضَم هذه الحياة وتياراتها المتشعبة يعرض للمرء كثير منها بما يتعلق بالحكم والحدود، فيوصي عمر أبا موسى أن يؤثر الآخرة لأنها أبقى.

ثم ينتقل إلى الشؤون الاجتماعية التي يتماسك بها المجتمع ويحب بعضه بعضاً, ومن أهم القضايا التي تؤثر في نفسية المجتمع العدل، ولذلك أفردنا للفقرة الثالثة مكانها لما حظيت من اهتمام

المرسل، فبعد أن أرسى مبادئ الحكم بالعدل، أتى بمثل أو حادثة تفجر قضية العدل وتظهرها، وهي أن أبا موسى ميّز نفسه أو ربما زينت له نفسه التفرد بالحكم والهيئة، فأعطاه مثالاً لا يغيب عن الأذهان، فإياك يا عبد الله أن تكون بمنزلة البهيمة ويختتم رسالته بالتركيز على اهمية الوالي وقدوته الحسنة،فأن زاغ زاغت رعيته والزيغ إنذار مبكر بالدمار.

هذا التحليل للنص راعى كيفية توسيع الموضوع والتركيز على عناصره بأساليب منوّعة التي اشتملت التقرير،والأمر, والنهي، والمثال, والحقيقة والتدرج من العام إلى الخاص، ثم الانتقال إلى العام.

ونلاحظ في هذا النص أن الجمل واضحة التنويع فبعضها مقسم تقسيماً إيقاعيا وبعضها منساب وبعضها قصير وبعضها طويل، وقد جاءت الجمل على الطبيعة دون أن يقصد الكاتب إلى الحذلقة المباشرة, مما جعل الخط العاطفي يبرز لنا رجلاً حازماً مخلصاً مهتماً.

٢- الرسائل الاخوانيّة.

الرسائل الإخوانيّة :هي تلك الرسائل التي تدور بين الإخوان والأصدقاء والخلصاء، ومنها أيضاً الرسائل التي يرسلها الكاتب إلى من يريد أن يخطب مودته أو يلتمس أمراً من الأمور, وهذا النوع من الرسائل ميدان فسيح للإبداع يتبارى فيه الكُتَّاب والأدباء, ويتيح لأقلامهم وقرائحهم أن تنطلق على سجيتها وأن يعبر أصحابها عن عواطفهم الشخصية في لغة مصقولة منتقاة وأساليب قوية موشاة.

وقد اعترف النقاد بقيمة الرسائل الاخوانية، لاشتراك الكافة في الحاجة إليها، وإذا كان الكاتب ماهراً متمرساً بالكتابة، تسّهل له فيها مالا يكاد أن يتسهل في الكتب التي لها رسوم وصيغ لا تتغير.

والرسائل الاخوانية أنواع شتى أوصلها صاحب كتاب"صبح الأعشى "إلى سبعة عشر نوعاً هي، التهاني، التعازي، التهادي, الشفاعات, التشويق،الإستزارة, اختطاب المودة، خطبة النساء, والاستعطاف، الاعتذار, الشكوى, استماحة الحوائج, الشكر, العتاب, السؤال عن حال المريض, الأخبار, المداعبة.

وللأدباء في الاخوانيات رسائل كثيرة أجادوا فيها واحتفلوا بأساليبها فمنها القصير والطويل الذي يستوعب صفحات, وقد طرقوا في رسائلهم موضوعات شتى، وفيما يلي نموذج من الرسائل الإخوانيّة للاستدلال بها على طبيعتها وأساليبها وطرق معالجتها.

من رسائل أبي حفص ابن برد الأصغر المتوفى (-٤٢٨هـ)رسالة في عتاب صديق يقول فيها:

" أظلم لي جو صفائك، وتوعّرت عليَ أرض إخائك, وأراك جلد الضمير على العتاب، غير ناقع الغُلّةَ [1] من الجفاء، فليت شعري ما الذي أقسى مهجة ذلك الود, وأذوى زهرة ذلك العهد

عهدي بك وصِلتنا تفرق من اسم القطيعة، ومودّتنا تجلُ عن صفة العتاب ونسبة الجفاء, والبوم هي آنسُ بذلك من الرضيع بالثدي، والخليع بالكأس، وهذه ثغرة إن لم تحرُسها المراجعة، وتُذكَ فيها عيوب الاستبصار توجّهت منها الحيلُ على هدم ما بيننا, ونقص ما اقتنينا، وتلك ناعية الصفاء والصارخة بموت الإخاء.

لا انتبذ [2]- أعزك الله - من الكتاب إليك، وإن رغم أنفُ القلم، وانزوت أحشاءُ القرطاس, وأخرس فم الفكر، فلم يبق في أحدهما إسعادُ لي على مكانتك، ولا بشاشةُ عند محاولة مخاطبتك، لقوارص عتابك, وقوارع ملامك، التي قد أكلبتُ أقلامك, وأغصّت كتبك, وأضجرت رُسلك...

وكثيراً ما يكون عتاب المتصافيين حيلة تسير المودة بها، وتستثار دقائن الأخوة عنها، كما يعرض الذهب على اللهب، وتصفق [3] المدام بالقدام [4] وقد يخلصُ الود على العتب خلاص الذهب على السبك، فأما إذا أعيد وأبدي،وردد ووليَ، فإنه يفسد غرس الإخاء, كما يفسد الزرع توالي الماء".[5]

تتحدث الرسالة على عتاب رقيق يحّمل صاحبه ألفاظه معانٍ عاطفية تمتاز بسهولتها وحسن اختيارها، كما أن قصر الجمل، واستخدام التشبيه يعطي دلالاّت حسيّة وجدانية، ونرى في الرسالة لطف الخيال، وقوة العاطفة والمراوحة بين السجع والازدواج، وتجسيم المعاني عن طريق الاستعارة..

٣- الرسائل الأدبيّة.

ازدهرت الرسائل الأدبيّة في العصر الأندلسي والعصر العباسي، إذ اتخذها الأدباء لتصوير عواطفهم ومشاعرهم في الخوف والرجاء, والرغبة والمديح والهجاء والسخرية ونافسوا الشعراء في المجال الوجداني، واظهروا براعة فائقة،إذ كان كثير منهم بلغ الذروة في الفن الكتابي، حتى أن

---

(١) نقع الغلة : أروي العطش

(٢) لا انتبذ : لا اكفُ عن.

(٣) تصفق : نصب

(٤) الغرام : المصفاة التي توضع على فم الإبريق

(٥) الذخيرة :٢/١،ص٢٢.

الكاتب كان يلائم بين اللفظة واللفظة بل أحياناً بين حرف وحرف حتى يأسر العقول والألباب, فكان الكاتب في الرسالة الأدبية يجري فيها الطباق، والتقابل والاستعارات والصور والرّصف الدقيق للعبارات، والنسج المتين، وانتشر السجع بين الرسائل الأدبية الخالصة، وكان الجاحظ قد أشاع في تلك الرسائل أسلوب الازدواج المعروف به, غير أن من تلوه في القرن الثالث الهجري أخذوا يدخلون عليها السجع ويكثرون منه، على نحو ما تصّور ذلك رسالة لأبن المعتز، وهي أشبه بمناظرة،بل أن ابن المعتز أضاف إلى السجع ألوانا من البديع (الطباق،التشبيه, الزخارف والخيال).

ومن أشهر الرسائل الأدبيّة في الأندلس رسالة (التوابع والزوابع) وقد اختار الكاتب لرسالته هذا الاسم، لأنه جعل مسرحها عالم الجن، فالتوابع هم الجن، والزوابع هم الشياطين، وسبب كتابة هذه الرسالة، أن بعض النقاد كانوا ينتقصون من قيمة شعر بن شهيد، فرد عليهم أبن شهيد بهذه الرسالة الأدبية، وملخصها أن تابعه الجني جاءهُ مرة وعَرَضَ عليه أن يذهب معه في زيارة عالم آخر, يقابل فيه من يشاء من الكتّاب والشعراء والسامعين فوافق ابن شهيد على ذلك، وحل على متن تابعه الجني حتى وصل إلى أرض الجن وهناك طاف على صاحب امرئ القيس، والبحتري، وأبي نؤاس، وقد سمع كل هؤلاء شعر ابن شهيد فاعجبوا به وشهدوا بأنه شاعر فحل...... الخ, وانتهى برحلته الخيالية بعد أن عاد إلى عالم الأنس، وبعد أن طوَّفَ في عالم التوابع والزوابع.

واليك عزيزي القارئ نموذجاً من الرسائل الأدبية.

٤- الرسائل الرسميّة.

هي الرسائل الصادرة عن مسؤول أو مقدمة إلى مسؤول أو هيئة حكوميّة أو خاصة أو رسالة يقدّمها شخص لطلب وظيفة تسمى رسالة رسمية,وهي تعبر عن فكرة عامة يتناقشها الشخصان : المرسل والمرسل إليه، ويعبر فيها عن موضوع مشترك بينهما، وتميل إلى القصر- والإيجاز واتباع نسق معين حتى وصل الأمر ببعض هذه الرسائل أن أصبحت نموذجاً جاهزاً يحتاج إلى كتابة الاسم والتاريخ فقط.

الرسالة الرسمية تبدأ بالبسملة ثم بالمرسل والمرسل إليه (وعادة يكون العنوان تحت الشعار) ثم يأتي عنوان المرسل إليه ثم التحية ثم الموضوع، فالخاتمة فالتوقيع ويضاف إلى ذلك تاريخ الرسالة، وهذه الأصول قد يختلف موقعها من الرسالة بسبب التوفيق بين الرسائل الغربيّة والعربية, ولا ضير في ذلك لأنه خلاف في الشكل، ولا سيما أن الاتفاق حاصل في الموضوع والعرض ومكانه.

وقبل أن نعرض نموذجاً من الرسائل ننبه إلى الأسس التالية في الرسالة :

- وضوح الفكرة، فيجب أن يعرف الكاتب ما يريد الكتابة فيه بدقة واختصار لأن المرسل إليه يقرأ الكثير من الرسائل، ووضوحك المختصر يساعده على فهمك ومساعدتك، لكن الاختصار لا يعني الغموض، وعليه فان بعض الرسائل تذكر الموضوع مختصراً ثم تشرحه في العرض.

- ذكر المعلومات المتعلقة بالموضوع فأن كان الموضوع طلب وظيفة يشير الكاتب إلى مصدر معلوماته، وإذا كان الموضوع اعتراضاً على شيء فعليه ذكر الرسالة السابقة وتاريخها ورقمها وموضوعها، ثم يأتي بالرد.

- عدم التكرار فذلك مما ينفر المرسل إليه.

- عدم استعمال الكلمات النافره سواء في المدح أو التزلّف أو القدح.

المقالة

نشأتها.

يرتبط تاريخ المقالة في أدبنا الحديث بتاريخ الصحافة ارتباطاً وثيقاً، فالمقالة بنوعيها الذاتي والموضوعي لم تظهر في أدبنا، وأول ما ظهرت على أنها فن مستقل شأنها في فرنسا وإنجلترا، لقد نشأت في حضن الصحافة، واستمدت منها الحياة وخدمت أغراضها المختلفة، لذا كان لزاماً علينا أن نبحث عن تطوّر المقالة في الصحف اليومية أولاً، ثم المجلات.

وإذا استعرضنا المقالات التي ظهرت في الصحف المصرية خلال النهضة، نجد أنها مرت في أطوار أربعة :[1]

الطور الأول :

طور المدرسة الصحفية الأولى، ويمثلها, كتّاب الصحف الرسمية الّذين شاركوا في تحرير الصحف مثل (رفاعة الطهطاوي) و(عبد اللـه أبو السعود) وقد ظهرت المقالة على أيديهم بصورة بدائية، وكان أسلوبهم يزهو بالسجع الغث والزخارف المتكلفة، وقد كانت الشؤون السياسية هي الموضوع الأول لهذه المقالات ولكن الكّتاب كانوا يعرضون أحياناً لبعض الشؤون الاجتماعية.

الطور الثاني :

ظهرت المدرسة الصحفية الثانية، التي تأثرت بدعوة جمال الدين الأفغاني، وبنشأة الحزب الوطني الأول، وبروح الثورة والاندفاع, وبرزت شخصيات مثل عبد الرحمن الكواكبي، وإبراهيم المويلحي وغيرهم. وأخذت تقترب من الشعب بتأثير الشيخ محمد عبده وحركته الإصلاحية، ومن أهم الصحف التي كتبوا فيها(الأهرام والفلاح والحقوق).

الطور الثالث :

ظهرت طلائع المدرسة الصحفية الحديثة، ومنهم يوسف مصطفى كامل ومحمد رشيد رضا، ولطفي السيد, وخليل مطران, وغيرهم, وهذه المدرسة نشأت في عهد الاحتلال،وتأثرت بالنزعات الوطنية والإصلاحية ؛ فظهرت بعد ذلك الأحزاب السياسية لتنظيم الكفاح ضد المحتل وفقاً لفلسفتها ومثلها الخاصة، فكان علي يوسف يمثّل حزب الإصلاح، ويحمّل جريدة (المؤيد) مقالاته. وقد خطت هذه المدرسة بالأسلوب الأدبي للمقالة خطوات متقدمة فخلصتهُ من قيود الصنعة والسجع

[1] محمد يوسف نجم، فن المقالة،ص٦٤-٧٠

الطور الرابع :

المدرسة الحديثة وتبدأ بالحرب العالمية الأولى وما تلاها من أحداث جسام مثل الثورة المصرية الأولى سنة (١٩١٩)، وقد ظهر في هذه الفترة من الصحف التي تركت أثرها في الحياة الأدبية العامة.

وفي المقالة خاصة مثل جريدة السفور لعبد الحميد حمدي وصحيفة الاستقلال لمحمود عزمي, والسياسة لمحمد حسين هيكل، وكان أثر هذه الصحف في المقالة محصوراً في نطاق المقالة السياسية، وامتازت المقالة في هذا الطور بالتركيز والدقة العلمية والميل إلى بث الثقافة لتربية أذواق الناس وعقولهم.

تعريف المقالة:

تستعمل لفظ (مقال) و(مقالة) للدلالة على شيء واحد، وهو ما يكتب ضمن شروط وصفات. ولفظ (مقال) اقدم من لفظة (مقالة) وقد استعمل العرب في القرن الرابع صيغة اسم المفعول مقولة للدلالة على المقالات الفلسفية وخير شاهد على ذلك كتاب الفهرست لابن النديم وفيه حديث عن المقولات العشر.

والمقالة في الاصطلاح :

قطعة نثرية محددة الطول والموضوع وتكتب بطريقة عفوية سريعة خالية من الكلفة،وشرطها الأول أن تكون تعبيراً صادقاً عن شخصية الكاتب.[٢]

فهذا التعريف يقيد المقالة بالنثر فلا تصح شعراً، وهي طويلة تقع على الأقل في خمس صفحات كما أنها محدودة الموضوع فيعرض الكاتب فيها وجهة نظره هو، وبذلك تظهر شخصيته بوضوح، وموضوعها يقوم على ملاحظة الكاتب لحركة الناس والأشياء فهي قضية (ذاتية موضوعية). كما أنها تكتب بطريقة عفوية نابعة من القلب النابض الحار لتؤثر في نفس المتلقي دون تصنع أو إكراه، ولها صفة التأثير على القارئ.

أنماط المقالة وموضوعاتها:

- موضوعات اجتماعية عامة تتعلق بالمجتمع وأفراده وحياته وسلوكه اليومي كأن يتحدث الكاتب عن الغش أو النفاق أو التواضع أو الصدق.

- موضوعات أدبية نقدية، كأن يتحدث الكاتب عن إعجابه بتطور فن من الفنون أو انتقاده لظاهرة أدبية معينة أو يبدي رأيه في مسرحية مكتوبة أو ممثلة،أو يحلل قصة.

---

[١] محمد يوسف نجم، **فن المقالة**، ص ٦٥-75

- موضوعات علمية : كأن يتحدث عن تلوث البيئة أو تقدّم صناعة الحاسب عند العرب، أو يبدي رأيه حول ترجمة مصطلحات علمية.

- موضوعات سياسية واقتصادية فلسفية كأن ينتقد تهافت الناس على تخزين الدولار, أو السلع خوفاً على اضطراب القيمة النقدية المحلية, وبالتالي وقوعهم في مكائد أشد ضرراً.

- تجارب شخصية وتخيلات وافتراضات، وكأن يتحدث عن آلام الأمة وآلامهِ أو يتحدث عن رحلة حقيقية أو خيالية ويسجل انطباعاته حول ما يرى أو يعرض سيرته أو سيرة غيره لإبراز العبر والعظات.

- موضوعات وصفية : كأن يصور بيئة مكانية،أو منظراً مؤلماً أو بيئة زمانية كلحظة المغيب والشروق

* أشكال المقالات:

١- مقالات يكثر أصحابها من الاستشهاد بالأدب والأفكار الدينية والنصوص.

٢- مقالات تقوم على الحوار.

٣- مقالات تطعّم بحوادث تاريخية وحكايات حقيقية ووهمية.

٤- مقالات تحتوي على الوصف الساخر أو التحليل الطريف.

٤- مقالات تجمع بين جميع الأشكال السابقة.

* أنواع المقالات:

أ- المقالة الذاتية : التي تبرز فيها شخصية الكاتب وانفعالاته مستنداً إلى إشاعة العاطفة وتلوين الأفكار بالصور الخيالية البيانية ومعتمداً على أسلوب جذاب بعبارات مؤثرة وألفاظ موحية واضحة تأسر القارئ ولو أدى ذلك إلى خروج الكاتب عن الموضوع فكأنها قصيدة غنائية بأسلوب نثري.

ب- المقالة الموضوعية : التي يخفي الكاتب فيها كثيراً من انفعالاته ويحاول أن يصل إلى عقل القارئ ثم وجدانه وعواطفه، وكذلك يتقيد الكاتب بموضوع واحد يوسّعه بالمناقشة والأمثلة والآراء والأدلة والإحصائيات, فيبقى ضمن موضوعه بأسلوب منطقي وعبارات هادئة وألفاظ محددة.المقالة كالقصيدة تعبر عن إحساس الكاتب وذوقه ينتقد كاتبها على أساس الصدق الفني، فإن تمتعت بالسمات التي تجعل القصيدة أو القصة ناجحة, فسوف يكتب لها النجاح والخلود.

وهناك تقارب بين الخاطرة والمقالة، فهما يشتركان بالغرض والمنهج، إذ تقصدان إلى إثارة الانفعال عن طريق الصور المؤثرة والألفاظ الموحية ولكنهما يختلفان في طول الموضوع

وتركيزه، فالخاطرة تعالج فكرة خاطفة دون توسيع عناصرها بينما تتراخى عناصر الفكرة في المقالة وهما بهذا الاتفاق والاختلاف كالقصة القصيرة والقصة الطويلة من حيث التركيز ودقة الموضوع والحجم.

كيف تكتب مقالة، عناصرها الفنية.

١- القدرة اللغوية التي يستطيع الكاتب التعبير بها عن نفسه بدقة ووضوح، فينقل ما يحس به إلى نفس المتلقي.

٢- المعلومات الكافية : القدرة اللغوية تحتاج إلى هذه المعلومات لإقامة موضوع ما، ويمكن للطالب أن ينمي معلوماته بالمطالعة والاستماع والمشاهدة، وهنا تقوم خلايا الدماغ بتخزينها مصنفة، فإذا أراد الكتابة عن موضوع ما فإن الدماغ يجهز معلوماته باستدعائها من الذاكرة ليقدمها الكاتب.

٣- يحتاج إلى نفس حساسة وشفافة حتى تستبطن الأمور وتغوص فيها إن الكاتب يراقب الأشياء ويستنبطها حتى ترسخ في مخيلته كصورة مؤثرة معبرة.

٤- التدريب على إخراج الموضوع، فالطالب يحتاج إلى قدرة لصهر كل ما لديه وإنتاجه بشكل لائق، لذا يأتي الأشراف عليه لمدة زمنية، قد تطول وقد تقصر بحسب قدرته، وهو خلال فترة التدريب يراقب ويحاكي ويمارس حتى يصل إلى ما يريد.

* مراحل كتابة المقالة.

- تبدأ فكرة المقالة كبذرة توفرت لها فرص الحياة.
- يقدم الدماغ ما لديه من معلومات.
- يستدعي صاحب المقالة الصور المناسبة ويلّون بها تلك المعلومات.
- إن لم يكن ما لديه كافياً ليجعل الفكرة تختمر يقوم بتغذيتها حتى تكتمل.
- يحدد العنوان, موجزاً دالاً على المعنى، لافتاً للقارئ، واضحاً.
- تبدأ بمقدّمة ترتبط بالموضوع وتجذب القارئ.
- ينتقل إلى الموضوع فيوسع الفكرة بأفكار مساعدة متماسكة.
- يعتمد على مقارنات وإحصائيات وحكايات وأرقام وأدلة يقسمها على فقرات حتى ينتهي عرض الموضوع.

- يختتم مقالته بتركيز ما ذكره أو بالنتيجة التي يريدها وقد يختتمها باقتباس، أو استفهام أو بنهاية يراها ترسخ في ذهن القارئ, ويكون كذلك بجمل مفيدة واضحة مؤثرة بعيدة عن الحشو والغموض.

خطوات تحليل المقالة.

- بعد قراءة المقالة قراءة عميقة حاول أن تكتشف الفكرة الأساسية التي جعلها الكاتب محوراً لمقالته، وحاول أن توجز هذه الفكرة في عبارة واحدة تستمدها من موضوعها.

- حاول أن تتبين الطريقة التي اصطفاها الكاتب في تتبع هذه الفكرة ومعالجتها وشرحها، حتى نمت بين يديه واتسع مداها، وتأمل طريقته في اقتباس الأمثلة المحسوسة التي يستخدمها من تجاربه الخاصة أو من ثقافة العامة في الأدب والتاريخ والاجتماع.

- لاحظ مدى اعتماد الكاتب على أسلوب العرض ومدى استعانته بأساليب الإنشاء الأخرى، كالقصص، والجدل، والحوار، والوصف، ثم تبين الفوائد الأدبيّة التي جناها من كل ذلك.

- تأمل موضوع المقالة وأثر شخصية الكاتب ونفسيته وأسلوبه في جعل ذلك الموضوع مقبولاً مشوقاً يحظى بموافقة القارئ ورضاه.

وتبين إلى أي مدى استطاع الكاتب أن يكشف معالم شخصيته للقارئ، وبيان هل الموضوع ممتع أم أن طريقة العرض والمعالجة جعلته ممتعاً.

-حاول أن تحلل أسلوب الكاتب فتكشف عن خصائصه وتستجلي عيوبه, ثم حاول أن ترى مدى ملاءمته لطبيعة الموضوع ونفسية الكاتب.

-لاحظ الفقرات والجمل والألفاظ، هل هي قصيرة أم طويلة؟ هل هي محكمة التركيب أو مفككة؟هل للكاتب اتجاه خاص في اختيار الألفاظ ؟

وباختصار يمكن تحليل المقالة بالإجابة عن الأسئلة التالية.

لمن اكتب ؟ لماذا اكتب ؟ ماذا اكتب ؟ كيف اكتب ؟ متى اكتب ؟

* أسئلة مهمة حول المقالة وإجاباتها.

١- للمقالات تعريفات كثيرة اكتب إحداها؟

إن المقالة الأدبية قطعة نثرية محدودة في الطول والموضوع، تكتب بطريقة عفوية سريعة خالية من التكلف.

٢- ما هي شروط المقالة؟

أ- أن تكون تعبيراً صادقاً عن شخصية الكاتب وتقسم إلى قسمين.

١- مقالة ذاتية ٢- مقالة موضوعية.

إن الفرق بينهما ينحصر بمقدار ما يبثه الكاتب في كل منهما من عناصر شخصيته.

فالمقالة الذاتية: تعني إبراز شخصية الكاتب، والمقالة الموضوعية : تعني بتوضيح موضوعها وتحرص على التقيد بما يطلبه الموضوع من منطق في العرض والجدل والحوار واستخراج النتائج.

٣- كيف نحلل المقالة الذاتية؟

من حيث المضمون والقالب (الشكل والأسلوب)

ونطرح أسئلة عنقودية تابعة للسؤال الأول

١- بعد القراءة للنص ماذا أراد الكاتب أن يقول؟

على القارئ أن يكتشف طريقة الكاتب في تفسير المادة التي تحدث عنها، ثم طريقة عرضها وتفسيرها، كما أن على القارئ أن يتبين الخطوات المنطقية التي سار عليها الكاتب وهي بأكثرها تقوم على المقارنة والمعارضة وتقسيم العلاقات وتحليلها.

٢- ما هو الشكل؟

تتكون المقالة من مقدّمة وموضوع وخاتمة؟

٣- ما هو الأسلوب؟

تعني الطريقة التي يعمد إليها الكاتب في اصطناع اللغة واستغلال طاقاتها التعبيرية وينبغي على الدارس أن ينظر إلى الأسلوب من ناحيتين هما.

أ- شخصية الكاتب.

ب- طريقته في التعبير عن هذه الشخصية.

٤- أي نوع من الناس هذا الذي قرأت مقالته ؟

وتقودنا طريقة دراسة الكاتب (أسلوبه) بالتعبير عن شخصيته إلى دراسة بلاغية تكشف لنا خصائص أسلوبه وترشدنا إلى اتجاهه في تناول المادة واصطناع اللغة، مفرداتها وتراكيبها وبيانها للتعبير عن فكرته.

الملاحظات التالية تساعدك على دراسة المقالة واستيعاب مادتها وتفهم أسلوبها.

- بعد أن تقرأ المقالة قراءة عميقة، حاول أن تكتشف الفكرة الأساسيّة التي جعلها الكاتب محور مقالته، وحاول أن توجز هذه الفكرة في عبارة واحدة تستمدها من موضوعها.

- حاول أن تبين الطريقة التي اصطنعها الكاتب في تتبع هذه الفكرة ومعالجتها وشرحها، وتأمل طريقته في اقتباس الأمثلة المحسوسة التي يستمدها من تجاربه الخاصة ومن ثقافته العامة

- لاحظ مدى اعتماد الكاتب على أسلوب العرض ومدى استعانته بأساليب الإنشاء الأخرى (كالقصص, الجدل,الحوار, الوصف).

- تأمل موضوع المقالة وتبين أثر شخصية الكاتب ونفسيته وأسلوبه في جعل ذلك الموضوع مقبولاً ومشوقاً.

- حاول أن تحلل أسلوب الكاتب، وتكشف عن خصائصه وتتعرف إلى عيوبه ثم حاول أن ترى مدى ملاءمته لطبيعة الموضوع.

- لاحظ الأسلوب هل هو أهم ما لفت نظرك في المقال، وما صفاته.

- لاحظ الفقرات والجمل والألفاظ،هل هي محكمة التركيب ؟

الخاطرة

تعريفها : هي ما يعرض للإنسان من شعور أو فكرة عابرة يسببها موقف أو مشهد أو خبر أو حدث يقف عليه الإنسان أو يسمع به أو يراه.

وهذه الخاطرة لم تكن معروفة في الأدب العربي القديم, وهي فن من فنون الأدب الحديثة والسبب في نشوئها شيوع المجلات, والصحف اليومية التي تحتاج إلى أنواع من الكتابة المتعددة من النوع الذي يخاطب القراء، ويعرض لهم مواقف في الحياة عرضاً شيقاً وممتعاً ولكنه في الوقت نفسه يعبر عن رأي الكاتب.

ولما كانت الصحيفة محتاجة إلى الموضوعات القصيرة، ولا تحتاج إلى صفحات كثيرة، فقد جاءت الخاطرة لتلبي هذا المطلب.

والخاطرة إذن تتكون من :-

- الخبر أو الفكرة التي تولد الشعور أو الإحساس عند الكاتب.
- الرأي و الانطباع الذاتي الذي يتكون لدى الكاتب عن تلك الفكرة أو ذلك الخبر.
- الأمثلة والأفكار الفرعية التي يلجأ إليها الكاتب ليعمق معالجته لتلك الفكرة فالخاطرة ليس لها قالب معين، فيمكن البدء على شكل حكاية أو على شكل تذكر أو أن يتخيل شخصية أخرى يخاطبها من خلال رسالة.

وينبغي على الكاتب أن يمهد للرأي أو التقدير العاطفي الذي يعطيه في نهاية المقالة، ويمكن أن يبدأ بالنتيجة لتكون مقدمة للخاطرة.

وينبغي تجنب الكلمات التي تعطي الانطباع السيئ لدى القارئ، إذ قد تؤدي إلى تأثير جانبي غير ما قصده الكاتب أي إتباع البعد الجماعي للغة : فالكاتب لا يتكلم وحده، وإنما يكون موجهاً للقرآء على اختلاف أنواعهم، فلا بد من استخدام الكلمات المقبولة لديهم.

مقارنة بين المقالة والخاطرة :

- في الخاطرة العنصر الذاتي أكثر وضوحاً منه في المقالة والعنصر الوجداني والعاطفي وموقف الكاتب أكثر ظهوراً منه في المقالة.
- في الشكل تكون الخاطرة أكثر إيجازا وتكثيفاً وقصراً من المقالة وبناءً عليه فإن المقدّمة والعرض والخاتمة أكثر قصراً.
- الخاطرة مبنية على حدث أو فكرة أو خبر معين، يبنى عليه الكاتب استنتاجاته وعواطفه في حين المقالة تتناول موضوعاً بالتحليل والمناقشة، وبالتالي فهي اكثر تفسيراً وأغزر فكراً.

- الخاطرة لا تخضع لقالب معين، وهي فن حر يستطيع الكاتب المتمكن أن يشكل الخاطرة على النحو الذي يجعل منها خاطرة قوية دون أن يتبع تنظيماً مسبقاً متفق عليه، في حين أن المقالة وإنْ كانت لا تخلو من الجانب الذاتي إلا أنها أكثرُ تنظيماً من الخاطرة.

- الأسلوب في الخاطرة ينزع إلى الشاعرية والتصوير والخيال في حين أن المقالة أسلوبها تقريري يعتمد التحليل والاستنتاج.

- كتابة المقالة تعتمد في جانب منها الإفادة من المراجع والمقالات الأخرى، في حين أن الخاطرة تنبثق فجأة في وعي الكاتب.

- وفي الخاطرة لا بد من التركيز على فكرة الموضوع دون التطرق إلى مواضيع عدة.

*نموذج من خاطرة (كرة قدم).

قاتل الله الكرة, ما أعجب أمرها! وما أدق سرها ! قد جمعت الأضداد، النجباء والأوغاد، فهي كبيرة الحجم، لكنها خفيفة الوزن، سريعة الوثب، وهي ناعمة اللمس، مليحة الرقص، ولكنها لا تمل من الضرب ولا تكلّ من الدحرجة، وهي محبوبة, مألوفة تنتقل على الأيدي والأحضان لكنها تطرد بالأرجل والعصي، فهي عزيزة ذليلة !

* تحليل:

الفكرة بسيطة مألوفة، (كرة القدم) يعرفها الجميع

المقدمة : مناسبة وتمتاز بالإيجاز.

العرض : أسلوب الكاتب شيق وكلماته مقبولة وينتقل بطريقة واضحة, ويمتاز أسلوبه بحسن التنظيم وجودة السبك، ألفاظه متألفة وتعابيره سهلة مناسبة للموضوع.

الخاتمة : الاستغراب والاستهجان والاستعجاب.

المقامة.

١- المفهوم اللغوي للمقامة.

إن الناظر إلى مادة (قَوَمَ) في أي معجم من معجمات اللغة العربية يجد ما يلي المقام والمقامة: الموضع الذي تقيم فيه, وقيل الإقامة والمقام بمعنى الإقامة. أو موضع القيام, وأمّا المقامة (بفتح الميم الأولى) فهي المجلس أو الجماعة من الناس في المجلس وهي بذلك تعني المكان أو من يقيمون في المكان ويجتمعون فيه, وردت المقامة في الشعر القديم وقد وردت لفظة مقامات بمعنى المجالس في قول سلامة بن جندل السعدي مفتخرا بقومه" يومان يوم مقامات وأندية ويوم سير إلى الأعداء تأويب".

وتطور مفهوم كلمة مقامات فقد تحدث الجاحظ عن "مقامات الشعراء " بمعنى المكانة التي كانوا يحظون بها وتحدث ابن قتيبة في كتابه "عيون الأخبار " عن مقامات الزهاد والعباد عند الخلفاء والملوك ومفردها هنا مقام بمعنى حديث وعظي أو خطبة وعظيه يلقيها الواعظ بين أيدي الخلفاء.

٢- المفهوم الاصطلاحي للمقامة.

المقامة اصطلاحاً: هي فن أدبي من فنون النثر الفني وهو فن له بناؤه الخاص وخصائصه الفنية.

وقال الدكتور زكي مبارك إنها القصص القصيرة التي يودعها الكاتب ما يشاء من فكرة أدبية أو فلسفية أو خطرةٍ وجدانية أو لمحة من لمحات الدعابة[١].

بينما يراها موسى سليمان, أحاديث أدبية لغوية يلقيها راوية من الرواة على جماعة من الناس، بقالب قصصي يقصد فيه التسلية والتشويق لا تأليف القصة والتحليل[٢].

على كل حال فإن المقامات لا ترقى بأي حال من الأحوال إلى فن القصة وذلك لأن هذا الفن, فن أوروبي تأثر به العرب في العصر الحديث، ولكن نتلمس في المقامات جذور القصة, والهدف من المقامات هو هدف لغوي تعليمي.

أصحاب المقامات.

١- بديع الزمان الهمذاني، وهو أول من اكسب المقامة معناها الاصطلاحي فقد استخدم بديع الزمان الهمذاني مصطلح ((المقامة))بمعنى أحاديث تلقى على مسامع جماعة من الناس. ويبدو هذا واضحا في قول الهمذاني نفسه في عدد من

---

[١] زكي مبارك، النثر الفني في القرن الرابع،ص ١٧٥
[٢] موسى سليمان، الأدب القصصي عند العرب،ص ٣٣٨

مقاماته منها: ((المقامة الأسدية)) يقول : حدثنا عيسى بن هشام قال : كان يبلغني من ((مقامات الإسكندري)) ومقالاته ما يصغي إليه النفور وهو يعني بهذا الخطبة أو الموعظة التي كان أبو الفتح الإسكندري يلقيها. فكانت المقامة عند الهمذاني حديثا يرويه راو معين هو عيسى بن هشام، ويحكى فيها حكايات قام بها بطلها أبو الفتح الإسكندري وكان هذا البطل متسولا أو مكدِّياً يسعى إلى جمع المال.

٢- أبو القاسم الحريري صاحب المقامات المشهورة، يعد نفسه تاليا لبديع الزمان الهمذاني وقد نسج الحريري مقاماته على منوال الهمذاني في مقاماته. فكان البطل عند الحريري أبا زيد السروجي والراوي هو الحارث بن همام.

صفات الشخصيات في المقامات.

١- أبو الفتح الإسكندري، شاعر خفيف الظل، حاضر البديهة قادر على الارتجال ملم بأنواع الحيل، يسخرها لينال عطاء الناس، وهو بطل مقامات الهمذاني

٢- أبو زيد السروجي، اسم شخصية ابتدعها الحريري لبطل مقاماته وهو يمتاز بسرعة البديهة والخيال الواسع والمكر المهذب.

٣- عيسى بن هشام : شخصية ابتدعها بديع الزمان الهمذاني ليتولى قص أخبار أبي الفتح الإسكندري وهو عالم جليل وأديب شاعر

٤- الحارث بن همام : هو راوٍ في مقامات الحريري.

نشأة المقامات.

ابتكر بديع الزمان الهمذاني فن ((المقامات)) ويقرُّ بهذا أبو القاسم الحريري حيث يعدهُ مبتدع هذا الفن الأدبي وقد قيل إنّ بديع الزمان الهمذاني قد عارض ابن دريد الأزدي في أحاديثه وهي أربعون حديثا رواها أبو علي القالي في كتابه الأمالي.

أمّا الأصول التي تأثر بها الهمذاني مبتكر المقامات فهي:

١- أحاديث ابن دريد وهي أربعون حديثا.

٢- مقامات الزهاد والعباد، وهي أحاديث رواها ابن قتيبة.

٣- أحاديث الجاحظ.

٤- أشعار الكدية ومنها قصيدة الأحنف العكبري.

٥- حكايات أبي القاسم البغدادي هي حكايات تتحدث عن الكدّية.

أغراض المقامات.

أهم أغراض المقامات.

- الكدّية، وتقوم عليها معظم المقامات

- الأغراض التعليمّية من خلال ما تعرضه المقامة من الأحاجي والألغاز، كالمقامة القرضية، المقامة الشتوية، المقامة القطعية، المقامة الحلبية.

- تصوير ظواهر وأبعاد اجتماعية كما يبدو في المقامة القردية والمقامة الفراتية والمقامة التبريزية للحريري.

- النقد الأدبي : كما يبدو في المقامة القرضية، المقامة الجاحظية، والمقامة الحلوانية للحريري.

- الوصف : كما يبدو في المقامة الخمرية، والمقامة الحضيرية، والمقامة العمانية (وصف البحر) المقامة الشتوية (وصف الشتاء) والمقامة الواسطية (وصف الرغيف):للحريري.

- المدح : كما يبدو في المقامة الناجمية، والمقامة الخلفية.

- الوعظ: كما يبدو في المقامة الوعظية، والمقامة الصنعانية، والمقامة الرملية للحريري

- الهجاء والتعريض كما يبدو في المقامة الشامية و المقامة الدينارية والمقامة الرملية للحريري

- الهزل والإضحاك: كما يبدو في المقامة المضرية، والمقامة الحلوانية، والمقامة الصورية.

خصائص المقامات الفنية.

- يشيع في المقامات التأنق الشديد في اختيار الألفاظ والعبارات لإبراز المعنى

- يتسم أسلوب المقامات بالصنعة والتكلف ويغلب عليه السجع مع استخدام فنون بديعية أخرى كالجناس والطباق والمقابلة

- يبدو الحوار جليا في معظم المقامات ولا شك أن الحوار يضفي حيوية على النص كما يستخدم كّتاب المقامات السرد إلى جانب الحوار.

- المزاوجة في استخدام النثر والشعر مع توظيف الشعر في خدمة الهدف الذي يسعى إليه الكاتب.

- يحرص كتّاب المقامات على إبراز مهارتهم اللغوية في استخدام الصور البيانية المعتمدة على التشبيهات والاستعارات والكنايات

- وضوح المعاني على الرغم من الإكثار من المحسنات البديعية, فكاتب المقامة مهتم بالمعنى إلى جانب اهتمامه باللفظ.

- ضعف الجانب التصويري في المقامات بسبب الاهتمام باللغة والبديع.

الخطابة.

تعريفها :

الخطبة :فن من فنون الأدب وهي طريقة لسانية شفوية للتأثير على الجمهور بإقناعه واستمالته.

والخطابة هي الحديث المنطوق تميزاً لها عن الحديث المكتوب،وهي تحتاج إلى خيال وبلاغة، ولذلك تعد من قبيل الشعر، أو هي شعر منثور وهو شعر منظوم.

نشأتها.

كان للخطابة في الجاهلية شأن عظيم، وكان للخطيب مكانه عظيمة أيضاً، وقد اقتضت المنازعات بينهم أن يتفاخروا ويتنافروا فاحتاجوا إلى الخطابة في الإقناع والإثارة.

وكانوا يمدحون الخطيب بمهارة صوته وشدته، ورباطه جأشه، وغلب على خطبهم قصر الجمل والسجع، وقصر الموضوع.

ومن أشهر خطباء الجاهلية، قس بن ساعده الأيادي، وأكثم الصيفي, وهرم الفزاري وكانت الخطابة فيهم قريحةً مثل الشعر، وكانوا يدربون فتيانهم عليها منذ الحداثة لاحتياجهم إلى الخطباء في إيفاد الوفود حاجتهم إلى الشعراء في الإشادة بالأمجاد والدفاع عن الأعراض.

وفي الجاهلية كانوا يقدّمون الشاعر على الخطيب، وظل الأمر كذلك حتى جاء الإسلام فصار الخطيب مقدَّماً على الشاعر لحاجتهم إليه في الإقناع وجمع كلمة الأحزاب واستنهاض الهمم إلى الجهاد.

وكان غالبية خطباء الجاهلية من شيوخ القبائل وحكمائها، وتتميز خطبهم بتخير الألفاظ الرقيقة والمعاني المألوفة، ومن خطبهم القصار والطوال، والقصار كانت أكثر وأشيع وأفضل لسهولة حفظها، وكانوا لشدة عنايتهم بالخطب يتوارثونها، ويتناقلونها في الأعقاب، ويسمونها بأسماء خاصة.

وفي العصر الإسلامي ازدهرت الخطبة، فأصبحت أداة للدعوة إلى الإسلام وتطورت عما كانت عليه من قبل بفعل الإسلام، فقد زادها القرآن الكريم بلاغة وحكمة،بما كان يتوخاه الخطباء من محاكاة أسلوبه والاقتباس من آياته تمثلاً أو إشارة أو وعيداً.

وفي العصر الأموي،كثرت الأحزاب السياسية والفرق الدينية [1] وكثرت الثورات والحروب، مما زاد في أهمية الخطب، ولوّنها بألوان فكرية وحضارية جديدة بالإضافة إلى الموروث الخطابي وسماته الفنية السابقة.

---

[1] شوقي ضيف (**العصر العباسي**)، ص ٥٢٦.

ومن أشهر خطباء العصر الأموي، معاوية بن أبي سفيان، عمر بن عبد العزيز،زياد ابن أبيه، والحجاج بن يوسف الثقفي، والمهلب بن أبي صفرة.

وفي العصر العباسي بقيت الخطابة مزدهرة لبقاء دواعيها لكن مع مرور الوقت أخذت تنحصر في المناسبات الدينية. بسبب غلبة العناصر غير العربية على الحكم، واتساع رقعة الخلافة في بلاد لا يحسن أهلها العربية، ومع ذلك لا يخلو الحال من ظهور بعض الخطباء في الأحداث الجسام.

تلك نبذة عن نشأة الخطابة العربية وتطورها، فمن الأمور المسلم بها أن الخطابة كانت تقوى بتوافر دواعيها وتضعف تبعاً لقلة هذه الدواعي وفتورها، وإذا نحن ألقينا نظرةً على تاريخ المسلمين رأينا أن هناك دواعي تهيئ للخطابة العربية النهوض والازدهار, فالعرب الفاتحون لم تكن تنقصهم بلاغة الكلمة وفصاحتها التي تعتمد عليها الخطابة، فمنهم مفطورون على البلاغة والفصاحة، ومعروفون بحضور البديهة وسرعة الخاطر والقدرة على القول ارتجالاً.

عوامل ازدهار الخطابة :

لازدهار الخطابة في العصر العباسي عوامل متعددة ومختلفة ومن أهمها العوامل التالية :

1- ظهور الإسلام بين شعب تمرّس بالفصاحة، واعتز بالبلاغة وكانت أبرز ما عرف به، لكنه مع هذا كله شعب أمي، لا يجيد القراءة ولا يحسن القراءة ولا يحسن الكتابة، وجاءته رسالة السماء على يد رسول أميّ، فكانت الخطابة وسيلته في إبلاغ الرسالة وتأدية الأمانة.

2- طبيعة الدعوة الإسلامية التي تعتمد الحجة والإقناع والتأثير, ومثل هذه الدعوة ألصقت بالخطابة، ولا يناسبها الشعر الذي يعتمد على الخيال ويقيده وزن وقافية.

3- حملة القرآن على الشعراء أو بعضهم في قوله تعالى " والشعراء يتبعهم الغاوون ألم تر أنهم في كل واد يهيمون، وأنهم يقولون ما لا يفعلون " [1] ولذلك شاعت الخطابة وأنصرف المسلمون إليها.

4- لقد أصبحت الخطابة ركناً في الجمع والعيدين,وبهذا أصبحت تمارس اسبوعياً.

5- انتشار الحكم الشورى في عهد الخلفاء الراشدين، وإفساح الحرية في التعبير، ومناقشة الحكام، ثم التزام السياسة الأموية بإتاحة حرية القول، حتى لا يتجه الناس للعمل ضدهم.

---

[1] **سورة الشعراء,224-226 آية.**

٦- اتساع دائرة الخطباء والوعاظ في عهد بني أمية، إذا لم تعد الخطابة حتى الدينية منها مقصورة على الخلفاء والولاة، وكثر عدد من تولوا هذه المهمة.
٧- نضج جيل ولد ونشأ في الإسلام، وأثرت فيه المدارسة والبحث منذ نعومة أظفاره، من أمثال زياد، والحجاج.
٨- قدوم الوفود للمبايعة والتهنئة ومعهم خطباؤهم من عهد الرسالة ثم اتساع هذه الدائرة بعد الفتوح الإسلامية، وبخاصة في عهد بني أمية فقد كان خلفاؤهم وولاتهم يشجعون هذه الوفود ويغدقون عليهم الأموال ويعدون قدومها تجديداً للولاء.
٩- الأحداث التاريخية الجسمية المتتالية (وفاة الرسول ص") حروب الروم، الفتوح الإسلامية، مقتل الخليفة عثمان بن عفان، الأحزاب السياسية والدينية.

أهم موضوعات الخطابة الإسلامية.

- الدعوة إلى توحيد الله، والأمر بالمعروف، والنهي عن المنكر، والتحذير من عقاب الله، والترغيب في ثوابه، أو تقرير حكم شرعي، أو نظام اجتماعي أو حفل ديني كموسم الحج بعرفة.
- التحريض على الجهاد وقتال الأعداء.
- حل المشكلات السياسية وخير مثال على هذا النوع خطبة أبي بكر الصديق رضي الله عنه يوم السقيفة، حيث تنافس المهاجرون والأنصار فيمن يخلف رسول الله (ص) عقب وفاته.
- بيان السياسة التي سينتهجها الحاكم وهي أشبه بخطاب العرش ومن هذه الخطب خطبة عمر بن الخطاب رضي الله عنه عندما وليّ الخلافة.
- استعمالها آلة للعقوبة والتقريع والتوبيخ, مثل: خطبة زياد ابن أبيه عندما قدم والياً على البصرة من قبل معاوية.

خصائص الخطابة في الإسلام.

- سلكت الخطابة طريقاً دينياً وبخاصة في عهد الرسول (ص) وخليفته أبي بكر وعمر وكثر فيها الأمر بالمعروف والنهي عن المنكر.
- كثرت الخطب السياسية (خطبة أبي بكر يوم السقيفة).
- قوي تأثير الخطابة على النفوس، وأخذت تملك المشاعر، لصدقها وبراعة خطبائها.
- سهلت ألفاظها, وزادت أساليبها متانة, وتجنبت سجع الكهان.

- كانت تبدأ بحمد الله والثناء عليه والصلاة على رسول الله (ص).وإذا خلت الخطبة من هذه البداية سميت (بتراء).
- أخذت تحاكي أسلوب القرآن في الاستدلال والإقناع.
- كثر فيها الاقتباس مِن القرآن الكريم.
- تنوعت الخطب بين الإيجاز والإطناب، فمنها ما لم يزد على فقرات معدودة.

عناصر الخطبة :
الجمهور: الخطيب, الوسط اللغوي.
الصفات التي تشترط في الجمهور:
- حسن الاستماع والإصغاء، وهما الوسيلة الأساسية لفهم ما يقال.
- الثقافة العالية.

ويشترط في الخطيب:
أ- سِعة الحفظ والإطلاع،لأن ذلك يساعده على اختيار الأسلوب المناسب، وعلى التصرف إزاء أي طارئ، ومما ينصح به الخطيب حفظ آيات من القرآن الكريم وأحاديث الرسول (ص) وبعض الأشعار وجوامع الكلام, والتعابير الجميلة.
ب- الاستعداد الفطري،أن يكون لِسناً فصيحاً سريع البديهة، حاضر الذهن، والتعرف على نفسية السامعين.
ج- جودة الإلقاء وحسن الهيئة, فلا يظهر أمام الناس بهيئة تصرف الذهن عن تحليل الكلام إلى تحليل الخطيب نفسه، أمّا جودة الإلقاء فتعنى بصوت الخطيب ولغته، وحسن الإشارة، والوقفة،فعلى المستوى الصوتي يسمو الخطيب بمهارة صوته وحسن لفظه، إذ تخرج الأصوات من مخارجها دون مبالغة ولا تكلّف، ويتنوع إيقاعها دون تسرع أو إبطاء.
د- صدق الانفعال، وهي من إشارات جذب الجمهور وبقائه متابعاً له.
هـ- لغة الخطيب الناجح، تصل بحرارتها وقوة جرسها وحسن إيقاعها إلى لغة الشعر فيختار من الصور ما يعبر عن الفكرة في أكثر من طريق.
و- مراعاة أصول المجاملة فلا يستخدم ألفاظاً نابية ولا قاسية ولا يتعالى عن مستمعيه ولا يتحذلق أو يتصنع بل يراعي المستوى الثقافي والاجتماعي لمستمعيه.

أنواع الخطب.

تبين مما سبق ألوان من الخطابة عرفها العرب قديماً وما زالت إلى عصرنا هذا، فالخطب الحربية والسياسية والاجتماعية والدينية قديمة حديثة، بل أن أنواع من الخطب نسمعها في نشرات الأخبار في المناسبات العامة.

وسنتوقف عند ثلاثة ألوان من الخطب، اختلفت أنماطها عن ذي قبل وأصبح لها شأن ترتبط بمناسبات تتكرر تلك هي :

أ- خطب المرافعات.

ب- خطب التكريم والتقديم.

ج- خطب التأبين.

أ- خطب المرافعات.

تكون في المحكمة للنظر في أمر متهم بجريمة، أو للفصل بين متنازعين في قضية ما، فصفات الخطيب (المحامي) الاطلاع على القوانين وشرحها وعلى الآراء الفقهية وتأويلاتها.

يكون يقظاً في أثناء المرافعة، ويفضل أن يلقى مرافعته عن ظهر قلب فذاك أنفذ إلى قلوب السامعين.

ويشترط في لغة المرافعة أن تكون علمية تستخدم فيها المفردات القانونية دونما تعالٍ أو إكثار منها، ودونما ضعف أو إسفاف فيها، وأن تستميل القاضي والمحلَّفين بصدقها وحرارتها وإقناعها.

ب- خطبة التكريم والتقديم.

خطبة التكريم : هي خطبة ثناء على عظيم أو ذي فضل في محضره هو أو من ينوب عنه، وخطبة التقديم هي تعريف الجمهور بذي موهبة في محضره أيضاً وقد يكون صاحب الموهبة أديباً أو عالماً أو باحثاً.

ومهمة الخطيب أن يبرز عظمة المكرّم وفضله، وأن يقدّم صورة تشوق الجمهور عن المقدُّم وفي كلتا الحالتين يعلمُ الخطيب مسبقاً عن ذي الفضل أو عن ذي الموهبة ما يصلح أن يقال أمام الجمهور, ولا بد من إثارة الجمهور ببعض الصفات العاطفية التي تبقى على حماس الجمهور, وتزيد من احترامهم له، ويفضل ذكر الحكايات والأمور الشخصية لتعطي يقيناً بأن ما قيل نابع من معرفة أصيلة وخبرة شخصية.

وقد تقضي ظروف التقديم أن يذكر الخطيب معلومات عن سيرة الشخص، مولده، علمِهِ، الظروف التي عاشها، وكل ما شكّل شخصيته.

ج- خطبة التأبين.

وهي الخطبة التي تلقى على قبر المتوفى، أو في حفل تأبينه، أو في ذكرى وفاته وتحتوي عادة على فضائل الميت وآثاره، وعظم الفجيعة لفقده هذه الصفات ثم مواساة الأهل بأن هذه الفضائل لم تمت بموته.

أجزاء الخطبة.

أصول الأعمال الكتابية العامّة ثابتة، فهي المقدمة، والعرض, والخاتمة, لكن لكل عمل كتابي شخصيته المميزة التي تبدو في الأسلوب وطرق العرض والمقدّمة في الخطبة سواء أكانت تقليدية أم خاصة، تمهد للموضوع وتشد السامع إلى ما يقال، وتقضي على حالة الهرج التي تسبق الخطبة سوى في الخطب الدينية التي يتمثل سامعوها مسبقاً الحديث (إذا قلت لصاحبك أنصت، والإمام يخطب, فقد لغوت).

وقد تكون المقدّمة طويلة بعض الشيء، وقد تكون قصيرة, وربما يستغني الخطيب عنها في الحالات الانفعالية، لأن المقدّمة حنيئذٍ تبرّد هذا الانفعال وهدف الخطبة تأجيجه.

أياً كانت المقدّمة فيجب أن تكون متصلة بالموضوع صلة مباشرة وأن تكون واضحة ومناسبة من حيث لغتها وأفكارها لمستوى الجمهور وأن تكون في موضوع ذي قيمة أو مرتبطة بحدث مهم، وأن تكون شائعة وطريفة تخاطب الوجدان والعقل.

وتبدأ مقدمات الخطب الدينية عادة بالحمد والثناء والصلاة والسلام على رسوله (ص) بل أن معظم الخطب تبدأ بهذا الاستهلال، لضمان هدوء الناس وحسن استماعهم وإنصاتهم.

وقد تبتدئ الخطبة باقتباس أو تضمين أو برد شبهة أو مقولة قالها خطيب أو مفكر، وقد يستوحي مقدمته في حال الحضور، قد يبدأ الخطبة بحكاية لطيفة.

أمّا العرض فهو صلب الخطبة وفكرتها الرئيسية، وقد يتبع الخطيب أحد الترتيبات التالية ليوسع نقاط موضوعه وليحافظ على الترابط :

- الترتيب الزمني.
- الترتيب المكاني.
- ترتيب حل المشكلات.
- ترتيب السبب والنتيجة.
- ترتيب الخصائص العامّة لشيء ما، بحسب شهرتها.

أياً كانت طرق العرض، فيجب أن تتصف بالوحدة فتناقش موضوعاً واحداً وتتصف بالوضوح، والتماسك والتسلسل فكل فكرة ترتبط بالفكرة التالية وأمّا الخاتمة فهي آخر ما يرسخ في نفوس السامعين، وتتخذ الخاتمة أشكالاً أهمها :

١-   الحث، إذ يحث الخطيب الناس على الاعتقاد بوجهة نظر, أو يحثهم على سلوك أو عمل ما لتحقيق هدف معين.

٢-   التلخيص،إذ يختصر الخطيب أفكار الخطبة أو يستعيد النقاط المهمة الواردة فيها.

٣-   التأكيد، "إذ يحرص الخطيب على نقطة لتقوي وجهة نظره أو يذكر سبباً أو سببين لتأكيد صحة اعتقاده بما يتحدث.

٤-   الاقتباس أو التضمين من قول مؤثر.

٥-   توضيح نوايا شخصية لحمل الناس على الاعتقاد بالعمل.

والخاتمة يفترض أن تكون قصيرة، وقوية العبارة، وعاطفية تثير مكمناً من مكامن النفس كالخوف والرجاء، وحب الاستطلاع والاستهانة والحرص والرغبة والحذر، وخيرٌ للخطيب أن ينتهي والجمع بين حماسة وميل إلى الاستزادة من أن ينتهي والناس في ملل وسآمة [1].

●

───────────────
[1] أحمد الحوفي، فن الخطابة، ١٣٧.

فن القصة.

القصة في اللغة :الأمر والحديث، تقول اقتصصت الحديث أي رويته على وجهه، والاسم القصص وجمع القصة: القِصص،وورد الاسم في القرآن الكريم.

القصة في الاصطلاح: نوع من الأنواع الأدبية يحمل فكرة معينة يراد إبرازها وتصويرها تصويرا دقيقا من طريق أحداث تجري في زمان أو أزمنة محددة وشخصيات تتحرك في مكان أو أمكنة محددة.

تعريف آخر: هي فن أدبي يتناول حادثة أو مجموعة حوادث تتعلق بشخصية أو مجموعة من الشخصيات الإنسانية،في بيئة زمانية ومكانية ما.تنتهي إلى غاية أو هدف بنيت من أجله القصة بأسلوب أدبي ممتع، كما أنها تجمع بين الحقيقة والخيال.

وهذا الفن بهذا المفهوم مقتبس من الغرب الذي عرف القصة الفنية في القرن الثامن عشر.

الكاتب لا يقف على السطح من القصة، بل ينظر في أعماقها ويضيف إليها من خياله وأفكاره ويركز فيها على الشخصيات أو الشخصية الرئيسية،وعلى الدافع الذي يحرك هذه الشخصيات.

أهداف القصة القصيرة:

١-   التأثير من طريق الرمز والتلميح،فهما أقوى أثرا من الوعظ والحديث المباشر.

٢-   تقديم المتعة والتسلية للقارئ.

عناصر القصة وأركانها :

١-   الحادثة.(الأحداث):والحادثة في العمل القصصي- مجموعة من الوقائع الجزئية مرتبطة ومنظمة على نحو خاص هو ما يمكن أن تسميه الإطار. لذا فلكل قصة أحداثها وإطارها الخاص

ولا يستمد العمل القصصي- أهميته من الحادثة التي يصفها،ولكنه يستمدها من إكساب الحادثة قيمة إنسانية خاصة.فكم قصة كتبت حول حوادث كبار ولم تكن بذات قيمة فنية، وكم من قصة تناولت حادثة بسيطة فارتقت بهذه الحادثة، بفنيتها وبراعتها إلى مستوى رفيع, فعلى الكاتب أن يحسن اختيار الحادثة،ويستطيع أن يجمع بين الأحداث الصغار فيأخذ منها ما يلزم ويطرح ما لم يلزم. ويصوغ قصته من هذه الأحداث،ويستطيع أيضا أن يقدم ويؤخر فيها فلا يوردها في القصة بالشكل الذي مرت في الواقع.

هل يشترط في أحداث القصة خبرة الكاتب الخاصة ؟

نعم، يقررون أنه بغير هذه الخبرة لا يتهيأ للكاتب أن يكون صادقا وأمينا. مثلا لا يستطيع القاص أن يصف بيئة لا يعرفها، أو يحرك شخوص قصة في جو لم يخبره خبرة شخصية. فالمرأة التي تكتب عن خصوصيات الرجال، والقاص الذي يصور مغامرة في الصحراء، ولم يرها ولم يعرفها، لا يستطيعان أن يقدّما في هذا المجال شيئا مهما, أمّ الذين لا يرون ضرورة للخبرة الشخصية فيما يتصل بأحداث القصة فيقولون أن القاص يستطيع أن يتغلب على غياب الخبرة الشخصية بالخبرة المكتسبة، وأهم وجوه الاكتساب القراءة والمطالعة، ومخالطة الآخرين والإفادة من خبراتهم. ولما كانت حياة الإنسان محدودة في الزمان والمكان. فلا مناص للكاتب من اكتساب خبرات الآخرين.

وإضفاء كثير من عناصر الخيال إلى تلك الخبرات، ما يمكن الكاتب من الخروج عن حدود زمانه ومكانه، وكتابة القصص الأسطورية والتاريخية بخاصة.

كما أن الأحداث هي ركن أساسي ترتبط بباقي عناصر القصة، فالكاتب يعيش في مجتمعه وتقع له من الحوادث ما يقع للآخرين. ويمر بالتجارب المتشابهة، ولكن نفس القاص تتحسس من الحوادث ما لا يتحسسه الناس العاديون، فهو عندما يرى حادث مرور وهو في طريقه عائدٌ إلى بيته من عمله، لا يمكن أن يمر عليه الحادث مر الكرام،بل لا بد أن يفكر في أسلوب هذا الحادث ودوافعه، ليحاول الوصول إلى العبرة المستقاة منه، ويحاول أن يكتب قصة عن الحادث الذي عاشه أو سمع به أو قرأ عنه. ليقول مثلا أن السائق كان ثملا فضرب بعمود الكهرباء أو أنه كان يسير بسرعة فائقة، ولم يستطع السيطرة على سيارته فوقع الحادث، فكأنه يقول لقرائه أيا كم وتعاطي المسكرات،وإياكم والسرعة فهي سبب لحوادث المرور، ويمكن للقاص أن يمزج الواقع بالخيال، فيعيد ترتيب الحوادث لتبدو القصة مقنعة للقارئ.

ومن الممكن أن يستمد الأحداث بما يمر به من تجارب كما يفعل المحامون من الكتاب أو الأطباء، كطبيب يكتب (حكايا طبيب)وقد يكون الكاتب حلاقا فيستمع إلى ما يدور بين الناس من حكايات في المجتمع،فيعيد صياغتها من جديد، ليضيف إليها من خياله الخصب ما يجعلها قصة فنية تبدو أحداثها منطقية مقنعة حتى ليكاد القارئ بعد انتهائه من قراءتها يقول : هذه القصة أحداثها حقيقية, وأحداث القصة تكتسب قيمتها من عمق التحليل، والصدق في التعبير عن تجربة الكاتب أو عن تقديمه صورة واضحة مقنعة عن حياة طبقة، أو جيل أو مجموعة من الناس وكأننا نعيش معها من خلال القراءة فنراها، وكأنها أشخاص حية، وهكذا تنتقل التجربة الصادقة من الأديب في تعبيره عن تجربته إلى قرآئه.

٢-الحبكة أو العقدة :

يحلو لنقاد القصة أن يتحدثوا عما يسمونه الحبكة بدلا من الإطار. وهي ارتباط حوادث القصة وشخصياتها ارتباطاً منطقياً يجعل من مجموعها وحدة ذات دلاله محددة وبناء متماسك الأجزاء.

ومعنى ذلك أن هناك في القصة ذات الحبكة سبباً وراء كل حدث أو تصرّف ويحتاج القارئ في تفسيره وفهمه إلى صفتين : الذاكرة والذكاء, الذاكرة لتذكر ما فات من الحوادث لفهم ما هو آت، والذكاء لتفسير ما هو آتٍ منها في ضوء ما فات والقارئ العادي لا يرهق نفسه في فهم الأحداث وتبريرها والربط بينهما، لكنهُ يكتفي بالنظر إلى نهاية الحدث والوصول إليه.

وتكون الحبكة غامضة في البداية ثم تكتشف تدريجياً، وفي غموض الحبكة وعدم انكشافها بسرعة تحدٍ للقارئ الذكي ومجال للاستشعار بالمتعة الذهنيّة في معالجة هذا الغموض وتقليب النظر فيه.

فعندما تبدأ القصة بمقدّمة، تهيئ القارئ لتقبل ما يدور في القصة من صراع بين الشخصيات حتى يصل إلى ذروته من التعقيد وهنا لا بد من تفسير، وهذا العنصر يرتبط ارتباطاً كاملاً بالحوادث وتسلسلها وارتباطها بروابط السببية، فإذا كانت الأحداث متفاعلة وملتحمة تكون الحبكة متماسكة، وإذا بنيت القصة على سلسلة من الحوادث أو المواقف المنفصلة التي تلتقي في بيئة زمانية أو مكانية تكون الحبكة مفككة، المهم أن تكون الحبكة هي ذروة الحوادث للغز الغامض, سبّب التساؤل لدى القارئ أو السامع، وبقدر ما يتكهن القارئ لحل العقدة وهي (ذروة التأزم في القصة) وعدم توصله إلى ذلك بقدر ما تكون العقدة مشوّقة وجيدة، فيجعل الكاتب عندئذ شخصية من شخصيات القصة تلقي الضوء فتفسر العقدة.

ويمكن تعريف العقدة بعد كل ذلك بأنها : ذروة التأزم التي أوجدتها مجموعة الحوادث والأزمات المتصلة وتعقدها وهي قمة الحدث في القصة.

ولحظة التنور: التحول المتوقع في عقدة القصة التي تشد أحداثها القارئ ويتوقع التحول في كل لحظة، ويقدّر قارئها براعة الكاتب.

الارتداد المكاني والزماني : هو إدخال منظر أو حدث وقع في زمان مضى لتوضيح الواقع، وهو وسيلة فنية يشترط أن تكون خاطفة كيلا ينقطع سياق مجرى الأحداث وهي تدعى عند الغربيين (**Flash back**).

٣- البيئة (الزمان والمكان)

هو المكان الذي تجري فيه أحداث القصة في وقت من الأوقات، أو هي مجموعة الظروف التي تؤثر على شخصيات القصة في مكان وزمان محددين، وعلى الكاتب أن يرسم شخصياته بشكل لا يتناقض مع الواقع، إذ انتقد محمود تيمور في قصته (نداء المجهول) بأنه يجعل راوي القصة يرى سوريا سنة (١٩٠٨) في حين أن سوريا في هذا الوقت كانت ولاية عثمانية، لم تستقل بعد... أو أنْ يتحدث عن صحارى لبنان، مع العلم أن لبنان يخلو من الصحارى، والمطلوب أن يدرك القاص بيئة شخصياته إدراكاً تاماً سواء المكان أم الزمان.

٤- الشخصيات :

لا بد للقصة من شخصية أو شخصيات، ولا بد للقارئ من أن يتعاطف مع هذه الشخصية، ولكي يتم التعاطف بين شخصية القصة وبين قارئها لا بدّ من قيام علاقة وثيقة بينهما، وبمقدار ما يكون الكاتب بارعاً في رسم شخصياته وتأنيسها وتقريبها قادراً على نقل أحاسيسها إلى القارئ في حركاتها وسكونها، في صمتها وكلامها في تصرفاتها جميعاً وهو ما يسمى بالتشخيص في القصة.

والشخصية في القصة هي المحور التي تدول حوله القصة كلّها، ومن ثم فإن أهميتها لا تحتاج إلى توضيح، لكن إغفال أهمية الشخصية والعجز عن رسمها في ذهن القارئ بوضوح يجعلها تبدو ضعيفة وغير واقعية، وكأنما الكاتب يتحدث عن شخصيات جاء بها من عالم آخر، لذا فرسم الشخصية يستلزم مزيداً من الجهد والبراعة والخبرة والحذر.

وللشخصية أبعاد ثلاثة منها :-

١- الجانب الخارجي : يشمل المظهر العام والسلوك.
٢- الجانب الداخلي : يشمل الأحداث النفسية والفكرية والسلوك الناتج عنهما.
٣- الجانب الاجتماعي : يشمل المركز الذي تشغله الشخصية في المجتمع وظروفها الاجتماعية بوجه عام.

وهناك ملاحظات لا بد من الأخذ بها عند رسم الشخصية:

١- ينبغي أن تكون أبعاد الشخصية واضحة.
٢- ينبغي أن تكون الشخصية منطقية في تصرفاتها وسلوكها في أبعادها الثلاثة.
٣- ينبغي أن يبرر الكاتب موقفاً متناقضاً قامت به الشخصية.
٤- ينبغي أن تكون الشخصية نابضة بالحياة والحركة.

والشخصيات التي تظهر في القصة نوعان :

- الشخصية المكتملة (ثابتة أو مسطحة) : وهي شخصية لا تنمو ولا تتطور بفعل الحوادث، بل تظهر في القصة دون أي تغيير، بسلوك واحد، وتصرفات ثابتة وبردود فعل متوقعه ومعروفة.

أو هي التي لا تتبدل سلوكياتها من بداية القصة حتى نهايتها وهي على الأعم بين كبار السن والناضجين. لأن الإنسان في هذا السن يصعب أن يغير تصرفاته ويصبح أكبر ما يكون للمحافظة على عاداته والتمسك بقناعاته.

- الشخصية النامية المتطورة وهي الشخصية التي يتم تكوينها على توالي أحداث القصة وتبدأ تتكشف بالتدريج, فتتطور من موقف لآخر وتتغير تصرفاتها طبقاً لتغير المواقف والظروف, ويحتاج فهم هذه الشخصية إلى ذكاء للوقوف على ما مضى من أحداث مرتبطة بها وهي عكس الشخصيات الثابتة، نجدها لدى الشباب، تنمو وتتطور بتطور أحداث القصة فتتبدل سلوكيات الشخصيات تبعاً للأحداث.

تسمى الشخصية من النوع الأول : الشخصية الجاهزة ومن النوع الثاني الشخصية النامية.

هل شخصيات القصة شخصيات واقعية ؟

من أين يستلهم الكاتب القصصي شخصياته ؟

أحيانا تكون واقعية وأحيانا تكون من نسج الخيال. إن الكاتب القصصي ـ يستلهم الشخصيات من الواقع ولكنه لا ينقلها عنه نقلا حرفيا، بل يختارها من شخصيات واقعية متعددة الصفات، ثم يؤلف بين الصفات فيرسم الشخصية التي يرتضيها لأحداث قصته. وعندما يرسم الكاتب القصصي شخصياته تلحظ أنه يقدم نوعين منها :

أ- شخصيات رئيسية : وهي محور القصة.

ب- شخصيات ثانوية : يأتي بها الكاتب لتلقى الضوء على تصرفات الشخصيات الرئيسية.

٥- الأسلوب (السّرد).

السرد: هو نقل الحادثة من صورتها الواقعة إلى صورتها اللغوية "أي التعبير بالألفاظ عن حادثة ما، واللغة هي وسيلة التعبير.

"وأسلوب ا لتعبير الذي يرتضيه الكاتب هو الرابط بينه من جهة وبين قارئ القصة من جهة أخرى.

ولا يقوم هذا الربط بينهما ما لم يكن الكاتب مالكا زمام اللغة،ويتقوى هذا الرابط كلما كان الكاتب أقدر على التعبير عن أفكاره بلغة سليمة واضحة مبرأة من الخطأ.

ولا يكتفي في السّرد باستخدام الأفعال المجردة،بل يستخدم العنصر ـ النفسي ـ عادة لإكساب الأسلوب مزيدا من الإيقاع والتأثير.

وهناك أنواع من أساليب سرد القصة:

- أسلوب السرد المباشر :وفيه يكون الكاتب بمثابة الراوي لأحداث يعرضها ويؤرخ لها.

- الأسلوب التعبير الذاتي : وهو أن يكتب الكاتب بأسلوب المتكلم ينسب الأحداث والوقائع لنفسه، فيجعل من نفسه إحدى شخصيات القصة، وكثيرا ما يؤخذ بهذا الأسلوب في الترجمة الذاتية.

- أسلوب السرد الحواري : الذي يديره الكاتب على ألسنة الشخصيات، ويعرض بهذه الواسطة ما يريد من أفكار وآراء تحقق هدفه من القصة.

وقد يجد الكاتب نفسه مضطرا أحيانا إلى استخدام غير أسلوب (أي اكثر من أسلوب) في القصة الواحدة، ليساعد ذلك في التعبير عن مواقف متنوعة في قصته.

ولا يخفى أن أسلوب السرد المباشر هو الأكثر استخداما في القصة وفي الرواية الطويلة.

والأسلوب بشكل عام : هو العنصر الذي بواسطة اللغة ينقل القصة من مجرد حكاية مروية إلى عمل فني.

والأسلوب الطبيعي للقصة هو الأسلوب الخالي من الزخارف البديعية ومن المبالغات المنطقية والخيالات التي لا تخدم الحدث والحبكة،فالأسلوب القصصيـ يعتمد على تنوع المواقف من مناجاةٍ إلى حوار ثم وثيقة على شكل رسالة، والأسلوب يكون أحد أساليب السرد المختلفة كالترجمة الذاتية، أو الوصف، وقد يكون السرد بلسان الراوي أو بلسان بطل القصة.

وكلما كان في القصة نوع من المرح والفكر العميق، وقدرة المؤلف على رسم الشخصيات الحية ببراعة، وعدم تدخل الكاتب في لغة الشخوص أو حوارهم،بل يترك الأمور تسير بشكل طبيعي شائق، كان أسلوب القصة ممتعا وقريبا من القارئ.

أنواع القصة.

١- القصة السّرديّة.

إذا عُنيت القصة بالحادثة وسردها سميت بالقصة السّردية، والحركة في هذا النوع من القصص عنصر أساسي وهي حركتان :

- عضوية : بحيث تحقق بأحداث القصة ومجرياتها.

- ذهنية : تحقق في تطور الفكرة العامة واتجاهها نحو هدف القصة.

٢- قصة الفكرة.

إذا كانت العناية منصبة على الفكرة والاهتمام بها واضحا والاهتمام بالتشخيص والسّرد أقل فهي (قصة الفكرة)وفي هذا اللون تتصرف الشخصيات وفقا لفكرة الكاتب تبعا لتكوينها الخاص، ويغلب الجانب المنطقي ويقل جانب الحركة.

٣- القصة الدرامية.

تتصرف الشخصيات التصرفات النابعة عن الشخصيات ذاتها، فحركتها حرة مرتبطة بإرادتها لا منوطة بإرادة الكاتب ومشيئته.

٤-القصة القصيرة.

تتراوح عدد صفحاتها من ٣-٢٠ صفحة.

٥-القصة المتوسطة.

تتراوح عدد صفحاتها من ٢٠- ٧٠ صفحة.

٦-الأقصوصة.

وهي أقصر الأنواع السابقة وهي كالخاطرة عبارة عن فكرة خطرت ببال الكاتب، فنسج منها قصة بطريقة فنية، تنطبق عليها شروط القصة الفنية.

٧-الرواية (القصة الطويلة)، هي التي تزيد عن ٧٠صفحة.

وتختلف القصة القصيرة عن القصة بوحدة الانطباع : وهي تمثل غالبا حدثا واحدا في وقت واحد ويتناول شخصية أو حادثة أو عاطفة مفردة. أو مجموعة من العواطف التي أثارها موقف واحد.

ويؤثر قصر القصة في اختيار موضوعها وأسلوب بنائها وطريقة عرضها وصياغتها، مما يجعل موقف كاتب القصة القصيرة أصعب من كاتب القصة أو الرواية الطويلة. لأنه مضطر إلى استيفاء عناصر القصة في حيز محدد من الزمان والمكان، فهو يتجاوز كثيراً من تفاصيل الأحداث أو يمسها مسا رفيقا ويتجاهل فترات زمنية لا حاجة لها، مع مراعاة الوحدة الزمنية التي تربط بين الفترات المتباعدة. وهو مضطر إلى الإقلال من عدد الشخصيات خلافا للرواية الطويلة وربما اكتفت القصة القصيرة في أحيان عدة بشخصية البطل الرئيسة. وكل ذلك يجعل التركيز صفة أساسية في موضوع القصة القصيرة في الحادثة وطريقة السرد.

وقد اختلف في طولها آخذاً في الاعتبار المقياس الزمني، فعد القصة القصيرة التي يمكن أن تقرأ في نصف ساعة أو ساعة أو أقل من ذلك أو أكثر، وجعل بعضهم حجم القصة مقياسا فذكروا أن القصة القصيرة تتراوح كلماتها من بين (١٥٠٠و ١٠٠٠)كلمة، والأمر نسبي.

لقد أصبحت القصة القصيرة أكثر الأنواع الأدبية رواجا في هذا القرن لأن حجمها ووقت قراءتها يلاقيان قبولا لدى الصحافة والإذاعة التي تتقيد دوما بحيز ووقت محددين أما الرواية فهي في الأصل اللغوي : نقل الماء من مكان إلى آخر، استعير هذا المعنى لنقل الخبر فصار يقال : رويت الحديث والشعر رواية فأنا راو في الماء والشعر والحديث.

والرواية هي اللون القديم من القصص ذات الأصول التاريخية الحافلة بالبطولات والخيال وضروب المستحيل. وهي الصورة الأدبية النثرية التي تطورت عن الملحمة القديمة كان ظهورها في أوروبا مرتبطاً بالنظام الإقطاعي الذي ساد في العصور الوسطى.

والقصة والرواية مصطلحات غير مستقرة المدلولات عندنا، فقد يطلق هذان المصطلحان أحيانا ترجمة للفظة الإنجليزية(**NOVEL**) إلا أن المتعارف عليه أن الرواية أكبر الأنواع القصصية من حيث الحجم، فهي أطول من القصة وأوسع ميدانا واكثر أحداثا وأشخاصا، وهي والحالة هذه على عكس القصة القصيرة، إذ يستطيع كاتبها أن يجري الأحداث ببطء ويحركها بتؤدة. وليس كاتب الرواية على عجلة من أمره أو ضيق لا من حيث الزمان ولا من حيث المكان، ولا من حيث الحيّز، ولا من حيث الصياغة والإخراج،

فان طول الرواية يساعد على التحليل والوقوف على الجزيئات وتناولها تناولا مبسطا تفصيليا، والرواية أخيراً تنزع إلى الفرار من الواقع وتصوير البطولة الخيالية، وفيها تكون الأهمية للوقائع وللأحداث التي ينظمها قاسم مشترك، لا للشخصيات والأبطال الذين يتغيرون ويتبدلون تبعا لتوالي الأحداث والوقائع.

ما هي القصة الجيدة في نظر القارئ ؟

تلك القصة التي توفر أكبر قسط من المتعة وتبعث السرور في نفسه, وبما أن القرآء يختلفون ثقافة ومركزاً، فإن ما يستهوي شخصاً قد لا يستهوي الآخر، لكن الجميع يحب الحيوية وصدق التصوير وهذه الحيوية تتجلى في مظاهر شتى هي :

أ- المرح والرشاقة.

ب- الفكر العميق.

ج- قدرة الكاتب على رسم الشخصيات الحيّة.

د - قدرة الكاتب وبراعته في رسم البيئة.

ه- المحافظة على وحدة القصة وترابطها.

و - عدم التدخل من الكاتب سواء في لغة الشخوص أم حوارهم بل يترك الأمور تسير بشكل طبيعي.

وقد يتساءل البعض منا، ما هو سبب التأثير الذي تتركه القصة الجيدة في النفوس ؟ هل هو ناتج عن سلسلة الحوادث ؟ أو عن شخصية ما ؟ أو عن الفكرة ؟ ؟أو عن الصورة للمجتمع (الزمان والمكان)؟.

لا شك أن مرجع التأثير عائد للعنصر السائد في القصة، وسيادة عنصر ما في القصة تظهر في شكل من الأشكال التالية :-

سيادة الحدث، سيادة البيئة، سيادة الشخصية, سيادة الفكرة، ويخرج القارئ من القصة وقد غلّب على نفسه عنصر من هذه العناصر، والحقيقة أن الحادثة هي اكثر العناصر شيوعاً في القصص ولكي يحقق الكاتب هذه السيطرة فهو يرسم المشاهد، ويصف المواقع التي تدور فيها الأحداث وفي هذا النوع لا يأبه الكاتب لتصوير البيئة ورسم الشخصيات بل كل ما يعنيه هو أن يقدّم سلسلة من المواقف الحرجة والأحداث المثيرة والعواطف المتأججة, ويسمى هذا النوع قصص الحوادث مثل قصة اللص والكلاب لنجيب محفوظ.

وإذا أراد الكاتب إبراز عنصر الشخصية فأنه يهتم بتحليل الذات الإنسانية واستنباطها، والتعمق في أغوارها، ورصد مراحل تطورها، والكشف عن الدوافع الحقيقية الكامنة وراء تصرفاتها وأفعالها، فتكون الأحداث بطيئة، ويسمى هذا النوع من القصص قصة الشخصيات مثل قصة (ثلاثة رجال وامرأة) للمازني وقصة (الكرنك) لنجيب محفوظ.

وعندما تكون القصة قائمة على التفاعل التام والمشترك بين الشخصيات والأحداث (الحبكة) يبدو الصراع واضحاً وهذا النوع يسمى القصة التمثيلية مثل (قصة بداية ونهاية) لنجيب محفوظ.

وإذا كانت القصة تدور أحداثها حول الحياة الإنسانية عامة في تطورها وتغيرها، وعدم الاهتمام بالحبكة المتماسكة ويكثر فيها الغموض والإبهام فتسمى قصة الأجيال، مثل قصة (الثلاثية) و(الحرافيش) لنجيب محفوظ.

وهناك نوع يصور الفترة الزمنية لشريحة أو قطاع من الحياة المعاصرة وخاصة في فترات الانتقال وهذه النوع يسمى قصة الفترة الزمنية مثل (الرغيف) لتوفيق عواد و(زقاق المدق) لنجيب محفوظ.

أما القصة التي تهتم بتسجيل حياة الإنسان وعواطفه في إطار تاريخي تسمى القصة التاريخية مثل قصة (الحجاج) لجورجي زيدان.

أساسيات تحليل القصة.

- الحدث ومدى ترابطه مع عناصر القصة. التركيز على التأزم، والحبكة هل هي متماسكة أم متفككة ؟ التدرج إلى الحل.

- الشخصيات، ومدى ارتباطها بالأحداث، وأنواعها، ودور الشخصيات الثانوية

- البيئة(الزمان والمكان) هل هي طبيعية أو يوجد ما يؤثر فيها ؟.

- الفكرة, مصدرها، أهميتها, ترتيبها، جدتها,صحتها.

- الأسلوب،السرد، الذاتي، أو غير ذلك، الحوار، اللغة المستخدمة.

- براعة الكاتب في الفكرة، رسم الشخصيات الحية، رسم البيئة، وحدة القصة وترابطها تدخله أو عدم تدخلّه في لغة الشخوص، التشويق.

- التأثير الذي تتركه القصة على القارئ،بيان سببه.

-نوع القصة، والعنصر الذي ساد في القصة وظهر بوضوح.

- مميزات القصة، البساطة، سهولة الألفاظ، التكلّف والتصنع.

(قصة الزغرودة)

شعرت بألم رهيب ينتشر في أوصالها، كادت قدماها تتجمدان من شدة الإعياء, رأسها يدور أنه الروماتزم اللعين عاودها مرة أخرى، بسرعة أومأت إلى الممرضة التي جاءتها على عجل لتساعدها على الصعود إلى الغرفة، تلك الغرفة التي عششت فيها عناكب الوحدة واخترق جدارها القاسي صمت رهيب أطبق على كل خلية من خلايا جسدها المنهك الذي ألقت به على الفراش البارد.

وراحت أنفاسها تتصاعد في علو وهبوط واضحين, وأفكارها تتدحرج في كل اتجاه لتبحث عن مخرج تأمن مما هي فيه، لكنها في كل مرة كانت تطلق فيها لأفكارها العنان, كانت تصطدم أشعة الأمل التي نسجتها من ارتعاشات الجفون وحبات الدموع، بتلك الجدران الرمادية التي ما إن نظرت إليها حتى شعرت أنها تقترب منها شيئاً فشيئاً حتى يضيق عليها الحصار فتشعر أنها وحدها في زنزانة نسيها الزمن في مكان عميق.

تحاول أن تصرخ فترتد الحروف إلى أعماقها مليئة بالحنية والأسى، انتم :- وائل، خالد صلاح، أنتم، أبنائي، تتبعثر الحروف من أعماقها وتقترب الجدران اكثر - تغيم الرؤية وتختلط الألوان لكنها في كل ركن ترى وجوههم تبحث فيها عن معنى جميل فقدته منذ زمن بعيد تصرخ .... وتصرخ, ولا من مجيب.

حاولت تحريك جسدها لكنها لم تستطع. ناولتها الممرضة شربة ماء وخرجت, أقفلت عينيها في شبه اغماضة فحملتها الذاكرة على جناحها، وطارت بها بعيداً إلى عالم الطفولة لترى نفسها وأخواتها يتحلقون حول أمهم، التي ما انفكت تروي لهم الحكايات وبين الحكاية والأخرى تضع يدها على جبينها وتنظر إلى البعيد تترقب عودة الزوج الذي انقطعت أخباره، منذ أن اشتدت أوزار الحرب المسعورة.

ماما أين أبي ؟

تغرورق عينا أمها بالدموع وتعود تنظر إلى البعيد، نظرت هي الأخرى إلى طريق آخر طريق طويل عرفت فيما بعد أنه طريق الحياة.

نهضت من حضن أمها لتضعَ قدمها على أول شوكة قائلة : ها أنا أكبر خطوة فخطوة وكلما امتدت خطواتي إلى الأمام أكثر كثرت الأشواك تحت قدمي لأجد نفسي- في حقل الأشواك القاتلة مع وحش أنشب أظافره في لحمي فاخترق العظم ولامس النخاع.

صاحت : لا أيها الطائر.... أسرع.... اجتز بي هذا الحقل فلقد غص حلقي بأشواكه التي امتدت كنبت شيطاني على جدار القلب - أرجوك حلّق -حلّق إلى أي مكان تريده ولكن لا تقف هنا ولكن طائر الذكرى أصم أذنيه،أعمى عينيه ولم يرحم جوع توسلاتها ومر بكائها.

لماذا تزوجته ؟ أمن اجل حفنة من حبيبات قمح منخورة، أسكت بها جوع أخوتي الذين يقفون على زمن حالك، صرخت - لا أريده لا بل أريده- من أجلهم, مَن يسمع شكوى عصفور جريح أمام عاصفة لا ترحم ؟

وائل، خالد, صلاح... أعدوا القهوة... افتحوا بيت العزاء.

ماما أين أبي ؟ اغرورقت عيناي بالدموع ونظرت إلى بعيد، طوقتهم بذراعي وهمست همسة رقيقة، أنتم - لكني أتدثر بكم من زمهرير البرد الذي بدأ يخترق العظام ليسكن ضيفاً ثقيلاً فيه (الروماتزم).

ومن كل بيت كسرة تحملها راحتاي المكدودتان من عناء يومي الطويل ومع كل كسرة فتات الحبات من العرق والتعب.

شكوى للسماء عُريي وللبيدر جوعي, لكن لا مجيب - بقيت صيحاتي - ترف في أذن السماء فيرتد الصدى... جوووع جوووع.

وبيدي المعروقة قلبت صفحة الأحزان - أو هكذا ظننت - لأفتح صفحة جديدة بكلمة انتظرها منذ ذلك اليوم الذي نظرت فيه أمي للبعيد.

لولولو ليي....لولولولي.

شقت صخور اليأس حين حمل وائل شهادة الطب بين يديه وحين اعتلى خالد منصة التخرّج

لولولولي..... لولولولي.

أفرغت فيها كل ما حمله صدري المكتوم من آهات حبسها ثلاثون عاماً حين ضممت صلاح بين ذراعي وأمطرته بقبلاتي وغسلت وجهه الصغير بدموع فرحتي التي تساقطت قطراتها على شهادة الآداب التي ضمها هو الآخر إلى صدره.ومضت على جناح الطائر كريشة هزيلة في مهب الذكرى لتسمع صدى صوتها يرتد في أزمة المخيم البائس... أنا أمكم يا أصحاب السيارات الفارهه أنا أمكم يا أزواج عرائس الورق، دموعي كانت قنطرةَ أحلامكم إلى مدائنكم القرمزية - عظمي المنخور كان سلم أوراقكم.

وعاد الطائر ليقف أمامها معهم وهي تجلس القرفصاء على أرضية الغرفة تلف نفسها في ذلك الرداء البالي في محاولة للصمود أمام هجمات الروماتزم اللعين.

- كيف حالك يا ماما ؟

- آه، بخير،رغم توغل الروماتزم في القلب.

- شفاك الله يا ماما

- صلاح ... كيف تطيقين العيش في هذه الوحدة ؟

انفرجت أساريري - تهلل قلبي - انطلقت آلاف الزغاريد من صدري المكلوم.

الأم :- تريدون أذن اخذي معكم--- الحمد لله !

وائل:- " نحن نريد أن نريحك يا ماما.

الأم :- آه، عمرها خمسة وستون عاماً... تريحونني.. إلى بيتكم إذن بيتك يا خالد.

خالد:- لا يا أمي.

ابتسم أمل جديد في داخلي.

- أذن بيتك يا وائل.

وائل:- لا يا أمي.

راودني شك لكن وجه الصغير صلاح أنعش الأمل في داخلي من جديد همست صلاح: شعرت بصوتي يغيب شيئاً فشيئاً وبصعوبة نطقت بيتك.

فهز رأسه آسفاً :- ولا أنا يا أمي.

انغرست الأشواك في قلبي من جديد لتمر كل أقطار العالم فوق رأسي لتصفعني كل نساء الأرض لأنني زرعت في أحشائي بذور وحش ظننت أنني سأقطف منها غلات الحب والوفاء لا الجحود والنكران.

وائل : -لقد اتفقنا يا أمي وقررنا الذهاب بك :

اتسعت حدقتاي شعرت بجفاف عظيم في حلقي وسمعت صوت ارتطام حجر كبير في أعماقي حين طرقت مسامعي كلمة :(دار العجزة) تهاويت على الأرض، كما يهوي الدلو الصدئ في قاع بئر جافة ورن في أذني صدى كلمة (بيع البيت).

نفض طائر الذكرى جناحيه المتعبين، وبين ارتعاشات الجفون تراءت لها جدران الصمت الرهيب الذي يلف دار العجزة وتراكضت أمام ناظريها عناكب الوحدة.

تململت في فراشها الذي ازداد برودة، حاولت نفض رأسها من تلك الذكريات القاتمة في هذا الجو الخانق.

أمعنت النظر إلى الحائط، لفتت انتباهها ثلاث لوحات لم تذكر أنها وضعتها في هذا المكان من قبل إنهم خالد يرتدي روب التخرج، وائل يلبس بدلة عرسه، صلاح يحبو على أرضية بلاط خشن. أجهدت ذاكرتها .... ندت منها آه عميقة .... تعالوا إلى .... شخصت عيناها اكثر, ارتجفت شفتاها تمنت لو تستطيع اختراق إطار الصور لتصل إليهم، تعانقهم، تمر بيدها الناخرة العروق فوق جباههم الناصعة، كما مرت عليها في أيام الفرج التي سرقتها من حقيبة الزمن الصعب حين وقفت أمام المنصة يوماً وعلا صوتها يشق عباب السماء ويغطي كل مساحات الصمت فيها مردداً لولولولي لتجد نفسها تقف مرة أخرى في موعد آخر مع الفرح بين العروسين وتمسح بإحدى يديها الدموع وتضع الأخرى على فمها لتحمي أصداء زغرودة الفرح لولولولي أمعنت النظر في الصور سمعت نداء بعيداً مجهولاً ارتد من مئات الأميال إلى الوراء - ماما أين أبي ؟ ارتسم وجه أمها على الجدار.. تحركت جدران الغرفة فيما يشبه الزلزال حين انتفض ذلك الوحش ليقف أمامها من جديد.. حاولت أن تصرخ أن تستنجد لكن خانتها قواها.

فتحت الممرضة الباب، فحولت بصرها باتجاه خطوات الممرضة لكن نظرها اصطدام هذه المرة بالتقويم المعلق على الحائط.. أحست بقرب موعد اللقاء وجاهدت نظرها لتقرأ ١٩٩٨/٣/٢١.

اقتربت الممرضة جست نبضها الخافت، حدّقت في وجهها الشاحب، سمعت آخر أنفاسها المتحشرجة ولهاثها المتواصل يتعانقان ليشكلا لوحة صوتية مبعثرة الحروف جمعتها الممرضة لتكوّن كلمة واحدة لولولولي.

تحليل القصة :

١- تدور أحداث القصة حول امرأة عانت من الماضي (من فقره وقسوته) ولكنها رغم المعاناة تستمر بمعاناة اكبر, معاناة الوحدة والجحود من الأبناء.

وترتبط الأحداث مع الشخصيات الذين ترجموا قسوة الجحود حين تنكروا لأمهم ودموعها التي جعلت من الورق عرائس لهم. وقد استطاع الكاتب بمهارة أن ينسج نسيجاً متآلفا من الأحداث مع بقية العناصر بتنسيق رائع ومتقن.

٢- ظهرت لحظة التأزم عندما بدأت معاناة الوحدة تتصدر الحدث وبلغت ذروتها حين شعرت بيأس من قيم الحياة فها هي وحدها تلف جسدها النحيل بُردة بالية, وغيرها يعيشون بين القصور الفارهة والسيارات الفخمة، وهي لا تملك حراكاً لجسدها, ويأتي الحل الذي ينظر إليه بأنه المنقذ لكن أي حل هذا دار العجزة.. وتأتي الصاعقة القاتلة بيع البيت.

٣- الحبكة. تلتقي الحوادث بتسلسلها مع البيئة الزمانية والمكانية مع الشخصيات ملتحمة متفاعلة متسلسلة, وظهر التماسك بالحبكة في جميع عناصر القصة، لقد خلت القصة من الحشو والإسهاب فجاءت ألفاظها محافظة على التناسق.

٤- الشخصيات

الشخصية الرئيسية الأم المريضة بالروماتزم التي لا تملك إلا الذكريات, الشخصيات الثانوية خالد, وائل,وصلاح أبناء الأم المريضة الذين تنكروا لأمهم التي حملتهم في أحشائها.

الممرضة : غير مبالية تقدم المساعدة القليلة لها, وقد لاحظنا أن جميع الشخصيات الثانوية تبرز الشخصية الرئيسية بوضوح وظهرت الشخصيات بواقعيتها دون تصنع.

٥- الفكرة،مصدرها الواقع، واقع الحياة لهذه المرأة البائسة.وأهميتها أنها فكرة عامة (الجحود)،تصيب عامة الناس, اختار الكاتب فكرته من بيئة مناسبة المخيم،غرفة متعفنة, والفكرة جديدة ومولدة, وهي صحيحة وذات واقع محسوس قريبة من الناس وتُهم عدداً كبيراً منهم.

٦- الزمان والمكان،الوسط الطبيعي الذي تجري فيه القصة وتتحرك فيه شخصياتها, فالمكان مألوف واقعي،المخيم, دار العجزة, الغرفة العفنة, فالمخيم يعيش فيه من هو فقير الحال, معدم, وكذلك دار العجزة مكان يؤوي من هم بعد السبعين من العمر, والزمان كان في عام ١٩٩٨, إذا البيئة ذات وسط شعبي معروف.

٧- الأسلوب : لاحظنا أن أسلوب السرد يعتمد على المونولوج الداخلي ما يسمى بأحلام اليقظة وكان السرد بلسان بطلة القصة واختار الكاتب مواقف حوارية ما بين الأم وأبنائها. بحيث ساعد على كشف نفسيات الشخوص وألهب الصراع.

٨- أما اللغة المستعملة فهي لغة ارتفعت بالقصة إلى مستوى رفيع فهي لغة فصيحة غير مصطنعة تحمل في طياتها عاطفة جياشة.

٩- نوع القصة قصة (الحوادث) حيث قدّم الكاتب سلسلة من المواقف الحرجة والأحداث المثيرة والعواطف المتأججة من خلالها فهي (قائمة على السرد والوصف).

١٠- أظهرت القصة نوعين من الصراع, داخلي بين المرآة ونفسها(الوفاء والجحود) بين الحب والكراهية, وصراع خارجي بين الأم والأبناء(الأم والمرض).

١١- انتهت القصة بنهاية تراجيدية حزينة الموت المحتّم نتيجة القسوة والجحود والوحدة.

على العموم كان العنصر المؤثر في القصة أو العنصر السائد سيادة الحوادث التي صاحبت ذكريات هذه الأم المريضة.

وعناصر القصة من أحداث وشخصيات ثانوية كانت تعتمد التركيز على شريحة معينة من الناس وان كانت للأسف وما أخشاه أن تكون عامة.

لقد جسّدت هذه القصة عاطفة أم ومعاناتها في تربية أولادها حين تحمّلت المشاق ومرّ السنين لتراهم يزهرون أمامها،فذبلت ليزهروا وتعبت ليرتاحوا وكان جزاؤها دار العجزة حيث الوحدة والخوف, ولا تنتظر منهم إلا زيارة سنوية فقط, لكنها لم تعد تحتمل الانتظار القاسي الذي يذكرّها بأبنائها وهم أطفال وكيف رعتهم ورحمتهم من قسوة الزمان ليرموها اسوأ رمية ! فلم تنتظر أن ترمق عيونهم وهم يبتعدون عنها ويصرفون أنظارهم لدنياهم عن حنانها فتغمض عينيها بعد أن أصابها الإعياء من الذكريات المريرة فتتنهد مودعة هدية زيارتهم للابد.

خصائص هذه القصة.

- بدأت القصة من النهاية.
- تذكّر الماضي المرير،وفاة والدها، زواجها المبكر،نجاح أولادها وتركها.
- استخدام الاستعارة(الطائر)كناية عن الأمل (عرائس الورق) كناية عن الشهادات (النبت الشيطاني) : كناية عن الألم والحزن.
- إظهار العامل النفسي وانفعالاته بوضوح، عند الأم.
-جمالية الألفاظ وحسن اختيارها.
- التصوير الفني الرائع في بعض العبارات المنتقاة بشكل دقيق.

الرواية

* تعريف الرواية:

قصة طويلة ذات انماط كلامية متباينة في أصواتها تخضع لقوانين أسلوبية مختلفة, شخصياتها غير مستقرة غير مقيدة بزمن, واسعة الخيال.

والرواية في اللغة: بمعنى (روى)،أي نقل الماء من مكان إلى آخر، ثم استعير هذا المعنى لنقل الخبر، فصار يقال : رويت الحديث والشعر رواية، فأنا راوٍ في الماء والشعر والحديث.

والرواية اصطلاحاً : لون قديم من القصص ذات الأصول التاريخية الحافلة بالبطولات والخيال وضروب المستحيل وهي الصورة الأدبية النثرية التي تطورت عن الملحمة القديمة، وكان ظهورها في أوروبا مرتبطاً بالنظام الإقطاعي الذي ساد في العصور الوسطى.

الرواية اكبر الأنواع القصصية من حيث الحجم, فهي أطول من القصة،وأوسع ميداناً واكثر أحداثا وأشخاصاً، وهي والحالة هذه علىٰ عكس القصة القصيرة إذ يستطيع كاتبها أن يجري الأحداث ببطء ويحركها بتؤدة, وليس كاتب الرواية على عجلة من أمره أو ضيق لا من حيث الزمان ولا من حيث المكان، ولا من حيث الحيز، ولا من حيث الصياغة والإخراج،فان طول الرواية يساعد على التحليل والوقوف على الجزيئات وتناولها تناولاً مبسطاً بشكل تفصلي، والرواية تنزع إلى الفرار من الواقع وتصوير البطولات الخيالية وفيها تكون الأهمية للوقائع والأحداث التي ينظمها قاسم مشترك لا للشخصيات والأبطال الذين يتغيرون ويتبدلون تبعاً لتوالي الأحداث والوقائع, الأنماط التأليفية في العمل الروائي.

١- السرد الأدبي الفني المباشر للكاتب (في أشكاله وصوره المختلفة).

٢- أشكال السرد الحياتي اليومي الشفوي المختلفة.

٣- كلام شخصيات الرواية بشكل مفرد.

عناصر الرواية (وشروطها الفنية).

١- الأحداث وهي المحور الأساسي الذي ترتبط به باقي عناصر الرواية ارتباطاً وثيقاً وهو منبثق عن الفكرة, التي يريد الكاتب معالجتها.

ويستمد الكاتب مادته لبناء أحداث الرواية من كل ما يقع تحت سمعه وبصره ليكوّن مخزوناً فنياً له عند الكتابة, فضلاً عن الخيال الواسع المنطقي وغير المنطقي أحيانا، فتبدوا الأحداث واقعية مع إنها مبنية على الإيهام والخيال والمحاكاة.

ويقوم الكاتب عادة بانتخاب ما يراه صالحاً لبناء روايته، من مخزونه الثقافي، فليس كل حدث يجري في الحياة يمكن أن يكون صالحاً لبناء رواية.

وعملية الانتخاب هذه تحتاج إلى موهبة وقدرة وصقل علمي وإفادة من الخبرات ليتمكن من انتخاب الحدث المتميز والمثير.

وعادة تحتوي الرواية على حدث أو أحداث رئيسية متعددة مرتبطة بالشخصيات وتتداخل هذه الأحداث مع أحداث فرعية تقوي الحدث الرئيسي.

علائق الحدث.

أ- التأزم والتعقيد، يتكون الحدث أو مجموعة الأحداث عادة من بداية ثم تتداخل الأحداث، فتتعقد الأمور وتنتهي بحل ما، ولا تتعقد الأحداث، إلا بتداخلها وتفاعلها معاً، لتصل إلى درجة من التعقيد تسمى الذروة, وعندما يصل إليها القارئ يحس بانفعال شديد، وتزداد متعتهُ، ويتضاعف شوقه إلى معرفة الحل.

ب- الحبكة : وهي سلسلة الحوادث التي تجري في الرواية مرتبطة برابط السببية،فإذا كانت الأحداث متفاعلة وملتحمة تكون الحبكة متماسكة،وإذا بنيت الرواية على سلسلة من الحوادث أو المواقف المنفصلة التي تلتقي في بيئة زمانية أو مكانية تكون الحبكة مفككة، ومما يؤثر على الحبكة الحشو والإسهاب في بعض المواضع والإيجاز والحذف في مواضع أخرى, أي عدم المحافظة على التناسق, وقد تكون الحبكة بسيطة إذا كانت أحداثها بسيطة, وقد تكون مركبة مبنية على أحداث متداخلة

٢- الشخصيات

لا بد للأحداث من شخصيات تقوم بها،لذا ترتبط أحداث الرواية بشخصياتها ارتباطاً وثيقاً يصعب معه الفصل بينهما.

ويختار الكاتب شخصياته من الحياة عادة،شأنها شأن الأحداث وقد يعيد رسمها ويضيف عليها صفات خيالية لتعبر عما يهدف إليه.

وتقسم الشخصيات إلى رئيسية وثانوية، شرطها أن لا تطغى الفرعية على الرئيسية, وأهمية الشخصيات الثانوية تبرز في إنها توضّح الرواية وتوجه الحبكة والأحداث نحو الشخصية الرئيسية, ونظراً لطول الرواية فقد تتعدد الشخصيات إلى اكثر من القصة بكثير.

ويحتاج الكاتب إلى ثقافة نفسية واجتماعية كي يستطيع إبراز شخصياته بعمق من حيث الظاهر ومن حيث الباطن (الانفعالات) ومن حيث كونه فرداً في مجتمع يتأثر به لأنه شريحة من المجتمع.

وقد يكون رسم الكاتب للشخصية عن طريق الوصف السردي أو عن طريق احتكاك الشخصيات بعضها ببعض بالحوار أو بالأحداث فتظهر تلك الأبعاد الخارجية النفسية الاجتماعية

ومهما كان نوع الشخصية في الرواية (رئيسية أو فرعية أو نمطية أو ذات مواصفات مختلفة) فان حياتها تكمن في قدرة الكاتب على ربطها بالحدث (التفاعل) أو جعلها معبرة عن الموقف دون تصنع.

٣- البيئة (الزمان والمكان)

البيئة هي الوسط الطبيعي الذي تجري ضمنه أحداث الرواية، وتتحرك فيها شخصياتها، وما يقع لها من أحداث وما يؤثر فيها من مؤثرات، وهي مجموعة القوى التي تحيط بالفرد في الرواية وما لها من اثر في تكيفه.

ومصادر الكاتب في تصوير البيئة، ملاحظاته وقراءاته المختصة، فحين يكتب رواية تقع أحداثها في لبنان على سبيل المثال يجب أن يكون لديه تصور عن طبيعة لبنان.

وقد يختص الكاتب في رسم بيئات معينة يجعل الشخصيات تتحرك ضمنها ومن هذه البيئات البيئة البحرية، المدن الصناعية، الأوساط الشعبية...الخ)

٤- الفكرة.

الفكرة هي المعنى الذي يصدر عن الذهن، وهي تتطلب من الكاتب أن يسلط عليها ضوءاً ساطعاً يبرزها واضحة مؤثرة.

والفكرة تقيّم في ضوء عدة معايير من أبرزها ما يلي :

- مصدرها : أي هل هي من الواقع أو قريبة منه أو من الخيال؟
- أهميتها : أي هل هي عدداً كبيراً أم قليلاً من الناس ؟
- ترتيبها : أي هل أتت من مكان مناسب أم غير مناسب؟
- جدتها: أي هل هي جديدة مولدة أم قديمة مألوفة ؟
- صحتها : أي هل هي صحيحة أم باطلة أم خيال ؟

وتجدر الإشارة إلى أن الفكرة تكون عظيمة ومؤثرة إذا كانت من الواقع أو قريبة منه، وتهم عدداً من الناس، بالإضافة إلى مجيئها في المكان المناسب واتسامها بالجدة والصحة.

٥- الأسلوب.

وهو العنصر الذي يكسب الرواية بعدها الفني وينقلها من مجرد حدث أو أحداث إلى عمل فني مرموق.

فمن حيث الإطار العام يختار الكاتب الطريقة الفضلى في تقديم روايته, وأما من حيث السرد فقد يختار الكاتب أسلوبا أو أكثر من أسلوب مـن أسـاليب السـرد أو الوصـف أو التأمـل والخيال، وقد يكون السرد بلسان الراوي أو بلسان بطل الرواية نفسه.

وقد يختار الكاتب مواقف حوارية محدثاً تشويقاً نتيجة تغير نمط السرد, ويساعد عـلى كشف نفسيات الشخوص، كما أنه يقوم بربط الشخصيات بعضها ببعض، ويلهب الصراع وقد سبق الحديث عن اهمية الحبكة وكيفية تكونها، ومـا تحدثـه مـن تشـويق نـاتج عـن السرية والغموض في حادثة من حوادث الرواية.

أمّا اللغة فهي عنصر مشترك بين أنواع الأدب شعرها ونثرها، ويرى بعض النقاد ضرورة المواءمة بين الشخصيات في الرواية ولغتها، فإن كان غير مثقف كانت لغته عاميـة عـلى سـبيل المثال، ويرى أكثرهم أن ترتفع الرواية بمستوى شخصياتها وتكون اللغة فصيحة غـير مصـطنعة، مع تمايز بين لغة الشخصيات بحسب ظروفها وثقافتها.

٦- مجموعة من الاعتبارات.

أ- مراعاة التوازن بين مراحل الرواية المختلفة، فلا نطيل أكـثر مـما يجـب ولا نبـالغ في عـرض العقدة، ولا نسهب في التعقيد أكثر من الضروري.

ب- التشويق عامل أساسي في كتابة الرواية، وإذا لم يسـتطع الكاتـب أن يشـد انتبـاه القـارئ الذي تسرب الملل إلى نفسه، فماذا يضمن للكاتب أن روايته ستقرأ إلى النهاية ؟

ج- نجاح الرواية يعتمد على الطريق المباشر والأسلوب الخطابي المبدع.

د- مراعاة ظروف الزمان والمكان وارتباطها بعادات الناس وتقاليدهم وأساليبهم في التعامل

هـ- اتفاق الشخصيات بأفعالها وأقوالها مـع حقيقتها، ويكون الحـوار متفـق مـع الظروف البيئية والمستويات الفكرية.

* تحليل :

لا يختلف تحليل الرواية عن تحليل القصة, لكن تحليل الرواية يحتاج إلى عمق وخبرة كبيرين للوصول إلى التحليل الأدبي للرواية ولا بأس من ذكر العناصر الرئيسـة في عمليـة تحليـل أي عمل روائي يمكن أن يتعامل معه الطلبة. لذلك تنحصر عناصر التحليل بإبراز :

١- الفكرة.

٢- الأحداث.

٣- الأسلوب.

٤- الشخصيات.

٥- البيئة المكانية والزمانية.

٦- اللغة والصراع.

٧- الانفعالات (النفسية).

٨- العنصر المؤثر.

من الروايات التي تستحق أن تنظر إلى تحليلها بعناية كبيرة رواية رجال في الشمس (لغسان كنفاني)، دائرة الفرح اللامكتملة (حسين الخطيب), عائد إلى حيفا (غسان كنفاني) ربيع آخر (تكاشا توجي).

تحليل رواية غسان كنفاني (رجال في الشمس).

الفكرة العامة.

الشعب الفلسطيني الذي ضاع في خيام التشرد، وهي تجربة للموت الفلسطيني في أشد لحظات التحدي والمقاومة. وعلى الرغم من أن أبطالها ثلاثة إلا أنها تعني شعباً بأكمله عانى وقاسى وعاش الحياة بقسوتها إلى أن سلبت منهم الحياة.

الأفكار الجزئية :

- خيام التشرد وقسوة الحياة والفقر الشديد.

- التحدي في اتخاذ القرار.

- الهرب إلى الكويت في خزان صهريج.

- تصوير بشاعة السائق وتصوير الأحوال الاجتماعية داخل الأسر الفلسطيني.

- تضييع الوقت متعمداً عند توقيع الأوراق.

- الموت في أقوى ظروف التحدي والمقاومة.

- مصير الجثث الثلاثة القمامة.

- الندم في أعماق ذلك المجرم (أبو الخيزران).

الأسلوب :

اكسب الرواية بعداً فنيا فكانت في مصاف الأعمال المرموقة فتنوع الأسلوب من السرد إلى الوصف إلى التأمل في الحياة وقسوتها. احتوت الرواية على مواقف حوارية أضفت عليها عنصر التشويق. الحوار الذي جرى بين الشخصيات كشف عن النفسيات الداخلية وألهب الصراع الخارجي والداخلي.

أما حبكة الرواية فقد سارت بتسلسل رائع حتى أوصلتنا إلى ذروة التأزم عند ضياع الوقت في توقيع الأوراق من قبل ذاك السائق الجشع (أبو الخيزران)،وصراع الأبطال الثلاثة مع الموت.

*** الشخصيات.**

١- أبو قيس : رجل كبير السن ذو لحية كثة رمادية تلمع في الشمس كأنما طليت بالقصدير.

أبو قيس فوق التراب الندي ندى وقلبه الحنون بحب أهله قد أنكوى
غدا حالماً هائماً ببيت صغير أو غرفة دافئة في المخيم هوى
سباع الجوع من عظمه شبعت وعظمة الضعيف من خلف جلده يُرى

٢- مروان : شاب في السادسة عشرة من عمره، حاول التغلب على مأساته المعيشية.

مروان وأي فتى أنت اهكذا الدنيا بك مشت
أبُ ظالم وأخ غادر وأمك وأنت ظَلَمت
فمأساتك مأساة شعب في كل بيت فلسطيني ربت

٣- أسعد :

طويل ضخم حالم بدنانير كثيرة أمل
جوع وفقر وقسوة ألم وتشرد حصل
طموح آمل متحدٍ لكل مآسي الحياة احتمل

الشخصيات الرئيسية من الحياة العادية واقعية، قاست مر الحياة وحلمت بالحياة.

الشخصية الثانوية (أبو الخيزران) السائق الجشع.

مهارة الكاتب كانت ظاهرة في إبراز الشخصيات بانفعالاتها التي عبرت بتعبير صادق عن آمالها، وأحزانها كونها شخصيات من شريحة مجتمعية.

* البيئة المكانية والزمانية

البيئة المكانية : مخيم من المجتمعات الفلسطينية,الكويت بلد الفرص والآمال،الحدود، خزان الماء(الصهريج)

البيئة الزمانية : في بدايات الهجرة من فلسطين.

اللغة والصراع :

هناك تناسق بين الشخصيات واللغة مما أعطى الرواية واقعية, والصراع كـان ظاهـراً خارجياً وداخلياً.

- الصـراع الخـارجي : الحـرب, الفقـر, الأحـوال الاجتماعيـة, الأسرة, الأب, الجشـع, الغـدر, القوانين, الروتين.

- الصراع الداخلي : التحدي, الإصرار, اليأس, الجشع الداخلي, الأمل, الحلم, الحب, والكره. الانفعالات والأحداث.

أظهرت الرواية من خلال أحداثها انفعالات ظاهرة وهذا حال المجتمعات الفلسـطينية. وقد ابرز الحوار بين الشخصيات مدى قسوة الحياة.

فضلاً عن مشهد الموت في نهاية الروايـة الـذي حمل للقـارئ, انفعـالات شـديدة مـن اللامبالاة عند الرجل الجشع, والصراع بين الأبطال والموت.... ولكن النتيجة, الإنسان الفلسطيني إلى القمامة لأنه أراد الحياة.... والعرب يضيقون بحدودهم المصطنعة الحياة عليه.

و يظهر الندم على استحياء من السائق حين يطرح سؤالاً, ولكن أي سؤال !!!.... لمـاذا لم تدقوا جدران الخزان؟؟

فكيف لهم أنْ يفعلوا ؟؟

والجدير بالذكر أنّ الفروق بين مفهوم القصة عند الكتّاب العرب ومفهـوم الروايـة غـير واضح ولا محددة, بل نلاحظ أن العديد من كتّابنا القصّاصين يطلقون على قصصهم اسم الروايـة ومرة وعلى العمل نفسه اسـم القصة فيقولون مـثلا روايـة نجيب محفوظ أو قصة نجيب محفوظ ولعلنا قد أشرنا في تعريف الرواية وخصائصها ما يوضح الفروق بينها وبين القصة.

أما عند الغرب فالقصة تختلف عن الروايـة حتـى في التسـمية إذ أ ن الروايـة (novel) والقصة(story).

المسرحية

تعريفها.

المسرحية (لغة): كلمة يحكي اشتقاقها عن نسبتها إلى المسرح، وهو المنصة التي يقدّم عليها هذه النوع السردي من التأليف الأدبي.

المسرحية (اصطلاحاً) :هي نوع أدبي، أساسه تمثيل طائفة من الناس لحادثة إنسانية، يحاكون أدوارها، استناداً إلى حركتهم على المسرح، والى حواراتهم فيما بينهم وغاية المسرحية المتعة الفنية أو الانتقاد أو التثقيف.

الغربيون يطلقون على الأثر المسرحي مصطلح (أثر درامي) نسبة إلى (دراما) التي تعني العمل باليونانية، ويقصد منها الحادثة التي وراء العمل المسرحي.

المسرحية : فن التعبير عن الأفكار الخاصة بالحياة في صور تجعل هذا التعبير ممكن الإيضاح بواسطة ممثلين

عناصر المسرحية ومقوماتها :

يقال :أن المسرحية قصة كتبها صاحبها وفي ذهنه أنها ستمثل على المسرح ومن هنا تكون عناصرها مشابهة لعناصر القصة مع الفارق وهي:

١- الحدث.

أنه ليس أي حدث، وإنما هو الحدث الإنساني,أي فعل يؤديه بطل المسرحية، ويكون مستمداً من التاريخ كما يستمد من واقع الحياة، ورغم امكانية وجود الخيال فيه حتى حدود الإمكان الإنساني تظل لواقعيته قيمتها في المسرح إذ يكون عاكساً للحياة ومحللاً لمواقف الناس فيها.

٢- الفكرة أو الموضوع.

لا بد للمسرحية من موضوع يختاره الكاتب في بداية العمل، والهدف الذي يرمي إليه من عمله الفني, ويعتبر أهم عامل في اختياره للموضوع, قد يكون نابعاً من واقع الحياة المعاصرة أو ثمرة تجربة شخصية للأديب, أو من وحي الخيال المبدع أو فكرة تاريخية أو أسطورية.

وأياً كانت الفكرة الأساسية للمسرحية،فان وضوحها وضوحاً كاملاً في ذهن الكاتب أمر حيوي حتى لا تخرج غامضة ومفككة، وحتى لا تضيع العلاقة بين الأحداث التفصيلية والحدث الأساسي الذي تتجمع حوله سائر التفاصيل وتعتبر الفكرة مقدّمة منطقية للمسرحية لذا عني بها المؤلفون المحدثون أكبر عناية.

٣- الشخصيات

وهي تابعة للموضوع، يحاول عن طريقها أن يقدّم فكرته ويعرض موضوعه ويلقي حولها الأضواء.

والكاتب حين يرسم شخصياته يحاول أن يقدمها للجمهور من خلال تصرفاتها وحركاتها وما يجري على ألسنتها من حوار, بذكاء ولباقة تمكّن المشاهد من أن يحدد أبعادها, مما يعينه على فهمها والاقتناع بها، والتعاطف معها والانفعال بتصرفاتها ومواقف صراعها في داخل المسرحية.

وهو حينما يفعل هذا يراعي أن كل حركة أو كلمة تصدر عنها في أي موقف من المواقف تتفق في رسم الشخصية مع غيرها من الحركات والكلمات،على أن هذا لا يمنع من نمو الشخصية مع نمو المسرحية خلال تطور أحداثها المتتابعة.

وهنا لا بد من الإشارة إلى أبعاد ثلاثة في رسم الشخصية.

أ- البعد الجسمي

وله تأثيره النفسي الذي يتضح من اختلاف نفسية الشخص السوي جثمانا، عن نفسية الشخص المشوه أو الشخص المريض، ومن هنا تأتي أهمية البعد الجسمي الذي يحدده المؤلف عادة في الإرشادات التي يكتبها للمخرج. سواء في قائمة الشخصيات أم عند ظهور كل شخصية على خشبة المسرح، وهو ما يحاول المخرج أن يجسده في الممثلين عند اختيارهم، وما يحاول بالمكياج إبرازه.

ب- البعد النفسي :

فله أهميته الواضحة بالنسبة لسلوك الشخصيات وتصرفاتها, فالرجل المفكر المتأمل يختلف في تصرفاته عن الأهوج المندفع.

ج- البعد الاجتماعي :

تبدو اهمية البعد واضحة في تحديد الشخصية لما للأسرة،والبيئة الاجتماعية والطبقة التي ينتمي إليها, والمهنة التي يمارسها من تأثيرات معينة على سلوك الشخصية وتصرفاتها في المواقف المختلفة.

في الأحوال العادية يركز المؤلف على أحد هذه الأبعاد الثلاثة مع الاهتمام بالبعدين الآخرين.

وعمالقة الأدب أمثال (شكسبير، وموليير) هم الذين استطاعوا إيجاد الشخصيات الحية الخالدة في أذهان الناس والتي جنحت إلى الإيهام بأنها شخصيات حقيقية، واكتسبت وجوداً ذاتياً في عقول البشر كنماذج بشرية حية، عاشت على مر العصور وتعاقب الأجيال، أمثال: هملت الملك لير، وعطيل وشيلوك.

٤-الصراع.

يعتبر الصراع من أهم العناصر الفنية في المسرحية التقليدية فإذا كان الحوار المظهر الحسي للمسرحية فإن الصراع هو المظهر المعنوي لها. وقد بدأ الصراع في المسرحية اليونانية القديمة صراعاً من النوع الخارجي بين البطل وقوة أُخرى خارجية قد تكون شخصية أخرى وقد تكون قوة غيبية كالقدر.

ثم تحول في القرن السابع عشر الميلادي إلى صراع في داخل نفس الشخصية على يد الكلاسيكيين الذين غيروا محركات السلوك وأرجعوها إلى الدوافع النفسية، لعدم أيمانهم بالقدر كقوة غيبية مسيطرة، وبدأنا نرى صراعاً في داخل النفس بين الحب والواجب وبين الحب والكراهية أو بين الضمير والرغبة،

على إنه ما لبث أن عاد صراعاً خارجياً متخذاً طابعاً جديداً وهو الطابع الاجتماعي حيث يجري الصراع بين أفراد ينتمون إلى طبقات أو طوائف اجتماعية متصارعة،ولكل طائفة أو طبقة أخلاقها الخاصة وسلوكها المميز، مما يؤدي إلى قيام صراع اجتماعي تمارس فيه الإرادة الواعية دورها للوصول إلى هدف معين،

ولكن هذا لا يعني أن (الصراع الداخلي) قد انتهى أمره فلا يزال يحيا جنباً إلى جنب مع الصراع الخارجي، وللمؤلف أن يتخير منها في بنائه الدرامي ما يناسب مسرحيته.

والصراع يولد الحركة الدرامية، والحركة بدورها عنصر هام من عناصر المسرحية وهي إمّا أن تكون ذهنية أو عضوية مجسمة.

ومن طبيعة الصراع الدرامي أن يثير انفعال المشاهدين، ويحرك عواطفهم،عن طريق إثارة العاطفة، يستطيع المؤلف أنْ يشد إليه انتباه الجمهور ويستحوذ على اهتمامه، وإذا كان الصراع بين شخصين، واتخذ المتفرج جانب أحدهما،فإنه يتابع المسرحية باهتمام متزايد،أملاً في أن يكلل صراع هذه الشخصية بالنجاح العاطفي.

والمسرحيات التي يكون الصراع فيها ذهنياً بين مجموعة من الأفكار قد تنجح في إمتاع العقول ولكن كاتبها يجد من العسير عليه أن يهز المشاعر أو يحرك القلوب، وبالتالي يفقد عمله كثيراً من عوامل الجذب والتشويق.

وقد ظهرت بعض النزعات الحديثة التي تدعو إلى التجاوز أحيانا عند الصراع الدرامي التقليدي في المسرحيات الجديدة، وإن كان من الضروري أن يعوض إهمال الصراع بعناصر أخرى تولد الحركة الدرامية على خشبة المسرح.

٥- البناء الدرامي.

يتخذ البناء الجيد للمسرحية التقليدية شكلاً هرمياً، يبدأ بعرض خيوط الأزمة وشخصياتها والعلاقات القائمة بينهما، ثم تأخذ الأزمة التي يتمخض عنها الصراع الدرامي في النمو والتطور والصعود من خلال الحدث الدرامي، حتى تصل إلى القمة أو الذروة، لتأخذ بعد هذا في الانحدار عن السفح الآخر نحو الحل الذي تنتهي إليه.

والحدث الدرامي عبارة عن نشاط يضم الحركة المادية والكلام، والقمة أو الذروة هي التحقيق للفكرة التي تبنى عليها المسرحية في صورة حدث أساسي نامٍ متطور، يجب أن تركب حوادثه وترتب تفاصيله بحيث تجعل الوصول إلى النتيجة التي وصل إليها في النهاية أمراً حتمياً لا مفر منه، ولا افتعال فيه لأن البناء الجيد للمسرحية التقليدية يقوم على أساس محكم في الأسباب والنتائج، ويكون كل حدث فيها سبباً ومقدمة للحدث الذي يليه، دون أن تتدخل المصادفات المختلفة أو المفاجآت المفتعلة في نمو الأحداث وتطورها.

وإذا كانت المسرحية عبارة عن سلسلة من الأحداث،فان تحقيق الوحدة في المسرحية يقتضي من الكاتب أن يضفي على عمله وحدة عضوية يجعل من المسرحيّة كائناً حياً متناسقاً، متكامل الأجزاء، متجانس التكوين بحيث لا يمكن تغيير أي جزء منها أو حذفه، تماماً كما لا يمكن حذف أي عضو من الكائن الحي بغير أن يلحقه الضرر وتنزف منه الدماء.

والمسرحية تقسم عادة إلى عدد من الفصول يتراوح بين ثلاثة إلى خمسة فإذا كانت ثلاثة فصول،فإن الكاتب عادة يجعل الفصل الأول منها لعرض الشخصيات وبيان المشكلة، والثاني للأزمة والثالث للحل والوصول إلى النهاية، ومهما كان عدد الفصول فان تحديد كل فصل يجري عادة على أساس بدء وانتهاء مرحلة محددة من القصة العامّة التي تقوم عليها المسرحية أي على حدث مرحلي فيها، وهذا معنى (الحدث) والذي يشير إلى الأساس الذي قسمت المسرحية في ضوئه إلى عدة أجزاء تسمى كل منها فصلاً.

٦- الحوار.

يمثل الحوار مع الصراع والحركة ثلاثة عناصر تتميز بها المسرحية عن غيرها من الفنون الأدبيّة الأخرى.

والحوار هو أداة التعبير والتصوير الوحيدة في المسرحيّة، ومنه يتكون نسيجها، وهو الذي يعطيها قيمتها الأدبية، ولكنه لا يكتمل حتى يعطيه الممثلون الحركة، وتنغيم الصوت، ويستمد من الممثلين قدراً كبيراً من حيويته وتأثيره، كما أن الحوار الذكي اللبق يمثل متعة مسرحية للممثلين والجمهور على السواء ويجنبهم المزالق الخطيرة التي يجب أن يحذر الحوار الانزلاق إليها، في أن

يتحول إلى الأسلوب الخطابي، أو يصبح مناقشة ذهنية راكدة تجمد الحياة على المسرح وتشل حركة الممثلين.

وقد بدأ الشعر يختفي من الأدب المسرحي العالي تدريجياً، ابتداء من القرن الثامن عشر ليحل محله النثر، ولما كان المسرح قد اقترب من أنْ يكون مرآة أو مجهراً لواقع الحياة، فأن الحوار الشعري فيه يبدو متكلفاً مصطنعا بينما يصبح النثر أكثر ملاءَمة لطبيعة هذا الفن، واكثر طواعية في تشكيل الحوار.

وترتبط بالحوار قضية من اعقد قضايانا الفنية التي طال حولها الجدل ونعني بها قضية اللغة في الحوار،هل تكون العامية أم الفصيحة ؟ ولدعاة العامية حججهم، ولأنصار العربية حجج أخرى، ولا يبدو أن مجموعة منها ترجح الأخرى إلا في المسرحيات التاريخية والذهنية والمترجمة، حيث يبدو تفوق العربية واضحا، وفي المسرحيات التي تصور بيئات معينة تتكلم العامية ويبدو انطاقها بالعربية مثيراً للسخرية، ونلاحظ أن الحوار الشيء المميز في العمل المسرحي،وهو الوسيلة الوحيدة للتفاهم والتخاطب بين الممثلين ونقل الأفكار وسرد الحوادث للجمهور.

التطور نحو الحل.

إذ لا بد في المسرحية من التناسق بين أجزائها، يسمح بنمو العمل المسرحي وتطوره في التقديم أو العرض ثم في تأزم المواقف ثم الحل وإن الحل. في المسرحيات متنوع فهناك الحلول المفجعة (الموت، القتل) في المقابل هناك الحلول السعيدة مثل (العفو والتسوية).

أركان المسرحية وأقسامها :

تتألف المسرحية من العرض والتأزم والموقف والحل وهـذه الأركان متلاحقـة بحيـث تتماسك وتتساند في تطوير العمل المسرحي نحو الخاتمة.

فالعرض هو البداية، والتأزم والموقف هـما الوسط والحـل هـو النهايـة. وبـدون هـذه الأقسام لا تقوم للمسرحية قائمة ولا تتوفر لها حركة مسرحية.

- العرض : تمهيد شامل، وعام للموضوع وهو ملابسات العمل المسرحي.يعرّف الجمهور بالأشخاص، مشاكلهم همومهم، والظروف التي تكتنفهم، والأحداث التي تصير وتتسلسل

والعرض الجزء الأول من المسرحية ويتحدث الممثلون الأساسيون والثانويون عـن الخطوط العريضة للموضوع ويحددون الزمان والمكان، ويوفرون المعلومـات الأوليـة عـن الأحداث، وظروفها

-التأزم (الموقف) :عندما تتشابك الأحداث، وتتصادم الأرادات وتنكشف الصراعات يكون التأزم، والموقف هو قمة العمل المسرحي في المسرحية يأتي بعد التأزم والبعض يطلق عليه العقدة, والموقف مفصل درامي تتوضح عنده التطورات في العمل المسرحي وبالتالي يتحدد اتجاهها في المسرحية.

لأنه الجزء الذي تصطدم عنده (الإرادات) فتكشف عن هويتها وما هي مصممة على فعله، ويحدد وجهة المسرحية نحو الخاتمة.

ويتخذ الموقف شكل الاعتراف أو التصميم أو القرار أو الفعل القهري.

- الحل الجزء الذي تنتهي به المسرحية وهو يوقفنا على مصير شخصيات المسرحية وتنكشف مصائر الصراعات ومصائر المواقف عامة،والحلول تأتي مفجعة وتأتي سعيدة والحلول الجيدة هي الحلول المنصفة للأطراف وتنبع من الموضوع نفسه دون تدخّل أي طارئ والحلول الجيدة هي الحلول المترتبة على الجهود.

الصادقة لإنصاف الموقف وتفنيد الأحداث بحيث يجعل الانغلاق الذي يعرضه الحل على المسرحية وأشخاصها معقولاً.

الحديث الفردي (الحوار المسرحي).

تعريفه :وسيلة التخاطب والتفاهم وهو أهم مقوم للعمل المسرحي.

فوائد الحوار :

- عرض الموضوع المسرحي وتطوره.
- الكشف عن سرائر الشخصيات.
- جذب انتباه الجمهور إلى فنية المسرحية.

شروط الحوار:

- البساطة.
- الحيوية (بحيث يكون طبيعيا واقعيا من الحياة)
- بعيد عن التكلف والتصنع.

وظائف الحوار :

- تطوير العمل المسرحي (للسير بالأحداث وتسلسلها وتدريجها).
- تطوير تصوير الشخصيات.
- الكشف عن العقد النفسية عندهم.

- انبعاث مناخ خاص للمسرحية.
عناصر التحليل للمسرحية (التحليل الأدبي).

١- الموضوع.

- هو مجمل الأحداث في المسرحية وهو الذي يوحي بالعبرة فيها وهو قصة المسرحية ومدار مغزاها.

- الحبكة هي الإطار التنظيمي لمسرودية المسرحية وتنظيم الصراعات وهي التي تقتضي بالضرورة مراعاة (الوحدة) في مضمون العمل المسرحي.

- المغزى من الموضوع ضرورة أن يكون معقولاً مقبولاً.

- الاهتمام بالوحدات الثلاثة في الموضوع (وحدة الموضوع، الزمان، المكان)

٢- الشخصيات.

- الشخصية الصورة المنظمة لسلوك الفرد وهي ذاتية موضوعية.

- في مجال التحليل الأدبي تحدد نوع الشخصية (وصفاتها الجسمية والعقلية والخلقية).

- تحديد سمات الشخصية (الطباع) فتحدد المميزات الحركية العقلية المزاجية الاجتماعية، التعبير عن الذات.

- نوع الشخصية شريرة أم منحرفة أم غير ذلك.

- شروط الشخصية (الوحدة) هل هي ثابتة لم تبدل أم إنها تعاني من ترددها بيان (الصراع) ونوعه في الشخصية, والصراع هام جداً يشترط فيه أن يكون نابعاً من الأحداث، متطوراً مع الحل، معقولاً.

٣- الصراع المسرحي.

- الصراع حاله وجدانية من (التوتر) وتضارب العواطف مع ظرف ما.

- دراسة الصراع تعني دراسة العاطفة الداخلية والخارجية.

- تنشأ العاطفة من الاستجابات والتجارب والجدلية بين الأطراف.

- الصراع بين العواطف صراع فطري طبيعي. ويأتي من التضاد والجدلية.

- منطق العاطفة هو منطق المصلحة (حب الذات) لأن العاطفة تصطدم بالعقل.

- بيان منابع الصراع وهي إمّا الحوافز المتضاربة أو العيوب الشخصية أو عوامل محيطة من عادات وتقاليد وقوانين أو ظروف قاهرة (كوارث).

- يقابل الصراع، ضبط النفس وقوة الإرادة.

- نوع الصراع داخلي أم خارجي بين النفس والضمير أم بين شخصين.

أنواع الصراع :-

- الصراع الساكن (أي الحركة بطيئة والشخصيات مسؤولة عن سكون الصراع)

- الصراع الواثب (الذي يتدرج صعوداً بسهولة وهدوء)

- الصراع الصاعد (التدرج في المسرحية لجميع مقوماتها)

- الصراع المرتقب (الصراع الذي يشعر المشاهد بحل مرتقب)

٤- الحوار مع بيان فوائده وشروطه ووظائفه التي حققها في النص.

٥- اللغة التي تم استخدامها في المسرحية.

٦- التركيز على العناصر الأساسية في المسرح وهي (الحوار،والصراع،والحركة).

وإذا كان لنا أن نوجز عمل الكاتب المسرحي في عبارة بسيطة فإنـه قـد يكون اختيـار الفكرة الأساسية لموضوع مسرحيته، ثم اكتشاف الحـدث الأساسي الـذي سيجمع الشخصيات والمواقف المختلفة وتتابع وقائع الحوادث التفصيلية ليصل مـن خـلال الصراع والحركـة إلى الذروة الدرامية التي تمثل نهاية حتمية لتطور الحدث الأساسي وبهذا يكون البناء الـدرامي الذي يستعمل فيه الحوار الحي النابض كأداة للتعبير والتصوير في المسرحية.

أنواع المسرحيات :

١-   المأساة والملهاة.

عرف اليونانيون القدماء نوعين من المسرحيات هما :

- التراجيديا(المأساة)،الكوميديا(الملهاة) وقد اختفت التراجيديا كفن لـه صورة فنية محددة بانتهاء العصر الكلاسيكي في القرن السابع عشر وحلت (الـدراما الحديثـة) التي تعني المسرحيات الجادة التي لا تعتمد على الإضحاك ولا تستهدفه, والتي تسـتمد موضوعاتها وشخصياتها من واقع المجتمع ومن حياة الطبقـات العاديـة لا مـن حياة الآلهة والملوك والنبلاء والأبطال كما كانت تفعل التراجيديا.

- أمّا الكوميديا (الملهاة) فما زالت تعنى بالمسرحيّة الفكاهية الهاشـة والباشـة النابضـة بالحياة.

- الملهاة : هي تصور المقالب الإنسانية التي تثير الضحك وموضوعاتها مسـتمدة من الواقع والمجتمع، وتهتم بالأحداث مع التركيز على الطباع والأخلاق وتقسم إلى:-

- ملهاة الحادثة : فيها الأحداث باعثة على الضحك.

- ملهاة الطِباع: وتستهدف تصوير المثالب الشخصية.

- ملهاة العادات: وهي تصور العادات والتقاليد.

٢-الميلودراما والهزلية.

في الوقت الذي تتميز فيه (المأساة الرفيعة)بسمات تجعلها صورة فنية شديدة العمـق من صور التعبير,تحرك المشاعر في سويداء القلوب فإن (الميلودراما) تتميـز بالابتعاد عـن روح المأساة الحقيقية, وبإهمال رسم الشخصيات, مـع الاهـتمام بإثارة العواطـف لمجرد التـأثير في المتفرجين.

وفي الوقت الذي تتميز فيه (الملهاة الراقية) بأنها صورة شـديدة النبض بمـاء الحيـاة, تتغلغـل في مشاعر المشـاهد, وتسـتقر في أغـوار قلبـه, وترسـم فيهـا الشخصيات بعنايـة,كما تستهدف نقداً اجتماعياً أو أخلاقيا بناءً.

فان (الهزلية) تتميز بأنها تمثيلية محشوة بالفكاهة الهابطة والتهريج والسطحيّة بحيث تستهدف الإضحاك بأي وسيلة من الوسائل.

٣- المسرحية الملحميّة.

وهي من الأنواع الحديثة وهذا النوع أرسى دعائمـه الكاتـب الألمـاني (برتولـد بريخـت) باسم (المسرحية الملحمية) التي يقدم فيها المؤلف للجمهور مشاهد تعتبر بمثابة حيثيات لحكم يريد أن يتصوره من هذا الجمهور في قضية من القضايا.

وهذه الأنواع المسرحية نجدها اليوم عندنا على اختلاف أنواعها ويمكن أن نعتبر العديد من المسرحيات العاطفية والبطولية (التاريخية)عند احمد شوقي وعزيز اباظه وعـدنان مـردم بك وغيرهم مسرحيات مأساوية.

ناهيك بأن(نجيب الريحاني) يحدثنا في مذكراته عن (الأوبريت)أي المسرحية التي يغني بعض حواراتها،وأيضاً عن (الأوبرا كوميك) أي التمثيلية الغنائية الهزلية.

نموذج :(لمسرحية ملخصة)

الخليفة العادل.

المشهد الأول:

" الخليفة عمر بن الخطاب رضي الله عنه.. في بيت الخلافة ينظر في شؤون الرعية وفي مجلسه عدد من الصحابة بينهم أنس بن مالك، وإذا برجل يدخل على عجل ويقترب من عمر- رضي الله عنه - حتى يفطن لوجوده "

عمر(ينظر إلى الرجل مستغرباً).

- ما بالك يا عبد الله ؟!

الرجل (يرتعد) : حاجة... حاجة أتت بي إليك يا أمير المؤمنين.

عمر :- هدئ من روعك، واجلس مطمئناً.

الرجل :-شكراً يا أمير المؤمنين.

عمر:- من أين قدومك أيها الرجل ؟

الرجل : من مصر يا أمير المؤمنين .... إن لي حاجةً ... حاجة أتت بي إليك ... أين يفر الظالم من غضب الله.

عمر : (وقد رق للرجل).. أراك ترتجف،يا رجل، وكأنك يائس من إنصافك.

الرجل : معاذ الله يا أمير المؤمنين، فما قطعت المسافات الطويلة إلا والأمل يحدوني في نيل الحق وقضاء الحاجة ولكنه الظلم.

(يبدو وكأنه سينفجر بالبكاء).

عمر : سننظر في حاجتك يا رجل، وسنرى إن كنت مظلوماً، إن دعوة المظلوم ليس بينها وبين الله حجاب، أين يذهب عمر من رب السماوات والأرض،إن لم يقض لك بالحق،ويأخذ لك ممن تزعم أنه ظلمك واجترأ على الله.

الرجل : إنني مظلوم يا أمير المؤمنين، وهذا مقام العائذ بك, أنصفني ممن ظلمني!

عمر : إذن اسمعني قصتك يا عبد الله !

انس : اذكر قصتك يا رجل فأنت بين يدي أمير المؤمنين.

الرجل : يا أمير المؤمنين، أجرى عمرو بن العاص الخيل بمصر،فأقبلت إلي، فلما نظرها الناس أول الخيل، قام محمد بن عمرو بن العاص فلما دنا مني عرفته فقلت، فرسي ورب الكعبة فازت،فقام يضربني بسوط ويقول : خذّها وأنا ابن الأكرمين.

عمر : أهكذا يجترئ عليك بسلطة أبيه، ولِمَ لمْ تتظلم للوالي ؟

الرجل : خشيت ألا ينصفني من ابنه, فعزمت على رفع ظُلامتي إليك يا أمير المؤمنين.

عمر : ويح عمرو.. هل درى بما جرى في السباق ؟فإنه إن فعل فقد ابتدع بدعة الحكم لا تتحكم فيه إلا أفسدته وقوضتهُ، أو تظّنه علم بذلك ؟

الرجل : لا أظن الوالي علم بالأمر يا أمير المؤمنين.

عمر : اطمئن بالاً يا رجل، فسننظر في الأمر ولن يخذلك أمير المؤمنين.

(نظر عمر إلى الكاتب)

اكتب الساعة لعمرو:إذا جاءك كتابي هذا فأقبل ومعك ابنك محمد لا يتخلف لداع أبدا.

(ينظر إلى الرجل)

عمر : أمّا أنت فأقم حتى يقدم الوالي،فالقويُ عندي ضعيف حتى آخذ الحق منه و الضعيف عندي قوي حتى آخذ الحق له.

(يخرج الرجل بصحبه من يعتني به في مقامه)

أنس : لقد أدارت أوهام الرياسة رأس أبن عمرو بن العاص!!

المشهد الثاني :-

"عمر بن الخطاب في مجلسه السابق، وعمرو بن العاص وابنه محمد يدخلان"

عمرو: السلام على أمير المؤمنين.

عمر) متجهماً) :وعليكم السلام ورحمة الله..... ما الذي فعلته يا عمرو أهكذا تساس الرعية؟

(إلى أحد رجاله)

عمر : ابعث في طلب المصري.

(يوجه حديثه إلى عمرو)

أصحيح أن أبنك محمداً ضرب المصري بالسوط في سباق الخيل ؟!

هل ضربته يا محمد ؟

عمرو: لقد فعلها يا أمير المؤمنين.

عمر : ولم لم تنصف هذا الرجل حين بلغك ما جرى

عمرو:لم يبلغني إلا حين بعثت في طلبي، لقد كتم الناس عني الخبر,وخشي- محمد عاقبة فعلته.

عمر : إن هذا ليس بعذر يا ابن العاص, فسلطانك جرأ ابنك على ما فعل !

محمد : عفوك يا أمير المؤمنين... اعترف بذنبي وأفعل بي ما تشاء.

(يدخل أحد الرجال معلنا وصول المصري)

الرجل : السلام عليكم يا أمير المؤمنين.

عمر : وعليكم السلام ورحمة الله،اجلس إلى جوار ابن الأكرمين

(يجلس الرجل)

عمر: يا رجل لقد عرفنا إنك مظلوم حقاً... دونك السوط فاضرب ابن الأكرمين.

الرجل (متردداً): أأضربه بالسوط... هل آخذ كما أشاء؟

عمر (يجزم): قلت لك اضربه كما ضربك... فأنت مثله وإن كان ابن الوالي (الرجل يهوي عليه بعنف) ... خذها يا ابن الأكرمين.

انس: لقد أسرف في ضربة يا أمير المؤمنين.

عمر: إنه يستحق جزاء فعلته, فليضربه كما ضربه... أعباد الله لعبة في يديه لأنه ابن الوالي.

الرجل : (وقد توقف عن ضرب محمد) شكراً لك يا أمير المؤمنين فلقد اكتفيت

عمر: الآن أيها الرجل المظلوم, اضرب عمراً فوالله ما ضربك ابنه إلا بفعل سلطانه.

الرجل : عفواً يا أمير المؤمنين,لا آخذ الحق إلا ممن ضربني بغير حق,لقد استوفيت واستغنيت.

عمر: لك ما شئت يا رجل، أما و الله لو ضربته ما حُلنا بينك وبينه حتى تكون أنت الذي تدع، فمن يظلم لا يستحق منا إلا العقاب، أو يظن ابن عمر أن عباد الله عبيداً له ولأبيه,حتى تكاد تيأس من العدل في الأرض،

عمرو: يا أمير المؤمنين، نقر بذنوبنا ونعترف بما اقترفنا، وسأعمل على إشاعة العدل والمساواة ما استطعت.

عمر: أيا عمرو, متى استعبدتم الناس وقد ولدتهم أمهاتهم أحرارا "عمرو: فليسامحني الله، وسأتعهد ولدي بالنصيحة والموعظة الحسنة،حتى تصلح حاله ويلين قلبه للناس جميعاً

عمر: (إلى الرجل) انصرف راشداً أيها الرجل،فان نالك ما يسوء فاكتب لي دون إبطاء.

عمرو: لن يناله سوء بإذن الله يا أمير المؤمنين،سيكون موضع مودتي وبري ورعايتي.

ستار.

تحليل المسرحية:

١-   الفكرة والموضوع.

تدور المسرحية حول إنصاف رجل مصري ظلم من قبل أحد الولاة في مصر.

٢-الأفكار الفرعية تتفرع حول :

- قدوم الرجل إلى عمر بن الخطاب والشكوى له.

- دعوة عمر لعمرو بن العاص للحضور إلى مقر الخلافة.

- معاقبة ابن عمرو بن العاص بعد اقراره بذنبه.

- إنصاف المصري وعودته إلى بلده.

٣- الحبكة أو الإطار التنظيمي للمسرحية كان مترابطاً ومتسلسلاً حيث ظهرت وحدة الموضوع من البداية إلى النهاية.

٤- ظهر الاهتمام بالوحدات الثلاثة.
- وحدة الموضوع،تسلسل الأفكار وترابطها.
- وحدة المكان،بيت الخلافة.
- وحدة الزمان، زمن الخلافة الراشدة عهد عمر بن الخطاب.

٥- الشخصيات.
ظهرت الشخصيات الثابتة وهي :
أ- شخصيته عمر بن الخطاب الحازمة المنصفة.
ب- شخصية المصري الخائف والمظلوم.
ج- شخصية أنس وتعتبر شخصيته ثانوية في المسرحية.
د- شخصية عمرو بن العاص الذي لم يحسن تربية ولده.
هـ- شخصية محمد بن عمرو المتعجرف الظالم، وهي شخصية متحولة حين تغير موقفها من الظالم إلى المعترف بالذنب إلى المعاقب.

٦-الصراع :
تتدرج بتواتر, وظهر عند الرجل الذي يحمل عاطفة الخوف والألم ويحمل في نفسه مرارة الظلم ويعاني من الصراع الداخلي (التردد) فيكشفه عنه عمر بن الخطاب حين أشعره بالأمن والأمان وأن العدل لا بد أن تكون له طريق فأظهر الصراع الخارجي بين شخصين الظالم (ابن عمرو) والمظلوم المصري وطلب الأنصاف.
ومقابل الصراع نجد ضبط النفس فبعد أن أخذ حقه وزاد في ضرب ابن عمرو, رفض ضرب الوالي لأنه صادق العاطفة والإحساس فهو لم يضرب إلا من ضربه بغير حق.
ويعتبر الصراع من نوع الصراع الصاعد المتدرج مع أحداث المشاهد في المسرحية.

٧- اللغة،استخدمت لغة سهلة بسيطة مفهومة قريبة من القلب والعقل اللغة العربية الفصيحة.

٨- الحوار:

- لقد تطور الحوار بحسب الأحداث الواردة في المسرحية تطوراً منطقياً ومعقولاً.

- لزم الحوار البساطة وعدم التكّلف والتصنع وكان واقعياً.

- صور الحوار نفسيات الشخصيات الواردة في المسرحية وكشف عن العقد النفسية عند ابن عمرو بن العاص (الغرور والتعالي) وكشف عن خوف الرجل من تردده من عدم إنصافه وكشف عن سهو وعدم متابعة الوالي لابنه، كما كشفت إخفاء الناس حقيقة ما حصل عن الوالي، مما أحرجه أمام الخليفة.

- ارتقى الحوار إلى صفة التفاهم دون الجدل والاقتناع دون الأمر بالسلطة.

- برزت ذروة المسرحية بعد عرض المشكلة في المشهد الأول, ووصول التأزم في الوسط عندما أدرك عمر مظلمة الرجل وجاء الحل بعد استدعاء عمرو بن العاص وابنه والاقتصاص منهما.

- اظهر الحوار والصراع الحركة الذهنية من خلال المشاهد المتلاحقة فكأن المسرحية نقلت بحركاتها المتناسقة المشاهد إلى أحداث حقيقية من أزمنة غابرة.

٩ -الأسلوب الذي ظهر في هذه المسرحية التي تحمل نوع (التراجيديا) إنها قامت على الحوار مع وصف المكان والزمان وأظهرت الانفعالات النفسية في الشخصيات وهذا يتطلب جهداً كبيراً من الكاتب في الحوار الذي يبحث في ملامح الشخصيات وأفكارها ومواقفها التي سارت بشكل متنام مع الحدث حتى تأزم ثم تكشفت الحلول في الخاتمة.

ملاحظات أخيرة حول أسلوب الكاتب.

- احسن الكاتب اختيار الفكرة الأساسية لموضوع مسرحيتهُ.
- حدد الكاتب الحدث الذي جمع الشخصيات والمواقف المختلفة حوله.
- أحسن ترتيب الوقائع والأحداث بشكل مفصل ومرتبط بالفكرة العامة
- وصل من خلال الصراع والحركة وحسن الحوار إلى الذروة الدرامية.
- بين النهاية الحتمية لتطور الحدث الأساسي.
- استكمل أسس البناء الدرامي الذي استعمل فيه الحوار الحي النابض بالتعبير والتصوير.
- مناخ المسرحية العام الإنصاف والعدل.

فن السيرة.

السيرة في اللغة :

الطريقة, يقال سار بهم سيرة حسنة.

السيرة في الاصطلاح:

هي مجموعة من الأخبار المأثورة أو المشاهدات التي يكمل بعضها بعضاً لتوضح نمو الشخصية التي تتحدث عنها, والتغير الذي يحصل لها على مرور الزمن بأسلوب فني يظهر فيه كمال الشكل والمحتوى وتتمشى فيه حركة النمو والتطور في البناء.

يقال أنْ السيرة هي تصوير حياة شخص متميز تميزاً مستمداً من الأحداث الدائرة حوله, أو من طبيعة سلوكه الخلقي والنفسي بلغة أدبية وعرضها بصدق تاريخي، ولا بد من الحفاظ على وحدة الموضوع،حيث لا يسمح الكاتب لحياة الآخرين بأن تسيطر على بطل السيرة, وبمعنى آخر فإن بطل السيرة يظل المحور الذي تدور حوله الأحداث, وتلتقي عنده الشخصيات الأخرى.

والجانب الآخر من التعريف يتناول الأسلوب، فأسلوب السيرة يجمع بين التاريخ والنقد والقصة, ولغته سهلة تصويرية تنبعث منها حرارة التعبير، والسيرة والتراجم قديمتان في التراث العربي، ابتداء من سيرة الرسول (ص), فقد ذاعت شهرة سيرة ابن هشام وقبله سيرة ابن شهاب الزهري, وكذلك راجت كتب الطبقات والتراجم،إلا أنّ مفهوم السيرة قديماً يختلف عنه حديثاً فالسيرة كانت جزءاً من التاريخ ونشأت وترعرعت في أحضانه، وكانت تهدف إلى ما يهدف إليه التاريخ من الاعتبار,ولذلك سيرة الرسول (ص)التي كتبها موسى بن عقبة الزهري جاءت معنعنة مسنده كرواية التاريخ آنذاك والأحاديث وأسلوبها متقطع غير مسترسل بسبب الروايات والإسناد.

فهذه السيرة وأشباهها لا تعتبر من السيرة الفنية الأدبية المرادة بالبحث لأنها كانت تدور حول موضوع واحد, وجاءت الروايات متفرقة غير مسترسلة وهدفها ليس الامتاع.

أمّا كتب التراجم والطبقات على نحوما نشاهد في تاريخ بغداد للخطيب البغدادي, وتاريخ دمشق لأبن عساكر, فهي أيضاً ليست من السير الفنية ويمكن القول أن السيرة التاريخية كانت تمثل أقوى نوع من السير عند المسلمين، أمّا السيرة ذات الطابع الأدبي (الفنية القائمة على التأليف بين الواقع التاريخي والحياة الفردية, والجمال الفني دون التنازل من أحدهما أو طغيانه عليها فطغيان الجانب التاريخي أو زيادة العناية بتصوير الحياة العامّة يعني الخروج من دائرة الفن إلى التاريخ،

وطغيان الجانب الفني يعني الخروج من دائرة السيرة، والدخول في دائرة القصة [1]. ذلك وضع السيرة العربية قبل عصر النهضة.

تأثرت السيرة في ظل النهضة الحديثة بالدراسات النقدية للنصوص والنظريات النفسية، وأصبح أثرها أقرب إلى المظهر العلمي منه إلى المظهر الأدبي على أنه يمكن تمييز ثلاثة اتجاهات في كتابة السيرة.

١- الاتجاه الأكاديمي: وتبنى فيه السيرة على التحليل والمقارنة لأخذ احسن الروايات، ولهذا فان بناءها وتكوينها ضعيف,لكثرة الروايات.

٢- الاتجاه التقليدي : وأصحاب هذا الاتجاه لا يؤمنون بالدراسة النقدية قدر أيمانهم بما قاله القدماء, ولهذا فالسيرة على هذا الاتجاه، تقليدية لا جديد فيها، وتعتمد الأسلوب الإنشائي المفكك والحماسة المفتعلة.

٣- الاتجاه الأدبي الفني: ويعتني هذا الاتجاه بالفرد وإنسانيته على أساس من الصدق, التاريخي في تطور حياته وشخصيته وتكاملها وهذا هو الاتجاه المعتبر.

أنواع السيرة الفنية.

تنقسم السيرة من حيث الكاتب إلى نوعين :
- السيرة الذاتية.
- السيرة الغيرية (العّامة).

وتنقسم من حيث الأسلوب إلى ثلاثة أنواع :-
- السيرة التاريخية
- السيرة القصصية.
- السيرة الساخرة.

أمّا السيرة الذاتية : فهي التي يكتبها الأديب نفسه، ومن أقدمها في العصرـ الحديث, كتاب احمد فارس الشدياق " الساق على الساق فيما هو الفارياق " وقد نهج أسلوب المقامات الساخرة، أما أفضل هذه السير الذاتية وأرقاها فهو كتاب "الأيام" لطه حسين وقد تأثر به احمد أمين في سيرته "حياتي"، وأحدث السير الذاتية مهنتي كملك" لجلالة الملك الحسين المعظم"

----

[1] محمود أبو عجمية, اللغة العربية نظامها وآدابها،ص ١٥٦.

وتقسم السيرة الذاتية بحسب كيانها،وغايتها إلى الأصناف التالية:

- الصنف الإخباري المحض: وهي السيرة التي تتضمن أخباراً ومشاهدات ومذكرات كتبها صاحبها،مثل " مياومات" القاضي الفاضل، ورحله ابن جبير،سيرة ابن سينا.

- ما يكتب للتفسير والتعليل والتبرير, والهدف منها أن يدافع الكاتب عن نفسه أمام التاريخ،ويبرر سلوكه وتصرفاته, ويوضح الظروف التي كانت تكتنفه ومثال ذلك، سيرة ابن خلدون, ومذكرات الأمير عبد الله آخر ملوك الطوائف في غرناطه.

- ما يصور الصراع الروحي، وتمثله سيرة ابن الهيثم، و المنقذ من الضلال للغزالي.

- ما يحكى قصة المغامرات في الحياة، وما فيها من تجارب كما جاء في كتاب الاعتبار لأسامة بن المنقذ.

أما السيرة الغيرية (العامّة): فهي تلك السيرة التي يكتبها الأديب عن غيره ومن أفضلها ما كتبه ميخائيل نعيمه عن "جبران" والسيرة النبوية لأبن هشام، وأخي إبراهيم طوقان لفدوى طوقان.

ومن افضل المحاولات ذات الطابع الأدبي في السيرة الغيريةالحديثة.

- حياة الرافعي, لمحمد سعيد العريان الذي اعتمد على صلته الشخصية به ومداولته ومصاحبته، ولم ترسم "حياة الرافعي" صورة متكاملة له ولكنها استطاعت تقريبه إلى قرّآئه, وامتازت بقدر كبير من الصدق والصراحة في المواطن التي يلزم فيها التعليق والنقد.

- جبران خليل جبران, لميخائيل نعيمه، فقد اعتمد على صداقته له وصلته الشخصية به، وعلى الصراحة في التصوير والتعبير, وأعاد جبران إلى دنيا الواقع بعد أن كاد يكون من الأساطير, ونظر بعين الناقد الساخر إلى كثير من متناقضاته،كل أولئك في بناء فني جميل.

- عبقريات العقاد (عبقرية محمد، عبقرية الصديق،عبقرية عمر, معاوية في الميزان، سعد زغلول). فقد ظهرت صعوبة الترجمة لأصحاب العبقريات لأنهم من العباقرة وليس من عامة الناس، وفي عدم توفر الشواهد الدقيقة المتفق عليها من هؤلاء، فالعبقريات (ليست سيرة على الطريقة العربية وليست ترجمة على طريقة التراجم في اللغات الأوروبية، إنما هي صورة تتألف من بضعة خطوط سريعة حاسمة يبرز من خلالها إنسان).

دعائم فن السيرة:

١- الحقيقة التاريخية، والصدق الواقعي.

٢- تصوير الحياة الخاصة لبطل السيرة، وما يعتريه من عوارض كالصحة والمرض والقوة والضعف.

٣- وحدة البناء وتطور الشخصية، وقوة الصراع وجمال الأسلوب.

العناصر الفنية للسيرة :

- وحدة البناء : تبنى السيرة على وحدة الشخصية, وفي حياة بطل أي سيرة آلاف الحوادث والمواقف والشخصيات، ويطلب من كاتب السيرة أن يضع من كل ذلك سيرة أدبيّة محكمة ذات بناء فني واضح يستطيع خلاله أن يطلعنا على التاريخ الحقيقي لحياة بطل السيرة النفسية والخلقية والفكرية والسلوكية, وما نستدل منه على شخصية هذا البطل ومكوناتها الموروثة والمكتسبة, في تكامل جميع أطوار نموه وتغيره، وفي وحدة تتوافر لافي التنظيم والتركيب فحسب, بل تتوافر في الروح العامّة، والمزاج السائد وفي التغير والتدرج من موقف إلى موقف مع التزام الحقيقة التاريخية في كل ما ينقله من أحداث ماضية.

- بطل السيرة شخصية نامية : أهم ما يلحظه الكاتب في السيرة النمو والتطور والتغير في الشخصية، مع مراحل التقدم في السن، ولذلك كان من المحتوم عليه أن يتتبع التدرج التاريخي, وأن يلحظ بدقة تأثير الأحداث من الخارج والداخل على نفسية صاحبها، فليس أبو حيان التوحيدي الذي كان يطوف البلاد على قدميه في زي صوفي, هو نفس أبي حيان الذي كان يطوف بين مجالس الفلسفة ببغداد، وهناك فرق واسع بين المعتمد بن عباد في اشبيلية، والمعتمد في أغمات, ومن واجب الكاتب أن ينمي عند القارئ مقدار الشعور بهذا الفرق في طريقة إيحائية لبقة بارعة[١].

- الصراع في السيرة : القيمة الحقيقية للسيرة إنما هي في الصراع، وفي مدى القوة التي تمنحها القرآء، وهي تقدّم لهم مثالاً حياً من أنفسهم فتغرس الثقة في النفس الإنسانية وتوحي بأن دور كل منا يجب ألا يمر يائساً خاملاً على الرغم من النهاية المحتومة فجوهر الحياة هو الصراع،صراع الإنسان مع الطبيعة، وصراعه مع الناس الآخرين,وصراعه مع نفسه،والكشف من خلاله عن دخيلة نفس بطل سيرته،واثر الأحداث الخارجية في حياته النفسية والشعورية والفكرية، وما يحدث لشخصيته من نمو وتحول وتغير على مر الأيام وتعاقب الأحداث، وحظ السيرة من البقاء يرجع إلى مدى ما تنقله لنا من إحساس كاتبها بالصراع، الذي يثير في نفوسنا ألواناً من المشاعر تحفزنا على مشاركة بطل سيرته في تجاربه وخبراته وعلى تعاطفنا مع مواقفه وأفعاله[١].

- الأسلوب : وهو عنصر من أهم عناصر السيرة الفنية، ويشمل طريقة الكاتب في بناء السيرة وطريقته في التعبير وبناء العبارة، ويتمايز كتاب السيرة بطريقة البناء, وقد يختار أحدهم الطريقة الدرامية، وقد يختار أحدهم الطريقة السردية, وربما وجد من الأنسب أن يستعمل طريقة

---

[١] إحسان عباس،**فن السيرة**،ص٨٣.

[١] محمود أبو عجيبة، **اللغة العربية نظامها وآدابها**،ص١٥٨.

التفسير والشرح, وذلك جانب اهتم به ميخائيل نعيمة في سيرة جبران، وقد يستخدم الكاتب أسلوب الحوار, وقد يمزج بين واحدة وأخرى من هذه الطرق، بحسب ما تمليه عليه طبيعة الموضوع، إذ ليس من مرشد إلى الطريقة المثلى إلى حسن الكاتب نفسه [٢].

ومن أبرز سمات السيرة الذاتية الحديثة في الأدب العربي, وجود علاقة قوية بين الأسلوب اللغوي وبين شخصية صاحبه، إذ أن هناك اتفاقاً بين الأسلوب وبين الشخصية يجعل الأسلوب يدل على ملامح الشخصية الروحية والفكرية للكاتب، فالاستعمالات اللغوية التي يتميز بها الكاتب تمثل ملامح شخصيته تمثيلاً صادقاً.[٣].

فالشيخ محمد عبده في أسلوبه السهولة والبساطة وقوة الألفاظ وتماسك الفقرات والاحتفال بالمناظرة والاستدلال، والاحتفال بالثقافات والفلسفات وكلها تشير إلى خصائص شخصيته الفكرية.

والعقاد كان في أسلوبه يتسم بالجدل المنطقي والحجاج العقلي، والتحليل الدقيق لما هو بصدده من فكرة، كما يتسم باختياره الألفاظ المتشامخة ذات الجرس والطنين التي تظهر تعمقه أسرار اللغة، وتفوقه على خصومه ومناظريه، وكل هذا كانت ملامح شخصية العقاد الفكرية وقد دل أسلوبه عليها بجلاء.

أمّا طه حسين، فان ما في أسلوبه من التكرار والترادف والعذوبة ما يمثل شخصيته الفكرية في أعظم جوانبها، بخاصة أنه كان صاحب دعوات تجديد في مجال الأدب والثقافة، وهو في كل ذلك يستعين بالتكرار والإعادة لإقرار ما يدعو إليه من تجديد، سواء في مجتمعه أو بين صفوف طلابه في الجامعة [٤].

والسيرة الفنية تثير المتعة بقوة العرض في التركيز أو في التحليل الدقيق أو في التراوح بينهما, وفي تهيئة الجو القصصي، وصف الحركات النفسية حتى تخرج السيرة في بعض الأحيان قصة ممتعة سهلة لا يكاد يميزها القارئ عن أي قصة محكمة النسيج والتشخيص، إذ تجمع إلى الصدق عنصر الحيوية وبعث الحركة والحياة والتنوع, وإثارة حب الاستطلاع والتشويق, ويقوم كل ذلك على عنصر أصيل من عناصر الأدب هو الأسلوب[١].

---

[٢] احسان عباس, **فن السيرة**, ص ٩٣.

[٣] يحيي إبراهيم عبد الدايم. **الترجمة الذاتية**،ص ١٥٣.

[٤] يحيى إبراهيم عبد الدايم,**الترجمة الذاتية**،ص ١٥٦.

[١] محمود أبو عجمية, **اللغة العربية, نظامها وآدابها**،ص,١٦٠.

الفرق بين السيرة الذاتية والسيرة الغيرية العامّة.

- من حيث الهدف فالسيرة الذاتية تهدف إلى تخفيف العبء عن الكاتب بالتنفيس عنه وتشترك مع الغيرية في إنهما تنقلان التجربة إلى الآخرين.

- من حيث الموضوعية فالسيرة الذاتية تعتمد على العنصر الذاتي فالكاتب يتحدث عن نفسه وعن تجاربه وربما لا يتجرد من التحيز إلى نفسه أمّا الغيرية فتعتمد على الموضوعية مع شيء من ذاتية الكاتب في إعجابه ببطل السيرة [1].

- في الشكل والمضمون فالسيرة الذاتية تكتب بصيغة المتكلم وأحيانا بصيغة الغائب أمّا الغيرية فهي ملازمة للغائب.

- في المعالجة، السيرة الذاتية نقل مباشر للمعلومات والتفسيرات من الكاتب نفسه،أمّا السيرة الغيرية فهي نقل للحوادث والأخبار عن طريق الوثائق والشواهد.

كاتب السيرة.

يحتاج الكاتب إلى مهارة خاصة، بالإضافة إلى توفر المعلومات عن بطل السيرة وتميزّه لا بد من وجود صفات للكاتب تتوفر فيه منها :

- اطلاع واسع وإن كان لا يحتاج إلى خيال واسع.
- يقظة ذهنية مستمرة مشفوعة بإرهاف خاص في التمييز والحدس والترجيح.
- فن وذوق كالقصصي والشاعر.
- قدرة نقدية على استنباط المعلومات من مصادر غير مباشرة فإذا كان بطل السيرة شاعراً فقد يستفيد من شعره الشيء الكثير.
- النضج،كاتب السيرة لا يكتب إلا عندما تبلغ تجربته النضج.

---

(1) احسان عباس، **فن السيرة**.١٦٥.

نموذجان من السيرة الذاتية.

١- نص من كتاب " الأيام " لطه حسين :

" وقد استقر إذن في نفس الصّبي أنه ما زال كما كان قبل رحلته إلى القاهرة قليل الخطر ضئيل الشأن، لا يستحق عناية به ولا سؤالاً عنه. فآذى ذلك غروره، وقد كان غروراً شديداً، وزاده ذلك إمعانا في الصمت وعكوفاً على نفسه ولكنه لم يكد يقضي- أياماً بين أهله حتى غيّر رأى الناس فيه، ولفتهم إليه، لا لفت عطف ومودة، ولكن لفت إنكار وإعراض وازورار، فقد احتمل من أهل القرية ما كان يحتمل قديما يوماً ويوما وأياما، ولكنه لم يطق على ذلك صبرا، وإذ هو ينبو على ما كان يألف، وينكر ما كان يعرف، ويتمرد على ما كان يظهر لهم الإذعان والخضوع. كان صادقاً في ذلك أول الأمر، فلما أحس الإنكار والازورار والمقاومة، تكلّف وعاند وغلا في الشذوذ. سمع "سيدنا" يتحدث إلى أمّه ببعض أحاديثه في العلم والدين، وببعض تمجيده لحفظة القرآن حملة كتاب الله. فأنكر عليه حديثه وردّ عليه قوله، ولم يتحرج من أن يقول: هذا كلام فارغ، فغضب " سيدنا" وشتمه، وزعم أنّه لم يتعلم في القاهرة إلا سوء الخلق، وأنه أضاع في القاهرة تربيته الصالحة، وغضبت أمه وزجرته، واعتذرت إلى "سيدنا" وقصت الأمر على الشيخ حين عاد، فصلّى المغرب وجلس على العشاء، فهزّ رأسه وضحك ضحكة سريعة في ازدراء للقصة كلها، وشماتة "بسيدنا" فلم يكن يحب "سيدنا" ولا يعطف عليه.

ولو وقف الأمر عند هذا الحد لاستقامت الأمور، ولكن صاحبنا سمع أباه،يقرأ دلائل الخيرات كما كان يفعل دائماً إذا فرغ من صلاة الصبح أو من صلاة العصر- فرفع كتفيه، وهزّ رأسه ثم ضحك، ثم قال لأخوته : إنّ قراءة الدلائل عبث لا غناء فيه.

فأمّا الصغار من اخوته وأخواته،فلم يفهموا عنه، ولم يلتفتوا إليه، ولكن أخته الكبرى زجرته زجراً عنيفاً، ورفعت بهذا الزجر صوتها، فسمعها الشيخ ولم يقطع قراءته، ولكن مضى- فيها حتى أتمّها،ثم أقبل على الصبي هادئاً باسماً يسأله ماذا كان يقول ؟ فأعاد الصبي قوله، فلما سمعه الشيخ هزّ رأسه، وضحك ضحكة قصيرة وقال لابنه في ازدراء:" ما أنت وذاك، هذا ما تعلمته في الأزهر" فغضب الصبي وقال لأبيه : نعم، وتعلمت في الأزهر أن كثيراً مما تقرؤونه في هذا الكتاب حرام يضرّ ولا ينفع، فما ينبغي أن يتوسل إنسان بالأنبياء ولا بالأولياء، وما ينبغي أن يكون بين الله والناس واسطة، وإنما هذا لون من الوثنية".

نلاحظ من الصفات أن طه حسين كان صريحاً إلى حد كبير، وكان واقعياً في تسجيل سيرة حياته، وفي حديثه عن الناس الذين تعامل معهم، أو درس على أيديهم،فقد كشف علاقاتهم وسلوكهم،كما بدت لك نزعته العقلانية، تلك التي كان لها أثر كبير في منهجه،ودراساته وطريقة تفكيره، وحكمه على الآراء والأشياء والأحداث.

وفي هذا المجال يمكن الوقوف مع عيسى الناعوري, فقد جاء كتابه "الشريط الأسود" صورة جادة صريحة لما عاناه هذا الكاتب في مراحل حياته من الحرمان وصنوف الألم من اجل العيش، ولما كان يتعرض له من قسوة أخيه الأكبر, مما أورثه عقداً نفسية شتى، وقد دفعته حياة الحرمان تلك إلى بذل أقصى ما يستطيع لتجنيب أبنائه ما عاناه في حياته.

نص من كتاب "الشريط الأسود" لعيسى الناعوري.

" ولقد تقلبت حقاً في أعمال أخرى فيما بعد، وأحسست بالمذلة والمرارة النفسية طويلا, فبعد أن مضى عليّ بضعة أشهر في عملي هذا، لحق بي أخي الأكبر إلى المدينة بعد أن علم بمكاني. فلما وجد راتبي ضئيلا إلى الحد الذي ذكرت من قبل، لم يرضه ذلك وأصرّ على أن أترك ذلك العمل، وأن أشاركه في عمل آخر, ولم أكن أملك إلاّ الطاعة لإرادة أخي الأكبر, فحملت على صدري صندوقاً مليئاً بزجاجات الكازوزة, ومشدوداً إلى عنقي بحماله، وفوق الزجاجات قطعة ثلج كبيرة لتبريد الكازوزة، وحمل أخي مثل ذلك، ورحنا نتجول في الشوارع طولاً وعرضاً نبيع الشراب البارد للعطاش.

مارسنا هذا العمل ثلاثة أيام، فكان كلّ منّا يمضي بحمله في اتجاه، وعند المساء نلتقي لنسلم آخر الزجاجات الفارغة إلى صاحب المصنع, ثم نمضي لنبيت في أحد الفنادق الرخيصة، أو لدى بعض أصدقاء والدي في إحدى الضواحي البعيدة, وكانت الطريق إلى الضاحية تستغرق كل مرة مسيرة ساعة أو أكثر قليلاً نقطعها مشياً من وسط المدينة.

وأذكر أنّني أنفقت مرة بعض القروش القليلة التي ربحتها من عمل النهار كله على بعض الطعام والحلوى، فلما علم أخي بذلك عاقبني عليه عقاباً قاسياً بلغ حد ضربي بيده وحزامه، وأسمعني كلاماً شديداً لم أملك معه إلا البكاء، لأن لأخي الأكبر حرمة في نفسي.

هذا الحرمان هناك كان سبباً كافياً ليجعلني أنشأ على حب الإنفراد والإنطواء على نفسي, وليس ذلك فحسب، بل جعل الخجل المفرط عقدة من العقد العسيرة الحل لدي, عانيت منها كثيراًَ في المدرسة, وبعد مغادرة المدرسة،ظللت أعاني منها مدى الحياة لقد كنت أشعر دائماً بأن حظي السيئ يجعلني من أقل الناس حظاً في الحياة، ومن أقلهم استحقاقاً لذاتها ومباهجها، فأراني أتهيب الاتصال بالآخرين ومعاشرتهم وتوطيد صداقات معهم، وإذا جلست مع أحد لم أجد كلاماً أقوله إلاّ أن أردّ على ما يقوله هو، أو أن يكون الحديث بيننا ذا صلة بشيء يتعلق بي، أو ما إلى ذلك، وقد يحسب البعض أنني إنما أفعل ذلك أستنكاراً أو ترفعاً, أو رغبة في التخلص، ولكنني في الواقع إنّما أفعله تهيباً، وخجلاً وانطواء على نفسي بسبب العقد القديمة التي تمكنت من نفسي,فما عدت أملك التغلب عليها. إنّ من أسوأ ما تركه الخجل والإنطواء في نفسي أنني فعلاً لا أعرف كيف أبدأ الحديث مع الاخرين، لا أجد موضوعاً أتحدث فيه, فتراني أصمت طويلاً وأنا أبحث في نفسي عن

شيء أقوله, وأشعر بالراحة المنقذة حين يتحدث جليسي ويوجّه إليّ كلاماً أجيب عنه، إنّني أشعر بالعجز فعلاً عن وجود موضوع للحديث مع الآخرين إلاّ حين يرتفع التكليف بينهم وبيني إلى حد بعيد، ويكون بيننا موضوع مشترك نخوض فيه.

حتى في الحب، طالما شعرت بأنّ مثلي لا يملك أن يحب, ولا حقّ له في أن يكون محبوباً، وطالما شعرت بأنّ التي أقع في حبّها قد لا تجد فيّ الإنسان الذي يستحق حبها، فأتجنّب لذلك النساء خشية أن يسئن إلى احساسي المرهف, إنّني أفضّل الموت على احتمال الاساءة أو الإعراض عن امرأة, ويظل أثر ذلك في نفسي طويلاً لا يزول.

إحساس كهذا قد يصبح مع الأيام مرضاً يستعصي على العلاج, ولا سيما متى كانت رواسبه متأصلة منذ الطفولة، فهي عندئذ لا تنزع من النفس قبل أن تنزع منها الحياة.

غير أن حرماني ذاك كانت له عندي بعد ذلك نتائج عكسية.لقد علّمني ألاّ أبخل على نفسي بشيء يمكن أن تصل إليه يدي، وألاّ أحترم المال لذاته فأحتفظ به وأدخره لعثرات الزمان، كما يقولون, وعلّمني كذلك ألاّ أبخل بعدئذ على أولادي،بعد أن تزوجت واستقرت حياتي نهائياً وأصبح لي أولاد, بشيء مما يمكن أن أوفره لهم.

لقد تعلّمت أن أحتقر المال ما دام هو الصنم الذي يعبده الأغبياء والحكماء على السواء، ويسجد له الطغاة ويتفانى لأجله حتى الأهل والأقرباء،حتى الأباء والأبناء, واحتقار المال معناه ألا أبالي بإنفاقه أولاً فأول, تعويضاً عن الحرمان الذي تعذّبتْ به طفولتي وحداثتي بمرارة وقسوة.

لم يعد ممكناً أن أدخر المال وفي نفسي أو نفس أحد أبنائي،رغبة أو حاجة يمكنني تحقيقها بالمال. حتى لو لم يكن لتلك الرغبة أو الحاجة ضرورة ماسة, إنّ الحرمان الذي عرفته طفلاً ويافعاً كان أقسى من أن يسمح لي بأن أجعل أحداً من أبنائي يعرف مثله, مهما كلّفني ذلك. ذلك كان الدرس الذي علّمني إياه الحرمان, وأنا أعلم أنّ الأكثرين يرونني مخطئاً في هذا, ويفضلون أن أدخر المال لمستقبل أبنائي،لا أن أنفقه على رغبات طفولتهم الطائشة التي لا تدرك ولا تعي.

لهم ما يشاءون من رأي ! أمّا أنا فقد تعلمت أن من حق أبنائي أن يشبعوا ويكتفوا في طفولتهم وحداثتهم،لئلا يمتلئ شبابهم وكهولتهم بالعقد النفسية التي امتلأت بها حياتي "

إن أصحاب هذه السِّير - كما يبدو لك- أدباء لهم باع طويل في عالم الأدب, يختزنون خبرة واسعة ويحسنون العرض والتناول, ولا يقفون عند الظواهر والعلاقات العابرة،بل يغوصون إلى الأعماق ويفلسفون الأمور. ويمتلكون أساليب أدبية شائقة تشدّ القارئ وتفرض عليه ألاّ يترك الكتاب قبل الانتهاء منه.

نموذج من السيرة الغيريّة.

نص من كتاب (عبقريّة عمر) للعقّاد:

" لا تناقض في خلائق عمر بن الخطاب, ولكن ليس معنى ذلك أنه أيسر فهماً من المتناقضين، بل لعله أعضل فهماً منهم في كثير من الأحيان،فالعظمة على كل حال ليست بالمطلب اليسير لمن يبتغيه، وليست بالمطلب اليسير لمن ينفذ إلى صميمه ويحتويه.

إنما الأمر الميسور في التعريف بهذا الرجل العظيم أن خلائقه الكبرى كانت بارزة جدا لا يسترها حجاب, فما من قارئ إلا استطاع أن يعلم أن عمر بن الخطاب كان عادلاً، وكان رحيماً,وكان غيوراً، وكان فَطِناً، وكان وثيق الإيمان عظيم الاستعداد للنخوة الدينية.

فالعدل والرحمة والغيرة والفطنة والإيمان الوثيق صفات مكينة فيه لا تخفى على ناظر, ويبقى عليه بعد ذلك أن يعلم كيف تتجه هذه الصفات إلى وجهة واحدة ولا تتشعب في اتجاهها طرائق قددا كما يتفق في صفات بعض العظماء, بل يبقى عليه بعد ذلك أن يعلم كيف يتمم بعض هذه الصفات بعضا حتى كأنها صفة واحدة متصلة الأجزاء متلاحقة الألوان وأعجب من هذا في التوافق بين صفاته أن الصفة الواحدة تستمد عناصرها من روافد شتى ولا تستمدها من ينبوع واحد،ثم هي مع ذلك متفقة لا تتناقض،متساندة لا تتخاذل،كأنها لا تعرف التعدد والتكاثر في شيء. خذ لذلك مثلا عدله المشهور الذي اتسم به كما لم يتسم قط بفضيلة من فضائله الكبرى... فكم رافدا لهذا الخلق الجميل في نفس ذلك الرجل العظيم روافد شتى :بعضها من وراثة أهله، وبعضها من تكوين شخصه, وبعضها من عِبَر أيامه, وبعضها من تعليم دينه... وكلها بعد ذلك تمضي في اتجاه قويم إلى غاية واحدة لا تنم على افتراق.

لم يكن عمر عادلاً لسبب واحد بل لجملة أسباب:

كان عادلاً لأنه ورث القضاء من قبيلته وآبائه, فهو من أنبه بيوت بني عدي الذين تولوا السفارة والتحكيم في الجاهلية، وروضوا أنفسهم من أجل ذلك جيلا بعد جيل على الإنصاف وفصل الخطاب, وجده نفيل بن عبد العزّى هو الذي قضى لعبد المطلب على حرب بن أمية حين تنافرا إليه وتنافسا على الزعامة،فهو عادل من عادلين وناشئ في مهد الحكم والموازنة بين الأقوياء.

وكان عادلاً لأنه قوي مستقيم بتكوين طبعه... وإن شئت فقل أيضاً بتكوينه الموروث. إذ كان أبوه الخطاب وجدّه نفيل من أهل الشدة والبأس، وكانت أمه منتمة بنت هشام بن المغيرة قائد قريش في كل نضال, فهو على خليقة الرجل الذي لا يحابي لأنه جُبْن, ومن الجور على الضعيف لأنه عوج يزري بنخوته وشممه.

وكان عادلاً لأن آله من بني عدي قد ذاقوا طعم الظلم من أقربائهم بني عبد شمس, وكانوا أشداء في الحرب يُسمّونهم " لعقة الدم" ولكنهم غُلبوا على أمرهم لقلة عددهم بالقياس إلى عدد

أقربائهم,فاستقر فيهم بغض القوي المظلوم للظلم وحبه للعدل الذي مارسوه ودربوا عليه, وساعدت عبر الأيام على تمكين خليقة العدل في خلاصة هذه الأسرة، أو خلاصة هذه القبيلة, ونعني به عمر بن الخطاب.

وكان عادلاً بتعليم الدين الذي استمسك به وهو من أهله بمقدار ما حاربه وهو عدوه, فكان أقوى العادلين كما كان أقوى المتقين والمؤمنين.

وكذلك اجتمعت عناصر الوراثة الشعبية, والقوة الفردية، وعبر الحوادث وعقيدة الدين في صفة العدل التي أوشكت أن تستولي فيه على جميع الصفات.

كان عادلاً لأسباب كأنه عادل لسبب واحد لقلة التناقض فيه, وربما كان تعدد الأسباب هو العاصم الذي حمى هذه الصفة أن تتناقض في آثارهما,لأنه منحها القوة التي تشدها كما يشد الحبل المبرم فلا تتفكك ولا تتوزع، فكان عمر في جميع أحكامه عادلاً على وتيرة واحده لا تفاوت بينها، فلو تفرقت بين يديه مائة قضية في أعوام متباعدات لكنت على ثقة أن تتفق الأحكام كما اتفقت القضايا.. كأنه يطبعها بطابع واحد لا يتغير"

من النموذج السابق تبدو لنا ثقافة العقاد العربية الإسلامية جلية واضحة،إذ نلمس فيه قوة التعبير, وجزالة الألفاظ, ومتانة السّبك, ووضوح المعنى, واستقصاء جوانب العظمة في الشخصية التي يُترجم لها، وسوق الأدلة والبراهين، مما جعله كاتباً بصيراً بجوانب الشخصيات عنها، وناقداً كبيراً.

*** تحليل سيرة "طه حسين" الأيام:**

١- الكاتب.

ولد طه حسين في قرية مغاغة بصعيد مصر عام (١٨٨٩), وفقد بصره طفلاً فوجه إلى الكتاب, ثم انتقل مع أخيه إلى الأزهر،اتصل بأحمد لطفي السيد وساعده على الدخول في الجامعة الأهلية, ومال إلى مناهج المستشرقين في دراسة الأدب العربي, سافر في بعثة إلى فرنسا, فدرس الآداب القديمة والأدب العربي والفلسفة، وحين عاد عين أستاذاً في الجامعة المصرية عام ١٩٢٥ ثم صار عميداً بكلية الآداب ثم مديراً لجامعة الإسكندرية، فوزيراً للمعارف, فرئيساً للجنة الثقافية، توفي عام ١٩٧٣, من مؤلفاته (ذكرى أبي العلاء) و(مع المتنبي) "حديث الأربعاء" "الأيام" (من حديث الشعر والنثر).

"الأيام "

كتب طه حسين "الأيام" ما بين عام(١٩٢٦،١٩٢٩) معبراً عن سخطه على بيئته التي نشأ فيها،مزهواً بتفوقه عليها، وقد صور في الجزء الأول حياته في القرية حتى سن الثالثة

عشر(١٨٨٩-١٩٠٢) وما عاناه من ظلم وحرمان من تلك البيئة الرجعية المتخلفة التي يسودها الجهل والفقر والتي لا تؤمن بالعلم الحديث، الذي أدى جهلها إلى حرمانه من بصره, وقد بالغ في الكشف عن مظاهر الجهل في تلك البيئة فعرض لعديد من الصور والشخصيات التي تمثل هذا الجهل وبخاصة رجال الدين "سيدنا" والعريف.

وصور في الجزء الثاني صباه وصدر شبابه (١٩٠٢-١٩٠٨) وعرض فيه صوراً ونماذج عديدة من شخصيات الطلاب في الربع، ومن شخصيات شيوخه في الأزهر،الذين كانوا هدفاً لسخطه الموجع وسخريته المرة, لتخلفهم وجهلهم وغلطتهم.

وقف طه حسين في الأيام موقفاً عدائياً متحيزاً من معظم شخصياته فلم يتعاطف معها بل تعالى عليها وأظهر تفوقه على أكثرها ولعله لم يعرض لها إلا لهذه الغاية, ولم يسلم أبوه من سخريته وعبثه، ولم يتعاطف مع أخيه الأزهري, وأظهر النقمة على عمه وجده.

كتاب الأيام صورة واعية للصراع بين الإنسان وبيئته، وكاتبه يعمد عمداً إلى تصوير ذلك الصراع, فهو يصف مراحله, ويتدرج بها متعمداً, على أن حياته خير مثل للانتصار على البيئة والوصول في النهاية, ولكن طبيعة الثورة عنده ليست قوية وقلما تمثلت في مواقف إيجابية عدا تلك المواقف السريعة مثل سخريته من أبيه لقراءته دلائل الخيرات وإنكاره على "سيدنا" ما يحدث به والدته من أحاديث الدين ورده على أستاذه،إن طول اللسان لا يمحو حقاً ولا يثبت باطلاً[1] وطه حسين في عرضه لذكرياته يضفي عليها من ثقافته ونضوجه العقلي والأدبي والنفسي, ويصوغها صياغة قوامها التفسير والتأويل والتحليل ليحقق غرضاً من أغراضه وهو الدعوة إلى التقاء الثقافتين العربية والغربية في بيئته حتى لا يعاني غيره ما عاناه في مراحل تعلمه الأولى.

لقد تعاطف طه حسين مع شخصية الصبي والفتى تعاطفاً يبلغ حد الزهو والتعالي والشموخ, مما حد من تجرده وصدقه وصراحته, ومما قلل من صراحته ما عمد إليه من إغفال لأسماء الشخصيات والأماكن وتحديد التواريخ، فأضعف عنصر الحقيقة وأضعف القيمة التاريخية في الكتابة وأظهر أنه لا يستطيع الجهر بأشياء كثيرة, كما أخلّ بأحد شروط السيرة الذاتية حين عمد إلى ضمير الغائب في سرد سيرة حياته،لأنه أخفى بذلك شخصيته التاريخية وقلل من عنصر الذاتية إذ فصل بينه وبين ذاته, ويظل كتاب الأيام بعد ذلك أكمل تجربة أدبية في الأدب العربي الحديث لمزايا كثيرة منها, الطريقة البارعة في القص, والأسلوب الجميل, والعاطفة الكامنة في

---

[1] احسان عباس, فن السيرة,٢٤١-١٤٢

ثناياه، واللمسات الفنية في رسم بعض الصور للأشخاص، والقدرة على السخرية اللاذعة في ثوب جاد, وما نلمسه فيه من ترابط بين الأحداث يمنحها وحدة واتساقاً ^(٢).

(٢) احسان عباس، فن السيرة, ١٤٢.

المناظرة :

تعريفها :

حوار بين شخصين أو فريقين يسعى كل منهما إلى إعلاء وجهة نظره حول موضوع معين والدفاع عنها بشتى الوسائل العلمية والمنطقية واستخدام الأدلة والبراهين على تنوعها محاولا تفنيد رأي الطرف الآخر وبيان الحجج الداعية للمحافظة عليها أو عدم قبولها.

أهميتها :

صقل مواهب المتعلم وتعويده إتقان فنون القول والجدل الرامي إلى بلورة الرأي في إطار احترام الرأي الآخر ولو كان مخالفا.

أنواعها :

للمناظرة نوعان هما: الواقعية التي تصور الواقع، والمتخيلة كمثل المناظرة بين السيف والقلم.

اتجاهها :

- تحديد المشكلة والقدرة على صياغتها.

- فرض الفروض (ويفضل أن تكون الفروض واقعية).

- التقسيم والتصنيف لموضوع المناظرة.

- تقديم الأدلة : وهي أهم مادة في عملية المناظرة وهي نوعان :

نقلي ويتعلق بالاقتباس والاستشهاد من الكتاب والسنة وأقوال العلماء والمفكرين.

- عقلي ويكون من المنطق والحجة. ويلخصه قولهم : إن كنت ناقلا فالصحة وإن كنت مدعيا فالدليل "ويحتاج للأدلة للتحليل والتفسير.

- التعميم : إذ ينبغي التحفظ على بناء التعميم كإطلاق دون قيد أو تعميم دون تخصيص.

ويتجنب كذلك ألفاظ الجزم والقطع في القضايا الخلافية ذات الأبعاد الاجتماعية والثقافية.

- يغلب على المناظرة في إطار ما تعبر عنه من تفاعل حواري وتواصل أمران :

الأول : عمل إيجابي ينصرف إلى بناء الحجة والدليل.

الثاني :عمل سلبي يتعلق بتفنيد حجة آخر،والأدلة التي يسوقها، والتفاعل بين الأمرين يتطلب مهارة من المتناظرين في توليد الأسئلة وترتيبها وبناء الحجج وصياغتها، ولهذا يتوجب على المتناظر أن يمتلك مهارتين هامتين هما:

مهارة السؤال : لياقةً وصياغةً، ومهارة بناء الحجة : استدلالاً وترتيباً.

والمناظرة هي رسالة اتصالية متكاملة الأركان، لها عناصر يجب توافرها في عملية الحوار هي خمسة عناصر :

١ - المرسل (شخصية المحاور أو المناظر الذي يدير عملية الحوار).

٢- المستقبل (شخصية الطرف الآخر للمناظرة).

٣- بيئة الرسالة (توفر الجو الهادئ للتفكير المستقل)

٤- مضمون الرسالة الإتصالية (معرفة المتناظرين لموضوع المناظرة)

٥- أسلوب الحوار (مناهج الاتصال وأدواته والقواعد والهدف من المناظرة).

فوائد المناظرة :

- الوصول إلى وضوح الرؤية حول قضية ما لإيجاد قناعه مشتركة حولها

- استقصاء جوانب الخلاف ما أمكن حول قضايا معينة، وتجلية ما بين المتحاورين من قضايا خلافية مما قد يوفر حالة من الود ولذلك قيل "إن اختلاف الرأي لا يفسد في الود قضية"

- الإبعاد عن الأحكام التجريدية في قضايا الواقع،كما أن الاستقصاء فيها يجنب النظرات الانفعالية أو القناعات المسبقة.

- التعمق في دراسة أبعاد القضية وخلفيتها مما يؤدي إلى شمول النظرة وسعتها.

- تدرب على أصول الحوار وتنظيم الاختلاف والتأدب بآدابه.

قواعد وأسس الجدال والمناظرة:

-تخلي كل من الفريقين المتناظرين عن التعصب لوجهة نظر سابقة، وإعلان الاستعداد التام للبحث عن الحقيقة والأخذ بها

- تقيد المتناظرين بالقول المهذب البعيد عن الطعن أو التجريح أو السخرية لوجهة نظر الخصم.

- التزام الطرق الإقناعية الصحيحة، كتقديم الأدلة المثبتة للأمور، وإثبات صحة النقل لما نقل.

- عدم التزام المجادل بضد الدعوى التي يحاول إثباتها لئلا يحكم على نفسه برفض دعواه

- عدم التعارض والتناقض في الأدلة المقدمة من المجادل.

- ألا يكون الدليل المقدّم من المجادل ترديدا لأصل الدعوى.

- عدم الطعن في أدلة المجادل إلا ضمن الأمور المبنية على المنطق السليم والقواعد المعترف بها لدى الفريقين.

- التسليم ابتداء بالقضايا التي تعد من المسلمات والمتفق على صحتها.
- قبول النتائج التي توصل إليها الأدلة القاطعة والمرجحة.

آداب المجادل عند الإمام الغزالي :

- أن يقصد بجداله وجه الله وإحقاق الحق.
- أن يكون الجدال في خلوة بعيداً عن الرياء وطلبا للفهم وصفاء الذهن.
- أن يكون المجادل في طلب الحق كناشد الضالة.
- عدم الجدال في الأوقات التي يتغير فيها المزاج ويخرج عن حد الاعتدال.
- أن يحافظ على هدوئه ووقاره مع خصمه حتى وان شاغب وأربى في كلامه.

للمناظرات ثلاثة شروط :

الأول : أن يجمع بين خصمين متضادين.

الثاني : أن يأتي كل خصم في نصرته لنفسه بأدلة ترفع شأنه وتعلي مقامه فوق خصمه.

الثالث : أن تصاغ المعاني والمراجعات صوغاً لطيفا.

ومن أمثلة المناظرات الشهيرة مناظرة النعمان بـن المنـذر وكسـرى بـن المنـذر وكسـرى أنوشروان في شأن العرب، ومناظرة للآمدي بين صاحب أبي تمام وصاحب البحتري في المفاضلة بينهما، ومناظرة السيف والقلم لزين الدين عمر بن الوردي، ومناظرة بين الليل والنهار لمحمـد المبارك الجزائري, ومناظرة بين الجمـل والحصـان للمقدسي، ومنـاظرة بـين فصول العـام لابـن حبيب الحلبي.

ومن مناظرة فصول العام نقتطف هذه المقاطع : قال الربيع: أنا شابّ الزمـان، وروح الحيوان, وإنسان عين الإنسان، أنا حياة النفوس وزينة عروس الغروس, ونزهة الأبصار, ومنطق الأطيار, عرف أوقاتي ناسم، وأيامي أعواد ومواسم، وقال الصيف :::: أنا الخل الموافق، والصـديق الصادق، والطبيب الحـاذق, اجتهد في مصلحة الأحباب، وأرفع عنهم كلفة حمل الثيـاب, وأخفف أثقالهم، بي تتضح الجادة، وتنضج من الفواكه المادة، ويزهو البُسَر ـ والرطب، وينصلح مزاج العنب, وقال الخريف: أنا سائق الغيوم, وكاسر جيش الغمـوم، وهـازم أحـزاب السـموم، وحاوي نجائب السـحائب، وحاسر نقاب المناقب، وقال الشـتاء : أنا شيخ الجماعـة، ورب البضاعة، أجمع شمل الأصحاب، وأسدل عليهم الحجاب, وأتحفهم بالطعام والشراب.

المناظرة وتعلم اللغة :

للمناظرة فوائد عديدة على المستوى التعليمي، تفوق في آثارها كثيرا مـن الأنشطة التعليمية الأخرى ومن آثار الإيجابية للمناظرة :

- تدريب غير تقليدي على التحدث باللغة العربية.

- تنمية مهارات التخاطب اللغوي، وإجادة الحديث.

- تفسح المجال لدخول أنشطة مساعدة لإتمام عملية المناظرة مثل القراءة – التفكير- التخاطب-القدرة على بناء الحجج- التقويم الذاتي.

- تجعل عملية التعلم أكثر رسوخا وبخاصة في الناحية اللغوية فمن خلال إعداد الطالب للمناظرة نستطيع أن نتعرف على ما يحتاجه من سند لغوي ؛ لكي ينجز المهمة المطلوبة.

- تنشيط رغبة الطالب في التحصيل والتعلم الذاتي، إذ يصدر هذا التحصيل عن رغبة تجعل المناظر يؤمن بالتعدد في الآراء.

- احترام الرأي الآخر، وتنظيم عملية الاختلاف.

- استخدام الأدلة والحجج مما ينمّي مهارة التدقيق اللغوي فيحرص الطالب على تجنب ما يؤدي إلى ضعفه في الأداء، بالإضافة إلى امتلاكه قدرات التأثير والإقناع من خلال أساليب محكمة وأفكار عميقة.

- توفر المناظرة مناخا قادراً على فتح الباب أمام الطالب ؛ لكي يجرب عمليا ما تعلمه من لغة تتيح فرصة للعمل الجماعي وتبادل الآراء, كما أنها تتيح فرصة التعلم من الآخرين.

- تحقيق الكفاية الإتصالية للطالب ليغدو قادراً على التفاعل الإنساني وليحقق الطالب مما تعلمه من اللغة.

- صقل مهارة التعبير وتجميع الأفكار وانتقائها واستدعائها حين يلزم الأمر للتعبير الكتابي أو الشفهي.

- تنمية مجموعة من المهارات؛ كالحديث والاستماع, والكتابة, والتفكير النقدي والإبداعي.

- تحليل المناظرة : لتحليل المناظرة نقوم بالخطوات التالية :

١-	تحديد قضية المناظرة وموضوعها.
٢-	تحديد أطراف المناظرة.
٣-	تحديد المنتصر في المناظرة.
٤-	تحديد بداية المناظرة.
٥-	مناسبة مناخ القضية للحوار والمناظرة.

نموذج من مناظرة

جرت بين الماء والهواء مناظرة.

فقال الهواء :

أما بعد، فأنا الهواء الذي أؤلّف بين السحاب، وانقل نسيم الأحباب، وأهبّ تارةً بالرحمة، وأخرى بالعذاب، وأنا سُيّر بي الفلك في البحر كما تسير العيس في البطاح،وطار بي في الجو كلُ ذي جناح.

إذا صفوت صفا العالم وكانت له نضرةٌ وصفوة، وإذا تكدّرت تكدّر الجو. لا أتلوّن مثل الماء المتلوّن بلون الإناء.

لولاي ما عاش كلّ نفس، ولولاي ما طاب الجو من بخار الأرض الخارج منها بعدما احتبس،ولولاي ما سمع كتابٌ ولا حديث، ولا عُرف طيّب المسموع والمشموم من الخبيث،فكيف يُفاخرُني الماء الذي إذا طال مكثه ظهر خبثه،وعلت فوقه الجيف؟

فقال الماء:

الحمد لله الذي خلق كلّ حيّ. ....أما بعد، فأنا أول مخلوق ولا فخر، وأنا لذّة الدنيا والآخرة ويوم الحشر، وأنا الجوهر الشفّاف المشبّه بالسّيف إذا سلّ من الغلاف. تحيا الأرض بي بعد مماتها،فتُخرج للعالم جميع أقواتها، وأكسو عرائس الرّياض أنواع الحلل، وأنثر عليها لآلئ الوابل والطّلل،حتى يُضرب بها في الحسن المثل، كما قيل:

إن السماء إذا لم تبك مُقلتها لم تضحك الأرض عن شيء من الزّهر

فكيف ينكر فضلي من دبّ ودرج،وأنا البحر الذي قيل عنه في الأمثال :"حدّث عن البحر ولاحرج" ؟ وأما أنت أيها الهواء فطالما أهلكت أُمماً بسمُومك وزمهريرك. أما رأيت ما حباني الله به من عظيم المنّة، حيث جعلني نهراً من أنهار الجنة؟ أنا أجلو النّظر وأُزيل الوضر. أما رأيت النّاس إذا غبت عنهم يتضرعون إلى الله بالصّوم والصّلاة والصّدقة والدُّعاء،ويسألونه تعالى إرسالي من قبل السماء؟

وقد كثُر بينهما النزاع والجدال، حتى حكم بينهما قاض فقال:

إن كلاً منكما محقٌ فيما يدّعيه، فما أشبهكما في السماء بالفرقدين، وفي الأرض بالعينين!!

التقرير والبحث

تعريف التقرير : لغة واصطلاحاً.

لغة:

مصدر للفعل قرّر (قرر المسألة أو الرأي وضحه وحققه)، وهـذا التوضيح والتحقيـق الوارد في التقرير جاء على هيئة معينة.

التقرير في الاصطلاح :

فهو عملية علمية منظمة تسعى للكشف عن مسألة وتهدف إلى جمع مـا تفرق عنهـا في صفحات منظمة مبوبة.

أهمية التقرير.

لأن المدرس لا يستطيع تغطية كل كبيرة وصغيرة في مادة التعلّم, لذا جاء التقرير رافداً لما يقدمه الكتاب والمعلم بجهد يبذله الطالب ويطلّع فيه على كتب أخرى أو يجري تجارب أو يقوم بمقابلات علمية أو تصميم استبيانات تدور حول قضية متعلقة بمادة الدراسة.

وهذا الجهد المتواضع الذي يبذله الطالب يكسبه ثقته بنفسه،لأنه يبحر وحده في عـالم الكتب, ويختار منها ما يتعلق بموضوعه, ويناقش الآراء التـي يقرأهـا فتتقـوى شخصيته، كمـا يكسب التقرير مهارات علمية ومعلومات عميقة قلما يتطرق إليها النسـيان، لأن الطالب هـو الذي يشكلها علمياً بجهده، وهذا الجهد يساعده أيضاً، على تنمية قدراته,واستخدام لغتـه،كما يساعده على إظهار كفاءته وفهمه لبنود الخطة التي شرحها شرحاً كافياً، ومن جهة أخـرى فـأن التقرير الجيد يعطى المعلم فكرة حسنة عن الطالب، ويكشف له عن موقعه العلمي الصحيح على نحو أعمق مما تكشفه الامتحانات اليومية.

أهداف التقرير:

- تعليم الطالب كيفية الوصول إلى الخبرة والمعرفة من خلال خبرة السابقين وتجاربهم.

- إعطـاء فرصـة للطالب ليمارس القراءة النقدية،لأنـه سـيجد بعـض المعلومـات الموثوقـة والمفيدة.

- تدريب الطالب على تنظيم أفكاره والتعبير عنها بلغة سليمة, بعد أن يكون قد اطلع على عدة مصادر غالباً ما تحمل وجهات نظر مختلفة.

مراحل التقرير:

أ- تحديد الموضوع : وينحو المحاضرون نحو الأساليب العامة التالية :

- اختيار الموضوع بحسب رغبة المعلم.

- اختيار الموضوع بحسب رغبة الطالب نفسه.
- فتح المجال لمن أراد الكتابة للحصول على العلامة.
- تكليف مجموعة من طلاب الصف بالبحث عن بند من بنود المنهاج.

كل هذه الأساليب تجعل الطالب إمّا مخيراً فيما سيكتب أو لا خيار له، وفي كلا الحالتين عليه اتباع الإرشادات التالية :

- زيارة المكتبة والإطلاع على فهارس الموضوعات والعناوين والمؤلفين فيها، وتسجيل أرقام تصنيف الكتب، وقراءة فهارس محتويات كل كتاب يعنيه ويستحسن قراءة قائمة المصادر والمراجع.
- الرجوع إلى الموسوعات والمعاجم المتخصصة مثل المعجم الأدبي، وكتب المصادر مثل كتاب(مصادر الدراسة الأدبيّة) ليوسف اسعد داغر.
- الرجوع إلى الدوريات ليراجع فهارس المجلات ويدون ما يجده متصلاً بموضوعه.
- استشارة ذوي الاختصاص, وذلك بعد تكوين فكرة عامة عن الموضوع.

وقبل أن يحدد الطالب موضوع تقريره عليه أن يأخذ بعين الاعتبار الأُمور التالية :

- أن لا يكتفي بكتاب واحد أو كتابين لموضوع بل لأقلها خمسة مراجع.
- أن لا يكون التقرير جديداً جداً، أو من الموضوعات التي تحفظ سراً من أسرار الاقتصاد أو أسرار حياة شاعر, لأن الغرض من التقرير هو التدريب.
- أن لا يكون الموضوع كبيرا جداًً ومتشعباً ولا ضيقاً جداً، ولا غامضاً.
- أن لا يتطلب الموضوع معلومات سابقة يصعب الحصول عليها.
-أن يجد في نفسه رغبة وميلاً وقدرة على البحث.
-أن لا يعامل مصادره ومراجعه على أنها موثوقة لكونها مطبوعة بل عليه التأكد من صدقها وصحتها.

في العادة لا يصحب القراءة الأولية جمع للمادة، وإنما تسجيل للمصادر والمراجع وتدوين للأفكار العامّة التي من خلالها يضع حدود التقرير وعنوانه.

ب- وضع هيكل البحث.

من المتوقع أن تكون القراءة الأولية قد أعطت الطالب تصوراً عن هيكل الموضوع، عنوانه وأفكاره الرئيسية والفرعية، حجم المادة، وأهم المصادر والمراجع،فإذا وجد الطالب تشجيعاً من مرشده، فليمض إلى عملية جمع المادة وافضل مكان الحاسب لتوفره عند كل طالب, وتتم جمع المعلومات بالرجوع إلى المصادر والمراجع التي تصفحها ويأخذ كتاباً كتاباً، ويفرد لكل فكرة بطاقة

أو ملفاً على الحاسب. وقبل نقل المعلومة يقوم الطالب بنقل معلومات النشر فيكتب, اسم المؤلف, اسم المرجع، عدد الأجزاء, الطبعة, الناشر, بلد الناشر سنة النشر, ويكتب الطالب كل معلوماته وأفكاره على بطاقات مستقلة أو ملفات مستقلة، ثم يقوم بتصنيف البطاقات ذات الموضوع الواحد إلى بعضها البعض، تمهيداً لقراءتها وتكوين فكرة متكاملة عن الموضوع، فيعدّل بالزيادة والحذف في ضوء ما توصل إليه من معلومات.

ج- كتابة المسوّدة.

بعد جمع المادة من مصادرها المختلفة وتصنيفها بحسب الموضوع، يقوم الطالب بقراءة البطاقات أو الملفات التي تتعلق بالفكرة الواحدة ليكّون نظرة شمولية ثم يكتب البند الأول من الفصل من فكرة إلى فكرة بفقرات مناسبة, تاركاً المجال للإضافة والحذف.

وكتابه المسودة لا تكون مجرد نقل، بل صياغة جديدة للأفكار والتوسع بها وشرحها، ويفضل أن يكتب اسم المرجع على ذات السطر وليس في الحاشية تحرزاً من اختلاط أسماء المراجع فيما لو أضاف،لأن الإضافات تفقد تسلسل الصفحات.

ويستمر الطالب في كتابة الفصول حتى تكتمل ثم يعيد قراءتها ومراجعتها حتى إذا فرغ كتب الخاتمة وهي تلخيص لكل فصل بفقرة وعرض لأهم الأفكار وما توصل إليه الطالب.

ومع أن المقدّمة من الناحية الشكلية في أول البحث،لا أنها تكتب بعد انتهاء المسودة وهي تحتوي على المعلومات التالية :

- فقرة أساسية عن موضوع البحث.
- موقع البحث من الدراسات السابقة وبيانا لأهميته وسبب اختياره.
- بيان منهجه في البحث وطريقة معالجته, والفصول التي يبحث فيها.
- إشارة إلى أهم المصادر والمراجع التي اعتمد عليها.
- الصعوبات التي واجهته ويفضل أن تكون لها علاقة بالبحث (أكاديمية).
- الشكر لمن يستحقه ممن أعانه.

وبعد أن ينتهي من المقدّمة يكون قد انتقل إلى المرحلة الأخيرة في البحث وهي التبيض.

د- المبيضة :

يقوم الطالب بقراءة المسودة لتنقيحها بالزيادة والحذف أو التصحيح، وللوقوف على مدى منطقيتها وترابطها ثم لإخراجها في آخر صورة مقبولة لها, يبدأ أولاً بكتابة صفحة العنوان وتشمل

اسم الجامعة على أعلى يمين الصفحة ثم عنوان البحث في وسط الورقة, يليه اسم الطالب,ثم المادة, وأستاذه المشرف ويكتب في آخر الصفحة من الوسط التاريخ.

وفي الصفحة الثانية تأتي المقدمة والبعض يجعل الصفحة الثانية صفحة الشكر, والبعض يجعلها صفحة المحتويات(فهرس المحتويات) في الغالب تأتي المقدّمة, وفي الصفحة الثالثة يبدأ الفصل الأول, مراعياً شروط الكتابة في المبيضة، الفقرات، علامات الترقيم, علامات الاقتباس والتضمين، الحاشية، حيث يكتب فيها (اسم المؤلف, اسم الكتاب, رقم الصفحة).

في الصفحة التالية يبدأ التسلسل في التوثيق وفي الهامش نوثّقُ بحسب التسلسل, وإذا تكرر المصدر نكتب (المصدر السابق) (م.س) وحين ننتهي من كتابة المادة أو التقرير نقدّم تلخيصاً لما

سبق تلك هي الخاتمة.

وقبل إنهاء البحث بقائمة المصادر والمراجع نعيد إلى الأذهان صفات التقرير الجيد :

- الترتيب والوضوح (وضوح الخط, الفكرة, الجملة)
- الاهتمام بعلامات الترقيم دونما إسراف ولا إهمال.
- الاهتمام باللغة وتجنب الأخطاء الإملائية واللغوية.
- الروح العلمية والأمانة, والإشارة إلى صاحب المعلومة.
-العمق ومعالجة قضايا الموضوع دون الإكثار من النقل.
- الشكل الخارجي، عدم الإسراف بزخرفة الغلاف برسومات خارجة عن الموضوع.
- حشو المعلومات التي لا علاقة لها بالموضوع. هذا يضعف التقرير أو البحث.
هـ- إعداد قائمة المصادر والمراجع.

بعد الانتهاء من كتابة البحث وتبييضه يقوم الطالب بمراجعة الحواشي ليفهرس المصادر والمراجع التي اطلع عليها، ويقوم بترتيبها ألف بائياً على النحو التالي :

١-   المؤلف, اعتماد اسم الشهرة دون الألقاب، وضع فاصلة أو نقطة بعده.
٢-   العنوان, العنوان الذي اعتمده الطالب في بحثه.
٣-   معلومات النشر, الطبعة، مكان النشر, اسم الناشر, التاريخ.

وإذا لم يجد إحدى المعلومات كتب (دون تاريخ) أو(دون طبعة) وهناك رموز تدل على هذه المصطلحات.

مخطط هيكلي لبحث ما

العنوان

المقدمة
اهمية الموضوع
الدراسات السابقة
المنهج وطريقة المعالجة
الموضوع
الباب الأول – عنوانه
الفصل الأول - عنوانه
١-
٢-
٣-
الفصل الثاني - عنوانه
١-
٢-
٣-
الباب الثاني : عنوانه
الفصل الأول :- عنوانه
١-
٢-
٣-
الفصل الثاني- عنوانه
١-
٢-
٣-
الخاتمة
المراجع والمصادر
الفهارس

أنواع التقارير:

- التقرير الأكاديمي، البحث العلمي.
- التقرير الوصفي، وصف حركة الناس (ووصف ظاهرة ما).
- التقرير الإخباري، التي نسمعها من الإذاعة ونراها في التلفاز.
- التقاريرالتحليلية، التي تقارن وتقترح وتعلل (تأخر الطلاب).
- التقارير الإحصائية، ما تقدمه البنوك والمؤسسات المالية.
- التقارير الإدارية،تقارير المشرفين والإداريين عن الموظفين.

محاضر الجلسات.

تعريفه،وغرضه:

محضر الاجتماع : هو السجل الرسمي للاجتماع, والغرض منه الاحتفاظ للمستقبل وبشكل مختصر بالمعلومات.

معلومات المحضر(الجلسة).

- بيان أن الاجتماع قد عُقد.
- بيان زمان عقد الاجتماع ومكانه.
- بيان من حضر ومن تغيب.
- بيان ما تم في الاجتماع، ويتم تلخيص القضايا الأساسية التي نوقشت والحلول الموصى بها واللجان الفرعية التي شكلت.
- بيان وقت انتهاء الاجتماع وموعد الاجتماع القادم.

وقبل الاجتماع القادم يكون أمين السر قد عمل على طبع المحضر, ووقع عليه هو ورئيس اللجنة, وعمل نُسخ للأعضاء ويتم توزيعها والتوقيع على المحضر الأساسي من قبل الأعضاء.

صفات المحضر(الجلسة).

- الاختصار دون إخلال بالمعلومات وترك التفصيلات.
- الاستيعاب دون إغفال بعض المعلومات ولا زيادة عليها.
- كتابة المعلومات السابقة من أجل التوقيع عليها وحفظها.

كيفية تدوين الملاحظات:

- اختيار أمينٍ للسر ليسجل ما يدور في الاجتماع، وأمين السر له مواصفات (السمع, القدرة الاستيعابية, قدرة التلخيص, القدرة اللغوية).

- كتابة الأفكار الرئيسية في المحضر, ومناقشتها بنداً بنداً مع تدوين الاقتراحات, والتصويت عليها وإقرارها.

شروط الدعوة إلى الجلسة.

توزيع الدعوات التي تحمل ما يلي:-

- مكان الاجتماع وزمانه بالتحديد.

- بنود الاجتماع المقترحة.

- تهيئة المكان ونوع الجلسة وشكلها.

- تلاوة أسماء الأعضاء وألقابهم وتحديد سقف الاجتماع الزمني.

- تلاوة ما تم الاتفاق عليه في الاجتماع السابق والمصادقة عليه.

- طرح بنود الاجتماع الحالي وقبول الاقتراحات لمناقشتها.

- طرح البنود واحداً واحداً ضمن فترة زمنية محددة والتصويت عليها.

- رفع الجلسة بعد تدوين القرارات وتحديد موعد الاجتماع القادم ومكانه.

فن التلخيص.

مقدمّة:

الأسباب التي تدعونا إلى استخدام التلخيص كثيرة, ففي مناحي الحياة المختلفة نشاطات يكون التلخيص عمادها الأول، فإننا نقوم بإرسال برقية أو الكتابة على بطاقة معايدة, أو توجيه بطاقة دعوة أو الإعلان عن ندوة أو محاضرة.

وفي كثير من النشاطات المسرحيّة أو الدعاية أو الإعلان تجدنا نختار مضطرين كلاماً قليلاً يؤدي معنى كثير, وعندما يقوم المرء بعملية التلخيص لا يندفع إليها جزافاً دونما ضوابط أو محددات، وإنما يتبع طرقاً محددة متتابعة.

مفهوم التلخيص:

التلخيص لغة: من لخّصَ بمعنى أبان وشرح, والتلخيص هو التقريب والاختصار, يقال لخّصت القول : أي اقتصرت فيه واختصرت فالتلخيص الذي نرمي إليه مادة كلامية موجزة, مكتوبة أو محكية تتضمن كلاماً يحمل المعنى نفسه في عبارات مترابطة وأفكار متسلسلة وتراكيب واضحة وألفاظ جامعة.

التلخيص اصطلاحا : تأدية كلام سابق بأقل من عباراته الأصلية مع الحرص على استيفاء جميع الفكر والأجزاء الرئيسية دون أن يفقد الكلام وحدته.

لا بد للمعلم قبل أن يبدأ بتدريب الطلبة على عملية التلخيص أن يعرّفهم على أمور كثيرة لها علاقة بعملية التلخيص وإبرازها :

١- الجملة البسيطة وتتألف من :
- جملة فعلية : وتتألف من فعل وفاعل ومفعول به.
- جملة اسمية: وتتألف من مبتدأ وخبر.

٢- الجملة المركبة: وهي تتكون من جملتين أو أكثر وتكون إحداها رئيسية والأخرى ثانوية وتكمن في الجملة الرئيسية الفكرة العامّة ذات الأهمية الكبرى.

٣- الفقرة : وهي تتألف من جمل تكون بلا تآلف من الأفكار التي تصب في فكرة واضحة، وهي في حقيقة أمرها محور الفكرة ومركز اهتمامها، وتشمل كل فقرة على جملة مفتاحية أو جملة بنائية تتجسد فيها هذه الفكرة وتتضح، وهذه الجملة تعتمد عليها بقية الجمل في الفقرة اعتماداً مباشراً وتتفاوت في درجة أهميتها فبعضها يوضح الفكرة ويطورها، وبعضها يقود إلى اجمال الفكرة وتجمعها.

وتتميز الفقرة عادة بوحدة الموضوع وتجانس الأفكار فهي تلتقي في مجموع مكوناتها حول فكرة مركزية محددة.

٤-القطعة أو الموضوع : وهو عبارة عن فقرة أو مجموعة من الفقرات تتضافر في ضم الأفكار ووصفها لتؤلف فكرة كبرى قصدها الكاتب، ومن الفقرات ما يحتوي فكرة مستقبله، ومن الفقرات ما يكون تبعاً لفقرة سابقة لها، وقد تكون الفقرات طويلة أو قصيرة، وقد تكون جملة واحدة قائمة بنفسها.

مبادئ فن التلخيص وقواعده.

الأعمال الأدبيّة متعددة الألوان، كثيرة المداخل والأشكال وهذا مما يثقل كاهل الإنسان الذي يقوم بعملية التلخيص، وإذا ما تعرف ماهية الموضوع الذي يلخصه، واطلع على أطره الزمنية والمكانية والظروف المناخية التي عمل بها، فإنه يستشرف العوالم اللغوية والدلالية والفكرية التي يتضمنها النص، ومن الأشكال التي اعتاد الطلبة أن يعرضوا لها في أثناء الممارسات اللغوية المختلفة :

١- القصص :

ولعل هذا الشكل الأدبي اسهل ما يواجهه الطالب في مراحله الأولى. فعناصر القصة بأحداثها وشخوصها، وأمكنتها غالباً ما تكون واضحة المعالم، وفكرتها الرئيسية قد تتضمن عبارات أو مواقف متفرقة يحددها الكاتب وتكون شخوصها واضحة من خلال ما يبوح به الكاتب لأحد الشخوص من خلال تفاعله مع أحداثها.

ولا يفوت القارئ أن الصورة المتعاقبة والتحليق الخيالي الذي يُحلي بها الكاتب قصته، والانتقالات المفاجئة من حدث إلى آخر ومن مكان إلى آخر،. مما يقصد إليه الكاتب من التشويق وتطوير العقدة وتعقيدها حتى تصل إلى قمة التوتر الذي يسعد القارئ ويشده إلى أن يفضي به إلى الحل المنشود، فتخفف أعباؤه من أحمالها ويستبدل الراحة بالتوتر في أوقات كثيرة أو يجهد هو نفسه في إيجاد الحل الذي يروقه ويستهويه.

وإزاء كل هذه الأمور الكاشفة ينبغي أن يحدد القارئ موقعه الواضح من القصة عند تلخيصها، ومما يجب أن يلتفت إليه ما يلي :

- قراءة القصة بوعي وانتباه.
- وضع حوادثها في تسلسلها التاريخي.
- طرح الصور والأخيلة والتفصيلات والاستعارات عنها بجمل ممثلة موجزة، وذات كلمات دالة.

- استخدام أسلوب الالتفات في تسيير دفة الحديث[1].

- إعطاء خلاصة الحوار الذي قد تشتمل عليه القصة، وأن يعطي نفسه الحق بالتحدث عنهم متمثلاً رأي الكاتب.

٢- المقالات والمحاضرات والندوات:

وتشكل هذه الأعمال الأدبية منظومات من الأفكار المؤكدة تمثلها فقرات مترابطة يغلب عليها التنظيم الدقيق ودقة الأداء، وهذا الأمر يتطلب الغوص في فكر الكاتب أو القائل وتحديد مقصده، ولذلك عند تلخيص مثل هذه الموضوعات نراعي الأمور التالية:

أ- قراءة الموضوع بإمعان وتحديد فكرته العامّة.

ب- متابعة الأفكار الجزئية وتنظيمها.

ج- السعي إلى الصياغة السليمة في عبارات مناسبة.

٣- الخطب والرسائل.

في هذين الشكلين نلمح كثيراً من خصائص أسلوب الخطابة والمراسلة من تكرار أو براهين داعمة أو مقدمات مثيرة أو أساليب انفعالية تستدر العطف وتوقظ المشاعر وتلهب الأحاسيس وتحلق بالعواطف، يؤدى كل ذلك في أساليب بلاغية وأنماط لغوية خاصة وعبارات منمقة ومنتقاة، وحيال ذلك تراعى عند التلخيص الأمور التالية :

أ- تجنب التكرار والاكتفاء بما يؤدي المعنى.

ب- استخدام أسلوب الالتفات، وإسناد الأفعال إلى الظاهر.

ج- الاستعاضة عن العبارات والأساليب الانفعالية كالتعجب والاستفهام والمدح بأفعال دالة عليها، نحو : تعجب، استوضح، مدح، سأل.

٤- النصوص القرآنية.

قد يستعين الكاتب أو المتحدث بآيات من القرآن الكريم لتعزيز رأي أو إقامة حجة أو إثبات حكم، أو الحث على تبني قيمة أو الإغراء بإتباع سلوك، وقد تكون الآيات قليلة وقصيرة، وقد تكون طويلة، وليس لنا هنا أن نتصرف في تراكيب القرآن وألفاظه، وإذا ما تعرض المرء إلى مثل ذلك عندما يلخص يُقترح أن يراعي ما يلي :

---

[1] الالتفات :(تحويل الأسلوب من المتكلم إلى أسلوب الغائب)

أ- يكتب الآية القصيرة بنصها.

ب- يكتب الجزء الأول من الآية (إذا كانت طويلة) ويضع ثلاثة نقط دلالة على الحذف.

ج- إذا كانت الآيات متعددة في سورة واحدة،ذكر جزءَها الأول مثل... إلى قوله تعالى... ويذكر الجزء الأخير.

مثل " الحمد الـلـه رب العالمين... إلى قوله تعالى. ولا الضالين "

د- إذا تعددت الآيات في سور مختلفة في موضوع واحد، يكتفي عند التلخيص بذكر الموضوع كأن يقول :

وقد أورد المؤلف مجموعة من الآيات التي تحرّم الربا وتظهر ضررَهُ.

٥- الحديث النبوي الشريف.

ففي هذه الحالة لابد أن يقف الملخص على المعنى الدقيق من الحديث ودرجة إسناده، ليذكر ذلك كله في تلخيصه، فيتوخى عندها الأمانة والدقة العلمية.

مثال :

اخرج فلان في... نهى الرسول صلى الـلـه عليه وسلم عن... أو حث على.. ولا يجوز إيراد عبارات يُفهم منها تضعيف الحديث الصحيح، أو إغفال سند الحديث الضعيف، ولا يجوز إطلاقاً أن يضحي بالمقصود في سبيل الإيجاز والاختصار في اللفظ.

٦- الشعر:

رغم أن للشعر طلاوة قد تذهب يد الملّخص بطلاوته أو تفقده, موسيقاه وعذوبته إلا أن الإنسان قد يضطر أحياناً إلى ترك ذلك كله عند التلخيص، ويراعي عند ذلك ما يلي :

أ- قراءة البيت أو الأبيات بعناية لتحديد فكرته.

ب- التعبير عن الفكرة بيسر ووضوح بعبارات منتقاة.

ج- تلخيص الأبيات بصورة متكاملة، مترابطة، ولا يلخص كل بيت منفرداً.

د- تحويل صيغ المتكلم إلى الغائب وصيغ المضارع إلى الماضي.

٧- المقالات العلمية :

قد يتعرض المتعلم إلى أن يلّخص بعض المقالات العلمية أو المراسلات التجارية أو الندوات التربوية أو المحاضرات المتخصصة وهنا يراعي الأمور التالية :

أ- المحافظة على الدقة العلمية في المبنى والمحتوى.

ب- تعرّف المصطلحات والمفاهيم والحقائق التي قد ترد في النص.

ج- ترابط الأفكار ووحدتها.

اتجاهات عامة في التلخيص.

حتى يتحقق الهدف من التلخيص, لا بد أن يكون له معيار يسير على هديه, وفي اعتقادي أن المعيار الأول في تقويم التلخيص هو أن يلمّ قارئه بالأفكار الأساسية بسهولة ويسر, ومع ذلك فإن هناك مبادئ تجدر مراعاتها عند كتابة التلخيص:-

- التلخيص مهارة لها قواعد وأصول، وكاتب التلخيص يُلمّ بها قبل أن يبدأ بالتلخيص.
- يكون التلخيص بلغة الكاتب(كاتبه) وذلك يستلزم أن يتجه إلى اختيار اللفظ الجامع بالدلالات المؤدية والتركيب القصير بالمعنى الغزير.
- يقرأ الموضوع الذي يريد الكاتب تلخيصه أكثر من مرة لفهمه وتمثله قبل البدء بتلخيصه.
- يكتب الموضوع الملخص في قالب جديد يتسم بجودة السبك ووحدة الموضوع وترابط الأفكار وانسجام أدوات التعبير.
- يتقيد كاتب التلخيص بالمقدار الذي يطلب إليه تلخيصه

الطريقة المقترحة للتلخيص :

عند القيام بعملية التلخيص ينتظر أن يقوم كاتب التلخيص بالخطوات التالية:

- قراءة المطلوب وفهمه.
- قراءة الموضوع قراءة صامته سريعة، يلمُّ القارئ بعدها بالفكرة العامّة, واقتراح عنوان يضعهُ مركزاً لاهتمامه
- تحديد فقرات الدرس، فكرة لكل فقرة، وتحديد مقدمة الموضوع وصلبه وخاتمته.
- تعرّف الجملة البنائية التي تتضمن الفكرة في كل فقرة.
- تسجيل الملامح العامّة للموضوع.
- كتابة مسودة الموضوع التي تتضمن أفكارهُ وجملهُ الرئيسة
- صياغة الموضوع ملخصاً ومراجعة الموضوع الذي لخص للتأكد من سلامة التركيب والمضمون.

الأساليب:

الأسلوب هو الطريقة التي يسلّكها الأديب في اختيار الألفاظ وتألفها ليعبر بها عما يجيش في نفسه من العواطف والانفعالات ويحملها المعاني التي تهيأت له في وضوح وبيان حتى تحدث التأثير الذي رمى إليه في نفس القارئ أو السامع.

وإذا دققنا النظر في الأساليب وجدناها تحدث تأثيراً متفاوتاً في النفس وهذا التأثير نشأ من الألفاظ المختارة وحسن وضع كل لفظ إلى جوار ما يناسبه، وهذا ما يعبر عنه بحسن النظم وجودة السبك, وقد نشأ عن المعاني والأفكار والطريقة التي اتبعها في تصويرها للقارئ وتلك هي العناصر التي يتألف منها الأسلوب.

الأسلوب الجيد الذي يجتمع فيه :-

١- صدق الدلالة على نفسية صاحبه وتعبيره عن شعوره.
٢- ملاءمته للموضوع ليناً وقوة
٣- ملاءمته كذلك لعقلية القرآء والسامعين.
٤- الوضوح والقوة والجمال.

والوضوح يكون :

أ- بتخير الألفاظ المناسبة للموضوع وحسن ربطها بعضها ببعض.

ب- ترتيب الأفكار وتنسيقها.

وتكون قوة الأسلوب :

باختيار الألفاظ والتعبيرات القوية المناسبة للموضوع التي تعبر عن قوة العقيدة وقوة الانفعال والعاطفة, ونحن نعرف إن الألفاظ والعبارات ليست على درجة واحدة من القوة في تأدية المعنى، وأن للفقرات قصيرة الجمل تأثير يختلف عن الفقرات طويلة الجمل, ثم إن الأسلوب قد يجتمع فيه صفتا القوة والوضوح ولا يكون مع ذلك جميلاً، فعلى الأديب أن يجمّل أسلوبه حتى يستسيغهُ الذوق،وتتقبله القلوب كما فهمته العقول.

مثال :

الوفاء بالوعد وحفظ العهد نلاحظ كيف تمّ التعبير عنه في النصوص التالية :-

قال الله تعالى" يا أيها الذين آمنوا لما تقولون مالا تفعلون, كبر مقتاً عند الله أن تقولوا،مالا تفعلون"

قال عليه الصلاة والسلام " آية المنافق ثلاث: إذا حدّث كذب, وإذا وعد أخلف, وإذا أؤتمن خان"

قال الشاعر:

إذا قلت في شيء "نعم" فأتمه فإن "نعم" دينَ على الحر واجب
وإلا فقل "لا" تسترح وترح بها لئلا يقول الناس إنك كاذب

أنواع الأساليب:

١- الأسلوب الخطابي:-

نسب إلى الخطابة لأنه فيها أظهر وبها أولى, ويمتاز بقوة المعنى, والمبالغة في تصويره والتهويل لشأنه, ويتخير له ألفاظاً جزله تملأ الفم, وتقرع السمع وتهز القلب, وذكر الأسماء التي تهيج العواطف وتثير المشاعر, وتكرير الفقرات التي تلهب الأحاسيس، ويذكر المترادفات التي تزيد المعنى وضوحاً.

٢-الأسلوب الأدبي :

ومن مميزاته دقة ألفاظه ومناسبة كل لفظة لما يليها، وتخير الألفاظ الخفيفة من حيث النطق وذات الوقع الحسن على السمع ويهتم بالأناقة اللفظية والبلاغة من حيث التشبيهات والاستعارات والمحسنات التي تخدم المعنى، وليست المتكلفة.

٣- الأسلوب العلمي, المنطقي:

أسلوب يعمد إلى إيضاح الحقائق من أيسر السبل وأقربها ليس فيه خيال شعري،لأن الخيال إنما يدعى لإشباع عاطفة وتغذية وجدان وهنا تخاطب به العقول، وليس فيه استعارات ولا مجازات ولا تشبيهات ولا كنايات، وإنما توضع به التشبيهات لمجرد قياس مجهول بمعلوم ولا يعني ذلك أنه خال من الجمال، وجماله يظهر واضحاً في منطقه الذي ينشأ في تضاعيفه (ثناياه) وفي تخير كلمات واضحة الدلالة ومعانيها.

ماذا على المعلم أن يراعي عند تصحيح الموضوع :

في اللغة :

- المفردات والتراكيب
- الأغلاط النحوية
- الأغلاط الإملائية

في المعاني :

- فهم الموضوع بشكل عام.
- تنظيم عناصر الموضوع.
- دقة المعاني.

في الأفكار:

- سلامتها.

- وضوحها.
- أن تكون ذات قيمة.
- تسلسلها النطقي.
- ترتيبها وتنظيمها.

في الألفاظ والتراكيب :
- واضحة، ومناسبة،ودقيقة.
- منسجمة بعضها مع بعض.
- خالية من الحشو والإطالة.
- مصورة للأفكار والمعاني.

في المقدمة :
- أن تكون موجزة.
- ذات صلة بالموضوع.
- شائقة. تثير انتباه القارئ أو السامع.

في صلب الموضوع :
- عناصره مرتبة ومتماسكة.
- أفكاره واضحة.
- عبارات جملهِ متماسكة.
- أفكاره متسلسلة تسلسلا منطقيا وزمنيا.

في الخاتمة :
- أن يظهر رأى الطالب في الموضوع.
- أن يبين الطالب خلاصة الموضوع بعبارات موجزة.

أفكار يمكن أن تساعد على زيادة قدرة التلاميذ على التعبير.
- توظيف المكتبة المدرسية توظيفا عن طريق اختيار الكتب والقصص المناسبة للتلاميذ والإشراف على مطالعاتهم.

- تدريب التلاميذ يوميا على التعبير الكتابي والشفوي من خلال حصص اللغة العربية.

- تلخيص يومي يقوم به المعلم لما قرأه في وقت سابق ولمدة خمس دقائق فقط.

- توظيف نادي اللغة العربيّة بتدريب التلاميذ على حفظ الشعر والخطب والآيات الكريمة والأحاديث النبوية والمقالات،،،، وإلقائها في الإذاعة المدرسية.

- تدريب التلاميذ على الحفظ من خلال التمثيليات والمسرحيات المدرسية.

- توظيف مادة أدب الأطفال في الصحف المحليّة (صحف الجمعة).

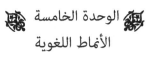

الوحدة الخامسة
الأنماط اللغوية
- القواعد -

الأنماط اللغوّية
القـــــواعد

- مفهومها وموقعها :

تُعدّ القواعد، بما تمثله من قوانين وضوابط لغوية، مظهراً من مظاهر رقي اللغة، ودليلاً على حضارتها، وبلوغها مرحلة النضج والاكتمال؛ وهذا يعني أن أيّ لغة لا يمكن أن تصل إلى مستوى يكون لها قواعد وضوابط إلاّ إذا كانت على درجة من الرقي الحضاري والتكامل التي يجعلها قادرة على أن تلبي حاجات الناطقين بها في ميدان حياتهم.

ومن الثابت، أن اللغة العربيّة قد وصلت إلى ذروة رقيها, وبلغت قمة اكتمالها في المدة الواقعة قبل الإسلام بقرن ونصف على وجه التقريب، وبهذا الرقي اللغوي, تمكنت اللغة العربية من الحفاظ على سلامة قوانينها، واتساق ضوابطها جيلاً بعد جيل، يتناقلوها سليقةً وينطقوها طبعاً وسجيّة، على وفق تلك القوانين و الأنظمة، إلى أن خبت تلك السليقة، وضعفت الملكة اللسانية عند العرب، بسبب اختلاطهم بالأمم غير العربية، فكانت الحاجة ملّحة إلى إبراز هذه القواعد، والاستعانة بأساليب العِرب الفصحاء، ووضع المؤلفات في ذلك, في محاولة لتقويم اللسان العربي الذي سيطرت عليه ظاهرة الخروج عن ضوابط اللغة، ومن هنا كان الاهتمام بتدريس النحو لأنه :

١- دليل أصالة اللغة، وسمة حضارية من سماتها.
٢- ضوابط وقوانين تحكم اللغة واستخدامها استخداماً سليماً، وبخاصة بعد أن شاعت العامية في الوسط العربي وتعددت لهجاته.
٣- مرتبط بصحة الفهم ارتباطاً وطيداً، فنحن عندما نقول : (نصر ـ الحق صاحبه) لا نستطيع أن نقرر (دون إتباع القواعد) من الذي ينصر الآخر, هل هو الحق ؟ أم أنه صاحب الحق ؟

ويخطئ دارسو العربية حين يظنون أن النحو يعني معالجة أواخر الكلمات فحسب، ولكنه في الحقيقة، كما يصفه العالم جود (**Good**) : عبارة عن تركيب الجمل وتركيب الجمل في العبارة، فهو جزء من دراسة اللغة يختص بعلاقة الكلمات واختلاف هذه العلاقة، ووظائف هذه الكلمات في الجمل، وبناء على هذا، فالنحو عبارة عن أسس منظمة تنظيماً منطقياً، وقوانين مرتبطة بموضوع اللغة.

الأهداف الخاصة لتدريس الأنماط اللغوية

أ- في الصفين الأول والثاني:

يؤمل من طلاب هذين الصفين أن يتمكنوا من :

١- التعرف إلى النمط اللغوي الصحيح، وتميزه من النمط غير الصحيح.

٢- تمييز أقسام الكلام العربي الرئيسية (الاسم والفعل والحرف) دون إقحامهم في تفسير المصطلحات.

٣- التعرف إلى بعض الأساليب شائعة الاستخدام في حياة الطفل اللغوية من خلال دروس القراءة.

٤- استخدام بعض الأنماط، والأساليب اللغوية السهلة، كثيرة الورود في وحدات كتاب القراءة.

ب- في الصف الثالث:

يحبذ في هذا الصف أن تعالج الأنماط اللغوية بالطريقة القاصدة دون أي تفسير للمصطلحات النحوية والصرفية ؛ لذا فإنه ينتظر من الطلاب أن يتمكنوا من :

١- التمييز بين نوعي الجملة العربية، الجملة الفعلية والاسمية، والتعرف إليها دون تفسير المصطلحات.

٢- التعرف إلى أشهر الأسماء الموصولة الشائعة في الاستعمال اللغوي مثل : الذي، التي، اللذان، اللتان، الذين....

٣- التعرف إلى أشهر أسماء الإشارة الشائعة في الاستخدام اللغوي نحو: هذا, هذه, هذان, هاتان, هؤلاء.

٤- التعرف إلى بعض الأساليب اللغوية المرتبطة بالتعبير كأسلوب التعجب والاستفهام، والنداء.

٥- التعرف إلى التراكيب اللغوية السليمة وتمييزها من التراكيب اللغوية غير السليمة

٦- فهم مدلولات المذكر، والمؤنث، والتثنية والجمع.

٧- استخدام بعض الأساليب والأنماط اللغوية الشائعة في اللغة استخداماً شفوياً وكتابياً.

موضوعات الأنماط اللغوية :

يجمع التربويون على أن تعليم قواعد اللغة نحوها وصرفها وسيلة لتقويم اللسان واليد، وليس غاية في حد ذاته، كما أنهم يتفقون على أن النحو وحده لا يكفي لتحقيق السلامة اللغوية عند الطلاب، بل لا بد من الأخذ بعين الاعتبار البيئة اللغوية الصالحة، وكثرة الدربة والمران كلاماً وكتابة, ومما يؤسف له برغم هذا الإجماع، أننا نجد أن القواعد في مدارسنا أصبحت غاية، فابتعدت عن الغرض الذي من أجله صيغت هذه القواعد، وبات الطالب مطالباً بحفظها مرتبة كما وردت في الكتب التراثية النحوية، دونما نظر إلى علاقاتها بدروس القراءة أو التعبير أو حاجة الطالب إليها، ويمكن رصد هذه الموضوعات على النحو التالي:

- في الصفين الأول والثاني:

موضوعات الأنماط اللغوية في هذين الصفين، ترمي إلى تحقيق أهداف القراءة والكتابة، والتعبير والأناشيد، من خلال ورود هذه الأنماط عرضاً في هذه الفروع ؛ ولذا فمن المفترض أن يشتمل محتوى الكتاب المقرر على الأنماط الآتية :

١- أقسام الكلمة الثلاثة : اسم، فعل، حرف.

٢- الجملة الفعلية والجملة الاسمية.

٣- الأنماط اللغوية الشائعة في حياتهم اللغوية، كالتعجب, والاستفهام،والنداء، وأسماء الإشارة...

٤- أسلوب الإضافة ودلالته نحو: مؤلف الكتاب وكتاب المؤلف.

٥- تراكيب وألفاظ للتمييز بين المذكر والمؤنث والمفرد والمثنى والجمع.

- في الصف الثالث:

١- أقسام الفعل من حيث الزمن (ماضي، مضارع, أمر).

٢- المفرد والمثنى والجمع.

٣- المذكر والمؤنث.

٤- أسماء الإشارة مثل : هذا، هذان, هؤلاء، ذلك,تلك.

٥- بعض الأسماء الموصولة.

٦- ضمائر الرفع مثل : أنا، أنت، هو، هم، نحن.....

٧- بعض أدوات الاستفهام مثل: هل، ما، من،ماذا، كيف.

٨- أسلوب النداء وأدواته(يا).

٩- النعت في أيسر صوره.

١٠- كان في تركيبها البدائي السهل.

موقف التربويين من تدريس القواعد:

افترق التربويون إلى قسمين في تدريس القواعد على النحو الأتي:

الفريق الأول :

يرى بعض المربين أنه لا ضرورة لإفراد حصص معينة لتدريس القواعد اللغوية في المرحلة الأساسية، وإنما يكتفي بكثرة المران و التدرب على الأنماط اللغوية قراءة وكتابة, ويفضلون الاعتماد على المحاكاة والتقليد في تقويم ألسنة التلاميذ ويحتج أصحاب هذا الرأي لموقفهم بما يلي :

١- طبيعة الطفل تعتمد على المحاكاة في بداية مراحل نموه اللغوي.

٢- إن اللغة نشأت قبل صياغة القواعد، ويستشهدون بأن العرب مهروا في لغتهم دون معرفتهم هذه الضوابط النحوية والصرفية.

٣- جفاف المسائل النحوية كّونها تستند إلى التحليل المنطقي الفلسفي، وهذا ضرب من الاستخدام العقلي لا يقوى عليه التلميذ.

٤- إن تدريس القواعد في حصص مستقلة قد يضع الطفل في دائرة الاعتقاد بأن هذه القواعد غاية في ذاتها، وبالتالي، عليه حفظها دون فهم ودون استخدامها عملياً في تعبيره الشفوي والكتابي.

٥- إن القواعد في رأيهم، قليلة الجدوى في حفظ اللسان والقلم من الخطأ. كما أن حفظها لا يمكّنهم من التعبير الوظيفي والإبداعي.

- الفريق الثاني :

وهؤلاء يقرون أن تدريس القواعد أمر لا مفرّ منه، ولا يمكن الاستغناء عنه، ويستندون في رأيهم هذا, إلى ما يلي :

١- عن طريق القواعد يعرف التلميذ الصواب من الخطأ، وبالتالي هي وسيلة لإتباع الصواب, وتجنب الخطأ في الكلام والكتابة.

٢-إن المحاكاة للأساليب الفصيحة التي يريدها الفريق الأول ليست متوفرة حتى في دروس اللغة العربّية نفسها, وذلك لتفشي العامية, ولعدم وجود البيئة اللغوية الصالحة.

٣- تدريس القواعد يذكي قدرة التلاميذ على دقة الملاحظة والاستنتاج والتحليل، والموازنة بين المتآلف من التراكيب والمختلف.

٤- تدرب التلاميذ على تحكيم العقل، واستخدام القياس المنطقي، وتعودهم دقة التفكير.

٥- تبني القواعد في نفس التلميذ، مع التكرار والمران, أسساً مضبوطة للمحاكاة الصحيحة.

٦- لقد كان الهدف الرئيس مع وضع الأنظمة اللغوية المضبوطة قديماً هو انحراف ألسنة الأمة العربية بعد اختلاطهم بالأعاجم، وفساد الطبع اللغوي السليم, والناظر إلى واقعنا اللغوي اليوم يجده أكثر سوءاً، وأعمق فساداً،مما يجعل الدافع لتدريس القواعد مطلباً أكثر إلحاحاً من ذي قبل.

٧- إن صعوبة القواعد، كما يراها الفريق الأول، ليست ناجمة عن صعوبة القواعد نفسها إنما حاصلة من قصور ما يحيط بها كالمناهج, والكتاب المدرسي والمدرس، وأساليب التدريس والتقويم والجهل بالغرض من هذه القواعد.

وبناء على موقف الفريقين تتبلور وجهتا نظر في تدريس القواعد العربية :

الأولى : تدريسها بالطريقة العرضية، وهو رأي الفريق الأول المعارض.

الثانية : تدريسها بالطريقة القاصدة، وهو رأي الفريق الثاني المؤيد.

ويقصد بالطريقة العرضية : أنه يمكن تدريس القواعد دون إفراد حصص خاصة بها، ودون قصد، ودون نظام خاص من الثبوت والترتيب, ومن غير منهج محدد ولكل مستوى تعليمي، بل يجب تناولها عرضاً من خلال حصص التعبير والقراءة والمحفوظات والأناشيد.

ويعني بالطريقة القاصدة : أنه لا يمكن الاستغناء عن تدريس القواعد بل يجب إفراد حصص خاصة لتدريسها، على وفق منهج محدد مخطط له بطريقة تربوية تستند إلى الأمثلة ومناقشتها, واستنباط الأحكام منها, والتدريب عليها وفي أوقات معينة.

موازنة بين الطريقتين:

١- الطريقة العرضية سهلة لأنها تدرس دون قصد من قبل المعلم, وبالتالي فهي ليست بحاجة إلى إعداد وتحديد وتفكير في حين تحتاج الطريقة القاصدة إلى الإعداد المنظم مع شيء من الربط المنهجي.

٢- يستطيع المعلم الاستعانة بالطريقة العرضية واستخدامها في مراحل التعليم المختلفة، أما الطريقة القاصدة، فلا ينصح باستخدامها إلاّ في المراحل المتقدمة.

٣- يستطيع المعلم بالطريقة العرضية الانطلاق بسرعة في تدريس القواعد اللغوية في حين تستغرق وقتاً طويلاً القاصدة لأنها تستلزم حصصاً متباعدة.

٤- الطريقة العرضية تكتفي بالمعنى، والاستخدام اللغوي، أما الطريقة القاصدة فإنها تحدّ من انطلاق التلميذ في حديثه لالتفاته إلى الضبط السليم, خشية الوقوع في الخطأ، وبالتالي تبعده عن التركيز على المعنى.

٥- في الطريقة القاصدة أسس يمكن الرجوع إليها للتأكد من الخطأ والصواب في حين لا يستطيع الطفل أن يتأكد من سلامة موقفه اللغوي بالطريقة العرضية، ويحضرني هنا قول

لأحد علماء اللغة القدامى عندما سئل عن سبب وقوع العربي في الخطأ، فأجاب : إن ذلك ناجم عن أمرين:

الأول: أن اللغة العربية لغة معربة اشتقاقية, مما يعني لزوم إتباع قواعد منظمة لضبط العملية الاشتقاقية الإعرابيّة.

الثاني: أنه ليس للعرب قواعد يرجعون إليها, وضوابط تعينهم على تلمّس الخطأ والانحراف اللغوي.

وبناء على موقف الفريقين من تدريس القواعد يمكن أن تستخلص طريقة وسطية تُقَرِّب من وجهتي نظر الفريقين، وذلك على النحو التالي:

١- في الصفوف الأولى : استخدام الطريقة العرضية، ومن ثم الصفوف الأساسيّة العليا.

٢- ألاّ يُقْحَم الطلاب في التفصيلات، ومسائل الخلاف النحوي, وحفظ الأمثلة والقوالب القديمة، ويستعاض من ذلك باعتبار القواعد التي لها أهمية وظيفية، وتخدم حاجات الطفل، وتسعفه في سِعَةِ نطقه وكتابته.

يتبع في تدريس الصفوف الأربعة الأولى الطريقة العرضية بمعنى أن يتعرف الطالب إلى الأنماط اللغوية المناسبة لسنّة ونموه بصورة غير مباشرة، من خلال ورودها في دروس التعبير والقراءة والكتابة,حيث يمكّن تدريس هذه الأنماط باتباع ما يلي :

١- ينطق المعلم النمط اللغوي عدة مرات حتى تعتاد أذن الطالب عليه.

٢- يقوم الطالب بترديد النمط اللغوي تحت إشراف المعلم.

٣- التركيز على النمط اللغوي.

٤- يدون الطلاب النمط في دفاترهم تحت إشراف المعلم.

٥- تكليف الطلاب بإعطاء أمثلة وأنماط مشابهة من إنشائهم.

الوحدة السادسة
الأناشيد والمحفوظات

مفهوم الأناشيد والمحفوظات:

الأناشيد والمحفوظات لون من ألوان الأدب, ينعكس على السامع أو القارئ في ثوب من التعبير الجميل, تتوفر فيه كل أسباب الصيغة والجمال الفني وهما يمثلان ضرباً من ضروب التعبير اللغوي الذي يهدف إلى اتصال لغوي سليم تتخلله المتعة لكل من المرسل والمستقبل، وفيه الشعور باللذة والإحساس بالجمال لدى المستمعين.

وإذا كان الكبار يستمتعون بقول الشعر، ويطربون بسماعه فإن الأطفال تنتابهم هذه الحالة من الاستمتاع والسرور والطرب بما يسمعون أو يرددون والنشيد صورة من الإبداع الفني التعبيري يعتمد على الإيقاع، المنغم والترتيل أحياناً في صورة سهلة يسيرة، وغالباً ما يخضع للتلحين والغناء ولعل أبرز ألوان قطع الأناشيد ما كان متصلاً بواقع التلميذ وحياته، بهدف ترقية المشاعر, وتهذيب الوجدان, كما يرمي إلى تنمية قدرة أصوات التلاميذ وكفاءتها، وتنمية مهارة النطق السليم، وتحرير الأطفال من الخجل الزائد والشعور بأهمية الاستماع.

ومما سبق يمكن تعريف الأناشيد بأنها : تلك القطع الشعرية التي يتوخّى المؤلف في صوغها, السهولة، وتنظيم نظماً خاصاً، وتصح للإنشاد الجمعي والفردي, وتهدف إلى إبراز غرض مجدد.

وأما المحفوظات: فهي ألوان من الشعر أو النثر السهل, يحفظها التلاميذ, ولكنها في كثير من الأحيان لا تؤدّي بطريقة جماعية أو غنائية, إنها أبيات من الشعر ترتبط بموضوعات أوسع من الإطار الذي تدور فيه الأناشيد، بين أن فيها من الأهداف ما في النشيد وما في الأدب كله.

الفرق بينهما: بالرغم من أن كليهما أثر أدبي، إلاّ أن بينهما فروقاً من حيث :

١-الشكل :

- النشيد لا يكون إلاّ شعراً, أما قطع المحفوظات، فقد تكون شعراً, وقد تكون نثراً.
- يخرج الشاعر في الأناشيد عن موسيقا الشعر فيتجاوز بجوره المعروفة وأما قطع المحفوظات، فيغلب عليها الالتزام بالبحور الخليلية(الخليل بن احمد الفراهيدي).

٢-الموضوع :

تتركز موضوعات الأناشيد حول القضايا الوطنية والدينية والقومية والسياسية، وفي العادة فإن هذه القطع تكاد تخلو من المسائل المنطقية في حين تتسع دائرة مضامين قطع المحفوظات إلى مضامين فلسفية وعقلية عميقة.

٣- من حيث الأداء

تؤدي الأناشيد أداءً جماعياً، وتؤدي المحفوظات أداءً فردياًً تكون الأناشيد ملحنة وفق نغم موسيقي, وهذا لا يشترط في المحفوظات.

أهداف تدريس الأناشيد

نستطيع بوساطتها أن نحقق أهدافاً كثيرة، سواء أكانت أهدافاً لغوية أو فنية أو أخلاقية أو تربوية فيها.

١- تزويد التلاميذ بالمفردات اللغوية التي تساعدهم في إثراء معجمهم اللغوي وتدربهم على استعمال اللغة العربيّة السليمة.

٢- تحدد نشاط التلميذ في حصص اللغة، وتثير شوقه وحماسته إلى دروس اللغة وتبعد عنه الملل والضجر, وبخاصة إذا استخدمت في بدايات الحصص.

٣- تدرب التلاميذ على حسن الاستماع، وجودة النطق وإخراج الحروف من مخارجها السليمة, أو تعودهم على حسن الإلقاء.

٤- تعود آذانهم على سماع النغم الجميل, وترديده والاستمتاع بأدائه مما قد يقود بعضهم إلى تقليده في المستقبل.

٥- توجيه التلاميذ نحو الممارسات السلوكية الحميدة، بما تحتوي من مضامين أخلاقية أو وطنية أو اجتماعية أو قومية.

٦- تساهم الأناشيد في إتاحة المجال للتلاميذ الخجولين للمشاركة في الأنشطة الصفية، مما يعودهم حب العمل الجماعي والذي من شأنه أن يخلصهم تدريجياً من الخجل أو يقود إلى تخفيف أثاره.

هنا يعتمد في تدريس الأناشيد في هذه المرحلة على حب التلاميذ للتغني، واللعب, ويمكن للمعلم أن يتبع الخطوات الآتية في تدريس الأناشيد:

١- التمهيد:

ويكون عادة بطرح أسئلة مشوقة سهلة تتعلق بخبرات الأطفال السابقة، أو بعرض صور ذات صلة بموضوع النشيد، أو بترديد بعض الأناشيد السابقة التي حفظوها، وربما يستعيض المعلم عن ذلك بحديث موجز، أو قصة قصيرة تتضمن فحوى النشيد.

٢- قراءة المعلم :

وتكون على النحو التالي :

- قراءة المعلم الأنشودة في المرة الأولى قراءة معبرة خاليـة مـن التلحيـن, وتـدريب الأطفال على قراءتها قراءة صحيحة دون تلحين أيضاً.

- قراءة المعلم الأنشودة قراءة ثانية، ولكن مع التلحين في هذه المرة.

- الطلب من التلاميذ مشاركته في التغني بهذه الأنشودة.

٣- يغني الأطفال الأنشودة وحدهم حتى يتقنوها.

٤- يناقش المعلم الأطفال في مضمون الأنشودة مناقشة سهلة قصيرة.

٥- **مرحلة الحفظ :**

هنا لا بد من إيجاد الأسباب التي تساعد الأطفال علـى الحفـظ، كالتكرار غـير المملّ، والفهم الواضح للنشيد، ويمكن أن يتبع المعلم مع طلابه إحدى الطرق الآتية في مساعدة طلابه على الحفظ:

١-الطريقة الكلية : ويراد بها حفظ الطلاب القطعة كاملة، دون تجزئة، مـستعيناً عـلى ذلك بالتكرار, وهذه الطريقة تناسب طلاب الصـفوف الأولى، وتتوافـق مـع الأناشـيد القصيرة السهلة.

٢-الطريقة الجزئية : ويقصد بها تجزئـة القطعـة إلى أبيـات, وتقسـيمها إلى مجموعـات مـن الأبيات بحيث تكوّن كل مجموعة وحدة معنوية، ثم يقوم الطلاب بترديد كل وحدة حتى يحفظوها ثم إلى الوحدة التي بعدها وهكذا.

٣- المزاوجة بين الطريقتين : يتناول المعلم في هذه الطريقة القطعة كاملة في البداية، ويقوم بتكرارها حتى يتسنى للطلاب حفظ ما يستطيعون من أبياتها، ثم يعمد المعلم بعد ذلك إلى تقسيمها وحدات معنوية مركزاً على الأبيات التـي لم يحفظهـا طلابـه خـلال القـراءة الكاملة، حتى يحفظوها ثم ينتقل إلى الوحدة الثانية وهكذا.

٤- طريقة المحو التدريجي : وفيها يكتب المعلم القطعة على لوح إضافي، ثم يقوم بمناقشتهم في معانيها، وبعدهما يعمد إلى محو بعض الكلـمات مـن الأبيـات ويطلب مـن الطلاب استذكارها وهكذا حتى يحفظوها.

تدريس المحفوظات :

تدريس المحفوظات عادة لطلبة الصف الثالث الأساسي فما فوق، ويمكن أن يتبع المعلم ما يأتي :

١- المقدمة : وفيها يقوم المعلم بإعطاء نبذة قصيرة حول مضمون القطعة، ومناسبتها بأسلوب شائق يثير دافعية التلاميذ للتعرف إلى النص المراد حفظه.

٢- قراءة المعلم : يقوم المعلم بقراءة القطعة قراءة معبرة سواء كانت القطعة مكتوبة على لوحة خاصة أو من كتاب أو من خلال أوراق مصورة.

٣- بعد تكرار قراءتها من قبل المعلم يطلب من بعض طلابه قراءتها بحيث لا يكلف القارئ قراءتها كاملة بل يوزع أجزاءها على عدة طلاب.

٤- يتناول المعلم القطعة بالشرح بيتاً بيتاً، مظهراً مواطن الجمال في كل بيت، مبرزاً العاطفة، وما تتضمن هذه الأبيات من معانٍ وطنية وقومية ودينية.

٥- يناقش المعلم تلاميذه في الأفكار العامّة التي تتضمنها القطعة وإبراز عناصرها، بمشاركة التلاميذ ومحاورتهم.

٦- طرح أسئلة تغطي جوانب القطعة كلها بما فيها المفردات والمعاني الجزئية، والأفكار الفرعية.

ما يستحب في تدريس الأناشيد والمحفوظات :

أ- استغلال المناسبات الوطنية والدينية في تدريس قطع المحفوظات والأناشيد.

ب- الابتعاد عن الشرح التفصيلي والتحليل الدقيق في الأناشيد.

ج- تقديم الأناشيد لطلاب المرحلة الدنيا المسجلة على أشرطة مغناه أو ملحنة.

د- إعطاء الأطفال فرصة تلحين النشيد بأنفسهم.

هـ- تأدية النشيد بشكل فردي مرة وبشكل جمعي مرة أخرى.

و- تشجيع الطلاب على إلقاء ما تعلموه من أناشيد أمام زملائهم في ساحة المدرسة من خلال الإذاعة المدرسية.

ز- حفظ قطع النشيد والمحفوظات للصفوف داخل الصف وليس في البيت.

ح- الاستعانة بمعلم الموسيقا في المدرسة، بقصد تلحين الأناشيد إذا لم يكن المعلم نفسه عازفاً لإحدى الآلات الموسيقية.

ط- اقتران النشيد بالحركات والإيماءات التي تساعد في التعبير, والتفاعل مع إيقاع النشيد.

تقويم تعلم الأناشيد والمحفوظات :

يستطيع المعلم أن يقوّم طلابه بعدة طرق منها :

أ‌- الاستماع إلى إنشادهم وإلقائهم المعبر للتحقق من مدى قدرتهم على سلامة الإنشاد للحكم والتوجيه.

ب- متابعة الطلاب في مجال الإنشاد والمخاطبة من خلال الأنشطة المدرسية الجماعية.

ج- تشجيع الطلاب على تقويم أدائهم بأنفسهم عن طريق المحاورة والمناقشة.

د- الحرص على مراقبة الطلاب في أثناء الإنشاد الفردي والجماعي, وتعديل أخطائهم الإيقاعية في حالة وقوعها.

هـ- ملاحظة المعلم لقدرة التلاميذ على توظيف الأناشيد والمحفوظات في الدروس الأخرى.

و- الاختبارات الشفوية في الأناشيد والمحفوظات.

فهـرس الـمحتـويات

قائمة المصادر والمراجع

1. إبراهيم الضمرة, الخط العربي (جذوره وتطوره)، الزرقاء، لا مطبعة، ١٩٨٤
2. أبو العزم عبد الحميد, فروع اللغة العربية في المدرسة الابتدائية, مطبعة كوستاتسوماس, ١٩٥٠.
3. أنيس فريحة, في اللغة العربية، ومشكلاتها, بيروت،دار النهار,١٩٦٦.
4. ارنست فشر, ضرورة الفن, بيروت، دار الحقيقية،بدون تاريخ.
5. اسحق موسى الحسيني, أساليب تدريس اللغة العربية للصفوف الابتدائية، بيروت,دار الكتب,١٩٥٤.
6. اسحق موسى الحسيني, قضايا عربية معاصرة, بيروت, دار القدس ١٩٧٨.
7. جودت الركابي, طرق تدريس اللغة العربية, دمشق, دار الفكر,١٩٨١.
8. حسن شحاته, تعليم اللغة العربية بين النظرية والتطبيق, القاهرة,دار المصرية اللبنانية ١٩٩٦.
9. حسني ناعسة, الكتابة الفنية, مؤسسة الرسالة،١٩٧٨.
10. دونالد بيران, القراءة الوظيفية, ترجمة محمد قدري لطفي, القاهرة،مكتبة مصر,بدون تاريخ.
11. سامي محمد ملحم، صعوبات التعلّم،ط١, عمان, دار المسيرة,٢٠٠٢.
12. سامي محمد ملحم، سيكولوجية التعليم والتعلّم،ط١, عمان, دار المسيرة,٢٠٠١.
13. سعيد الأفغاني, من حاضر اللغة العربية، ط٢, دمشق, دار الفكر,١٩٧١.
14. سيد إبراهيم وآخرون, الخط العربي, وزارة التربية والتعليم في القاهرة.
15. شوقي ضيف, الفن ومذاهبه في النثر العربي, ط٣, القاهرة،دار المعارف,١٩٦٠.
16. صالح عبد العزيز, التربية وطرق التدريس, ج١, مصر،دار المعارف,١٩٦٥
17. عابد الهاشمي, الموجه العلمي لمدرسي اللغة العربية, بغداد, مطبعة الإرشاد، ١٩٧٢.
18. عبد الرؤوف المصري, الإملاء الصحيح،ط٤, القدس مطبعة المعارف ١٩٦١.
19. عبد العزيز عبد المجيد, في طرق التدريس اللغة العربية وأصولها النفسية ط٣, مصر،دار المعارف ١٩٦٠٦.
20. عبد العليم إبراهيم, الموجه الفني لمدرسي اللغة العربية، القاهرة،دار المعارف,١٩٦٦.
21. عبد العليم إبراهيم، الطرق الفنية الخاصة بتدريس الخط العربي، مصر،دار النهضة ١٩٧٣.
22. عبد الفتاح البجة, تعليم الأطفال المهارات القرائية الكتابية،عمان,دار الفكر,٢٠٠٢.
23. عبد القادر أبو شريفة, علم الدلالة والمعجم العربي, عمان، دار الفكر,١٩٨٩.
24. عبد اللطيف محمد الخطيب, أصول الإملاء,ط١, الكويت، مكتبة الفلاح،١٩٨٣.
25. علي الجمبلاطي ورفيقه, الأصول الحديثة لتدريس اللغة العربية والتربية،مصر،دار النهضة، ١٩٧١.

٢٦. فاروق الروسان, سيكولوجية الأطفال غير العادين،عمان, دار الفكر, ١٩٩٦.
٢٧. فتحي جروان, الموهبة والتفوق والإبداع، العين،دار الكتاب, ١٩٩٨.
٢٨. فتحي مصطفى الزيات, صعوبات التعلّم، الأسس النظرية والتشخيصية والعلاجية القاهرة،دار النشر للجامعات,١٩٩٨.
٢٩. فهد زايد, اللغة العربيّة منهجية وظيفية،عمان،دار النفائس,٢٠٠٥.
٣٠. كيريك كالفان, صعوبات التعلم الأكاديمية والنمائية،ترجمة زيدان السرطاوي الرياض, مكتبة الصفحات الذهبية,١٩٨٨٠.
٣١. محمد كامل النحاس, الخصائص النفسية للطفل في المرحلة الابتدائية، القاهرة ١٩٥٤.
٣٢. محمد عبد القادر احمد،طرق تعليم اللغة العربية.ط١, القاهرة, مكتبة النهضة ١٩٨٣.
٣٣. محمد صالح سمك, فن التدريس اللغة العربيّة والتربية الدينية, ط٣, القاهرة مكتبة الانجلو المصرية ١٩٦٩.
٣٤. محمد قدري لطفي, التأخر في القراءة،تشخيصية، علاجية، مصر, مكتبة مصر, (د,ت).
٣٥. محمد مجاور, تدريس اللغة العربية في المرحلة الابتدائية، الكويت,دار العلم ١٩٧٤.
٣٦. محمود بن إسماعيل, في طرق تدريس اللغة العربية، تونس, منشورات المعهد القومي للعلوم.
٣٧. محمود تيمور, مشكلات اللغة العربية, القاهرة, مكتبة الآداب ١٩٥٦.
٣٨. ممدوح عبد المنعم الكناني, سيكولوجية التعلّم وأنماط التعلم, الكويت، مكتبة الفلاح،١٩٩٥.
٣٩. منى حبيب, تدريس اللغة العربية في المرحلة الابتدائية في البلاد العربية, ط١, بيروت,دار الكتاب, ١٩٨٣.
٤٠. ناجي زين الدين, مصدر الخط العربي,ط٢, بغداد، مكتبة النهضة ١٩٧٤.
٤١. نهاد الموسى, اللغة العربية، عمان، مكتبة وسام ١٩٩٠.
٤٢. وليد جابر, أساليب تدريس التعبير, عمان, مقرر التطور التربوي, وكالة الغوث ١٩٨٠.
٤٣. وليد جابر، الضعف في المهارات الأساسية في اللغة العربية, عمان, مركز التطور التربوي، وكالة الغوث، ١٩٨١.
٤٤. - موسى القبشاوي, وقفه مع العربية وعلومها,ط١, عمان دار صفاء.١٩٩٩.
٤٥. - ناصر الدين الأسد, مصادر الشعر الجاهلي وقيمها الأدبية،بيروت,دار الجيل١٩٨٥.
٤٦. - ياقوت الحموي, معجم الأدباء,ط١,عمان, دار الفكر,١٩٨٠.
٤٧. - يحيى إبراهيم عبد الدايم, الترجمة الذاتية في الأدب العربي الحديث,بيروت,دار صادر.(د.ت).
٤٨. - زكي مبارك، النثر الفني في القرن الرابع، ط١, القاهرة : مكتبة نهضة
٤٩. ايليا حاوي, فن الخطابة وتطوره عند العرب,بيروت,دار الثقافة.
٥٠. حسين نصار, نشأة الكتابة الفنية،مصر، مكتبة النهضة ١٩٦١.
٥١. خالد الكركي, الرواية في الأردن,عمان,١٩٨٦.
٥٢. خليل الهنداوي, تيسير الإنشاء,ط١, بيروت: مكتبة دار الشرق،د.ت

٥٣. جميل سلطان،فن القصة والمقامة،ط١،بيروت، دار الأنوار،١٩٦٧.

٥٤. شوقي ضيف, الفن ومذاهبه في النثر, القاهرة: دار المعارف, ١٩٦٥.

٥٥. عبد القادر أبو شريفة, فن الكتابة والتعبير, عمان, دار حنين, ١٩٩٤.

٥٦. فخري قدور: المقالة الأدبية،ط١،بيروت:دار صادر.(د.ت)

٥٧. محمد يوسف نجم, فن المسرحية ط١, بيروت,دار الثقافة،١٩٥٥.

٥٨. محمد عوض, محاضرات, في المقالة الأدبية،معهد البحوث والدراسات الأدبية القاهرة.

٥٩. محمد غنيمي هلال, في النقد المسرحي،بيروت:دار العودة ١٩٧٥٠

٦٠. محجوب،.- مشكلات تعليم اللغة العربيّة.- لا مطبعة.- الدوحة: دار الثقافة, ١٩٨٦.

٦١. نايف محمود معروف.- تعلّم الإملاء وتعليمه.- ط٥.- بيروت : دار النفائس, ١٩٩٨.

٦٢. نايف محمود معروف.- خصائص العربيّة وطرق تدريسها.- ط٢.- بيروت : دار النفائس, ١٩٨٧.

٦٣. نهاد الموسى، - اللغة العربية وأبناؤها.- لا طبعة.- بيروت : دار الكتب العلميّة, ١٩٨٦.

٦٤. مصادر والمراجع الأجنبية

٦٥. Bonald, Robert.-writing clear Essays.- new jersey(٠٧٦٣٢) Englewood,١٩٩٢.

٦٦. ٤٢-Borchers,SuZanne.-teaching longuge Arts.- New york :west publishing Company.١٩٩٤.

٦٧. Frouklin،Bobbit.-The curriculum.- Boston, Hanghton,١٩٨١

٦٨. Livingston. A..- Astady of spelling Erros,studies in spelling،op.eit.- p.p١٥٩-١٨٠

٦٩. ٤٥-Smith،p.t.- Teaching spelling.- British journal of educational psycholoyy(٤٥)١٩٧٥,p.p ٦٨-٧٢.

٧٠. Tanner, l.Tanner.- Curriculum Development.- Macmillan publishing.New york،and London,١٩٧٥.

Printed in the United States
By Bookmasters

T0300956